Ann Louise Bardach

SIN FIDEL

Ann Louise Bardach ha cubierto las relaciones entre Cuba y Estados Unidos desde 1992 para *Vanity Fair*, *The New York Times*, *The Washington Post*, *60 Minutes* y *Slate*, entre otros muchos medios. Es la autora de *Cuba Confidential: Love and Vengeance in Miami and Havana*, editora de *Cuba: A Traveler's Literary Companion* y coeditora de *The Prison Letters of Fidel Castro*. Es miembro de la institución Brookings y profesora de periodismo global en la Universidad de California.

SIN FIDEL

SIN FIDEL

Los últimos años de Fidel Castro, sus enemigos
y el futuro de Cuba

Ann Louise Bardach

Traducción de Rubén Heredia Vázquez

Vintage Español
Una división de Random House, Inc.
Nueva York

Para mi padre, Emil Bardach,
quien vivió mucho y partió demasiado pronto

SIN FIDEL

Índice

ÍNDICE

Agradecimientos

Este libro es el resultado de una larga conversación iniciada en 1992, cuando la primera de cuatro asignaciones de la revista *Vanity Fair* me llevó a Miami y La Habana. En Cuba, ha habido decenas de personas que han contribuido con mis reportajes a lo largo de los años en sus hogares, en las calles y mediante las notas y mensajes que me envían, a veces por medio de terceras personas. No mencionaré sus nombres aquí, salvo en el caso de una persona que acaba de fallecer y para quien ya no habrá inconvenientes: Carlos Chino Figueredo, general retirado con un corazón y un conflicto interior inmensos, era sumamente astuto y ameno. Él vivió lo mejor y lo peor de la Revolución, y encarnaba ambas cosas.

En Estados Unidos, estoy en gran deuda con todos mis colegas que trabajaron en el Cuba Study Project (Proyecto de Estudios Cubanos) de la Brookings Institution, dirigidos por Vicki Huddleston y Carlos Pascual. Vicki, Daniel Erikson, Paul Hare y Carlos Saladrigas han sido particularmente generosos con sus observaciones. Por sus conocimientos médicos, estoy agradecida por el consejo y la investigación del prestigioso cirujano Leon Morgenstern. El trabajo de Don Bohning sobre la historia de la subestación JM/WAVE de la CIA fue otra gran fuente. De manera similar, George Kiszynski, Luis Rodríguez y D. C. Díaz, del Equipo Especial Conjunto contra el Terrorismo, fueron inmensamente útiles para navegar por el turbio submundo de los grupos de exiliados militantes. El Archivo de Seguridad Nacional y Peter Kornblulh han descubierto docenas de documentos, muchos de los cuales se citan en la segunda parte.

En Miami, tengo deudas continuas con Efraim Conte, Jane Bussey, Rosario Moreno, Joenie Hilfer, Lissette Bustamante, Jorge Tabio, Marilú Menéndez, Gustavo Rex y, de manera especial, Salvador Lew, quien con gran generosidad me presentó a sus numerosos amigos. Muy a menudo, me fue edificante recordar las reflexiones del fallecido José Luis Llovio-Menéndez.

Siempre he recibido ayuda, hospitalidad y críticas de mi "coro estatal cubano": Justo Sánchez, Juan Juan y Consuelo Almeida, y, por su parte, Heine Estaron siempre me proporcionó la palabra o fecha correcta. Mis ex alumnos y asistentes Anneliese Vandenberg, Sedona Tosdal y Jonathan Vanian me ahorraron varias críticas cada día. Muchos valerosos amigos leyeron los primeros borradores: Eduardo Santiago, Susan Bridges, Bree Nordenson y Ralph Thomas.

Un agradecimiento especial a mi sabio y paciente abogado Tom Julin, de Hunton & Williams, por examinar con cuidado este manuscrito, y al consejero de *The New York Times* George Freeman, quien, junto con Tom, libró una formidable lucha durante más de cuatro años contra los entrometidos citatorios del gobierno.

En la editorial Scribner, este proyecto surgió de la imaginación de Colin Robinson, lo guió Nan Graham y lo llevó hasta la línea final el tremendo Roz Lippel. En Grijalbo, Wendolín Perla hizo lo mismo. Para mi agente, Tina Bennett de Janklow & Nesbit, hacer pequeños milagros se convirtió en rutina, asistida por la muy capaz Svetlana "sin dramas" Katz.

También debo muchísimo a un pequeño ejército de editores, quienes durante los años se hicieron cargo con valentía de mi periodismo sobre las relaciones Miami-Cuba, la génesis de mucho de mi pensamiento para este libro. Entre ellos se encuentran varios editores de la sección "Outlook" de *The Washington Post* de las páginas de noticias y opinión de *The New York Times* y *Vanity Fair*, así como Joy de Menil de *The Atlantic*, David Plotz de *Slate* y Tina Brown de *Newsweek* y *The Daily Beast*.

Mi madre, que persevera con bravura, me ha enseñado incontables lecciones de vida. Y siempre está Robertico, quien hace todo esto posible.

Árboles familiares

Árbol familiar de
FIDEL CASTRO RUZ

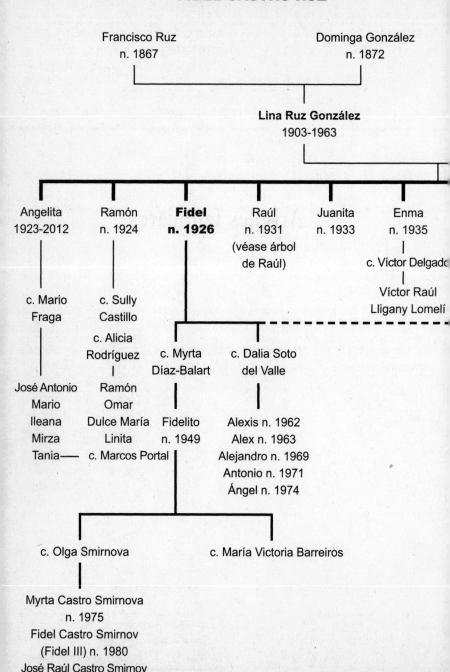

Francisco Ruz
n. 1867

Dominga González
n. 1872

Lina Ruz González
1903-1963

Angelita
1923-2012

Ramón
n. 1924

**Fidel
n. 1926**

Raúl
n. 1931
(véase árbol
de Raúl)

Juanita
n. 1933

Enma
n. 1935

c. Víctor Delgado

Víctor Raúl
Lligany Lomelí

c. Mario
Fraga

c. Sully
Castillo

c. Alicia
Rodríguez

c. Myrta
Díaz-Balart

c. Dalia Soto
del Valle

José Antonio
Mario
Ileana
Mirza
Tania——

Ramón
Omar
Dulce María
Linita
c. Marcos Portal

Fidelito
n. 1949

Alexis n. 1962
Alex n. 1963
Alejandro n. 1969
Antonio n. 1971
Ángel n. 1974

c. Olga Smirnova

c. María Victoria Barreiros

Myrta Castro Smirnova
n. 1975
Fidel Castro Smirnov
(Fidel III) n. 1980
José Raúl Castro Smirnov

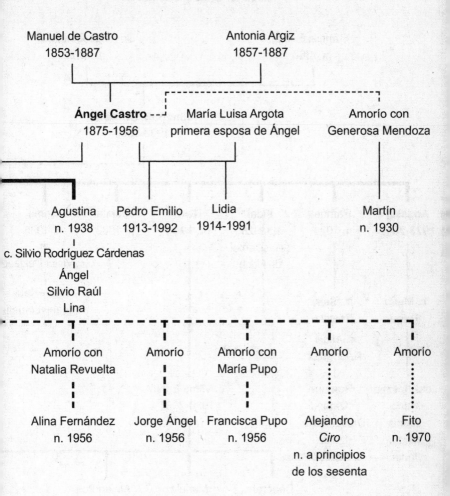

Manuel de Castro
1853-1887

Antonia Argiz
1857-1887

Ángel Castro ---
1875-1956

María Luisa Argota
primera esposa de Ángel

Amorío con
Generosa Mendoza

Agustina
n. 1938

Pedro Emilio
1913-1992

Lidia
1914-1991

Martín
n. 1930

c. Silvio Rodríguez Cárdenas

Ángel
Silvio Raúl
Lina

Amorío con
Natalia Revuelta

Amorío

Amorío con
María Pupo

Amorío

Amorío

Alina Fernández
n. 1956

Jorge Ángel
n. 1956

Francisca Pupo
n. 1956

Alejandro
Ciro
n. a principios
de los sesenta

Fito
n. 1970

n. = nacido (a) en
c. = casado (a) con

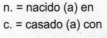

―――― Matrimonios
- - - - Amoríos
············ Sin confirmación oficial

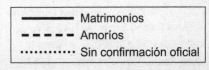

Árbol familiar de
RAÚL CASTRO RUZ

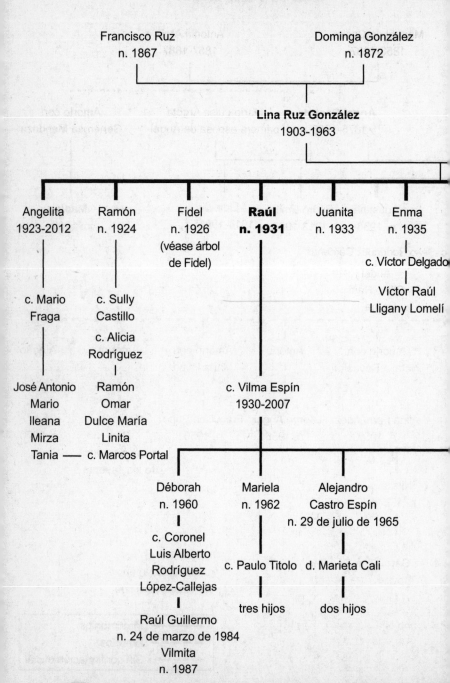

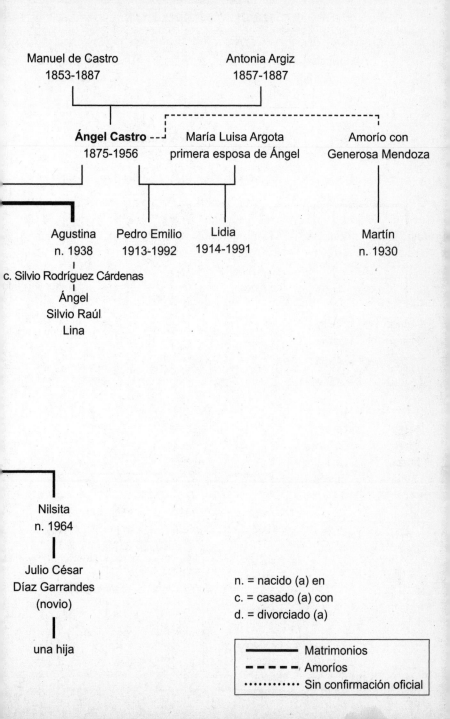

Manuel de Castro
1853-1887

Antonia Argiz
1857-1887

Ángel Castro - - -
1875-1956

María Luisa Argota
primera esposa de Ángel

Amorío con
Generosa Mendoza

Agustina
n. 1938

Pedro Emilio
1913-1992

Lidia
1914-1991

Martín
n. 1930

c. Silvio Rodríguez Cárdenas

Ángel
Silvio Raúl
Lina

Nilsita
n. 1964

Julio César
Díaz Garrandes
(novio)

una hija

n. = nacido (a) en
c. = casado (a) con
d. = divorciado (a)

——— Matrimonios
– – – Amoríos
············ Sin confirmación oficial

Prólogo

Lo que empezó como una crónica del último capítulo de Fidel Castro y la transición que seguiría a su esperada muerte, fue evolucionando hasta convertirse en un libro muy diferente. Después de todo, Fidel no murió, aun cuando, en sus propias palabras, sufría una enfermedad mortal el 27 de julio de 2006.

Tras una serie de malas operaciones e infecciones rabiosas que habrían derribado a cualquier otro, sobrevivió a "puras agallas". Rehusó rendirse, alejarse o morir.

Durante los siguientes seis años, mimado en un ultramoderno hospital y en salas de recuperación casera, Castro pudo reflexionar sobre su vida con cierta satisfacción. Alcanzadas las metas que más le importaron, incluida su supervivencia personal y política, vivía para presenciar el quincuagésimo aniversario de la Revolución que emprendió en las colinas de Oriente y había llevado a La Habana.

Otra de sus fuentes de satisfacción consistía en la serie de gobiernos simpatizantes de izquierda que se instalaron en toda Latinoamérica. Mientras luchaba contra las humillaciones de la mala salud, Castro pudo hallar consuelo en el sólo hecho de observar un mapa del hemisferio. Estaban los compañeros socialistas recalcitrantes, Hugo Chávez de Venezuela y Evo Morales de Bolivia, seguidos de una segunda hilera de aliados como *Lula* y las presidentas Dilma Rousseff de Brasil y Cristina Kirchner de Argentina, junto con incondicionales como Daniel Ortega en Nicaragua y Mauricio Funes en El Salvador. Incluso extrajo una disculpa al presidente Álvaro Colom, de Guatemala, quien "pidió oficialmente el perdón de Cuba" por el papel de su país como el trampolín para la invasión de Bahía de Cochinos en 1961. Hubo otras señales favorables que animaron al hombre fuerte de Cuba. En octubre de 2011, la Asamblea General de la ONU votó por vigésimo año sin interrupción en favor de condenar el embargo estadounidense a Cuba, esta vez por un voto de 186 contra dos.

Mientras Castro perseveraba desde su cama de hospital, lo que empezó como una investigación y meditación sobre el hombre sempiterno de Cuba se convirtió en una trilogía. La primera parte, "La larga agonía", relata la historia de su mayor batalla: su negativa a cruzar las puertas de la muerte con la agilidad (o la suerte) de Lázaro. El reportaje implicó penetrar en la burbuja herméticamente sellada que rodea a Castro, fieramente reservado y oficialmente retirado, mediante contactos con miembros de su familia, sus médicos y sus colegas. Tras recuperar parte de su salud, el Comandante, cual ave Fénix, no pudo resistirse a intervenir en el estado de las cosas. Con tal fin, creó dos nuevos papeles para sí: Fidel el mago, que tira de las cuerdas entre bambalinas, y el experto en jefe de su país a quien debe prestársele atención.

La segunda parte, "La obsesión de Fidel", es la saga de los enemigos más dedicados de Castro y su peculiar relación con los líderes políticos de Miami y Washington. En virtud de su longevidad política y humana, vivió para ver caer a muchos de sus enemigos antes que él.

Sin embargo, dos antiguos compañeros de escuela de Castro perseveraron y se convirtieron en sus más tenaces cazadores. Al final, Luis Posada Carriles y Orlando Bosch lo igualaron en audacia y determinación, pero no en estrategia ni artimañas. Sin embargo, su infatigable designio de eliminar a Castro —no obstante las numerosas muertes de civiles— no careció de admiradores. Entre ellos estaban algunos partidarios de tres administradores de Bush, dos de la Casa Blanca y un tercero en Florida, cuando Jeb Bush era gobernador. Castro odiaba y, hasta cierto grado, temía a la familia Bush, a la que consideraba aliada de sus más encarnizados enemigos. Las acciones tanto abiertas como encubiertas para derribar a Castro empezaron como una historia paralela a la Guerra Fría. De ahí en adelante la lucha continuaría, alimentada por una idiosincrasia de tierra quemada, una industria anticastrista y una decepción inconsolable.

La tercera parte, "El reinado de Raúl", es la historia de la vacilante entrada de Raúl Castro en el escenario central de La Habana luego de que éste sucumbiera a la enfermedad. Me he centrado en la historia política y personal de los nuevos líderes de Cuba —con particular atención en Raúl y su círculo privado—, sus antecedentes, su ideología y los rasgos que distinguen al actual presidente de su hermano mayor.

Al anunciarse la administración de Obama en 2008, Raúl Castro lanzó una propuesta provocativa: Cuba enviaría a 55 de sus prisioneros políticos más valiosos, sobre todo a defensores de los derechos humanos, a los Estados Unidos, a cambio de la devolución de "Los Cinco Héroes", los cinco cubanos acusados de espionaje en Miami en 2001, elogiados por el gobierno cubano como mártires. "Hagamos un gesto a cambio de otro gesto", declaró Raúl. "Si quieren a los disidentes, se los enviamos mañana mismo, con todo y sus familias. Pero regrésennos a nuestros Cinco Héroes." La retórica —que identificaba el espionaje con la disidencia— mostraba que Raúl Castro es discípulo de su hermano. También era una estrategia típica de Fidel: recuperar a tus jugadores mientras exportas a tus enemigos. Y cuando eso fracasó, en 2009, los cubanos arrestaron a Alan Gross, el desafortunado asesor de la Agencia Estadounidense para el Desarrollo Internacional (USAID, por sus siglas en inglés). Lo acusaron de subversión por distribuir teléfonos satelitales y computadoras, y lo sentenciaron a quince años de prisión. Hoy Cuba tiene una valiosa moneda de cambio.

Con casi dos décadas de cobertura informativa sobre la política de Cuba y Miami, he buscado proveer cierto contexto histórico y cultural a lo que es el bien raíz más codiciado del hemisferio occidental. Los ecosistemas tan únicos de las capitales gemelas de Cuba —La Habana y Miami— han contribuido cada uno a fomentar y asegurar medio siglo de hostilidad entre la primera superpotencia mundial y una isla del Caribe.

También he incursionado en ciertos terrenos que, a mi parecer, han imbuido preternaturalmente la cultura política cubana: la denuncia, el espionaje, el alcoholismo y el suicidio. Rara vez se repara en el hecho de que Cuba ha encabezado el número de suicidios en el hemisferio durante siglos, un macabro fenómeno enraizado en la conquista española. El espionaje y la delación tan penetrantes son tradiciones centenarias que llegaron a convertirse en una ciencia de inteligencia tras la Revolución. Quizá éstas constituyan el rasgo más corrosivo del legado castrista.

El concierto de homenaje por el cumpleaños 85 de Fidel Castro, realizado el año pasado en el Teatro Karl Marx de La Habana, fue anunciado como la "Serenata de la Fidelidad". De los juegos espontáneos de palabras relativos al nombre del máximo líder de Cuba yo prefiero el de "Fideliad" [sic], el cual designa su épico, exhaustivo e interminable mandato, que empezó en 1959. Unos cinco mil asistentes acudieron al homenaje rendido por 22 cantantes, incluida Omara Portuondo, de Buena Vista Social Club, pero el invitado de honor no estuvo presente. En vez de eso, se conformó con una tranquila celebración con su familia, su hermano de 80 años y sucesor presidencial, Raúl, y su devoto discípulo el presidente Hugo Chávez de Venezuela. El irreprimible Chávez dio la noticia en Twitter el sábado por la tarde: "Aquí con Fidel, celebrando su 85 aniversario. ¡Viva Fidel!"

Durante la última década, ambos políticos han celebrado varios cumpleaños. Para su 75 aniversario en 2001, Castro viajó a Caracas para ir a una fiesta con Chávez, quien presidió una gala de champaña, seguida de un viaje en barco por las selvas tropicales venezolanas. La visita, dijo Chávez, "nos da una oportunidad para hacerle saber cuánto lo queremos". Ignoramos cuántos cumpleaños le quedan a cada líder. Ambos enfrentan ahora sus mayores retos, que no son movimientos de oposición ni disidentes, sino sus propios cuerpos en deterioro. Fidel pasó su cumpleaños 80 en una cama de hospital, conectado a una bolsa de suero con antibióticos y nutrimentos. Sentado junto a él se encontraba Chávez, que ha estado ahí en cada etapa de la convalecencia de seis años y hecho viajes espontáneos a La Habana como si fuera a dar una vuelta a la manzana.

Ahora, el venezolano de 58 años lucha por su propia vida, después de que en el mejor hospital de Cuba le extrajeran del abdomen un tumor del tamaño de una pelota de béisbol en junio de 2011. Fue Fidel Castro, y no un oncólogo, cirujano o familiar, quien comunicó la mala noticia a Chávez tras su operación, y quien le anunció su pronóstico y tratamiento, junto con sus acostumbrados consejos sobre relaciones públicas y estrategias políticas. Es probable, a juzgar por lo que se sabe de sus cirugías y terapias, que Chávez tenga un cáncer colorrectal con metástasis. (Tras dos operación, pasó casi un año en las radiaciones y quimioterapias, a menudo aplicadas en La Habana.) Un indicio de la gravedad de su enfermedad es que ninguno de los dos líderes ha querido divulgar el diagnóstico real. Al final, Castro pasó buena parte de su cumpleaños dando a su amigo palabras de aliento. "Hablamos de todo", relató Chávez a su regreso a Caracas. "Él me dijo: 'Chávez, tú mismo puedes empezar a convencerte de que todo ha terminado… No, no ha terminado'."

Irónicamente, los hombres fuertes más indómitos del hemisferio, enemigos decididos de Estados Unidos y de las economías de libre mercado, se han visto derribados, al menos por ahora, por afecciones abdominales —por sus vísceras, por decirlo así—. Es sólo una anomalía más que comparten el líder del país que posee la mayor reserva de petróleo y el de una isla caribeña plagada de deudas.

La simbiosis entre el emérito, antiguo (aunque en muchos sentidos actual) comandante en jefe y el coronel venezolano convertido en jeque petrolero es la alianza política más poderosa y fascinante del continente americano. Cinco años antes de convertirse en presidente en 1999 y dos años después de su fallido golpe de Estado, Chávez fue liberado de prisión y voló a La Habana con la esperanza de conocer a su héroe revolucionario. Al recibirlo en el aeropuerto estuvo él en persona. Desde entonces ha sido una fiesta de amor, en la que Chávez ha declarado que Venezuela navega en el "mar de felicidad" de Cuba.

Pero hay algo más decisivo. Después de que Cuba perdiera a su patrocinador ruso de más de tres década y su economía se viniera a pique, Chávez dio a su amigo uno de los regalos más magnánimos de la historia —alrededor de cien mil barriles de petróleo diarios, gratis y sin condiciones—, siempre y cuando Cuba los quisiera. A cambio, Castro envió miles de médicos a Venezuela: un trato que algunos llamaron, para ridiculizarlo, "aceite por ungüento". Nadie duda sobre quién obtuvo la mejor parte.

Pero Chávez, quien felizmente llama a Castro "mi padre", expresa una gratitud imperecedera. Y no sin razón. En 2002, cuando un golpe de Estado parecía haber derrocado a Chávez, fue Fidel quien estuvo noche tras noche al teléfono, asesorando a su benefactor con una estrategia para recuperar poder y despachar a sus enemigos. "¡No renuncies! ¡No renuncies!, seguí diciéndole", relata Castro en su autobiografía. Desde entonces Ramiro Valdés, el preeminente policía y jefe de espías cubano, ha convertido Caracas en su segundo hogar y reorganizado el ejército, la fuerza policiaca y los servicios de Internet en Venezuela (un cable de fibra óptica conecta ambos países cual cordón umbilical). Los asesores cubanos, repartidos por los ministerios venezolanos, ofrecen consejo en todo, desde la alfabetización hasta los movimientos de oposición y las elecciones. Es muy probable que no vuelva a haber un golpe de Estado, ni muchas más elecciones.

"En el fondo", dice el convaleciente jefe venezolano, "somos un solo gobierno". No por nada se habla de "Venecuba". Pero si fallara la salud de cualquiera de los dos líderes —y la de ambos está en el filo de la navaja— cambiaría todo el esquema. Uno no puede ignorar el simbolismo que rodea a Fidel Castro en Latinoamérica. En verdad, la legitimidad de Hugo Chávez como revolucionario bolivariano depende, en buena medida, de que recibe la asesoría de Castro. Y si Chávez sucumbe a la enfermedad o (de alguna manera) no lo reeligen, un sucesor menos generoso bien podría cerrar el grifo de petróleo para Cuba. Raúl Castro, quien trata de rescatar la economía en bancarrota de la isla con toda clase de arreglos y reformas, es particularmente dependiente de la munificencia venezolana.

Aunque los titanes estén enfermos, el cambio está ocurriendo en Cuba —de maneras grandes y pequeñas, antes inimaginables—. Tenemos como ejemplo el matrimonio de una mujer transexual y un hombre homosexual seropositivo en el 85 aniversario de Castro. Tras anunciarlo como su "regalo" para él, la feliz pareja paseó en un convertible por La Habana, donde a los hombres homosexuales se les podía llevar a campos de trabajo por "antirrevolucionarios". La novia tuvo su operación de cambio de sexo en el Centro Nacional para la Educación Sexual, dirigido por Mariela Castro Espín, la hija con espíritu libre de Raúl, quien ha convertido a La Habana en el San Francisco del Caribe.

La tolerancia de las actividades empresariales también va en aumento. Pronto, los cubanos tendrán derecho a vender su casa, por primera vez desde que los Castro tomaron el poder. Y la administración de Obama ha eliminado varias de las restricciones absurdas y onerosas a los viajes hacia Cuba. Por supuesto, si Marco Rubio, el recalcitrante senador cubano-estadounidense por Florida, consigue la postulación republicana a la vicepresidencia para las elecciones de 2012, los demócratas van a sentir presión para apretar las tuercas del embargo una vez más. Y si los republicanos se imponen en 2012, es casi seguro que las relaciones volverán a la edad de piedra del no compromiso.

Aunque a Castro se le vio frágil y desequilibrado durante su breve aparición "en vivo" en la asamblea del Partido Comunista en abril de 2011, yo rebatiría cualquier suposición sobre una cita con su Creador. Digno rival del bíblico Lázaro, ha sobrevivido a tres cirugías de gran envergadura y la pérdida de una buena parte de sus vísceras abdominales, sin mencionar las gestiones de diez presidentes estadounidenses.

Ciertamente, hay suficientes miembros de la familia en puestos gubernamentales clave —entre los que destacan el poderoso hijo, un yerno y los nietos de Raúl— para garantizar cierto grado de gobierno dinástico en el futuro. Sin embargo, la preocupación y los ofrecimientos tan generosos del viejo Castro hacia su benefactor venezolano sugieren un miedo profundo y auténtico a que su isla pierda el patrocinio de Chávez. No obstante, en caso de que el líder venezolano "pasara a mejor vida" antes que él, el superestratega Fidel seguramente ha urdido algún plan de contingencia, tal como se viera obligado a forjar tras la retirada de los rusos. La confianza y el sentimentalismo no forman parte de su credo político. Al hablar sobre la traición de un compañero convertido en informante, Castro dijo que aprendió una lección vital: "No debes confiar en alguien tan sólo porque es un amigo". Ni depender de él.

Fidel Castro es un combatiente pírrico con un compromiso épico de batallar sin importar el costo. Su legado es complejo: un país andrajoso pero un pueblo orgulloso. Aunque pueda criticarse el desgaste de los triunfos declarados de la Revolución —servicios de salud, la educación y los deportes—, el regalo indiscutible de Castro a su país ha sido el nacionalismo. Su credo era simple: Cuba no se sometería a nadie.

"Fidel es una fuerza de la naturaleza", observó su amigo el escritor Gabriel García Márquez. "Con él, nunca se sabe."

O como lo lamentan en Miami: "Inmortal hasta que se pruebe lo contrario".

ANN LOUISE BARDACH
Mayo de 2012

PRIMERA PARTE

La larga agonía

Tengo el corazón de acero
y seré digno hasta el último día de mi vida.
FIDEL CASTRO,
carta de 1954 a su media hermana
Lidia Castro

CAPÍTULO UNO

La búsqueda de la inmortalidad

L a agonía empezó el 27 de julio de 2006. No estaba programada, ni se esperaba que terminara de esta manera. En verdad, habría sido difícil imaginar una coda final menos atractiva para Fidel Castro, un hombre orgulloso y remilgado que cuidaba con celo su privacidad personal. Pero ahí estaba, extendido en las portadas de los periódicos y en los sitios de la red cinco meses después de que casi muriera tras una operación de urgencia. Y ahí también se mencionaba cada minucia sobre el tracto intestinal del máximo líder de Cuba, desde la flexura cólica hasta el final. Para Castro, un autócrata y *microgerente* obsesivo de asuntos grandes y pequeños, nada podía haber resultado más penoso. Su férreo control sobre su feudo insular estaba bajo amenaza; el cerco que rodeaba su vida personal se había roto y su paciente confidencialidad había sido violada. En verdad, a Fidel Castro se le había hecho a un lado como amo de su propio destino.

Un nuevo retrato —el de un frágil octogenario que se aferraba a la vida— había sustituido su imagen, construida con gran cuidado, de guerrero vigilante. Y con falta de firmeza, el fiero yugo de Castro en la mayor isla del Caribe comenzó a aflojarse por fin.

La incredulidad y la duda pasmaron a millones de cubanos a ambos lados de los estrechos de Florida. ¿Acaso Fidel Castro era mortal? Pero con su actitud tan de dictador-estrella de cine, el dictador —y jefe de Estado con el régimen más longevo del mundo— Castro se tomaría su tiempo para abandonar el escenario. Esa salida, con finales periódicos, estaba destinada a convertirse en un maratón de casi cinco años (antes de su retiro oficial en 2011), una hazaña personal a la cual uno se sentiría tentado de nombrar "La fidelidad".

El 26 de julio de 2006 Castro participó en el acostumbrado aniversario de la Revolución cubana. El núcleo de las festividades era, como siempre, una conmemoración del ataque fallido que él había dirigido en la guarnición militar de Moncada en 1953, en Santiago de Cuba, en el extremo oriental de la isla conocida como Oriente. Superados numéricamente en una proporción de diez a uno, casi la mitad de los ciento treinta y cuatro guerrilleros de Castro habían sido capturados y asesinados, y algunos habían sido torturados con brutalidad. Durante su juicio subsecuente, Castro hizo su legendaria declaración: "Condénenme, no importa. La historia me absolverá".

La primera parada de Castro en la conmemoración de 2006 fue en la histórica ciudad de Bayamo, donde, en 1953, una segunda división de sus tropas había atacado la guarnición del ejército. La visita causó cierta extrañeza, pues a Bayamo nunca se le había alabado en los textos posrevolucionarios de la misma manera que al Cuartel Moncada. Algunos críticos de Castro señalaron el hecho de que él no había participado en el ataque a Bayamo y que los tres líderes que dirigieron el ataque habían roto relaciones con su obstinado camarada poco tiempo después. Pero no se podía negar la importancia histórica de Bayamo, sobre todo durante las largas guerras de independencia de este país con España. El himno nacional cubano: *El himno de Bayamo*, también conocido como *La Bayamesa*, declara: "Que morir por la patria es vivir". Castro resaltaría el sentimiento aún más al transfigurarlo en el eslogan revolucionario "Patria o muerte".

Poco después de las siete de la mañana, al parecer para evitarle el tremendo calor veraniego, Castro pronunció su discurso anual, *Triunfos de la Revolución*, en la Plaza de la Patria de dicha ciudad. Unos cientos de miles de adeptos habían sido traídos en camiones desde los pueblos vecinos y agitaban banderas cubanas de papel. Castro improvisó mucho menos de lo usual y mostró aún menos pasión; el discurso duró sólo dos horas y media, toda una brevedad para sus estándares. Aun así, cuando muchos de los asistentes soltaron sus banderas, Castro los exhortó: "Es buen ejercicio, así que no dejen de ondearlas".

Castro pronunció un discurso aún más breve cerca de Holguín. Y, a medida que avanzó el día, fue claro que *el Comandante* no era el de siempre, pues se veía incómodo, molesto y con tos. En verdad sufría un dolor agobiante. "Pensé que aquello sería el final de todo", reflexionó tiempo después. Horas más tarde, regresó en avión a La Habana y fue conducido de urgencia al hospital del Centro de Investigaciones Médico Quirúrgicas (Cimeq), el mejor centro médico de Cuba.

Al día siguiente, el 27 de julio, se le practicó una extensa cirugía intestinal. La operación —una alternativa quirúrgica en la que insistió Castro— fracasó. La materia del absceso penetró en la cavidad peritoneal, lo cual provocó una peritonitis. Las cosas empeoraron con rapidez al presentarse una septicemia sistémica. Durante la semana siguiente, Castro se debatió entre la vida y la muerte. Las probabilidades de que sobreviviera a tal catástrofe quirúrgica, sobre todo por tratarse de un hombre de casi ochenta años, eran escasas.

No se puede negar que Castro estaba dotado de un destino auspicioso, pues había eludido a la muerte una y otra vez y enviado a sus enemigos (cerca de un millón de sus paisanos) al exilio. Saboreó con gran satisfacción la idea de que se había sacudido a diez presidentes estadounidenses como si fueran moscas: al cuadrar a Eisenhower, vencer a Kennedy, ignorar a Johnson y al arremeter de frente contra Nixon, Ford, Carter, Reagan, Bush y Clinton. Fue una carrera que concluyó de manera por demás satisfactoria, pues enfrentó a Barack Obama tras despachar al que más detestó de todos, George W. Bush. La temeridad, la habilidad de prever varios movimientos como un genio del ajedrez y un enorme talento para las relaciones públicas parecían hallarse inscritos en el ADN de Castro.

Había tenido una vida "con los mejores planes", pero ahora su destino estaba en otras manos. Una semana antes, Castro había decidido, de último momento, asistir a la Cumbre del Mercosur en Córdoba, Argentina, ante la insistencia de su devoto amigo el presidente venezolano Hugo Chávez. Ahí, el presidente cubano tuvo agenda llena, incluida una visita al hogar de niñez de su martirizado camarada, *el Che* Guevara, en el pueblo de Altagracia.

Pero su estadía en Argentina concluyó con una amarga confrontación con reporteros durante un momento fotográfico de los líderes de la cumbre. Un periodista cubano-estadounidense, Juan Manuel Cao, acosó a Castro con preguntas sobre el destino de un prominente neurocirujano a quien se le negó la visa para salir de Cuba. "¿Quién le paga?", respondió Castro con rabia, antes de estallar en una diatriba que quedó registrada en video.

Después de que Castro enfermó, un informante del Ministerio de Salud especuló que el estallido de furia canina de Castro con el insistente reportero le había provocado un brote fresco y furioso de diverticulitis. La dolorosa y recurrente infección intestinal lo había perseguido desde los años setenta y, al parecer, requirió una primera operación en los ochenta. (La diverticulosis es una afección relativamente común provocada por el envejecimiento del colon, que se caracteriza por invaginaciones —o divertículos— en el revestimiento del colon o intestino grueso. Cuando los divertículos se infectan, sangran o se rompen, el padecimiento se convierte en diverticulitis, que puede ser extremadamente dolorosa y poner en riesgo la vida.)

En concordancia con el patrón de algunos pacientes, los ataques de Castro a menudo ocurrían después de eventos que lo llenaban de frustración o estrés severo. El colon o tripa, al cual los psicólogos a veces llaman "el segundo cerebro", es susceptible a la coacción de la mente. (Alrededor de 95% del neurotransmisor serotonina y de las conexiones nerviosas con el cerebro se encuentran en el colon.)

Aunque la repentina gravedad de su afección quizá lo tomó por sorpresa, Castro no estaba desprevenido. Él sabía que le esperaba otra cirugía intestinal en un futuro más bien cercano. Incluso había contactado a su primera esposa, Myrta Díaz-Balart, y le había pedido que fuera a La Habana para apoyarlo durante la operación.

Lo más seguro es que Castro sufriera un padecimiento a veces llamado diverticulitis maligna, una variante de la aún más grave diverticulitis del colon sigmoideo. Aunque no es un cáncer, tiene índices de morbilidad y mortandad comparables. Para las personas mayores de setenta y cinco años puede resultar agresiva en extremo. Según un informe elaborado por el doctor Leon Morgenstern, jefe de cirugía en el Centro Médico Cedars-Sinai durante treinta y cinco años, "esta forma de la enfermedad sigue un curso incesante de septicemia crónica, fistulización recurrente y muerte por una o más complicaciones de la enfermedad".

Por consiguiente, los encargados elegidos de Castro pudieron negar que tuviese cáncer de colon y el desenlace que conlleva. Pero en verdad la enfermedad de Castro, que derivó en múltiples complicaciones, era igual de grave. Sólo era cuestión de tiempo.

Pocas personas habían dedicado tantos pensamientos y recursos a registrar sus últimos días y su legado como el comandante en jefe cubano, quien se aproximaba al fin de su vida con el mismo celo obsesivo que había ostentado durante ella. Cuando era joven, declaró que viviría y moriría con orgullo y honor. Cuando tenía tan sólo veintiocho años, escribió desde prisión a su media hermana Lidia: "Tengo suficiente dignidad para pasarme aquí veinte años o morirme de rabia antes…" Entonces, le aseguró: "No te preocupes por mí; sabes que tengo el corazón de acero".

Desde su niñez, Castro cultivó su imagen como un icono de la resistencia: al mejorar su vigor físico y su disciplina, mantener una postura militar perfectamente erguida y trabajar sin reposo. "Me he hecho un revolucionario", declaró con orgullo en 2005. Durante décadas, sus enemigos profetizaron con insistencia su inminente fallecimiento, sólo para retractarse poco tiempo después. Por la Calle Ocho de Miami, la Meca de los exiliados cubanos, sonaba la macabra frase: "Inmortal, hasta que se demuestre lo contrario". En verdad, si la venganza fuera el combustible de la inmortalidad, Castro habría vivido para siempre. "No puedo pensar en alguien que haya perdido más que Fidel", observó una vez su buen amigo el novelista Gabriel García Márquez.

La supervivencia —el solo hecho de permanecer con vida— y su candidatura a la inmortalidad fueron fundamentales para la iconografía de Castro. Con alegría revela su cálculo —muy exagerado— de haber sobrevivido a seiscientos treinta y un intentos de asesinato. En verdad, el número de conspiraciones serias, a diferencia de las chapuceras, no excedió los dos dígitos. No obstante, la supervivencia temeraria era tanto un acto político de desafío como una búsqueda personal. Como soldado y guerrero, Castro siempre lució su uniforme, como un centinela siempre en guardia contra los enemigos de la isla. Castro se congratulaba y regocijaba del hecho de haber derrotado las esperanzas y los esquemas de medio siglo de ocupantes de la Casa Blanca.

Todo un maestro de la propaganda, Castro era un incomparable creador de mitos. Un mito que tuvo una importancia fundamental fue el de su propia indomabilidad. Con tal fin, decretó que su familia, su vida personal y su salud fuesen estrictamente confidenciales. El férreo control gubernamental sobre la información mandaba que los asuntos cotidianos como el estado civil y de paternidad de Castro, e incluso su horario diario, fueran un tabú para el consumo público. En 2003, para acallar los rumores sobre su mala salud, Castro invitó al cineasta disidente Oliver Stone para que lo filmara mientras se sometía a un electrocardiograma, como parte del documental de Stone *Looking for Fidel.*

Pero los allegados de Castro sabían que él había luchado por largo tiempo contra toda una serie de enfermedades, desde las molestias de la dermatitis y las humillaciones y el dolor crónico de la diverticulitis hasta la hipertensión arterial, los altos niveles de colesterol y una serie de apoplejías menores. En la década anterior, se había vuelto quisquilloso respecto de su salud y de su dieta, y viajaba con su propio personal médico, junto con reanimadores de urgencia, desfibriladores y tanques de oxígeno. A menudo se hacía acompañar por su cardiólogo, el doctor Eugenio Selman Housein-Abdo, o por algún otro especialista bien familiarizado con sus problemas médicos. Como precaución adicional, se instaló una sala de urgencias de veinticuatro horas con tecnología de punta en el Palacio de la Revolución, el bastión tan bien resguardado donde Castro tiene sus oficinas y donde se reúne el Consejo de Estado.

Pero cada vez se filtra más información sobre la familia Castro, a veces mediante el testimonio de detractores del gobierno de alto nivel, pero con más frecuencia por las indiscreciones de miembros de la familia, vecinos y empleados de hospital. Mucha de esta información se difunde por "Radio Bemba", como se le llama a la ultrarrápida transmisión de noticias de boca en boca. A veces, esta información ha resultado ser muy exacta y ha alcanzado muchos oídos dentro y fuera de la isla.

El 28 de julio, Radio Bemba se convirtió en un estruendo cuando un convoy de tres autos —dos Ladas blancos con el clásico Mercedes negro de Fidel en medio— recorrieron a toda prisa la avenida del Paseo y se estacionaron afuera del Palacio de la Revolución. Construido por Fulgencio Batista para la Suprema Corte del país, el palacio colinda con las oficinas del Comité Central del Partido Comunista. El médico de cabecera de Castro saltó desde el centro de la limusina y corrió hacia el interior del edificio. "La gente hablaba sobre lo inusual que es ver sus coches así", dijo una habanera que casualmente pasaba por ahí en aquel momento.

Durante tres días, un turbio silencio cubrió La Habana. La falta de noticias se contraponía horriblemente con los escuadrones de oficiales del gobierno, a los cuales se veía correr a toda prisa entre las oficinas del Comité Central y las del palacio presidencial. El silencio se rompió de manera dramática el 31 de julio. A las 9:15 de la noche, la transmisión nocturna de noticias se interrumpió por un boletín de último minuto sin precedentes. Entonces, la cámara enfocó al fiel ayudante y asistente personal de Castro, Carlos Valenciaga. Con aspecto adusto y retraído, Valenciaga, de treinta y tres años, leyó una declaración preparada especialmente por Fidel Castro más temprano aquella misma noche:

> Por causa del enorme esfuerzo que implicó visitar la ciudad argentina de Córdoba para asistir a la reunión del Mercosur... y justo después de asistir a la conmemoración del quincuagésimo tercer aniversario del ataque al Cuartel Moncada y Carlos Manuel de Céspedes, el 26 de julio de 1953, en las provincias de Granma y Holguín, los días y las noches de trabajo continuo casi sin dormir han causado que mi salud, que ha soportado todas las pruebas, caiga víctima del estrés extremo al grado del colapso. Esto ha provocado una crisis intestinal aguda con un sangrado continuo que me ha obligado a someterme a una complicada operación quirúrgica... [la cual] me forzará a tomar varias semanas de reposo, lejos de mis responsabilidades y deberes.

A continuación, la misiva declaraba una "transferencia temporal" del poder a varios altos ministros. Las responsabilidades más importantes recayeron en su hermano de setenta y cinco años, Raúl, jefe de las fuerzas armadas. El otro custodio designado era Carlos Lage Dávila, el zar económico de Cuba y uno de los miembros más jóvenes del Buró Político, de sólo cincuenta y cuatro años de edad.

Aunque la declaración televisada buscaba reasegurar al mundo la estabilidad de la salud y el gobierno de Castro, en realidad tuvo el efecto contrario. Muchos cubanos, acostumbrados por largo tiempo a noticias no difundidas sobre la salud o la vida personal de Castro, interpretaron el anuncio como una señal de que el Máximo Líder en verdad había muerto. Nadie —en ninguna parte— dudó de que Fidel Castro estuviera enfermo de gravedad, si no es que de muerte.

Y antes de que Valenciaga concluyera sus afirmaciones, la isla, Miami y Washington ya estaban cargados de especulaciones. Los habaneros corrían a los vestíbulos y se apiñaban con sus vecinos o se abalanzaban hacia sus teléfonos para repasar e interpretar el anuncio con sus familiares y sus amigos. Los afortunados que tenían acceso a Internet usaban a su máxima capacidad sus computadoras de tercera generación a la caza de cualquier línea telefónica disponible y buscaban informes noticiosos no cubanos.

Para el exterior, sin embargo, La Habana, Santiago y otras grandes ciudades de la isla estaban llenas de una pesada calma. Las calles no estaban repletas de juerguistas, sino de policías y soldados, quienes enviaban a los residentes de vuelta a sus hogares y dispersaban incluso a pequeños grupos de rezagados. La respuesta del gobierno, llamada "Operación Caguairán" por Raúl Castro —quien supervisó sus maniobras—, fue un plan de contingencia establecido hacía ya mucho tiempo para asegurar el orden y la estabilidad ante un evento tan extraordinario. Al plan se le bautizó así por el árbol de caguairán, originario de Cuba y famoso por tener un tronco con el centro sumamente duro. Antes había sido un epíteto favorito que usaba Castro para describirse. "Esta movilización popular, silenciosa y sin la menor ostentación, garantizó la preservación de la Revolución contra cualquier intento de agresión militar", dijo Raúl Castro sobre la operación en una entrevista con el periódico oficial, *Granma*, meses después. Añadió que era una precaución necesaria, pues preveía que algunas fuerzas innombradas en Washington fueran a "enloquecer".

La movilización, en la cual, según se afirma, participaron más de doscientos mil refuerzos para mantener las calles bajo control, permanecería en alerta durante todo el año 2006. "Nunca antes, salvo en la época de la Bahía de Cochinos [1961] y [durante] la Crisis de los Misiles [1962], Cuba había desplegado en su territorio nacional tal movilización de sus tropas a tal escala", decía *Granma* en su página editorial, un indicador de la seriedad con que los hermanos Castro habían planeado una transición así. En julio de 2008, Raúl Castro afirmó que la operación permanecía vigente: "Hoy, la preparación de la defensa es más efectiva que nunca, incluida la Operación Caguairán, la cual prosigue con éxito".

Roberto Fernández Retamar, miembro del Consejo de Estado de Cuba y escritor, felicitó al país y satirizó a su némesis septentrional respecto de la impecable transición de Fidel a Raúl Castro. "Ellos [Estados Unidos] no habían esperado que fuera posible una sucesión pacífica", vociferó Retamar a los reporteros en agosto de 2006, en un reconocimiento implícito de que el régimen de Fidel Castro estaba llegando a su fin. "Una sucesión pacífica ha tenido lugar en Cuba."

Algunos cubanos de espíritu revolucionario expresaron una sincera tristeza a los periodistas. A otros les preocupaba que la desaparición de su titánico líder trajera tanto incertidumbre y miedo como esperanza. Para la gran mayoría de los descontentos cubanos, Fidel era un gobernante autoritario, pero también un ente conocido, un hecho de la vida cubana. "Él es el diablo que conocemos", dijo un residente del hermoso barrio habanero de Miramar. Casi todos los cubanos, empero, se guardaron sus pensamientos. Algunos sentimientos se expresaban mejor al encoger los hombros, girar los ojos o con el típico gesto cubano de ondear la mano al lado de la cabeza, lo cual significa "como sea".

Para muchos, la noticia era más que esperada. La fatiga por Fidel era epidémica de un extremo a otro de la isla, tanto en el más humilde machetero de caña como en los explotados y mal remunerados médicos, y en los empleados del Banco Central; afligía incluso a los delegados de la Asamblea Nacional y se había filtrado hasta el último rincón del Partido Comunista. Ya sea que le tengan buena o mala fe, una emoción silenciosa se aferró de los cubanos mientras esperaban que se revelase el siguiente capítulo de su vida colectiva.

En Miami, varios cientos de cubano-estadounidenses llenos de júbilo se apresuraron a ir al restaurante Versailles en la Calle Ocho para celebrar el que creían que sería el obituario de Fidel. Algunos cantaban: "¡Cuba sí, Castro no!", mientras otros cantaban *Ríe y llora,* el son clásico de la reina de la salsa, Celia Cruz, una oda cubana a la supervivencia.

Pero ellos no eran los únicos que creían que *el Comandante* se había reunido con su Creador. Un prominente banquero de Ginebra, miembro del consejo del gigante bancario UBS, con conocimiento de primera mano de las cuentas cubanas numeradas en bancos suizos, también estaba convencido de que Castro había muerto. Algunos de los fondos de Cuba y las cuentas de Castro las había manejado desde hacía mucho tiempo la rama suiza de HandelsFinans, comprada después por el banco HSBC Guyerzeller. "Él ya es un cadáver", dijo el banquero a un amigo cercano, al notar que los fondos gubernamentales, controlados por Castro, habían sido transferidos, al parecer a su hermano Raúl, durante los últimos días de julio de 2006.

Como máximo líder de Cuba, con su multitud de funciones como presidente del país, presidente del Consejo de Ministros, consejero de Estado y del Partido Comunista, así como comandante en jefe de las fuerzas armadas, Castro tenía acceso total a todas las cuentas y participaciones del país. En su caso, no existía el límite entre lo personal y lo político. Cuando se le preguntó al banquero suizo por qué estaba convencido de que Castro había muerto, respondió: "No habrían movido el dinero, a menos que él hubiese muerto o enfrentara la muerte".

La fortuna personal de Castro era uno de los temas más delicados para él. En mayo de 2006 la revista *Forbes* ubicó a Castro como el séptimo líder más rico del mundo, con una fortuna calculada en novecientos millones de dólares. Era la primera vez que Castro había merecido un lugar en la lista de los diez primeros lugares de esa revista, una posición muy codiciada por muchos trepadores capitalistas. Pero Castro —quien se declaró socialista en 1961 y se enorgullecía de tener un modo de vida austero y nada ostentoso— estaba mortificado. "Nosotros calculamos su fortuna con base en su poder económico sobre una red de compañías que son propiedad del Estado, incluidos el Palacio de Convenciones, un centro de convenciones cerca de La Habana; el conglomerado minorista Cimex, y Medicuba, que vende todas las vacunas y otros farmacéuticos producidos en Cuba", aseguraba la revista, y señalaba que Castro "sólo viaja en una flotilla de Mercedes negros". Hubo un rumor especialmente mordaz y anónimo que decía que "los ex oficiales cubanos que ahora viven en los Estados Unidos afirman que él ha lucrado", seguido del pronto deslinde de que "Castro insiste en que su red no vale nada".

El informe hizo enfurecer a Castro. De inmediato, restringió su uso del Mercedes (unas doscientas personas dijeron que había sido un obsequio de Saddam Hussein) y ordenó a sus oficiales que usaran autos menos vistosos, como los desangelados Lada, fabricados en Rusia. Pronto apareció en su programa televisivo favorito, *Mesa Redonda*, y despotricó contra la revista financiera durante cuatro horas. "¡Para qué quiero dinero ahora si nunca antes lo quise!", declaró a su compasivo anfitrión, Randy Alonso.

Castro ya había amenazado antes con demandar a *Forbes* por enlistarlo en su edición anual dedicada a los millonarios con más de mil millones. "Las ganancias de las compañías estatales cubanas se usan de manera exclusiva para beneficio del pueblo, al cual pertenecen", afirmaba una declaración gubernamental emitida en 2004. "Tendré la gloria de morir sin un centavo de moneda cambiaria", aseguró Castro a Ignacio Ramonet, su coautobiógrafo, y declaró que su salario era de sólo treinta dólares mensuales.

Las protestas de Castro no carecían de méritos. Cierto, él era hijo de un rico magnate terrateniente, pero también uno de los estadistas menos materialistas. Parte del enigma de Fidel es que él no surgió del molde tradicional de los caudillos latinoamericanos —jefes políticos—, dueños de una insaciable codicia por todo lo que brilla. No había candelabros ni disco-yates en el estilo de vida del presidente cubano. En verdad, en el panteón de los "hombres fuertes" hispanos, como Juan Perón de Argentina, Marcos Pérez

Jiménez de Venezuela y Carlos Salinas de Gortari de México, Castro vivió en relativa austeridad. En este sentido emuló a sus padres, quienes, a pesar de su riqueza, conservaron un estilo de vida asombrosamente sencillo, fundado en las exigencias de la ranchería y la agricultura. "Sus hábitos son los de un monje-soldado", señala Ramonet en las memorias de Castro, *Mi vida*. El cineasta Saúl Landau, quien pasó largos periodos con Castro en los años sesenta, lo describió como "mitad Maquiavelo, mitad don Quijote, y con una filosofía que era mitad marxista y mitad jesuita".

En 1955, a medida que Castro se preparaba para abandonar la prisión tras su condena de dos años por el asalto al Moncada, escribió a su media hermana Lidia, quien le organizaba su vida futura:

En cuanto a comodidades de orden material, si no fuera imperativo vivir con un mínimo de decencia material, créame que yo sería feliz viviendo en un solar y durmiendo en un catre con un cajón para guardar mi ropa. Me alimento con un plato de malangas o de papas y lo encuentro tan exquisito siempre como el maná de los israelitas. Puedo vivir opíparamente con cuarenta centavos bien invertidos, a pesar de lo cara que está la vida. No exagero nada, hablo con la mayor franqueza del mundo. Valdré menos cada vez que me vaya acostumbrando a necesitar más cosas para vivir, cuando olvide que es posible estar privado de todo sin sentirse infeliz. Así he aprendido a vivir...

Por supuesto, Castro tenía lo mejor de cualquier cosa que deseara y es bien sabido que complació sus antojos de *bon vivant* de buena comida y bebida. En 2009, Juan Reinaldo Sánchez, antiguo miembro del equipo de seguridad personal de Castro durante diecisiete años, regaló a los televidentes de Miami "historias verdaderas" acerca de un vasto complejo diseñado por *el Comandante* y su familia en La Habana, así como de un arrecife privado fuera de la isla, con pista para helicóptero y playa privada. Sin embargo, Castro carecía de la naturaleza adquisitiva y materialista de un caudillo clásico. Era el poder, no el dinero, lo que siempre le había interesado. Y en este sentido, el marxista de los trópicos tuvo todo lo que quiso. Cuba era suya.

Tras su desastrosa operación a finales de julio, Castro batalló por la vida y el aliento en un ala privada de cuidados intensivos del Cimeq. Luego, en los primeros días de agosto, para el asombro de su equipo médico, el líder cubano se alejó de las puertas de la muerte. Sin embargo, se requirieron más cirugías para mantenerlo con vida y el titán cubano nunca volvería a ser el mismo.

A pocos se les permitió el acceso a la *suite* hospitalaria de Castro. Entre ellos estaba su viejo amigo y brazo derecho de confianza el doctor José Miyar Barruecos, conocido como *Chomy*, quien manejaba el correo electrónico de Castro y cuya relación con él se remontaba a los primeros días de la Revolución. La esposa de Castro, rara vez vista, Dalia Soto del Valle, madre de cinco de sus hijos, lo visitaba con regularidad, al igual que su primera esposa, Myrta Díaz-Balart, madre de su hijo mayor, Fidelito.

Otro visitante, según el chisme de Miami, era el padre Amando Llorente, el apreciado maestro de Fidel en sus días de preparatoria en la escuela jesuita Belén, a principios de los años cuarenta. Se sugirió que Llorente había administrado la extremaunción a su antiguo alumno. Tan sólo ocho años mayor que su discípulo, Llorente había sido defensor y confidente del ambicioso pero atormentado Fidel. En 2002 el padre Llorente me habló acerca de un paseo estudiantil a la provincia occidental de Pinar del Río, en la cual el sacerdote casi se ahoga mientras cruzaba un río creciente. "Cuando Fidel vio que me llevaba la corriente, se lanzó al río para rescatarme", narró Llorente. Después de que Fidel puso a salvo a su maestro, exclamó: "'¡Padre, éste ha sido un milagro! ¡Recemos tres avemarías! ¡Demos gracias a Dios!' Así que, en verdad, en aquella época, Fidel Castro creía en Dios". El anciano padre no respondió las llamadas, y los votos de confidencialidad que se exige a los sacerdotes no le permiten confirmar tal visita, en el caso de que en verdad haya tenido lugar.

Miguel Brugueras, oficial de alto rango del gobierno, quien fungió como embajador en Líbano, Argentina y Panamá, estaba entre aquellos a quienes se permitió visitar a Castro en esos primeros meses. Tras su visita, Brugueras, fidelista devoto, dijo con solemnidad a sus amigos: "Fidel no se recuperará de esto". Castro no tenía cáncer, dijo, pero su enfermedad era "terminal". En consecuencia, Brugueras abandonó su cargo en el gobierno, pues vio un oscuro futuro político. "Él no era raulista", explicó un amigo de su familia. Y, por irónico que parezca, Brugueras moriría un año después, mientras Castro seguía en batalla.

Varios miembros de la élite de La Habana, conocidos como la *nomenklatura*, estaban convencidos de que Castro había muerto durante la primera semana de su hospitalización. El rumor sólo fue acallado a mediados de agosto de 2006, cuando dos de sus hijos asistieron a una velada en El Vedado, el exclusivo barrio rodeado por el Malecón, el gran bulevar que eleva La Habana desde las aguas del Atlántico. Antonio y Alexis Castro sorprendieron a muchos con su aparición en la casa de Kcho, un popular artista y escultor que había ofrecido una fiesta de cumpleaños para su propio padre. Sin embargo, la asistencia de los hijos fue una prueba positiva de que Castro se había soltado de las garras de la muerte. "No habrían estado ahí si Fidel hubiera estado en peligro de muerte en ese momento", dijo uno de los invitados, quien añadió que la salud de Castro estaba en la mente y en los labios de todos los presentes. "Por supuesto que todos queríamos saberlo, pero nadie se atrevió a preguntarles al respecto."

Pocas semanas después, Antonio Castro, cirujano ortopedista y médico del equipo nacional de béisbol de Cuba (poco después, en 2008, fue nombrado vicepresidente de la Liga Cubana de Béisbol), se mostró más comunicativo con sus colegas estadounidenses en una conferencia para el Clásico Mundial de Béisbol. Cuando se le preguntó sobre la salud de su padre, el amigable Antonio se encogió de hombros con tristeza y dijo: "Es terminal", a lo cual añadió: "Lo que el viejo tiene es fulminante". Un colega estadounidense de

Antonio supuso que *el Jefe* tenía cáncer, la enfermedad sobre la que rumoraban en la *nomenklatura*.

Poco después, un vocero de la CIA intervino al decir que el líder cubano tenía cáncer y predecir que no llegaría con vida al año 2007. Por supuesto, el curso de los pronunciamientos de la agencia de inteligencia sobre esos temas rara vez acertaron. La proverbial deficiencia de sus registros sobre Castro y Cuba se remonta medio siglo atrás, empezando por su subestimación del apoyo popular de Castro a finales de la década de los cincuenta y su desastrosa estrategia para la invasión de Bahía de Cochinos. Y habría más décadas de malos cálculos. Durante una buena parte de los años noventa, los National Intelligence Estimates de la CIA habían predicho un probable golpe militar y que los días de Castro estaban contados.

"La salud de Fidel era una industria artesanal en la CIA", dijo Jim Olson, antiguo jefe de contrainteligencia en las oficinas generales de la CIA en Langley, Virginia, quien también aseguró que el departamento encargado de Cuba había sido de los menos eficaces de la agencia. "Recuerdo cuando lo vimos con el papa [en 1998] y pensamos: '¡Por Dios, qué bien luce!'"

No toda la CIA concordaba. Un analista estaba tan ansioso de ver el final de Castro que, según él, la "caída del régimen" era inminente. "Al hacer ese tipo de declaraciones, el desarrollo de una política constructiva para la colaboración o la sucesión se vio socavado", se quejó un antiguo oficial del Consejo Nacional de Seguridad. En una ocasión, un importante analista dijo a la Sección de Cuba del Departamento de Estado que, durante algunos recorridos de investigación, había identificado un misil que surgía de un silo cubano a finales de los años ochenta, por lo cual era necesario considerar la posibilidad de amenaza y ataque. Sin embargo, según un oficial del Departamento de Estado, cuando los expertos estudiaron las imágenes, resultó claro que no había tales misiles. En 2004, la CIA volvió a quedar en ridículo al anunciar que Castro padecía el mal de Parkinson, quizá la única enfermedad que no tenía.

Más crédito se dio a una indiscreción accidental del presidente de Brasil, Luiz Inácio Lula da Silva, de que Fidel Castro tenía cáncer y que su condición era extremadamente grave. "Tiene cáncer de colon", me dijo en 2007 un diplomático cubano retirado, siguiendo la contención de Lula. "Ése es su problema principal. Es un secreto que han guardado muy bien." Pero fuentes gubernamentales han negado enfáticamente, de manera no oficial, que el líder cubano tenga cáncer.

Castro tuvo la suerte de haber vivido lo bastante para gozar de los beneficios de los numerosos avances quirúrgicos, así como de una serie de nuevos medicamentos milagrosos, nada de lo cual existía cinco años antes. Aunque la mayoría se importaban de Europa, algunos se habían desarrollado en los laboratorios de biotecnología de la propia Cuba. Al no haber sucumbido ante una enfermedad grave hasta 2006, Castro pudo ganar tiempo, un tiempo que no habría estado disponible incluso diez años antes. Al igual que Ariel Sharon, el líder israelí que se aferró a la vida durante más de tres años tras una gravísima apoplejía, Castro se benefició de la tecnología médica del siglo XXI. Pero, a diferencia de Sharon, cuyos principales problemas eran cerebrales y permaneció en estado vegetativo, la enfermedad de Castro provenía del núcleo mismo de su ser. Se le había extirpado la mayor parte del colon, la vesícula biliar y otras vísceras abdominales; literalmente, había perdido las tripas.

Las penas de Castro resultaron ser una mina de oro para los anfitriones de los programas de entrevistas nocturnos, cuyos guionistas hallaron en las noticias un material irresistible para docenas de monólogos. "Como saben, el anciano Fidel Castro se recupera de una operación en Cuba —dijo parcamente Jay Leno—. Entiendo que lo llevaron de urgencia al hospital en el burro número 1." Leno tuvo otras puntadas: "Un mensaje transmitido el día de hoy en la televisión cubana dijo que la condición de Fidel Castro se reporta como estable —a lo cual siguió el comentario satírico—: lo cual, en los países comunistas, significa que habrá muerto para el viernes". "Él dirigió Cuba por casi cincuenta años —empezaba otro *gag*— y ahora los analistas políticos discuten qué clase de cambios esperará el pueblo cubano. Adivinaré: límites de tiempo."

Durante todo el verano de 2006, David Letterman, Conan O'Brien, Craig Ferguson, Stephen Colbert y Jon Stewart se complacieron con una infinidad de chistes sobre Fidel.

El dictador cubano, Fidel Castro, aún está en el hospital con un grave problema de salud [dijo Conan O'Brien, para anunciar el tema de esa noche]. Castro decía que medio siglo de gobierno comunista era una buena idea, hasta el momento en que se le llevó de urgencia al hospital en un Oldsmobile del 55.

No fue sorpresa que Miami produjera comentarios mordaces y hasta hilarantes: "Interrumpimos esta muerte en vivo para anunciar que, en realidad, Fidel Castro se encuentra bien", escribió Ana Menéndez en su columna del *Miami Herald*.

Éstas son las noticias que salen de La Habana en estos días. Y, aunque quizá para la mayoría de los legos resulte frustrante y asombroso oír que un anciano con un ano artificial y un lazo cada vez más débil con la realidad logró tener tan notable recuperación, los médicos no están sorprendidos... En verdad, este fenómeno ha existido ya durante tanto tiempo que la comunidad médica le ha dado un nombre: la Paradoja del Dictador Hispano.

Para comediantes, columnistas, expertos y conductores de programas de entrevistas, la larga agonía se convirtió en un regalo inagotable. La continua presencia de Castro incluso fue un tema irresistible para los portavoces del Departamento de Estado. "Es como aquella canción de la madre patria —recalcó el vocero del Departamento de Estado, Tom Casey—: '¿Cómo podemos extrañarte, si nunca te vas?'"

Un segmento de las clases *intelectualoides* insistió en que Castro había estado batallando con el cáncer durante bastante tiempo. Una versión decía que sus problemas se remontaban a casi veinte años atrás, cuando se rumoraba que había salido airoso de una operación de un pequeño tumor en el pulmón. Otro rumor, no comprobado pero popular en Miami, era que Castro había sido operado en secreto de cáncer de colon en un hospital de El Cairo, en 1990.

Sin embargo, pudo corroborarse que Castro recibió tratamiento para atender problemas respiratorios. Según un antiguo oficial de la inteligencia cubana, los males de Castro se derivaban de un accidente que había tenido mientras se entregaba a su pasión por el buceo en la profundidad del mar. Es bien conocido que Castro podía permanecer bajo el agua por periodos de tiempo inusualmente largos cuando usaba el *snorkel*, lo cual alarmaba a sus compañeros. "Evidentemente, una ocasión permaneció sumergido durante mucho tiempo y regresó a la superficie muy pronto. El accidente dañó sus pulmones", comentó el coronel de inteligencia. (En 1994, Castro visitó a Ted Turner y a un pequeño contingente de ejecutivos de HBO en una casa de protocolo en Miramar. Con Castro llegó un médico que remolcaba un desfibrilador. Michael Fuchs, uno de los ejecutivos de HBO, narra que los presentes le preguntaron a Castro por qué viajaba con un desfibrilador. Se les dijo que *el Comandante* había estado buceando, una explicación que les pareció deficiente.)

Pero hubo aún más consenso respecto de que Castro había sufrido una pequeña apoplejía, primero en 1989 y después a mediados de 1994, cuando se aseguró que lo habían conducido de urgencia a una clínica subterránea dentro del Palacio de la Revolución. Pronto se esparció el rumor sobre su incapacitación, lo cual condujo a una ráfaga de necios rumores en Miami y Washington acerca de que el hombre fuerte de Cuba había muerto. También era verdad que, al igual que sus dos padres, Castro tenía problemas de hipertensión, alto colesterol y problemas cardiovasculares derivados. Para mejorar su capacidad pulmonar y su resistencia física, el presidente cubano, devoto de todas las últimas técnicas de la medicina alternativa, frecuentaba una cámara de oxígeno. Otros insistían en que, a pesar del sofocante calor y la humedad del Caribe, a veces Castro usaba una camiseta térmica bajo sus "olivos verdes" para mejorar su circulación.

Hasta antes de los años ochenta, el máximo líder de Cuba había fumado un puro tras otro y vivido con un abandono fiero, casi temerario. Por todos conceptos, llevaba una vida sin límites: comía, bebía y trabajaba sin parar; descansaba cuando lo vencía la fatiga. En 1964 el periodista Lee Lockwood pasó un día de buceo con Castro en Varadero y luego salieron por la tarde. "Él era un glotón... y cenó pródigamente —recordó Lockwood—. Fumó muchos puros sin parar, y cigarrillos entre un puro y otro." Durante otro de sus festines de cinco tiempos, Castro empezó su comida al comer un frasco de yogur, y dijo a Lockwood que "eso prepara el estómago". En verdad, Castro era dado a los extremos. Cuando no se atracaba con comida, a veces ayunaba hasta por tres días. Ya a inicios de su tercera década de vida mostraba síntomas de enfermedades del tubo digestivo.

Bernardo Benes, un banquero de Miami que ayudó a negociar una serie de liberaciones de prisioneros en 1978, pasó varias sesiones de toda la noche con Castro —que solían empezar a las diez de la noche y terminar a las seis de la mañana—, durante las cuales el líder cubano fumaba puros Cohiba sin parar. "Fidel acababa de crear los puros Cohiba", mencionó Benes, en referencia al papel de Castro como catador y promotor oficial del famoso puro. La afición de Castro por fumar empezó a principios de su adolescencia en Birán, cuando fumó por primera vez un puro que le dio su padre, don Ángel. Benes estimó que, entre ambos, inhalaron dos cajas, o cincuenta puros, cada noche, y usaron el piso como cenicero.

Benes quedó sorprendido por el hábito de Castro de tirar la ceniza donde cayera, pero lo secundó. En una carta a su hermana en 1955, Castro habló de su indiferencia hacia el cuidado del hogar: "No hay nada más agradable que tener un lugar donde uno pueda tirar al suelo cuantas colillas de cigarro estime conveniente sin el temor subconsciente de una ama de casa que lo está vigilando como un centinela para poner el cenicero donde va a caer la ceniza."

Durante un discurso en diciembre de 1984, Castro dirigió un comentario muy poco habitual acerca de su propia mortalidad: "Dentro de quince años será el año 2000, y eso no está demasiado lejos —dijo a la multitud—. Bueno, quizá esté un poco más lejos para algunos de los que estamos aquí, y para quienes ahora son acosados por la muerte —dijo con una risa seca, y añadió—: y también para quienes estamos *mirándola*".

Un año después, tras cuarenta y cinco años de fumar, Castro anunció que había dejado de fumar sus queridos puros. Fumar a su alrededor también se convirtió en tabú. Un factor motivador fue la muerte, en enero de 1980, de Celia Sánchez, su confidente más apreciada desde los días de la guerrilla en las montañas de la Sierra Maestra. La infatigable y devota Sánchez, conocida por su buen humor y la columna de humo de cigarrillo que emanaba de sus labios, murió de cáncer pulmonar a los cincuenta y nueve años. Fue una pérdida incalculable para Castro, quien me dijo que él la veía como al "ángel de la guarda" de las tropas rebeldes. Considerada los ojos y los oídos de Fidel, Sánchez era una de las pocas personas que estaban dispuestas a decirle la cruda verdad y, en ocasiones, a contradecirlo.

En 1994, Marvin Shanken, director de *Cigar Aficionado*, presionó a Castro para hablar sobre su abandono del hábito de fumar sus codiciados habanos. "¿Quiere decir que no fuma ni siquiera solo, en la privacidad de su hogar?", preguntó Shanken incrédulo. "No", respondió Castro. "¿Ni una sola bocanada?" "No. No", repitió Castro. "¿Ni siquiera una pequeñita?" "Ni una", le aseguró Castro.

Aquélla fue la primera señal de que *el Comandante en Jefe* afrontaba un problema de salud. Según se rumoró, sólo una experiencia que pone en riesgo la vida pudo haber motivado a un varón cubano de su generación —para la que el puro era un símbolo tanto personal como nacional— a abandonar un hábito tan arraigado. "No hay duda al respecto —dijo Benes—. Se le tuvo que haber dicho que no tenía otra opción que dejarlo."

Testigos cercanos notaron que, para 1990, Castro empezó a moderar su considerable ingestión de alimentos y alcohol y dedicó horarios más regulares para dormir y descansar. De hábitos nocturnos, Castro a menudo trabajaba en su oficina de cuatro de la tarde a cuatro de la mañana. Luego dormía durante varias horas. En 1993, él me dijo en una entrevista que le hice para la revista *Vanity Fair* que los informes sobre su falta de sueño eran muy exagerados; insistió en que solía dormir unas seis horas, aunque le bastaba con menos.

En esta época, Castro se volvió aficionado a la salud, estudioso de la bioquímica y adepto a las dietas naturistas, a la homeopatía y a varios medicamentos milagrosos. Durante la siguiente década, el estilo de vida de Castro cambiaría del de un libertino temerario —desinteresado por las preocupaciones típicas sobre la salud— al de un neurasténico obsesivo.

Max Lesnik, un conductor de radio exiliado en Miami, quien renovó su amistad con Castro a principios de los noventa, dijo que la salud y la resistencia de Castro le habían costado mucho trabajo. "Está obsesionado con los problemas de salud", dijo Lesnik, quien compartió varias comidas con Castro durante la década anterior. Bernardo Benes guardaba una impresión similar. Durante una reunión de toda la noche en el palacio, Benes usó el baño personal de Castro. El hipercurioso Benes no pudo resistir un ligero fisgoneo de ocasión. Adentro del botiquín de Castro "había docenas de botellitas de medicamentos, todas alineadas —dijo—. Fidel era hipocondriaco".

A mediados de la década de los ochenta, Castro encaminó su gobierno hacia el establecimiento de un ultramoderno laboratorio de biotecnología y centro de investigaciones conocido como Laboratorios Biológico Farmacéuticos (Labiofam). Bajo la dirección de su sobrino, el biofísico José Fraga Castro, y de su sobrina Tania Fraga Castro, ambas altas oficiales e investigadoras médicas del Ministerio de Salud, Labiofam recibió elogios por su trabajo pionero en biotecnología y farmacéuticos. Cuba desarrolló varias vacunas importantes para la meningitis, enfermedades infecciosas y afecciones veterinarias. Entre sus productos más aclamados estaba un medicamento para el control del colesterol conocido como PPG. Durante mi primer encuentro con Castro en 1993, él habló con entusiasmo sobre el éxito en la introducción del PPG en el mercado. (Los consumidores de PPG a veces se benefician de un efecto secundario de esta droga, similar al del Viagra, lo cual ha llevado a los habaneros a llamarlo "para pinga grande".) Castro siempre ha sido un ávido estudioso de la ciencia y de las tecnologías, pero algunos informantes sienten que esta ávida defensa de Labiofam y sus investigaciones reflejaban otro interés más personal: la vida eterna.

Para los años noventa, los enemigos de Castro empezaron a perder las esperanzas de que algún día él dejara el poder. "Bicho malo nunca muere", murmuran los viejos exiliados en el restaurante Versailles, mientras sorben sus cortaditos. Castro, por supuesto, se complacía de ser su tormento y cultivó y promovió el mito de que él podría vivir para siempre. Se deleitaba en silencio con el chiste que se volvió popular tras cumplir setenta y cinco años: a Fidel Castro le regalan una tortuga de las Galápagos. Al preguntar cuánto tiempo vivirá el mamífero *(sic)*, le responden que alrededor de cuatrocientos años. Entonces, se encoge de hombros con tristeza y dice: "Ése es el problema con las mascotas. Te apegas a ellas y luego mueren antes que tú".

El alcohol, el talón de Aquiles de la familia Castro, sería el último y más codiciado placer de Fidel. A diferencia de sus hermanos, Castro era un bebedor periódico, propenso a irse de borrachera y luego volver a su rutina. E, incluso en las borracheras, Castro parecía bastante funcional, en opinión de quienes lo rodeaban. Tanto su consumo de bebidas como su habilidad para permanecer de pie impresionaron a muchos, y con razón.

"Fidel siempre ha sido un buen bebedor, incluso con los rusos, que son auténticos profesionales", escribió Carlos Franqui, el periodista y ex fidelista, en *Retrato de Familia con Fidel*. Franqui relata cómo, poco después de la Crisis de los Misiles cubana en 1962, Castro retuvo hábilmente sus quejas sobre los rusos a un reportero de *Le*

Monde, a pesar de haber consumido una descomunal cantidad de alcohol. Aunque la locuacidad de Castro era legendaria, también era un escucha muy atento y, con todo cuidado, tomaba la medida a sus invitados. El alcohol sólo parecía acentuar ambas tendencias. "Aquella noche parecía que Fidel se iba a embriagar mucho —notó Franqui, quien no era ningún novato en lo que a bebidas se refiere—. Después de todo, *el Comandante* tenía chispa... Al final, se hizo de madrugada y Fidel decidió irse a casa."

En 1993 vi a Castro llegar a una recepción en el Palacio de la Revolución. Primero se detuvo en la mesa de bebidas y en unos cuantos tragos se bebió un mojito muy grande. Enseguida, salió para manejar a la multitud, con un control y una lucidez totales.

Ted Turner ha visitado Cuba desde 1982. "Se nos fue toda la noche en beber y fumar puros", dijo Turner sobre su primera visita. Los dos iconoclastas se agradaron de inmediato y hallaron tiempo para cazar y pescar juntos, por lo regular mientras bebían. "Él me dijo que la CNN era invaluable para él —dijo Turner en 2001—. Y pensé que, si Fidel Castro no podía vivir sin ella, nosotros debíamos ser capaces de vender la CNN en todo el mundo. Así que la idea provino de un dictador comunista." Turner añadió que "Fidel no era comunista, es un dictador, igual que yo".

Aun así, en 1991 Turner observó que, en ocasiones, Castro tropezaba. Alcohólico confeso que para entonces había dejado de beber, Turner asistió a los Juegos Panamericanos como invitado de Castro. Según uno de sus colegas de la CNN, Turner quedó impactado tanto por el ingenio de Castro como por su vasto consumo de alcohol. El fundador de la CNN fue una de las pocas personas en detectar su efecto nocivo en Castro.

En 1998, durante una cena en casa de un embajador europeo, el personal de seguridad de Castro solicitó que hubiera whisky Chivas Regal disponible para él. Pero para cuando Castro se retiró de la cena, tres horas después, ya había bebido una cantidad considerable de vino blanco y brandy, y pidió vino tinto francés, sambuca y vermut dulce. Al embajador y a su esposa, Castro les pareció un invitado ameno y despierto, lo cual era aún más notable, dijeron, si se considera la abundante cantidad de bebidas que ingirió.

Pero para el año 2000 Castro se había vuelto mucho más serio respecto de su disciplina de salud y había empezado a limitar su consumo de alcohol. También empezó a sermonear a los cubanos sobre los peligros del abuso del alcohol, tal como lo había hecho con el tabaco cuando lo abandonó. En 2002, *el Comandante* se convirtió en un ávido devoto de la menos cubana de las dietas, la macrobiótica, el austero régimen de salud que favorece el arroz integral y las verduras. Nunca había limitado su consumo de dos productos que son sagrados para los cubanos y su economía: el azúcar y el café. Castro se convertiría en un ávido bebedor de té y seguiría una rigurosa disciplina alimentaria, creada a su medida por la doctora Concepción Campa. Conocida entre sus colegas como *Conchita*, la doctora Campa se encuentra entre los investigadores médicos más importantes de Cuba. Además, es miembro del Buró Político del Partido Comunista y oficial en el Ministerio de Salud. Campa y Castro esperaban que el nuevo régimen alimentario detuviera o aliviara su diverticulitis.

El congresista estadounidense William Delahunt, quien dirigió una delegación del Congreso en Cuba en 2002, recuerda una cena con Castro y los congresistas en el Palacio de la Revolución. "Fidel dedicó al menos una hora a hablar sobre los beneficios de los alimentos macrobióticos y la agricultura orgánica", recordó Delahunt, quien se considera un "irlandés afecto a la carne y las papas", nacido en Boston. "Al final de la cena, me invitó a un nuevo restaurante especializado en productos macrobióticos y alimentos orgánicos. Entendí que él consideraba importante comer alimentos producidos en casa."

Aunque recurrió a remedios alternativos y orientales, Castro se mantuvo al corriente de las últimas investigaciones médicas. La *suite* del minihospital que había instalado en el palacio se renovaba periódicamente con las tecnologías más recientes. En ocasiones especiales, la instalación proveyó de cuidados de urgencia a visitantes especiales. En 2001, el ex subsecretario de Estado William D. Rogers se desmayó durante una cena en el palacio con Fidel, a la cual asistieron los magnates del comercio David Rockefeller y Pete Petersen. La cena había empezado después de las dos de la madrugada y le siguieron dos días de juntas y eventos sin parar. Mark Falcoff, del American Enterprise Institute, estaba sentado junto a Rogers.

Se nos había convocado en el palacio alrededor de las diez de la noche. Fidel pronunció un discurso de tres horas; un monólogo, en realidad —recordó Falcoff—. Luego, anunció que había una cena para nosotros en la sala contigua. Fidel volvió a levantarse para hacer un brindis, y unos diez minutos después Bill se desmayó y cayó sobre su silla. Pero nadie se movió hasta que Fidel se percató de lo que ocurría.

Julia Sweig, del Consejo de Relaciones Internacionales, quedó sorprendida por la rapidez con que se llevó a Rogers al piso de arriba una vez que Castro se dio cuenta. "Un par de doctores atendieron a Bill de inmediato y lo reanimaron —dijo Sweig—. Entonces, *Chomy* [el doctor Miyar Barruecos] se acercó con una camisa limpia para Bill. Poco después de eso, Fidel llegó y ahí se quedó hasta que fue claro que Bill estaba en buenas condiciones, y nos vio salir."

La dieta de Castro, que combina la medicina occidental con una alimentación oriental, pareció funcionar. En 2004, el presidente cubano asistió a una conferencia de economistas y se mofó de los planes de transición para Cuba *sin* él, propuestos por la administración Bush. "¡El muerto aún no muere!", anunció jovial.

Pocos hombres han puesto tanto empeño en buscar la longevidad como Fidel Castro. La determinación del máximo líder de Cuba para sobrevivir a su octava década de vida era congruente con su compromiso con el cuidado de la salud en la isla. Él se aseguró de que egresaran de las escuelas cubanas de medicina médicos a un ritmo mayor que el de cualquier otro país del hemisferio. Según la Organización Mundial de la Salud, Cuba tiene un doctor por cada ciento cincuenta y nueve personas, mientras que el índice en Estados Unidos es de un médico por cada cuatrocientos catorce ciudadanos. Unos treinta y un mil trabajan en setenta y un países, según el *Miami Herald*, y traen dos mil trescientos millones de dólares en remesas al Estado, mientras que setenta y dos mil trabajan en la isla. Tanto sus amigos como sus enemigos han argumentado que los médicos que Castro ha enviado a todo el mundo son la exportación más grande del país.

Aunque los cubanos no se interesan mucho por el arreglo personal y la higiene, la preocupación de Castro por lo segundo rayaba en la paranoia. Además del miedo a que lo asesinaran, estaba muy alerta sobre una posible amenaza a su vida por vía del tracto intestinal. Para una cena en la casa de un embajador europeo en Miramar, su cuerpo de seguridad llegó con antelación para entrevistar a los anfitriones y asegurar el entorno. El principal jefe de seguridad habló a solas con la esposa del embajador y le informó que *sólo* Castro tendría acceso al baño de la planta baja durante la cena. Todos los demás invitados —incluida su familia— debían usar los baños de la planta alta.

Luego, preguntó qué tipo de papel higiénico usaría *el Comandante* [recuerda en sus memorias *Cuba Diaries*, las cuales escribió bajo un seudónimo]. Me preguntó si era papel higiénico cubano. Yo le respondí que sí. Me preguntó si no teníamos papel higiénico de mejor calidad. Le dije que no. El jefe de seguridad me pidió que tomara [nuestro] rollo, lo colocara en una bolsa de plástico, cerrara la bolsa con cinta y lo dejara a un lado del baño para el presidente.

De igual manera, el jabón que usara Castro tenía que estar en su envoltura original y cerrada.

Delfín Fernández, antiguo miembro de los servicios de contra-inteligencia de Cuba, quien desertó en 1999, relata otra extraña precaución. Según él, el jefe de guardaespaldas de Castro, Bienvenido Pérez, *Chico*, le dijo que Castro quemaba su ropa interior tras usarla una sola vez. Evidentemente, creía que se había fraguado una conspiración para rociar sustancias letales en sus calzoncillos al lavarlos.

Castro se hacía rodear de todo un séquito de comandantes leales, los cuales constituían también un pequeño ejército de médicos. Entre los más notables de su círculo íntimo estaban *el Che* Guevara, el médico argentino convertido en revolucionario, y su *aide-de-camp*, confidente y médico personal, René Vallejo. El padre de Celia Sánchez, la devota amiga de Castro, era un notable médico en Manzanillo e iba con frecuencia a auxiliar a las guerrillas de Castro. *Chomy* Miyar, su confiable asistente, quien remplazó a Celia Sánchez como guardiana y fotógrafa personal de Castro tras su muerte, también es doctora.

Carlos Lage, ex jefe económico de Cuba, y Fernando Remírez de Esteñoz, quien dirigió la Sección de Intereses Cubanos en Washington y fue protagonista en la secretaría del Partido Comunista (hasta que fueron cesados del gobierno en marzo de 2009), eran pediatras. Otros miembros del Buró Político que primero fueron médicos son José Ramón Balaguer Cabrera y José Ramón Machado Ventura, quienes sirvieron como médicos-soldados en la sierra. Varios de los hijos de Castro también han estudiado medicina.

El propio Castro ha reclutado a los médicos y a los cirujanos más brillantes de Cuba como su equipo médico personal. Tan importantes como sus habilidades médicas son su lealtad, su discreción y su voluntad de estar disponibles las veinticuatro horas del día, los siete días de la semana. Algunos, como Rodrigo Álvarez Cambras, *Quico*, director del Hospital Frank País y renombrado cirujano de la espalda, se convirtieron en confidentes apreciados. El cardiólogo personal de Castro, Eugenio Selman, es cirujano en el Hospital General Calixto García. Ambos hombres estaban comprometidos con la Revolución y con el liderazgo de Castro y continuamente mezclaban el cuidado de la salud con la política, pues a veces fungieron como embajadores no oficiales. El gregario Álvarez Cambras me dijo que había tenido como pacientes a once jefes de Estado, incluido Castro, el fallecido François Mitterrand, Muammar Khadafi, el otrora hombre fuerte de Panamá Manuel Noriega y el fallecido Saddam Hussein. Durante la Guerra del Golfo y en los preparativos de la guerra contra Irak, Álvarez Cambras buscó mediar una solución con Hussein en nombre de Castro, quien, con claridad, temió lo peor.

Otros especialistas médicos en la larga lista de Castro fueron Julio Martínez Páez, *Lulu*, director del Hospital Fructuoso Rodríguez; su sobrina Tania Fraga Castro, experta en investigación biotecnológica; Noel González, cirujano cardiovascular en el Hospital Hermanos Ameijeiras, y Hernández Cayero, especialista en enfermedades vasculares.

En mayo de 2004, el doctor Eugenio Selman ayudó a organizar una conferencia sobre longevidad en La Habana, durante la cual participaron doscientos cincuenta expertos médicos de Latinoamérica y Estados Unidos. El doctor, que fundó un *Club de los 120 Años* para promover la longevidad, y quien posee un buen don para las relaciones públicas, dijo a los reporteros durante la conferencia que "[Fidel] se encuentra formidablemente bien". Selman desmintió la especulación de que Castro hubiera sufrido "un ataque cardiaco alguna vez, que tuviera cáncer o algún problema neurológico". En verdad, Selman insistió en que Castro estaba lo bastante saludable "como para vivir hasta los ciento cuarenta años. Y no exagero".

Selman atribuyó la longevidad de Castro a sus "buenos genes", a una dieta disciplinada y a la estimulación mental derivada de su curiosidad ilimitada. "Él es un hombre sumamente culto. Siempre lee, a la menor oportunidad. Come con moderación —informó el doctor a los reporteros—. Su salud es fuerte como el hierro, y lo ha demostrado toda su vida." Castro trabajaba dieciséis horas al día, según dijo Selman, y añadió que sus jornadas de trabajo eran más largas que las de personas que son décadas más jóvenes que él. En 2008 Selman publicó un libro en La Habana, titulado *Cómo vivir 120 años*, en el cual cita muchas de las cualidades de su famoso paciente, como la fórmula secreta para el éxito centenario.

Pero cuando, en 2005, el buen doctor lo acompañó a una marcha ante la misión diplomática de Estados Unidos en La Habana para protestar contra la política estadounidense hacia Cuba, a Castro se le vio caminar con cautela y con evidente dificultad, como si se sintiera incómodo. Para entonces, el presidente cubano ya había sobrevivido a uno de los dos derrames tan publicitados que de inmediato generaron una explosión de escenarios de sucesión. El 23 de junio de 2001, durante un discurso de tres horas en El Cotorro, un pequeño pueblo a treinta minutos de La Habana, Castro, quien sudaba visiblemente, de repente vaciló y se desmayó.

Tres años después, en octubre de 2004, mientras pronunciaba otro discurso en Santa Clara, pisó mal un pequeño peldaño y perdió por completo el equilibrio. Captado en video, el cual se transmitió una y otra vez en la televisión nocturna, el líder cubano pareció casi volar hacia delante antes de caer de bruces en el escenario. El accidente lo dejó con una rótula destrozada y un brazo fracturado, que requirieron seis meses para recuperarse. Castro estaba tan inquieto por la segunda caída que insistió en aparecer en el noticiero vespertino de la televisión para asegurar a sus paisanos: "Estoy entero".

Ambos tropiezos quedaron registrados por el fotoperiodista cubano Cristóbal Herrera. Las impactantes imágenes le ganaron elogios al fotógrafo y fueron vistas en todo el mundo. También resultaron muy vergonzosas para Castro y su gobierno, que, infructuosamente, trató de evitar su difusión. A Herrera, primero se le envió al extranjero —comisionado— y luego se le prohibió regresar a su tierra.

En junio de 2006, el doctor Selman volvió a ensalzar la extraordinaria salud de Castro, su excelente ADN y su inquieta curiosidad. Un mes después, el celebrado paciente de Selman estaba en el hospital, inconsciente, y luchaba por su vida.

Hacia 1997, los observadores de Cuba notaron que Castro había empezado a referirse en público a su hermano Raúl como su "relevo". Sin embargo, ésa era una expresión que él había usado en privado para describir a Raúl desde la década de los sesenta. Pero días después de su desmayo en el discurso, en junio de 2001, en un evento que puso a La Habana, a Washington y a Miami en un frenético estado de alerta, Castro nombró a Raúl su heredero oficial y lo presentó como su relevo. "Él es el compañero que tiene mayor autoridad después de mí —anunció Fidel—. Y es el más experimentado. Por lo tanto, creo que tiene la capacidad de sucederme."

En verdad, Castro había tomado prestada una página de la política mexicana e implantó en Cuba una versión del "dedazo". Bajo el sistema del "dedazo", el presidente literalmente señalaba a su sucesor, con lo cual garantizaba que su partido se mantuviera en el poder y que sus secretos quedaran protegidos. Desde el momento en que Fidel fue operado quirúrgicamente, el 27 de julio de 2006, los poderes del Estado fueron transferidos de manera formal, aunque "temporal", hasta que se recuperara.

A finales de octubre de 2006, los rumores de que Fidel había salido de su lecho mortal fueron tan insistentes y penetrantes que el gobierno se las arregló para que se transmitieran por televisión imágenes pregrabadas de Castro. Él estaba consciente de los peligros de una aparición pública. Aunque se veía robusto y bien de salud, se analizó cada uno de sus movimientos como si se tratara de un espécimen en una caja de Petri. Recuerdo que lo vi presidir un evento el 26 de julio en el monumento al *Che* Guevara en Santa Clara, en el año 2000. Tras caérsele del podio una pequeña bandera cubana, se inclinó y la levantó rápidamente. Entonces comentó que si tropezaba, los rumores sobre su inminente salida se esparcirían como un virus alrededor del mundo.

En realidad, la videocinta del 28 de octubre, analizada con el mismo escrúpulo que un pergamino gnóstico, no convenció a casi nadie de que *el Jefe* se encontrara bien de salud. Las escenas mostra-

ban a un Castro envejecido que caminaba con rigidez. Algunos televidentes dijeron que se veía desorientado, mientras otros opinaron
que aquélla era una prueba de que Castro estaba cerca de la muerte.
Entre ellos se encontraba el zar de la inteligencia estadounidense,
John Negroponte, quien pronosticó —equivocadamente— que a
Castro le quedaban "meses y no años de vida". El director de Inteligencia Nacional lo secundó en su falacia pocos meses después,
pues aseguró al Senado de Estados Unidos que "este año marcará
el final de la larga dominación de aquel país por Fidel Castro".

A finales de 2006 familiares de Castro revelaron a confidentes
cercanos que el presidente cubano había perdido más de cuarenta y
cinco libras y que aún no era capaz de incorporarse solo ni de comer alimentos sólidos. Miembros bien informados de la *nomenklatura* de La Habana ya no creían que Castro fuera a recuperarse. Quizá
podría sobrevivir unos meses más, pensaban, pero nunca recobraría
su capacidad ni su resistencia física. Según se rumoraba, otro ataque
de septicemia acabaría con él. Desde el otro lado de la isla llegó el
rumor de que se había visto a un grupo de trabajadores que excava-
ban un sitio en Pico Turquino. Una atracción popular para lugareños y turistas, Pico Turquino es la cumbre más alta de la Sierra
Maestra. Pronto, Radio Bemba recibió un boletín de último minuto:
el pico, un sitio de caza favorito de Fidel en su juventud, era el lugar
que había elegido para su entierro.

En el seno de la *nomenklatura* se crearon macabros juegos de
adivinanzas. El primero consistía en predecir el último día de Fidel.
El segundo, en nombrar su última morada. Algunos vaticinaron
que lo enterrarían en el cementerio de Santa Ifigenia, en Santiago,
cerca del mausoleo de José Martí. Otros apostaron por que su última
morada sería la Plaza de la Revolución en La Habana o el campo-
santo más famoso de Cuba, el cementerio Colón. Pero los allegados
de Castro sacudieron la cabeza y afirmaron que éste siempre había
sido un hijo orgulloso de Oriente, con poco aprecio por las glorias
de La Habana. Los habitantes de Birán esperaban que lo enterrasen

junto a sus padres y sus abuelos, en la Finca Manacas, su lugar de nacimiento. En verdad, en febrero de 2009, el gobierno declaró monumento nacional al pueblito de Birán. Sin embargo, era una opción improbable pues, para Castro, la política siempre estuvo por encima de la familia, incluso en el más allá.

"Lo que ocurra con mis restos me resulta del todo indiferente", me dijo en 1994. Añadió que el gobierno de su país procedería sin contratiempos y "no se detendría por un solo minuto", lo cual indicaba que incluso entonces ya existía un plan completo de sucesión. Las mejores apuestas aseguraban que Castro se había opuesto a un entierro o a un monumento que pudiese profanarse y había ordenado que sus cenizas se esparcieran cerca del Pico Turquino, en la sierra, el sitio de sus memorias más gloriosas como revolucionario de guerrilla.

De manera oficial, los medios controlados por el Estado repetían con todo rigor el mantra de que Castro se recuperaba satisfactoriamente y retomaría sus deberes como *Comandante en Jefe*, su título honorífico preferido. En diciembre de 2006, oficiales cubanos aseguraron a una delegación de legisladores estadounidenses visitantes que Castro no tenía cáncer ni ninguna otra forma de enfermedad terminal.

Entonces, de manera en extremo repentina, la burbuja tan hermética que rodeaba a Castro se perforó. En Nochebuena, un diario de Barcelona, *El Periódico de Catalunya*, reveló la historia de un viaje secreto a La Habana del cirujano español José Luis García Sabrido. El doctor, cuya especialidad es el cáncer de colon, ya había tratado a Castro y era un conocido simpatizante de la Revolución cubana. Junto con él, en un *jet* rentado por el gobierno cubano, viajó un sofisticado equipo médico con toda una botica de medicamentos no disponibles en Cuba. El doctor había enviado provisiones a La Habana desde la primera operación y había asesorado telefónicamente a los cirujanos de Castro. (Un médico cubano radicado en Miami, quien solicitó el anonimato, afirmó que también había enviado medicamentos contra el cáncer a La Habana durante algún tiempo, e indicó que algunos eran para el presidente cubano.)

A su regreso a Madrid, el doctor García Sabrido no tuvo otra opción que dar una conferencia de prensa. "Él no tiene cáncer —dijo García Sabrido a los reporteros—. Tiene un problema en el sistema digestivo. Su condición es estable. Ahora se recupera de una operación muy delicada —entonces, el buen doctor se desvió con cautela y cuidó sus palabras—: no está planeado someterlo a otra operación, por ahora".

Tan sólo tres semanas después, el 16 de enero de 2007, el periódico español *El País* publicó un relato sobre la condición de Castro con base en dos fuentes médicas que trabajaban en el mismo hospital de Madrid que el doctor García Sabrido. En contraste con la evaluación optimista del doctor, Castro apenas había sobrevivido a tres cirugías intestinales fallidas. No sólo fracasaron las cirugías, sino que a Castro lo habían afectado dos brotes de peritonitis, una infección con potencial letal. La profundidad y los matices de cada detalle médico eran impresionantes. También era una impactante violación de la confidencialidad del paciente, pero dejaba pocas dudas acerca de la veracidad de que Castro había estado en peligro de muerte.

La situación tan grave de Castro en buena medida la había creado él mismo. "El dictador cubano y sus consejeros decidieron la técnica quirúrgica que causaría las complicaciones", informó el diario. Por lo general, a un paciente con la historia de diverticulitis crónica y aguda del máximo líder de Cuba, que provoca invaginaciones crónicas e infectadas en los intestinos, se le practica una colostomía. Una colostomía convencional implicaba extraer los segmentos infectados del intestino y luego unir una bolsa externa al paciente. Cuando el paciente está totalmente recuperado, se le realiza una segunda cirugía para reconectar los intestinos.

Pero Castro rehusó que le practicaran una colostomía, quizá por orgullo, por machismo o por arrogancia, o por alguna combinación de las tres. Con el fin de evitar una segunda cirugía, decidió someterse a una operación mucho más arriesgada. Desoyendo las advertencias de los riesgos que implicaba, optó por una operación en que se le cortarían las porciones infectadas del colon y, al mismo tiempo, se le reconectaría el intestino. "El intento de resección está lleno de dificultades y tiene resultados potencialmente letales", advertía en 1998 un informe de Morgenstern sobre la cirugía para la diverticulitis maligna. Los cirujanos de Castro sabían esto, pero su paciente tenía sus propias ideas. "Nadie podía decirle que no", dijo un amigo de confianza del mandatario cubano, quien estuvo presente en algunas de las discusiones sobre la inminente operación. "Él no escuchará a nadie porque no puede soportar esa idea [la de la bolsa externa]."

En la misma época, el escritor Saul Landau oyó un relato similar de boca de un cirujano de La Habana que conocía el tipo de cuidados que necesitaba Castro. "A Fidel le informaron los riesgos de hacer una sola operación, y dijo que no, que estaba dispuesto a arriesgarse —dijo Landau—. Como de costumbre, tomó una decisión arriesgada. Apostó y perdió."

El atajo deseado —mediante el cual el colon se une con el recto— se rompió, lo que propició el derrame de materia fecal y causó peritonitis. Fue necesaria una segunda operación de urgencia para que Castro sobreviviera. Pero entonces las cosas fueron de mal en peor. Mientras se le incorporaba la bolsa de colostomía, los cirujanos decubrieron que la vesícula biliar de Castro se había gangrenado, y requirió un tubo para drenar el material tóxico.

El tubo de drenaje que conectaba los intestinos con la vesícula biliar también falló. Se requería una tercera operación urgente para insertar un segundo desagüe, fabricado éste en España. Castro derramaba más de una pinta de líquidos al día, lo cual le provocó una "severa pérdida de nutrimentos".

Un especialista en cirugía del colon aseveró que no lo sorprendían tan malos resultados: "La septicemia, la mala nutrición y la tensión sistémica de una cirugía fallida, seguidas de una peritonitis, pueden ser letales", dijo. Después de realizársele la colostomía que le salvó la vida, Castro estaba afligido en extremo. "Fidel estaba llorando —confió a un amigo uno de los doctores que se hallaban en el hospital—. Lloró varias veces aquel primer día. Estaba devastado."

Durante los siguientes cinco meses, Castro fue alimentado de manera intravenosa. Cuando el doctor García Sabrido llegó en diciembre de 2006, descubrió que "Castro moría de hambre", dijo Landau.

"Sólo le habían dado alimento intravenoso y nada de comida, y se estaba deteriorando." Entonces se reintrodujeron los alimentos sólidos en su dieta y poco a poco empezó a ganar peso y mostró señales de mejoría.

Al doctor García Sabrido lo indignaron las indiscreciones de sus boquiflojos colegas con *El País*. Además, ahora se encontraba en malos términos con su legendario paciente. Durante los siguientes dos años, el buen doctor no hizo ningún comentario.

El velo de secreto de Cuba se rasgó aún más pocos días después, cuando el irreprensible Hugo Chávez volvió a hablar sin cautela sobre su amigo. "Fidel está de vuelta en la Sierra Maestra —dijo Chávez; luego, para usar una metáfora poética, añadió—: y lucha por su vida."

Los oficiales cubanos se lanzaron en una frenética contraofensiva. Negaron enfáticamente los informes que provenían de España y llamaron a Chávez a La Habana para un urgente control de las noticias. El 30 de enero de 2007, la televisión cubana transmitió un nuevo video de seis minutos, junto con fotos de Castro y Chávez mientras se abrazaban en la habitación del hospital. Cual Lázaro, estaba de vuelta en el mundo de los vivos. Llevaba su uniforme posoperatorio, unos holgados *pants* de colores rojo, blanco y azul que remplazaban su traje militar y que tenían la ventaja adicional de ocultar la bolsa de colostomía. Mientras sorbía jugo de naranja, Castro hablaba de sus enfermedades recientes. "No había terminado de rehabilitarme cuando ocurrió el otro [accidente]", dijo Castro, en referencia a su caída de octubre de 2004, cuando se fracturó el brazo y la rodilla izquierdos. Añadió que su prolongada enfermedad no era una batalla perdida. Su colega venezolano le daba ánimos: "Sí. No es una batalla perdida —exclamó Chávez—. ¡Y no lo será!"

El interés de Castro por Venezuela se remontaba a algunas décadas atrás. En la primavera de 1948, como líder estudiantil, había viajado a Colombia. Fue una experiencia transformadora para Castro, que culminó con su participación en los disturbios conocidos como el *Bogotazo*, que siguieron al asesinato del populista candidato presidencial Jorge Eliécer Gaitán. En su camino a Colombia, el a la postre presidente cubano se detuvo en Caracas por cuatro días y quedó asombrado por la belleza y la abundancia del país. En una carta a su padre, escribió:

> La ciudad está a unos cuarenta kilómetros del aeropuerto; la carretera que conduce del aeropuerto a Caracas es verdaderamente fabulosa pues tiene que atravesar una cordillera de montañas de más de mil metros de altura. Venezuela es un país muy rico, gracias principalmente a su gran producción de petróleo. Allí se hacen grandes negocios pero la vida es bastante cara. En cuanto a lo político actualmente el país marcha admirablemente bien…

Siempre interesado en la geografía estratégica y en la riqueza económica del país, Castro financió las guerrillas de izquierda en Venezuela durante los años sesenta y setenta. En los años ochenta y noventa mantuvo una relación amigable con el presidente Carlos Andrés Pérez. Pero halló a su discípulo ideal en Hugo Chávez, un patrocinador infinitamente más interesante y maleable que los amos soviéticos de Cuba. Chávez era un líder carismático con ambiciones bolivarianas, un Juan Perón del siglo XXI con petróleo. Aunque el sucesor de Fidel sería su hermano Raúl, su heredero sería Hugo Chávez.

El vínculo entre ambos jefes trascendió los intereses geopolíticos mutuos. Chávez apenas había conocido a su propio padre, y así lo expresó cuando dijo: "Fidel es como una figura paterna para mí". De 1999 en adelante, ambos hombres se vieron en muchísimas ocasiones, a veces en privado y sin anunciarlo. En verdad, Chávez tiene buenas razones para sentir que debe su presidencia, si no es que su vida, a las astutas maniobras de Castro.

En sus memorias, el mandatario cubano narra el papel tan crucial que desempeñó durante el intento de golpe de Estado contra el presidente venezolano en 2002. "'¡No renuncies! ¡No renuncies!', le dije una y otra vez", recuerda Castro, quien asesoró a su amenazado amigo durante toda su ordalía. Paul Hare, quien en aquel momento era embajador británico en Cuba, recuerda que cuando se creyó que todo estaba perdido, Castro "pidió a la Unión Europea que enviara un avión para llevar a Chávez a salvo a La Habana". El otrora vicepresidente del país, Carlos Lage, en 2007 lo expresó con sencillez: "Cuba tiene dos presidentes: Fidel y Chávez".

A finales de febrero de 2007, impulsado por una inesperada ráfaga de energía repentina, Castro hizo una sorpresiva llamada de treinta y dos minutos al programa de radio de Chávez y regaló a su amigo anécdotas y chistes. Castro había empezado a hacer llamadas telefónicas a inusuales horas del día y de la noche, e instaba a algunos sorprendidos interlocutores a referirse a él como *el Fantasma*. Un amigo suyo que lo visitaba a menudo atribuyó su recuperación al uso de su cámara hiperbárica de oxígeno: entre tres y cuatro veces al día, dijo el amigo, por intervalos de una hora.

Pocas semanas después, en un periódico colombiano, se publicaron fotografías en las que Castro paseaba por los jardines de su hospital con el novelista Gabriel García Márquez. "Fidel es una fuerza de la naturaleza —dijo el escritor colombiano, y recordó a los incrédulos—: con él, nunca se sabe."

A principios de la primavera de 2007, Castro pareció haber vuelto de lleno al reino de los vivos. Aunque lastimosamente frágil y con la sombra de la muerte nunca demasiado lejos, juntó toda su formidable voluntad y él mismo se ordenó vivir. Toleraría una precaria calidad de vida a cambio de la supervivencia. Y a medida que los días se convirtieron en semanas, Castro recuperó su papel como gerente general de su país y se entrometió en todos los asuntos de Estado.

Poco a poco, el máximo líder de Cuba se convirtió de *Comandante en Jefe* en *Experto en Jefe*. El 28 de marzo de 2007, *Granma* comenzó a publicar las "Reflexiones" de Fidel Castro. En los siguientes cinco años y medio, como en pequeñas descargas —a veces semanales, a veces mensuales— escribió veintenas de ensayos y de columnas. Los temas de Castro eran grandes y pequeños: desde los inconvenientes de los biocombustibles hasta arremetidas contra George Bush, contra la CIA y contra su postulante de asesino más insistente, Luis Posada Carriles. Sobre los ataques del 11 de septiembre hubo teorías de conspiración y revelaciones acerca de cómo Cuba había advertido a Ronald Reagan sobre un intento de asesinato. No todos los temas eran profundos y políticos. Ningún tema era demasiado cotidiano para las rumias del gran hombre; incluso la imperiosa necesidad de remplazar los focos incandescentes por fluorescentes llegó hasta su columna.

No quedó claro si Castro escribía por sí mismo, con escritores prestanombres o por dictado. Es posible que recibiera la ayuda de uno de sus especialistas en medios, como Reinaldo Taladrid o el director de *Granma*, Lázaro Barredo, ambos consagrados propagandistas, quienes solían armar plataformas mediáticas, mensajes y libros en interés del Estado. Por más asistencia que haya tenido, las inigualables florituras retóricas de Castro y su picante dicción fueron evidentes en sus columnas, las cuales aparecieron en el periódico del Estado y fueron enviadas por Internet. A pesar del deterioro de su salud, no había perdido su sentido del humor ni su sarcasmo cáustico. Cuando, en 2007, el presidente George W. Bush expresó su deseo de que "un día el Buen Señor se llevará a Fidel Castro", el elocuente cubano estaba listo para devolver el golpe. "Ahora comprendo por qué sobreviví a los planes de Bush y de los presidentes que ordenaron asesinarme —respondió Castro con jovialidad en su siguiente 'Reflexión'—: ¡el Buen Dios me protegió!"

En mayo de 2011, el doctor Selman-Housein intervino una vez más: "¡Te lo dije! ¡Va a vivir 140 [años]! Lo dije hace como cuatro o cinco años y la gente me dijo que si se había enfermado, y bueno… ¡vamos a ver!", expresó el médico voluble tras inaugurar en La Habana el Seminario Internacional Longevidad Satisfactoria.

El titán cubano se convirtió en un hábil titiritero, ya no visible en el escenario, pero que movía las cuerdas del poder entre bambalinas. Ahora era Fidel, *el Mago*, escondido tras el telón del Oz cubano. En sus buenos ratos, cuando el dolor y la incomodidad eran soportables, no había nada ni nadie que lo detuviera: el mundo oiría de él. Para Fidel, la Revolución era suya; era una operación de toda la vida. Y quizá de más allá.

CAPÍTULO DOS

La familia

Los chismes son el pasatiempo nacional de Cuba, seguidos del béisbol y el sexo, aunque el orden bien podría invertirse. Sin embargo, las charlas del momento sobre la vida personal de Castro provocaron que quienes hablaran acerca del tema quedaran fuera de su círculo íntimo. Silencio era lo que se buscaba, por razones políticas y personales. "Él siempre fue muy reservado —me dijo su hermana Juanita en 2002—, reservado respecto de sus problemas personales y todo eso. No era un fanfarrón."

Los reporteros también pagaron un precio alto por cualquier incursión en lo que Castro consideraba su zona de privacidad. Yo supe esto de primera mano en marzo de 2007, cuando llegué al Aeropuerto Internacional José Martí en La Habana. Tal como lo había hecho en diversas ocasiones, llegué con una visa cubana de turista. Como periodista de tiempo completo, Estados Unidos me permite viajar a Cuba sin restricciones, con el permiso general que se concede a la prensa. Pero conseguir una visa de prensa cubana puede tardar meses, incluso años, pues las solicitudes pasan por toda la *burrocracia* cubana. Rara vez niegan una visa de inmediato; en cambio, a los periodistas nos dejan en un limbo sin respuesta que puede durar mucho tiempo. No es extraño que los reporteros viajen como turistas comunes. *The Miami Herald*, al cual no se le ha concedido una sola visa, responde enviando a Cuba a multitud de reporteros, por lo regular jóvenes relativamente desconocidos, que escriben sin firmar.

Durante mis doce viajes a la isla, traté de pasar el mayor tiempo posible fuera de La Habana y llevar a cabo lo que podría llamarse "actividades turísticas", mientras veía con mis propios ojos cómo vivía la mayoría de la gente. Varias veces conduje hacia Oriente o hacia Trinidad, en la costa sureste, o hacia Baracoa, donde Colón apreció la exuberante belleza de la isla color esmeralda cuando desembarcó aquí, en 1492. Si deseaba entrevistar a un oficial del gobierno, tendría que solicitar una visa de prensa en el Centro Internacional de Prensa, en la Calle 23 de La Habana.

"Mírame", ladró la oficial sentada en la ventanilla, mientras yo avanzaba. Era el saludo grosero que se da a todos los visitantes que llegan a Cuba, en lugar de "Bienvenido" o *"Welcome"*. Entonces, la oficial leyó con detenimiento en su computadora para su acostumbrada revisión de delincuentes, presuntos asesinos y enemigos del Estado. Los aeropuertos de Cuba, así como sus departamentos de Aduanas e Inmigración, están bajo un estricto control del Ministerio del Interior (Minint), en servicio de la inteligencia cubana.

Durante mis doce viajes anteriores a Cuba, nunca había tenido problemas. En esta ocasión en particular, incluso había enviado un correo electrónico para informar al oficial de prensa y al "embajador" en la Sección de Intereses Cubanos, la cual sustituye a una embajada en Washington, sobre mis planes y mi itinerario, tras haberme entrevistado con ellos un mes antes. La oficial de Aduanas me miró y dijo: "Espera allí". A mis dos acompañantes de viaje se les permitió entrar, pero a mí me indicaron que permaneciera ahí.

Durante las siguientes doce horas, permanecí detenida en el lóbrego aeropuerto de La Habana, donde el aire acondicionado es excesivo. Con su molesto alumbrado fluorescente, su música embrutecedora y sus televisores retumbantes, la terminal José Martí podría parecer una enorme celda de interrogatorio. Al principio, me dijeron que tendría que permanecer en el piso de llegadas, afuera del Control de Migración, y a la vista de los oficiales del Minint del aeropuerto y de su oficina adjunta. También me informaron que no podría hacer llamadas telefónicas ni hablar con otros pasajeros. Sentí que una melancolía helada bajaba por mi cuerpo al ver que, uno tras otro, se encogía de hombros cada oficial del Minint. No confirmaban que yo estuviera en la lista negra; tan sólo decían: "No pasa".

Al día siguiente me escoltaron a un avión para regresar a Cancún, México. Exhausta y con malestares por el inútil desvelo, había perdido unos cinco mil dólares por la cancelación de vuelos, hoteles y rentas de autos. Pasaron seis meses para que yo me enterara de quién me había negado la entrada. "El problema es Fidel. No le gustó su libro", reveló un importante oficial del gobierno a un amigo mutuo. Se refería a *Cuba confidencial*, publicado a finales de 2002. Curiosamente, Castro no estaba tan inquieto por el contenido político del libro como por las revelaciones personales sobre él y su familia, en un capítulo titulado "Castro Family Values". "Por las cosas personales", dijo el oficial. Uno de los problemas quizá fue la mención de su hija ilegítima, Panchita Pupo, desconocida hasta ese momento incluso para algunos hijos de Fidel. El oficial añadió que estaba más allá de su alcance rectificar la situación. La orden debía de provenir del propio Castro.

Muchos cubanófilos se sorprendieron al enterarse de que me habían rechazado. Era bien sabido que Castro leía con avidez las noticias más importantes acerca de él y de su país. En verdad, yo había escrito varios informes duros desde 1992. Pero también fui coautora de uno de sus favoritos: la serie de *The New York Times* sobre el anticastrista Luis Posada Carriles. Castro leyó en voz alta largos fragmentos de los artículos durante la celebración del cuadragésimo cuarto aniversario de la Revolución en 1998, que se transmitió por la televisión y la radio cubanas.

Mi caso no era, ni por asomo, el primero de un periodista que es expulsado de la isla. Tras el estrepitoso deterioro de Castro en julio de 2006, a los reporteros extranjeros literalmente los acecharon.

Entre ellos estaba Ginger Thompson, de *The New York Times,* quien, tras oír en la radio la noticia de que Castro había enfermado, entró a Cuba con una visa de turista desde México. Una semana después de haber llegado, oficiales cubanos la localizaron en su hotel del centro de La Habana y la escoltaron hasta el aeropuerto. "Me llevaron directamente a Aduanas y Migración", dijo Thompson, y se aseguraron de que no pudiera salir del aeropuerto. Cuando llegó Eugene Robinson, de *The Washington Post*, lo pusieron en el siguiente vuelo de regreso a Estados Unidos.

Incluso tener una visa de prensa no es una garantía en un país donde las leyes y las reglas son elásticas, subjetivas y, a veces, endurecidas caprichosamente. En 1998, David Adams, de *The St. Petersburg Times,* llegó a La Habana con una visa de prensa. Era su primer viaje desde su serie de 1995 sobre la prostitución en La Habana, que hizo enfurecer tanto al ministro del Interior que Adams fue incluido en la lista negra de los medios. Se le había negado una visa para cubrir la histórica visita del papa, junto con Peter Katel, de *Newsweek*, y varios otros reporteros tildados de ofensores.

Todo estuvo bien hasta que Adams se registró en su habitación en el Hotel Nacional. "Alrededor de las dos de la madrugada unos oficiales uniformados del Minint me despertaron —recuerda Adams—. Me dijeron que empacara mis maletas." Cuando Adams les explicó que contaba con una visa de prensa y que se encontraba legalmente en el país, uno de los oficiales le pidió su visa y su tarjeta de registro del hotel, rompió la segunda y dijo: "Ya no". "Me dijeron que no valía." Después fue trasladado de vuelta al aeropuerto y enviado a casa. En el caso de Adams, hubo un problema de comunicación entre el Minint y el Ministerio de Relaciones Exteriores (Minrex), el cual entrega las visas. Ese mismo año, Adams recuperó su visa de prensa y se le permitió volver a cubrir las noticias de la isla.

Por increíble que parezca, el gobierno cubano no tarda en quejarse cuando a sus periodistas se les niega la entrada a Estados Unidos. Así ocurrió en septiembre de 2008, cuando a dos reporteros de la agencia noticiosa Prensa Latina, Ilsa Rodríguz Santana y su esposo Tomás Granados Jiménez, quienes han cubierto las noticias sobre las Naciones Unidas desde 2005, se les impidió reingresar a Estados Unidos tras haber ido a la isla. En una carta al presidente de la Asociación de Corresponsales de las Naciones Unidas, ambos periodistas expresaron su repudio y su "más enérgica protesta contra un acto tan absurdo y arbitrario, el cual viola todos los criterios que rigen las relaciones entre las Naciones Unidas y los Estados Unidos como país sede". Poco después, ambos recuperaron sus visas.

El doble criterio de "libertad de viajar" no parece molestar a los cubanos. En verdad, a medida que se deterioraba la salud de Castro, el control de la información se volvió cada vez más rígido. Se elaboró una lista de todos los reporteros extranjeros conocidos que cubrían las noticias de Cuba —se asegura que sobrepasaba los seis mil nombres— y se repartió entre los oficiales de los aeropuertos de todo el país. Las visas de prensa cubanas se volvieron cada vez más escasas y más codiciadas que un asiento en el avión presidencial estadounidense. Los reporteros que tuvieron la suerte de conseguir una visa, que por lo regular les había costado meses de presiones, ruegos y grandes gastos, se volvieron extremadamente cautos en sus reportajes. El gobierno se había puesto en guardia y logró un nivel discernible de autocensura entre la prensa extranjera. El resultado no se comparaba con lo que disfrutaba en casa, pero logró refrenar las historias negativas a la vez que detectar a posibles infractores.

Los periodistas no son las únicas víctimas de la inhospitalidad del gobierno. Según un agente de viajes canadiense, quien pidió el anonimato, no es raro que "un pasajero por vuelo", por lo regular un cubano-estadounidense visitante, sea detenido al llegar. Por lo general, a los infortunados viajeros se les envía de regreso a casa en el siguiente vuelo, sin importar que tengan visas válidas. Los grupos humanitarios y las organizaciones de derechos humanos también son sujetos del veto caprichoso del gobierno.

En abril de 2009 Cuba negó la visa a la Comisión Estadounidense para las Libertades Religiosas Internacionales, que realizaría una visita que había planeado durante largo tiempo. Al percatarse de que incluso Arabia Saudita y China habían permitido visitas de ese grupo, el presidente de la comisión, Felice Gaer, especuló: "¿Acaso el gobierno cubano tiene algo que esconder?"

Mientras que los periodistas extranjeros están convencidos de que si cubren noticias sobre la familia Castro lo hacen bajo su propio riesgo, para los periodistas cubanos —empleados por el Estado— esa esfera es inviolable. El círculo personal de Castro estaba tan restringido que no fue hasta 2003 cuando la televisión oficial ofreció su primera imagen de Dalia Soto Valle, la concubina de Castro desde 1961, madre de cinco de sus hijos.

Al seguir el mismo patrón que su padre, quien no se casó con su madre hasta que tuvieron a su séptimo hijo, Castro, según dicen, no contrajo matrimonio con Dalia hasta 1980. En verdad, muchos miembros de la *nomenklatura* aseguran que Castro nunca desposó a Dalia, sino que la hizo su pareja de hecho. "Por eso la llaman 'la mujer de Fidel' —afirma el escritor Achy Obejas—, nunca 'la esposa'. Recuerde que lo importante en la cultura cubana es ser la casa grande", no la segunda ni la tercera. Las amantes eran algo normal para los varones cubanos de la generación de Castro, e incluso se les ve como indicadoras del estatus personal. "El nivel de discreción es el factor operativo", dice Obejas.

Extrañamente, a todos los hijos de Dalia con Fidel les pusieron nombres que empiezan con la letra A. En un acceso de narcisismo, a los tres mayores se les nombró con variaciones de Alejandro, el *nom de guerre* revolucionario de Fidel, en homenaje a Alejandro Magno. (El hijo de Raúl Castro también se llama Alejandro.) Después de Alex, el mayor, nació Alejandro en 1963. Antonio, cirujano ortopedista, nació en 1969; Alexis, en 1971, y Ángel, el menor, llamado así en honor del padre de Fidel, en 1974.

En los asuntos domésticos y personales, Castro era cortés y discreto, no distinto de como se mostraba con los visitantes externos. Aunque gozó de una multitud de romances, es notable cómo casi ninguna de las mujeres con las que se involucró ha buscado publicitar o explotar su relación con el mandatario cubano. Habla muy bien de su carácter el hecho de que haya creado suficiente buena voluntad entre sus muchas amantes que ellas se hayan resistido a lucrar con su relación. Uno de estos amoríos ocurrió, según se sabe, con la periodista venezolana Isa Dobles, quien a principios de los años ochenta tuvo su propio programa de entrevistas, el cual se transmitía justo antes de las noticias de la noche de la televisión cubana; se llamaba *Isa da la hora*. Solía decirse que "ella jugaba ajedrez con Fidel todas las noches", una fachada extravagante para el dúo, según una habanera cuya familia trabajaba en la inteligencia cubana. (En la década de los ochenta, Castro rara vez jugaba al ajedrez, pues decía que el juego y su ritmo glacial lo aburrían, no obstante sus célebres justas con Bobby Fischer en 1965.) A pesar de que la extrovertida Isa tuvo una desavenencia con el líder cubano y, según se dijo, fue escoltada al aeropuerto en 1992, ella nunca escribió sus memorias sobre ese romance.

En realidad, sólo una amante, Marita Lorenz, quien mantuvo un breve desliz con Castro en 1959 tras conocerlo en un crucero cuyo capitán era el padre de Marita, ha buscado enriquecerse con esa experiencia. Lorenz declaró que, en cierto momento, fue forzada a abortar un hijo de Castro, pero no contó con evidencias que sustentaran su historia. Ella incluso llegó a ser asesora de Oliver Stone para su película *JFK*.

Una de las pocas incursiones en el domicilio de Castro ocurrió a cargo de una ex novia de Antonio Castro, Dashiell Torralba, quien emigró a Miami en 2002, acompañada de unos videos. Por una cifra reportada de cien mil dólares, el Channel 23, la filial de Univisión en

Miami, transmitió unas escenas del complejo residencial Dalia-Fidel, conocido como Punto Cero. El extenso hogar de cuatro recámaras está fuera de la vista del público, protegido en una zona de alta seguridad cerca de la Calle 160, en el exclusivo suburbio del oeste de La Habana conocido como Siboney. Castro conservó muchas otras residencias en La Habana —y en toda la isla— pero Punto Cero es el conjunto familiar. Incluidos en el video mencionado había dos minutos de Fidel caminando tranquilamente en pijama mientras comía un poco de sopa. Pero el video decepcionó a los críticos más duros de Castro. "Dashiell Torralba mostró la casa de clase media alta a la que Fidel llama su hogar y, por decir lo menos, no era algo digno de contarse —opinaban en un *blog*—. No había una alberca lujosa, sirvientes que atendieran a Fidel y otros privilegios comunes de la clase gobernante." Torralba, quien después trabajó en el Macy's de Miami, fue acusada de fraude con tarjeta de crédito en 2007.

Cuando le pregunté a Castro, en 1993, cuántos hijos tenía, primero se resistió a responder, luego cedió y dijo, con una sonrisita irónica: "Casi una tribu". Y no exageraba. En total, tuvo diez hijos, al menos. Además de Fidelito y los cinco niños que tuvo con Dalia Soto del Valle, Castro procreó al menos otros cuatro hijos, frutos de diversos amoríos.

Aunque no fue un padre muy cariñoso, cumplió con sus obligaciones y cuidó —aunque de manera lejana y ambulante— a su siempre creciente clan. Apoyó económicamente a todos sus hijos y procuró que tuvieran oportunidades providenciales. Sin embargo, no toleró las ostentaciones públicas de privilegios, ni el consumo conspicuo ni la incompetencia. Cuando su hijo mayor, Fidelito, quien dirigió la Comisión de Energía Atómica Cubana de 1980 a 1992, hizo malos manejos del programa de poder nuclear de Cuba a mediados de los ochenta, lo despidió. "Fue despedido por incompetente. Ésta no es una monarquía."

En otra ocasión, volcó su furia sobre su hijo Alejandro. A principios de la década de 1990, Castro reintrodujo el turismo, pero había ordenado que los cubanos no tuvieran acceso a los hoteles. Cuando descubrió que Alejandro había aceptado una invitación de algunos amigos europeos para hospedarse en un hotel en Varadero, el máximo líder de Cuba despidió al gerente de dicho hotel. Según la primera esposa de Alejandro, quien después emigró a España, el hijo de Castro quedó tan molesto por el incidente que se mudó del conjunto familiar en Punto Cero.

Fidel Castro engendró otro hijo con una admiradora llamada Amparo, se dice Alina Fernández, a quien conoció tras su salida de prisión en 1955. Jorge Ángel Castro, nacido en 1956, es en todos los sentidos un muchacho agradable y sencillo con una numerosa familia propia.

De acuerdo con un familiar de Celia Sánchez, la confidente de Fidel, Castro tuvo otro hijo a principios de 1960, producto de una aventura fugaz. No se le conoce fuera de un pequeño círculo y no ha recibido atención pública. El niño también se llamó Alejandro, dijo la fuente, pero quizá, para diferenciarlo del hijo de Dalia, se le apodó Ciro en honor a Ciro Redondo. Mártir revolucionario que sobrevivió al fallido asalto al Moncada, Redondo luchó y murió en la sierra. Hay una ciudad que lleva su nombre en la provincia de Ciego de Ávila; su tocayo, según un amigo que también fue su compañero de escuela, tenía un físico de estrella de cine, con ojos verdes y vívidos y la tez más morena que los otros hijos de Castro. El joven Ciro se dedicó a la medicina del deporte tras estudiar educación física; se casó con una oficial menor del Ministerio de Turismo a mediados de los ochenta y se estableció en una cómoda casa de dos plantas, justo al oeste de Miramar.

Se han atribuido otros hijos a Castro, ninguno confirmado por el gobierno ni por Castro. En 2009 el desertor de la inteligencia cubana Roberto Hernández del Llano apareció en un programa de televisión de Miami y afirmó que Castro había procreado un hijo con la esposa de un oficial importante. Según Hernández, Rosana Rodríguez, la esposa de Abraham Masiques, tuvo un hijo llamado Fito, nacido hacia 1970, que en realidad era hijo de Fidel.

Francisca Pupo, *Panchita*, nació en 1956. Es hija de un breve romance de Castro con una mujer de Santa Clara. "Lidia y Raúl la cuidaron en Cuba —aseguró un amigo de la familia—. Pero nunca formó parte del círculo íntimo." A Pupo se le permitió emigrar a Miami en 1998, donde ha vivido en paz trabajando como maestra de escuela. Además, goza de la amistad de Juanita Castro, la única entre los hijos de Castro que se ha desligado públicamente de Fidel y de la Revolución, y quien huyó en 1964.

Yo he sido una guerrilla aquí en Miami [bromeó]. La madre de Panchita se casó con un hombre que la crió [explicó Juanita, quien funge como la matriarca de la familia Castro en Miami], pero fue Fidel quien se hizo cargo de su manutención en Cuba. Ella no guarda rencor. No habla mal de Fidel... Después de todo, él es su padre.

Pero la más famosa es Alina Fernández, hija de Natalia Revuelta, mujer de aristocrática belleza. Fernández huyó de Cuba en 2003 y escribió unas interesantes y fieras memorias acerca de su vida como hija ilegítima de Fidel. Algunos miembros del clan Castro, incluida Juanita, sugieren que Fidel no es el padre de Alina. Efraim Conte, sobrino de Celia Sánchez, concuerda con esta idea y dice que Castro dejó bien claro a la familia Sánchez que no cree ser el padre de Alina. Otros arguyen que existe suficiente parecido entre ambos y señalan que Castro no la habría apoyado si no creyera que es su hija. Los escépticos, como la familia de Celia Sánchez (quien tuvo una relación de rivalidad con la madre de Alina) y Juanita, creen que Castro no disputó su paternidad por consideración a Revuelta, quien fue protagonista de la Revolución y la apoyó decididamente.

Pero de todas las mujeres de su vida, la relación entre Castro y Myrta Díaz-Balart, la madre de su primer hijo, fue la más decisiva. Desde su primer encuentro en la Universidad de La Habana, en 1946, su relación estuvo cargada de pasión, política y conflictos. La mala voluntad que engendraría la ruptura de Castro y Díaz-Balart no sólo envenenó las relaciones de las dos familias, sino que desempeñó un papel notable en el estancamiento de cincuenta años entre Cuba y Estados Unidos. Uno bien podría ver la saga Castro-Díaz-Balart como una especie de Casa de Atreo, una versión hispana de los Hatfield y de los McCoy (las familias en conflicto de la Guerra Civil estadounidense) o una telenovela de cinco décadas.

Myrta, una bella estudiante de filosofía, era hija de una familia de gran poder político de Banes, un minúsculo pueblo del oriente, que sirvió como casa matriz de la United Fruit Company. El padre de Myrta, Rafael, un abogado bien conectado que representó a la United Fruit, también fue amigo y vecino de un ambicioso coronel del ejército llamado Fulgencio Batista. Después de que Batista se adueñó del poder mediante un golpe de Estado en 1952, recompensó a los Díaz-Balart con dos ministerios. El padre de Myrta se convirtió en ministro de Transportes y Comunicaciones, mientras que su hermano, también llamado Rafael, obtuvo el codiciado nombramiento de subministro del Interior (en la década de 1950 conocido como Gobernación), responsable de la inteligencia, de los asuntos de seguridad y de la policía secreta. Cuando nació su primer hijo, Lincoln Díaz-Balart (el futuro congresista de Miami), Rafael pidió a Batista y a su esposa, Marta Fernández, que fueran los padrinos del niño. En verdad, esperaron hasta 1958, cuando el chico tenía cuatro años; el bautizo se llevó a cabo en la ostentosa finca campestre de Batista, Kukine.

Hasta el golpe de Batista, el joven Rafael había sido buen amigo de Fidel Castro, tan cercano que le había presentado a su hermana Myrta y los acompañó durante una parte de su luna de miel en Miami. Pero el sigiloso asalto de Castro al Cuartel Moncada dañó de manera irreparable a la familia de su esposa. Castro había convertido una discusión familiar en una guerra contra su familia política. Al principio, Myrta rompió con su propia familia para apoyar a su esposo, sólo para que se le dijera que sus sacrificios eran insuficientes. Pero el orgullo de Castro era tal que, cuando descubrió que el hermano de Myrta le había provisto de un escaso estipendio gubernamental, se volvió contra ella y le dijo que la mísera suma era un insidioso ataque a su honor. "Estoy dispuesto a emplazar a mi propio cuñado y batirme con él en su oportunidad." "Es el prestigio de mi esposa y mi honor de revolucionario lo que está en juego. No vaciles en esto, devuelve la ofensa y hiere hasta lo infinito. ¡Que me vea muerto mil veces antes de sufrir impotente semejante ofensa!", escribió desde prisión en 1954. A esto seguirían más de tres décadas de distanciamiento. A finales de 1954, en medio de su amargo divorcio, Myrta se fue a Estados Unidos con Fidelito, de cinco años, en busca de respiro y distancia de su enfurecido esposo. Castro juró luchar hasta la muerte para obtener la custodia de su hijo: "Pierdo la cabeza cuando me pongo a pensar en estas cosas", escribió a su hermana Lidia. "Yo estaré algún día en libertad. Hijo y honra me tendrán que devolver aunque la tierra se hunda." Myrta obtuvo su divorcio y, al principio, conservó la custodia. Pero Castro dejó bien claro a su hermana que nunca se daría por vencido en su demanda. "Si creen que me van a acabar la paciencia y que a base de eso voy a ceder, se van a encontrar con que estoy revestido de calma asiática y dispuesto a reeditar la famosa Guerra de los Cien Años ¡y a ganarla!…" Castro triunfó: ganó la custodia única de su hijo en 1959, como parte de los desmanes del derrocamiento de Batista, tras lo cual se adueñó del poder. Myrta vivió en el exilio con su nueva familia en Madrid, España. "A ella le habría encantado llevárselo [a Fidelito] fuera de Cuba", dijo Barbara Walker Gordon, una amiga de infancia de Myrta.

Fidelito asistió a la universidad en la Unión Soviética; egresó con un doctorado en física y luego viajó extensamente. Durante este periodo, Myrta mantuvo contacto regular con su hijo y lo visitó durante sus viajes a Europa. "Solían verse todo el tiempo, pues él representaba a Cuba en las juntas científicas de todo el mundo —dice Gordon—. Él volaba a Madrid y la invitaba a asistir y a verlo siempre que estaba en un congreso científico." En ocasiones, Myrta voló a varias ciudades europeas para entrevistarse en privado con su hijo, quien a veces llevaba a sus propios hijos. Ella también empezó a realizar viajes discretos y secretos a La Habana. Pero, a principios de los años noventa, las visitas terminaron después de que padre e hijo tuvieron una disputa.

En 1999, Myrta le confesó a Barbara Gordon que habían pasado casi ocho años desde la última vez que había visto a su hijo, aunque se comunicaban por teléfono y por carta. "Ella estaba furiosa —dice Gordon—. No ha logrado volver a Cuba… Todo tiene que ver con el hecho de que [Fidelito] estuvo bajo arraigo domiciliario", con lo cual se refiere al distanciamiento entre Fidel y su hijo mayor en relación con los presuntos malos manejos del programa del reactor nuclear, encabezado por Fidelito. "Ella estaba muy preocupada por su nieto y por su hijo —sostuvo Gordon en aquel entonces—. Me dijo: 'Nunca digas nada'." Ella no quería que nada interfiriera con su plan de ir a Cuba ni con la relación con su hijo. Y es que, si algo llegaba a saberse, "Fidel podía armar una bronca".

En el año 2000, Raúl Castro promovió una reconciliación entre su orgulloso hermano, el hijo mayor de Fidel y Myrta. "Raúl es el mejor para ella —comenta Gordon—. Me lo dijo ella misma: 'Él es quien se hace cargo de mi situación'. La relación padre-hijo se suavizó aún más cuando Fidelito, siempre con inclinaciones académicas, tomó otro cargo como investigador principal y profesor de la Academia Cubana de Ciencias."

De 2002 en adelante, Myrta comenzó a pasar mucho tiempo en La Habana con Fidelito y su familia, de nuevo con el consentimiento de la familia Castro. (La hija mayor de Fidelito, Myrta Castro Smirnova, nacida en 1975, lleva el nombre de su abuela; su hijo mayor, Fidel Antonio Castro Smirnov, nacido en 1980, el de su abuelo. Sus tres hijos los tuvo con su primera esposa, nacida en Rusia. Fidelito no tiene hijos con su segunda esposa, María Victoria Barreiros, hija de un general del ejército cubano.)

Las visitas de Myrta a la isla hicieron enfurecer a su propia familia, los Díaz-Balart, quienes se habían establecido como protagonistas de la política de Miami, y acentuaron su mutuo distanciamiento. Tan inimaginables eran sus largas estancias en La Habana, que su hermano Rafael (hasta su muerte) y sus hijos, Mario y Lincoln, ambos congresistas por Miami, rehusaron reconocerlas. En 2007, Myrta pasaba más tiempo en La Habana que en Madrid y se alojaba en una cómoda casa en Miramar, preparada para ella por Raúl Castro. Lourdes García-Navarro, reportera de la Radio Pública Nacional, es sobrina de Myrta por vía de Emilio Núñez Blanco, segundo esposo de Myrta, quien falleció en 2006. No mucho después, ella vio a su famosa tía, quien siempre fue tímida con la prensa, en La Habana. "Es una tía de lo más agradable y amigable —asegura García-Navarro—. Pero se cuida mucho de los reporteros."

En verdad, sus escapadas a Cuba pueden verse como un trofeo final para Castro. En una rara excepción a la política de privacidad de la familia, Cuba publicó la fotografía de una radiante Myrta con su muy elegante hijo durante la inauguración de la Cumbre de Nanociencia/Nanotecnología a finales de 2008.

"Creo que ella fue la gran pasión de la vida de Fidel", aseveró una antigua amante de Castro. Otra amiga recordó una cena en la que Fidel contó un sueño que había tenido, donde él era una princesa, que parecía ser Myrta, lo cual la llevó a concluir que "el amor de su vida siempre ha sido Myrta [pues] fue el amor de su juventud".

Fidel Castro nunca fue muy sentimental en relación con su cumpleaños. En realidad, algunos se han preguntado si en verdad nació en 1926 —como él lo ha declarado— o un año después, en 1927, una fecha sugerida por un comentario de su hermano mayor, Ramón. La mayoría de los expertos han optado por la primera fecha, aceptada por su hermana menor, Juanita. Su madre recordaba vívidamente que su hijo llegó al mundo la madrugada del 13 de agosto, a las dos de la mañana, "en punto", precisaba. Desde el principio, fue difícil: un bebé enorme que al salir de la matriz pesaba doce libras.

Aunque nunca hizo alborotos sobre su cumpleaños, Castro disfrutó el disgusto anual que esa fecha provocó en su distanciado sobrino, Lincoln Díaz-Balart. El congresista por Florida, quien se cuenta entre los enemigos más belicosos de Castro, tuvo la desgracia de haber nacido ese mismo día, el 13 de agosto. No obstante su naturaleza poco sentimental, Castro sabía que cada año que viviera humillaría a sus enemigos de Washington y de Miami. Con ese fin, los planes para su fiesta de cumpleaños en 2006 habían tomado la magnitud del carnaval de Nueva Orleans, con un mes de duración.

Pero, como me lo dijo Castro en 1994, "hay ocasiones en que no podemos ser los amos de nuestro propio destino". Y así fue, pues Castro fue confinado en cuidados intensivos y el cumpleaños que se le había preparado con tanto cuidado tuvo que cancelarse. Docenas de líderes y celebridades extranjeros cancelaron sus planes de volar a La Habana para la que había prometido ser una gala estelar de una semana de duración.

En verdad, Castro pasó su cumpleaños en cama, como un inválido conectado a un suero lleno de nutrimentos y antibióticos. Se mostró un video en el que su hermano Raúl y su protegido venezolano Hugo Chávez presentaban a un lánguido Fidel portando un retrato suyo. Al sentir la necesidad de confirmar la vitalidad del máximo líder, *Granma* publicó fotografías de él mientras sostenía un teléfono, con un ejemplar del periódico del día anterior, 12 de agosto. La evidencia fotográfica iba acompañada de una adusta declaración del indispuesto líder: "Yo pido a todos ustedes que sean optimistas y que al mismo tiempo estén listos para enfrentar cualquier noticia adversa".

Aquello no fue sino una pálida sombra de lo ocurrido en su cumpleaños número setenta y cinco, el cual también había pasado con Chávez. En 2001, un robusto Castro celebró su cumpleaños con una fiesta de champán en Caracas, mientras Chávez cantaba "Feliz cumpleaños". El otrora omnipotente dúo —el sultán petrolero de Latinoamérica y el perpetuo gobernante cubano— se embarcó en un viaje náutico por los bosques de temporal de Venezuela en el yate de Chávez.

El cumpleaños de Castro cinco años después, en 2006, fue un evento desangelado. Tras regresar a Venezuela, Chávez habló con sentimiento sobre la visita a su amigo: "Fidel me dijo: 'Chávez, yo ya viví mi época, ya puedo morir. Yo soy libre de morir, tú no. Tú eres un esclavo de la vida, no dejes que te maten'". El líder venezolano añadió: "Será una recuperación lenta por el tipo de enfermedad, que fue grave en cierto momento". Las declaraciones espontáneas y pesimistas causaron consternación en La Habana, y no por última vez. De ahí en adelante, se le solicitó a Chávez que limitara sus comentarios a afirmaciones optimistas y positivas: salirse por la tangente. Pocas semanas después, insistió en que Castro se recuperaba con rapidez. "Ya puede sentarse y escribir. Tiene un teléfono y da órdenes e instrucciones", comentó el presidente venezolano a su público durante su acostumbrado programa de televisión de los domingos.

Pero las afirmaciones fueron desmentidas por la ausencia de Castro en la Junta del Movimiento No Alineado el 11 de septiembre de 2006. El líder cubano había invertido bastante capital político para ganar el privilegio de presidir la junta, la cual funciona como una especie de OTAN del Tercer Mundo para 118 países. Pocos días antes de la junta, un evento que, según lo esperaba Castro, puliría la imagen de Cuba en la escena mundial, el gobierno emitió una carta de él: "Puede afirmarse que ya ha pasado el momento más crítico [de esta enfermedad] —escribió con sus acostumbrados candor y brevedad—. Hoy me recupero a un ritmo satisfactorio".

A tiempo para la junta, se colocaron nuevos anuncios espectaculares en toda la isla, los cuales decían: "Fidel es un país". Castro ya no era sólo *el Número Uno*, *el Jefe* o *el Caballo,* sino la tierra misma de Cuba. Los anuncios "al parecer, se colocaron de la noche a la mañana —señaló la Prensa Asociada— y ahí han permanecido desde entonces, para sugerir que la nación entera de Fidel continuará fielmente su revolución cuando él se haya ido".

Acostumbrado a ser el no monarca con más tiempo en el poder, Castro declaró que su octogésimo cumpleaños se pospondría para el 2 de diciembre de 2006. La fecha encajó a la perfección con el quincuagésimo aniversario del arribo del *Granma*, el barco que llevó a Castro y a sus compañeros de regreso a Cuba desde su exilio en México para combatir a Fulgencio Batista. Castro esperaba estar en buena forma y caminando para entonces, aunque sólo fuera para hacer una aparición pública y ondear la mano a las multitudes.

Había altas expectativas y los dignatarios extranjeros volvieron a hacer cola para asistir al gran evento. A un selecto equipo de reporteros, que tuvieron la fortuna de sobrevivir al caprichoso veto del Ministerio del Interior, se les concedieron visas y se les permitió ingresar al país. Las celebraciones se centraron en un elaborado desfile militar por el Malecón, el bulevar de La Habana que da al mar.

La marcha culminaría con una dramática reaparición de Castro, quien tenía preparado un discurso para la ocasión. A medida que empezó la procesión, altos oficiales del gobierno aseguraron a una productora de noticias estadounidense que "Fidel iba a aparecer". En realidad, se le informó que "se había importado de Canadá una ambulancia especial equipada con una faja de apoyo lumbar", una especie de plataforma que levantaría a Castro y lo sostendría mientras se dirigía a las masas.

A los oficiales del Buró Político y el gobierno se les ordenó que estuvieran listos en el sitio del desfile a las siete de la mañana. Pero para cuando concluyeron las celebraciones, aún no aparecía Fidel. Al final, en el último momento, Raúl Castro se levantó para dar el discurso principal, el cual fue recibido con aplausos muy moderados. Murmullos acallados se difundieron por la inquieta multitud a medida que se volvió claro que *el Comandante* estaba muy enfermo como para asistir.

Un oficial mayor se quejó más tarde de que se le habían dado instrucciones de que se levantara a las cuatro de la mañana para estar a tiempo en el sitio del desfile. "¡Y luego, el viejo no se presentó!", se lamentó con unos amigos. La negativa de Castro a hacer esta aparición tan anunciada fue una decisión de último minuto; dejó que sus asistentes en el Ministerio de Relaciones Exteriores se hicieran cargo de la situación. Después, Castro emitió una nota apologética en la que explicaba que, según los médicos, "no estaba en condiciones de enfrentar tan colosal reunión".

El 21 de octubre de 2006, una nueva serie de rumores acerca de que Castro estaba a punto de morir cubrió La Habana y se esparció rápidamente alrededor del mundo. Algunos insistieron en que, en verdad, Castro ya había muerto. Curiosamente, la fecha coincidió con el quincuagésimo aniversario luctuoso del propio padre de Castro, Ángel. De hecho, la enfermedad de Fidel tenía un cierto antecedente de familia. Su padre también había padecido problemas intestinales y había muerto a los ochenta años de edad por una hernia ulcerada. Esta ulceración le había provocado una peritonitis, la misma letal infección que había puesto a Fidel, de ochenta años, en el mismo peligro.

Castro tuvo una relación un tanto tensa con su padre. Ángel Castro nació en el seno de una familia empobrecida en Galicia, España. A principios de siglo, vino a Oriente, Cuba, como un joven conscripto para luchar por España. Fascinado por la exuberante isla tropical, regresó cuando tenía treinta años, decidido a forjarse una vida mejor. Ángel, un "macho guajiro" —o lo que podría llamarse un "pueblerino" —, se enamoró del Nuevo Mundo. Empezó a cultivar la caña de azúcar en tierras rentadas por la United Fruit Company, las cuales compraría después. Durante décadas de trabajo incesante, el rústico Castro se convirtió en un acaudalado latifundista y uno de los mayores terratenientes de la provincia de Holguín. Al final, fue dueño de treinta mil acres de tierra, que incluían bosques, varios arroyos, un aserradero y una mina de níquel. Casi todo en Birán, incluidas las pocas tiendas del pueblo, era suyo.

Según Fidel, su padre, al igual que su madre, no aprendió a leer ni a escribir bien hasta su adultez. En una carta a su padre en 1948, Fidel recuerda al anciano Castro: "A la carta deben ponerle sello aéreo —y le indica cómo y dónde escribirle—. Mi dirección está arriba, a la izquierda". Juanita Castro afirmaba: "La personalidad de Fidel y la de mi padre son muy similares. Yo recuerdo que mi padre era un personaje austero, reservado, fuerte… inexpresivo".

La madre de Fidel, Lina Ruz, era la tercera de siete hijos cuyos padres habían abandonado la provincia occidental de Pinar del Río para reacomodarse en Camagüey. Cuando era adolescente, Lina Ruz se empleó como trabajadora doméstica residente en la finca de Castro, en Birán, cien millas más hacia el este. No pasó mucho tiempo antes de que la positiva y alegre Lina atrajera el interés de su dueño, don Ángel. La mirada de éste se posó en la adolescente Lina Ruz cuando él estaba casado con María Luisa Argota, una maestra de escuela y madre de sus dos hijos, Lidia y Pedro Emilio.

La infidelidad es tan cubana como la caña de azúcar. Durante varios años, Ángel Castro tuvo dos familias. En cierto periodo de tiempo ambas familias vivieron en las vastas tierras de la hacienda de Ángel. Los hijos de Lina crecieron en una casita en el campo.

El estilo de vida de Ángel Castro era tan intenso como sus hábitos de trabajo. Se entregaba a deslices ocasionales de los que resultó al menos otro hijo. En 2006, Ray Sánchez, del *Sun-Sentine* del sur de Florida, informó sobre la existencia de un medio hermano de Castro, a quien nunca antes se había reconocido en público. Martín Castro, nacido en 1930, es cuatro años menor que Fidel, pero dos años mayor que Raúl. Es hijo de don Ángel y de Generosa Mendoza, una joven peona que trabajaba para él. El amigable Martín vive donde nació, cerca de la finca de la familia Castro, en Birán.

"El sucio secretillo del Viejo Oriente —dice Eduardo Santiago, oriundo de Manzanillo y residente en Miami desde 1969— eran los matrimonios múltiples, o lo que otros llamarían la poligamia." El concubinato y el adulterio en el campo no eran raros. Según Santiago, durante una buena parte del siglo XX, en las zonas rurales de Oriente la pregunta "¿Cómo está tu mujer?" a menudo era respondida con otra pregunta: "¿Cuál de todas?"

Fidel Castro seguiría un patrón similar al de su padre al casarse con dos mujeres, la segunda tras procrear cinco hijos, mientras él navegaba por veintenas de relaciones menores y engendraba unos cuantos hijos ilegítimos. En este sentido, era todo un hijo de su padre.

Sin embargo, a diferencia de Fidel, Ángel Castro sólo reconoció a los hijos que tuvo con las dos mujeres a quienes desposó. En una carta de 1939 a su hermano Gonzalo Pedro Castro, quien llegó con él a Cuba y luego emigró a Argentina, escribió: "Mi querido hermano... ya he cumplido sesenta y cuatro años. ¡Que Dios me conceda unos pocos más para criar a mis hijos; tengo nueve [cuatro niños y cinco niñas]".

En algún momento de los años treinta, María Argota y sus hijos abandonaron la hacienda de Ángel, siempre en expansión, y se fueron a Santiago. Al final, se establecieron en La Habana. No fue hasta 1941 cuando Ángel y María Argota se divorciaron, pese al hecho de que el divorcio era legal desde 1918. Semanas después de separarse, Ángel obtuvo la ciudadanía cubana.

Pasaron otros dos años antes de que Lina, con la ayuda del español Enrique Pérez Serantes (obispo de Camagüey y futuro arzobispo de Santiago), fuera capaz de convencer a su obstinado amante de casarse por la Iglesia. El servicial sacerdote también bautizó a la prole de Lina, toda la cual nació fuera del matrimonio. Para cuando Pérez Serantes casó a la pareja, en diciembre de 1943, Lina había dado a Ángel siete hijos, los cuales contaban entre cinco y veinte años.

Aunque ambas esposas de Ángel se guardaban mutuos resentimientos, no los volcaron sobre sus hijos. Durante muchos años la relación filial más cercana de Fidel fue con su media hermana Lidia, quien le mostró una incesante devoción hasta su muerte. Lidia también mantuvo estrechos lazos con su madre y medió la relación entre ella y Fidel. En una carta de noviembre de 1954, Fidel pide a Lidia enviar "saludos a tu mamá". María Argota falleció en La Habana a comienzos de la década de los sesenta.

Lina Ruz llegó a convertirse en una mujer formidable: positiva, alegre y muy trabajadora. La herencia distintiva que Castro recibió de sus padres fue su feroz ética de trabajo. Lina también fue una soberbia jinete y una excelente tiradora. Pero no era una dama cultivada. Tampoco sus hijos desarrollaron más que un somero interés en las bellas artes de su país. La excepción cultural en la familia Castro fue el medio hermano de Fidel, Pedro Emilio, cuya madre, María Argota, fue una mujer educada.

Tras la Revolución, Pedro Emilio trabajó como oficial menor en el Ministerio de Relaciones Exteriores, pero nunca gozó de la cercanía que Fidel tuvo con Lidia. Según Alina Fernández, Pedro Emilio, poeta y clasicista, le había dicho que se había ganado el aborrecimiento de Fidel porque "soy un versificador, algo que mi medio hermano considera un rasgo indudable de los tipos débiles y buenos para nada". Quizá Fidel haya perdonado la apatía política de su hermano mayor Ramón, señalaba Pedro Emilio, "pero a mí me seguirá detestando toda su vida".

Fidel es hijo de una sirvienta [dijo el padre Amado Llorente, el maestro predilecto de Fidel durante su bachillerato en la Escuela Belén]. De modo que odia la sociedad [convencional]. Me ha contado que su madre no fue la madre de los dos primeros hijos de su padre y que esto era difícil y complicado para él... Esto siempre fue una sombra sobre su vida.

Ángel Castro reconoció su propia cepa desafiante y beligerante en Fidel, la cual provocaba que a veces chocaran. Pero también reconoció que Fidel era excepcional. Se aseguró de que Fidel asistiera a las mejores escuelas jesuitas en Santiago y en La Habana, y le garantizó la entrada a la sociedad y a la política cubanas. Luis Conte Agüero, el mejor amigo de Castro en aquel entonces, recordó haber conocido a Ángel Castro en La Habana, quien le confesó al anciano gallego: "Fidel es mi hijo favorito".

Cuando Fidel se casó con la bella e influyente Myrta Díaz-Balart, Ángel pagó por la extravagante luna de miel de la pareja en Miami. Luego, los recién casados viajaron en tren rumbo al norte, hasta Nueva York, donde disfrutaron de una *suite* en el exclusivo hotel Waldorf-Astoria de Park Avenue. Hasta su muerte, Ángel apoyó económicamente a Fidel con generosidad.

En mayo de 1955, Fidel y Raúl fueron liberados de la prisión de la Isla de Pinos, pues su sentencia de quince años por atacar la guarnición de Moncada se redujo a menos de dos años gracias a una amnistía del gobierno. Raúl regresó de inmediato a casa para una visita de una semana a sus padres en Birán. "Durante los dos años que Fidel estuvo preso, mi papá sufrió mucho —recuerda Juanita—. Fidel prometió ir [de visita], pero nunca lo hizo." Ángel escribió premonitoriamente que temía no volver a ver su hijo, el líder rebelde, nunca más.

En la década de 1990, Fidel empezó a hablar en público sobre su padre. En julio de 1992, Castro visitó el hogar donde se crió su padre en la pequeña aldea de Láncara, en el norte de España, tras una junta en Madrid. "Mi padre siempre quiso regresar aquí —dijo Castro, con una expresividad inusual, tras haber bebido unas cuantas copas en una ceremonia en el ayuntamiento—. Me tomó sesenta años cumplir su deseo." En 1996, dos días después de haber cumplido setenta años, Fidel visitó su tierra y hogar natales y habló con emoción sobre su niñez en Birán. También regresó después de su cumpleaños número 75. Por la misma época, instalaron en su oficina privada una fotografía grande y enmarcada de su padre, en la cual lucía como todo un guajiro, con guayabera blanca y sombrero.

Poco después, Fidel destinó recursos al establecimiento de su hogar natal, la Finca Manacas, como un sitio histórico. La estructura original de dos plantas, construida sobre pilares de madera para permitir que el ganado y los caballos pastaran abajo, se había incendiado en 1954. No se sabe a ciencia cierta qué provocó el fuego, pero era común que en aquella época los soldados rebeldes prendieran fuego a las plantaciones de azúcar y las casas. A los visitantes y turistas, que reciben su permiso y sus boletos de manos de las autoridades de Holguín, hoy se les permite explorar la propiedad. Antes, al pueblo de Birán se le había borrado de los mapas cubanos. El lugar de la infancia de Fidel pareció ser un caso en el que la privacidad personal, que él cuidaba tan fieramente, dio paso al orgullo profesional y familiar.

El 1° de mayo de 2007, Castro no marchó en el desfile anual de los trabajadores por primera vez en cuarenta años. En junio de 2007, su ausencia en el funeral de Estado para Vilma Espín, la esposa de Raúl durante cuarenta y ocho años, volvió a desencadenar una oleada de rumores y murmuraciones. Espín no sólo había conocido a Fidel desde finales de 1950, sino que había fungido como primera dama de Cuba desde el inicio de la Revolución. Tampoco apareció —ni siquiera para agitar la mano— en las festividades del 8 de octubre en Santa Clara, las cuales conmemoraron el cuadragésimo aniversario de la captura del *Che*. Tampoco se volvió a presentar el siguiente año en Moncada ni nunca jamás.

Y así ocurrió: Castro, el dictador estrella, cuya pasión por la escena mundial no tenía parangón, estaba demasiado enfermo siquiera para una última reverencia a su público, ya no digamos para un *encore*. En cambio, el Ministerio de Relaciones Exteriores publicaría de manera periódica momentos fotográficos o fragmentos de videocintas montados con todo cuidado, donde aparecían líderes amigos de izquierda como Chávez, el presidente campesino de Bolivia Evo Morales y el presidente de Brasil Lula da Silva. La estrategia tenía tres propósitos: mantener a raya a los acechantes lobos de la prensa, recompensar a los aliados socialistas de Cuba con el privilegio de una foto con *el Jefe* y proporcionar a Castro una manera de mantenerse presente en el juego político.

Había una breve escena donde Castro charla con Wu Guanzheng, miembro importante del Partido Comunista de China en abril de 2007, y dos meses después, un breve videoclip de su encuentro con el presidente del Partido Comunista Vietnamita Noc

Nong Duc Manh. Después, ese mismo año, el presidente de Angola, José Eduardo Dos Santos, se puso frente a la cámara y dio el informe de rigor de que Castro se recuperaba muy bien.

Castro consideraba a Angola como un aliado, y un triunfo para Cuba. Había enviado a cincuenta y cinco mil soldados para pelear en la guerra civil de Angola durante los años ochenta. Al menos cinco mil cubanos habían muerto, quizá muchos más, y el número de heridos no fue revelado. Pero ellos habían ganado su guerra, una victoria que Castro anhelaba y a la cual Nelson Mandela atribuyó un papel crucial para la posterior liberación de Sudáfrica. El semanario *Juventud Rebelde*, manejado por el Estado, publicó una foto donde el debilitado Castro estrecha la mano de Dos Santos, quien entonces dio las obligadas buenas noticias. "Lo vi recuperándose; está fuerte y con buen entusiasmo."

El patrón continuó durante todo 2009 hasta 2011: visitas periódicas y breves sin anunciar, como la del presidente de Chile, llegaron a finales de febrero; otro encuentro privado con Evo Morales, y lo que se describió como un "festival del amor revolucionario", con tres legisladores del Caucus Negro del Congreso estadounidense, en abril. Todo era para tomar fotografías suficientes que mantuvieran la ilusión de que el líder más famoso del hemisferio se conservaba bien y fuerte.

Mientras que Fidel siempre fue un aislacionista ideológico, Raúl Castro había pasado de ser un duro rígido a un pragmático relativo que abogaba por reformas en la economía y otros sectores. En consecuencia, Raúl había llegado a representar un atisbo de cambio para los cubanos comunes, quienes vivían en su "vida de callada desesperación". Pero a muchos les pareció que cada salida que Raúl buscaba, pronto la cerraba su achacoso hermano, a veces incluso al día siguiente.

Durante todo 2007 la rivalidad entre los hermanos empezó a parecer casi más edípica. En los apuntes de sus "Reflexiones", publicados en *Granma*, Fidel rara vez mencionaba a Raúl pero no escatimaba en elogios para Hugo Chávez, a quien a veces llamaba "mi hermano". "Fidel ha subvertido a Raúl en cada momento", dijo un ex diplomático cubano en mayo de 2007, quien lamentó que "él no podía hacer nada mientras Fidel siguiera vivo". Cuando Raúl se mostró abierto a negociar con Estados Unidos durante fases más tempranas de la enfermedad de su hermano, Fidel censuró la idea en sus "Reflexiones" días después.

En lo que en aquel momento se consideró un golpe a su hermano, Castro impuso a Ramiro Valdés como cabeza del recién creado Ministerio de Información y Comunicaciones, con amplios poderes para manejar todas las tecnologías de la información. Uno de los "moncadistas" originales, Valdés era totalmente de línea dura y había fungido como un muy temido ministro del Interior en los años sesenta. Se había retirado del Consejo de Estado en 1997, al parecer por haber entrado en conflicto con Raúl Castro. Sin embargo, el nombramiento de Valdés en 2006 era sólo el principio de un regreso triunfal al poder y de una robusta reconciliación con Raúl. Su reaparición también presagió el ascenso de los duros y los históricos, aquellos que habían peleado en la sierra junto a los Castro.

Las líneas de batalla empezaban a hacerse evidentes. De un lado estaban hombres como Valdés, José Ramón Machado Ventura y Juan Esteban Lazo Hernández y los líderes del Partido Comunista, también conocidos como los "dinosaurios" o los "talibanes". Del otro se hallaban los llamados "reformadores" o "pragmatistas", sobre todo el vicepresidente del Consejo de Estado, Carlos Lage, así como Fernando Remírez de Esteñoz, jefe de Asuntos Internacionales del Partido Comunista y miembro del Secretariado. Lo más común era que Fidel se inclinara en favor de los duros y los históricos por considerarlos los guardianes de las instituciones del Estado, las cuales, a su vez, protegerían con devoción a los Castro y su legado.

Aunque Castro sabe que su régimen debe introducir algunas reformas para poder sobrevivir, sus simpatías están con los duros [escribió proféticamente Edward González en un informe de la Corporación RAND para la Secretaría de Defensa de Estados Unidos]. Él permanece opuesto a un cambio fundamental del sistema, en parte por razones personales; entre ellas, su fuerte aversión hacia el capitalismo [y] su miedo de que cualquier desmantelamiento del "socialismo cubano" opaque el sitio tan único que tiene en la historia.

En 2008, Castro aseguró que él no caldeaba los ánimos ni fomentaba intrigas. "Yo no estoy ahora, ni estaré, a la cabeza de un grupo o facción. Por lo tanto, yo no entiendo que haya conflictos internos en el partido", escribió Castro en su columna, añadiendo la necesaria ficción. En verdad, él se encontraba en la batalla final de una guerra ideológica que había sostenido durante cincuenta años.

Para su columna de "Reflexiones" de finales de mayo de 2007, el máximo líder de Cuba hizo a un lado sus grandes preocupaciones de siempre, como el imperialismo, las amenazas de George W. Bush y similares. En cambio, Castro hizo algo sin precedentes: escribió sobre su precaria situación médica. Con un candor inesperado y considerable, confirmó mucho de lo que se había publicado en el relato de *El País*.

Hago un paréntesis para abordar un tema que tiene que ver con mi persona, y les pido excusas. Los cables hablan de una operación. A mis compatriotas no les agradaba que yo explicara en más de una ocasión que la recuperación no estaba exenta de riesgos. En general, hablaban de una fecha en la que aparecería públicamente y vestido con mi uniforme verde olivo de siempre. Pues bien, no fue una sola operación sino varias. Inicialmente no hubo éxito, y esto incidió en la prolongada recuperación.

Dependí durante muchos meses de venas tomadas y catéteres por los cuales recibía una parte importante de los alimentos, y no deseaba desagradables desengaños para nuestro pueblo. Hoy recibo por vía oral todo lo que requiere mi recuperación. Ningún peligro es mayor que los relacionados con la edad y una salud de la cual abusé en los tiempos azarosos que me correspondió vivir. Hago por ahora lo que debo hacer, especialmente reflexionar y escribir sobre cuestiones a mi juicio de cierta importancia y trascendencia. Tengo mucho material pendiente. Para filmes y fotos que requieren recortarme constantemente el cabello, la barba, el bigote y acicalarme todos los días, no tengo ahora tiempo. Tales presentaciones, además, multiplican las solicitudes de entrevistas. Les digo a todos simplemente que he ido mejorando y mantengo un peso estable, alrededor de los ochenta kilogramos. Trato de que las reflexiones sean más breves para no robar espacio a la prensa escrita ni a los noticieros de la televisión. Todo el resto del tiempo lo empleo en leer, recibir información, conversar telefónicamente con numerosos compañeros y realizar los ejercicios de rehabilitación pertinentes. No puedo decir y criticar todo lo que conozco, porque de ese modo serían imposibles las relaciones humanas e internacionales, de las cuales nuestro país no puede prescindir. Pero seré fiel a la divisa de no escribir nunca una mentira.

Fidel Castro Ruz
5:06 p.m. 23 de mayo de 2007

Dos semanas después, Castro dio su primera entrevista televisiva desde sus operaciones de 2006 con Randy Alonso, el conductor del programa cubano *Mesa Redonda*. En una enmarañada sesión de cincuenta y dos minutos con su amigable interlocutor, un Castro de apariencia frágil hizo la prepostera declaración de que las condiciones de su salud y de las cirugías recientes nunca habían sido "un secreto de Estado".

Y otras pocas semanas después, el porrista Hugo Chávez sugirió la idea de una recuperación sorpresiva. "Fidel tiene siempre listo su uniforme y está siempre alerta —dijo Chávez a los reporteros tras una visita con su amigo—. Creo que nos acercamos al momento en que volverá a ponerse su uniforme."

"Puedo decir que he gozado de cierto privilegio como las personas que viven hasta los cien años —me dijo Castro en 1994— y no porque alguien lo planee así, sino por un mero accidente de la naturaleza." Sin duda, Castro había recibido más que una buena ración de buena suerte. Pero como microgerente consumado, se tomó la molestia de limitar los accidentes, políticos y médicos. La renuencia de Castro a abandonar la escena no era única en la tradición caudillista.

En varios sentidos, su estilo personal y su régimen autocrático no fueron disímiles de los de Francisco Franco, el brutal dictador de España durante casi cuarenta años. Ambos provenían de zonas rurales de Galicia, en el norte de España, una región conocida por su fiera y obstinada ciudadanía. "Él es un gallego —me recordó en 2002 el padre Amado Llorente, maestro de Castro en la Escuela Belén, para hacer hincapié en la tierra natal del padre de Fidel—. Un cubano ya estaría cansado de estar en el poder. Pero no un gallego, para quien eso es 'hasta la muerte', como el propio Franco." No obstante las diferencias en sus ideologías políticas —Franco era un anticomunista acérrimo—, ambos hombres tenían mucho en común. Ambos estaban dispuestos a forjar alianzas desagradables e impopulares para apuntalar su poder: Franco con la Alemania nazi y Castro con la Unión Soviética, un patronazgo que resintió la mayoría de los cubanos.

Había otros paralelismos sorprendentes. Los últimos días de Franco, prolongados y misteriosos, presagiaron los de Castro. Mientras que Franco sufría de una enfermedad cardiaca, su muerte se precipitó por peritonitis y septicemia, la misma infección en la sangre que llevó a Castro al precipicio de la muerte en más de una ocasión.

Franco enfermó de gravedad por primera vez en 1974, y se le obligó a transferir su mandato —"temporalmente", él insistía— al príncipe Juan Carlos. Al igual que Castro, quien al principio sólo cedió el control de manera temporal a su hermano, Franco pareció recuperarse antes de sucumbir a su enfermedad final un año después. El gobierno español anunció que Franco había muerto el 20 de noviembre de 1975, a la edad de ochenta y dos años. Aquélla fue una fecha que resonó con simbolismo, pues fue el mismo día que José Antonio Primo de Rivera, fundador de La Falange, el partido fascista de Franco, había sido ejecutado en 1936.

Sin embargo, suele creerse que, en realidad, Franco murió días antes. Otra teoría supone que los médicos lo mantuvieron vivo bajo la orden de que Franco no dejara su lecho mortal hasta el 20 de noviembre. Como Franco jugó con el destino —con la esperanza de dejar este mundo con solemnidad y esplendor—, éste se vengó y lo convirtió en objeto de burla. Su renuencia a morir se convirtió en un chiste que viviría más que él mismo. "El generalísimo Francisco Franco aún está muerto", entonaría Chevy Chase con satírica solemnidad en el popular programa de televisión *Saturday Night Live*, como un *gag* recurrente durante el año siguiente. La larga agonía de Fidel Castro también sería un tema de rigor para los comediantes de media noche.

El discreto retiro de Castro también hizo estragos entre los periodistas y editores de noticias, como pude comprobarlo personalmente. La veterana corresponsal de guerra Martha Gellhorn se vio en un lío similar tres décadas antes. Gellhorn cubrió la Guerra Civil española junto a Ernest Hemingway y luego se casó con él. En noviembre de 1975, ella escribió a su hijo que había aceptado una asignación de la revista *The New Yorker* para escribir "una obra enorme" sobre la España posfranquista. "Esto me emociona, el tipo de periodismo que me encanta", le decía. Sin embargo, hubo un problema, el cual presagiaba el dilema que enfrentarían legiones de desconcertados reporteros en 2006. "Yo estoy esperando a que muera el viejo canalla; pero es obvio que se le mantiene con respiración (y sólo eso) mientras la derecha afianza su yugo en el país."

En 1968, el gobernante perpetuo de Portugal, Antonio de Oliveira Salazar, resbaló de su silla en su casa de verano, se golpeó la cabeza y sufrió una apoplejía masiva. Aunque estaba incapacitado mentalmente y requirió de un ventilador para respirar hasta que murió dos años después, Salazar creyó que aún gobernaba el país como lo había hecho desde 1932. Llamado el "decano de los dictadores" por la revista *Time* en 1945, Salazar presidió el Estado Novo, el autoritario partido de derecha que él mismo fundó, el cual controlaba cada aspecto de la vida en Portugal. Castro mostró aspiraciones similares con "El Nuevo Hombre", la iniciativa que lanzó en los años sesenta, la cual buscaba inyectar un ideal de ciudadano-socialista-soldado en la conciencia cubana.

Como ocurrió también con sus símiles cubanos, al séquito de oficiales de Salazar le aterraba demasiado que su líder tuviera una recuperación milagrosa como para alejarse demasiado de las políticas de Salazar. Pero el hombre fuerte de Portugal tenía muerte cerebral. "Él empezó a gobernar sin corazón y acabó por gobernar sin cerebro —escribió el periodista Carlos Alberto Montaner—. Temo que, en el caso de Castro, la historia se repita... Él se ha impuesto mediante el miedo y la inercia... y justo eso es el caudillismo." En verdad, tal como Castro lo hizo saber, en la medida en que sus sinapsis funcionaran, él tendría la última palabra.

Es bien conocido que los regímenes autoritarios ocultan detalles sobre los últimos días de los gobernantes de periodo muy prolongado. Los soviéticos esperaron casi una semana antes de anunciar la muerte de Leonid Brézhnev en 1982. De manera similar, la muerte de Tito, el líder yugoslavo, la habían presagiado durante años y fue una situación de suspenso desde meses antes de su fallecimiento en 1980.

Castro era un ávido lector e historiador aficionado, y había estudiado los últimos años de todos los grandes personajes del mundo, de Julio César en adelante. Decidió que, en tanto le llegara sangre al cerebro, él dirigiría todos los asuntos de Cuba. Después de todo, él había dirigido una insurgencia revolucionaria mientras estuvo preso en celda aislada, cincuenta años antes. Como él mismo lo aseguró, dirigir el país desde su cómoda *suite* de convalecencia era sólo uno reto más.

Durante 2006 se rumoró que Dalia, la esposa de Castro, y otros miembros de la familia le habían pedido que renunciara como comandante en jefe para concentrarse sólo en su salud. Incluso algunas personas del gobierno y el partido murmuraban lo mismo, no con la salud de Castro en mente. Varios miembros de la *nomenklatura* creían que Raúl sería más pragmático y menos ideológico que su obstinado hermano y, por ende, más inclinado a implantar reformas, algo ya muy necesario.

Pero los meses se convirtieron en años y Castro no se decidió a renunciar, a pesar del consejo que había dado al periodista Lee Lockwood en 1965: "Todos nosotros deberíamos retirarnos relativamente jóvenes". En diciembre de 2007, él escribió que aún creía que "mi deber elemental no es aferrarme a los cargos, y mucho menos obstruir el camino a personas más jóvenes". Sin embargo, truncó cualquier esperanza de que fuera a retirarse con decoro y sugirió, en cambio, que seguiría los pasos del célebre arquitecto brasileño Oscar Niemeyer, quien aún trabajaba a los cien años de edad. "Yo pienso como Niemeyer, que tienes que ser de trascendencia hasta el final", opinó.

Cuando yo pregunté a Castro en 1994 cuándo se retiraría, él respondió bruscamente: "Mi vocación es la Revolución. Soy un revolucionario y los revolucionarios no se retiran —a lo que añadió—: no más que los escritores". Castro rió, complacido con su ocurrencia, pero se mostró menos sanguíneo cuando yo cité la advertencia de Thomas Jefferson: "Una revolución cada veinte años". Meneando el dedo índice, muy al estilo cubano, dijo que él disentía. "Creo que es mejor tener una cada trescientos años. La vida necesita renovarse", aseveró. Castro incluso dijo que era como si él hubiese sido enviado a Cuba por los dioses. "No estoy aquí porque yo me haya impuesto esta labor por un largo tiempo —dijo—. Estoy aquí porque se me asignó este trabajo, que no es lo mismo." Mientras hablaba parecía convencerse de lo que decía.

El 13 de agosto de 2007, el cumpleaños octogésimo primero de Castro, los medios de comunicación estatales informaron con sobriedad que la condición de Castro era "estable" y que se mantenía como un participante activo en los asuntos del país. A pesar del informe, su cumpleaños fue un evento triste para el paciente estelar y todos sus allegados. En verdad, nadie creyó al gobierno.

La Habana zumbaba por una escandalosa historia que se publicó un día antes en *Reforma*, el principal diario de México. El artículo de portada afirmaba que Castro había sufrido otra serie de operaciones un mes antes y ahora volvía a enfrentar otro brote de peritonitis. Un importante diplomático en La Habana dijo que las operaciones prolongarían la vida de Castro, pero que los médicos no se hacían ilusiones de que lo curarían. *El Comandante* perdió aún más peso, informaba el periódico, y ya no recibía visitas ni parecía capaz de hacer caminatas largas.

Ciertamente, Castro experimentaba tiempos difíciles. Ni siquiera Hugo Chávez fue a La Habana a celebrar su cumpleaños como se había planeado. Algunos estudiosos notaron que Castro no llamó al programa televisivo semanal de Chávez una semana antes, tal como se había anunciado. En su lugar, estuvo Carlos Lage, el secretario ejecutivo del Consejo de Ministros. Más reveladores fueron los comentarios inusualmente cándidos de Mariela Castro Espín, la hija de Raúl. Sexóloga notable que ha desempeñado un papel público creciente desde la enfermedad de Castro, Mariela pareció sugerir que el final estaba cerca. "La preocupación que todos teníamos de perder a nuestro líder —dijo— ahora está más cerca de nosotros."

Hacia finales de agosto de 2007, los periódicos de Colombia y Bolivia publicaron historias que citaban fuentes militares en Cuba, las cuales afirmaban que, en verdad, Castro ya había fallecido. Los rumores se volvieron tan ruidosos que Chávez inició su programa dominical con una cortinilla que negaba el hecho. "Hoy circulan rumores de que Fidel Castro ha muerto, [pero] Fidel está produciendo, escribiendo —entonces, Chávez proclamó—: todos nosotros moriremos un día, pero Fidel es alguien que nunca morirá."

El 24 de agosto, un cubano-estadounidense de veintiséis años llamado Mario Armando Lavandeira Jr., quien tiene un *blog* donde escribe bajo el nombre de Pérez Hilton y se especializa en chismes sobre celebridades adolescentes, recicló la información boliviana y colombiana. Lavandeira anunció llanamente en su *blog* que Fidel estaba muerto y que el Departamento de Policía de Miami haría un anuncio oficial de manera inminente. Era una historia totalmente inventada por un jovenzuelo que había oscurecido y revuelto detalles cruciales.

Los oficiales de Miami se habían reunido aquel día, pero sólo para revisar su operación de contingencia, llamada informalmente "Alpha-Bravo", en la que ellos asegurarían ciertos barrios cerca de la Calle Ocho para la anticipada juerga que se celebraría cuando muriera Castro. Quizá Lavandeira se vio animado por su compatriota exiliado Val Prieto, quien, muy excitado, había hecho una afirmación en su *blog* "Babalú": "Varias fuentes informan que, en los próximos minutos, el gobierno cubano hará un anuncio en la televisión y los medios de comunicación de Cuba". Esto tomó por sorpresa a John Timoney, jefe de la policía de Miami desde 2003. Un perplejo Timoney dijo a *The Wall Street Journal* que sus fuerzas nunca se habían puesto en alerta, a lo que añadió con gracia: "Desde que he estado aquí, Fidel ya ha muerto cuatro veces".

En una entrega posterior aparecida en su página de Internet, Perez Hilton, el fallido profeta, ofreció una línea del tiempo. "El anuncio de la muerte de Fidel Castro se hará alrededor de las cuatro de la tarde, tiempo del este. PerezHilton.com se acaba de actualizar de manera exclusiva". Cuando dieron las cuatro de la tarde, Lavandeira envió otra actualización: "Aún se espera un anuncio oficial hoy. Hemos oído que las fuerzas del orden público quieren esperar hasta que terminen las horas pico de tráfico en Miami".

Pérez Hilton se había dado a conocer al relatar las idas, venidas, arrestos y rehabilitaciones de celebridades adolescentes como Paris Hilton, Britney Spears y Lindsay Lohan. Y todas sus falacias no le impidieron incursionar en los asuntos exteriores.

"PerezHilton.com fue el primer medio de comunicación en el mundo en informar la noticia de la muerte de Castro. ¡¡¡¡Nosotros informamos sobre ESTE TEMA la semana pasada!!!! Un cubano trajo la historia del fallecimiento del opresivo ogro cubano. ¡¡Estamos muuuuy orgullosos y felices!!... ¡¡Habrá una gran fiesta en la Calle Ocho, mi gente!!"

En verdad, él tenía con qué alardear, pues logró que varios reporteros conocidos, crédulos, tomaran en serio su relato.

Pronto hubo rumores sobre los rumores. Según con quién hablara uno, los embalsamadores —provenientes de Egipto y Rusia— habían llegado a La Habana para arreglar el cuerpo de Castro. No importó que Castro ya hubiera señalado en conversaciones privadas con unos cuantos reporteros (incluida yo) que él prefería la cremación. Los rumores engendraron más rumores, los cuales alcanzaron un punto crítico hacia el final del día del 24 de agosto. *The Miami Herald* entró en acción con una historia sobre la ola de rumores: "El viernes los rumores volvieron a calentarse por tercera semana consecutiva: la muerte de Fidel Castro se anunciaría, primero a las dos de la tarde, luego a las cuatro, y después a las cinco". El artículo del *Herald* narraba cómo el auditorio del programa de entrevistas de Ninoska Pérez-Castellón, *Ninoska en Mambí*, lloraba lágrimas de alegría al creer que el Gran Satanás de Cuba había muerto. La Ninoska, la infatigable diva radiofónica anticastrista de los exiliados de Miami, consolaba a su público. "El momento llegará —decía con suavidad—, pero aún no."

"No crean una sola palabra. Todo es una fabricación de la gente de Miami", advirtió un alto oficial cubano a la agencia de noticias Reuters. Y tenía razón. Tampoco resultó tan difícil desacreditar el rumor avivado por Pérez Hilton, el cual había embaucado y avergonzado a los principales medios de comunicación. Por una parte, Ricardo Alarcón, presidente y principal encargado de la política estadounidense de la Asamblea Nacional de Cuba, había salido de vacaciones y no había regresado. En segundo lugar, el canciller Felipe Pérez Roque había ido a una junta en Brasil y luego se dirigió a Irán. Es más, Raúl Castro había hecho un viaje a Italia —un socio fundamental del turismo cubano—, en el cual recorrió un ultramoderno

campo de golf en La Toscana. Ninguno de los tres —todos protagonistas principales en el panorama político cubano actual— se habría atrevido a salir de La Habana si Castro hubiera estado incluso
en un remoto peligro de muerte.

Desde la junta, Pérez Roque negó los rumores e insistió en que
Castro aún era el capitán de la nave cubana. "Se le informa y consulta de manera constante", aseguró al mundo. Aun así, tanto Alarcón como Pérez Roque se retractaron de sus comentarios anteriores de que Castro pronto volvería a su cargo. Tampoco hablaron
sobre la inminente recuperación de Castro.

El 24 de agosto de 2007, Castro pasaba un día razonablemente bueno y veía su programa de televisión favorito, *Mesa redonda*. Tenía un
interés particular en este programa, pues presentaba a su antiguo
compañero escolar Max Lesnik, el columnista exiliado y azote de la
sociedad establecida de Miami, quien hablaba sobre el centenario
del nacimiento del reformador cubano Eduardo Chibás. (Un popular activista político, Chibás se suicidó de un tiro durante su programa de radio en 1951, un año antes de que Batista tomara el poder.)

Fue durante el funeral de Chibás cuando Castro, de veinticinco
años, se dio a conocer al saltar sobre la tumba y hacer una fiera denuncia del régimen de Batista. Castro debía mucho a Chibás —sobre
todo, su propio ascenso como estrella política que llenaría el hueco
dejado por Chibás—. Siempre ha habido una excepción en la aversión de Castro por la nostalgia: la Revolución cubana. En este tema,
sus reminiscencias han rayado en el ensueño. Ahora, Castro podía
recostarse con los ojos cerrados en su *suite* privada de hospital y dedicarse sólo a recordar. Para su comodidad y seguridad, él poseía su
propia película mental: una escena que se repite sin fin sobre sus
improbables victorias como la gran guerrilla revolucionaria.

Para las nueve de la noche del 24 de agosto de 2007, el frenesí de
rumores de la radio y la televisión de Miami se había convertido en

una revoltura de desinformación. Ya era demasiado claro que —de nuevo— Fidel Castro aún no estaba muerto.

Castro no pudo resistirse a celebrar su última victoria sobre la "Mafia de Miami", como él llamaba a sus enemigos que se habían establecido en el sur de Florida. Envuelto en sus ya conocidos *pants,* arregló que lo filmaran para una entrevista de una hora para la televisión cubana. Cuando se le preguntó sobre los rumores acerca de su muerte inminente, Castro sonrió con satisfacción y respondió: "¡Bueno, aquí estoy!" Cuatro años después, celebrando su cumpleaños ochenta y cinco, pudo decir lo mismo: "¡Bueno, aquí estoy!"

CAPÍTULO TRES

La isla y el imperio

Durante todo el verano de 2007, el *Experto en Jefe* se sentía bastante bien, y prolífico. En sus columnas semanales —a veces diarias— su nueva manera preferida para nombrar a su némesis del Norte fue "El Imperio", un epíteto que sintetizaba muy bien lo siniestro con lo mordaz. El 14 de agosto, su columna "Reflexiones" llevó por título "El Imperio y la isla independiente", un extenso resumen de la triste historia entre Estados Unidos y Cuba, centrada en el "constante deseo (estadounidense) de apropiarse de Cuba". Hubo muchas otras entregas, incluidas "El imperio y la falsedad" y "Las guerras ilegales del imperio". En su columna del 27 de agosto Castro opinó sobre la relativa diplomacia que había prevalecido entre Cuba y Estados Unidos cuando Jimmy Carter y Bill Clinton fueron presidentes. "Ya fue suficiente de cuentos y nostalgia", escribió, antes de volcar su atención hacia las elecciones estadounidenses que se avecinaban y proponer cierta fórmula demócrata: "Hoy se habla de la fórmula aparentemente invencible que podría crearse con Hillary para presidente y Obama para vicepresidente". Como se ve, no le faltó mucho para sugerir que ambos acabarían por formar una mancuerna.

Por supuesto, Castro sabía que cualquier apoyo suyo a un candidato bien podría ser el beso de la muerte. Incluso llegó a mofarse de las políticas anticipadas de los candidatos hacia Cuba. "Ambos sienten el deber sagrado de exigir un 'gobierno democrático en Cuba'.

No hacen política: juegan un juego de cartas en un domingo por la tarde". Pero en la noche de la elección de 2008, cuando sus razonamientos ya no podían dañar a Obama, permitió que se conocieran sus visiones. "Sin duda, Obama es más inteligente, culto y equilibrado que su adversario republicano —escribió en su columna del *Granma*—. McCain es viejo, belicoso, inculto, de corta inteligencia y enfermizo."

Pero la mayor ridiculización de Castro dentro de sus columnas de "Reflexiones" las reservó, invariablemente, para el blanco favorito de sus ataques: George W. Bush. De los once presidentes estadounidenses a quienes ha enfrentado, Castro consideró que George W. Bush era el más desagradable y amenazador. En lo intelectual, lo tachó de superficial; en lo político, lo tildó de "peligroso". Su desprecio nunca menguó durante su enfermedad. En una columna, habló de cómo Bush "había robado" la presidencia a Al Gore en el año 2000. Tras el discurso televisado que dio Bush sobre la implosión de los mercados financieros en 2008, Castro volvió a tomar su venenosa pluma. "En cualquier caso, no debemos ser ingratos o descorteses —escribió con rico sarcasmo—. Tenemos que agradecer a Bush por su brillante percepción de la teoría política." Castro calificó el último discurso del estado de la Unión de Bush como el nadir de la "demagogia, las mentiras y la total falta de ética —y añadió—: nadie podía ofrecer una crítica más elegante del Imperio que el propio Bush".

La relación de la familia Bush con Cuba y Castro es larga y compleja. Está fundada en intereses personales y económicos que se remontan casi un siglo.

Desde 1920 hasta su muerte en 1953, George Herbert Walker (el abuelo de George H. W. Bush) sirvió en los consejos de siete compañías con intereses en Cuba, sobre todo en el azúcar, el ron y los ferrocarriles. Como lo documentó el periodista Kevin Phillips, la mayoría de las compañías azucareras se fusionaron con la West Indies Sugar Corporation en 1942, la cual se convirtió en la mayor preocupación en Cuba y se le vendió en público en la bolsa de valores de Nueva York. El hijo de Walker, George Herbert Walker Jr., conocido como *Tío Herbie* dentro de la familia, se hizo cargo de los intereses azucareros de ésta hasta su confiscación en 1959.

De niño, Fidel guardó vívidos recuerdos de las vastas posesiones de la West Indies Sugar, cuyas tierras colindaban con las de la finca de su familia.

> Quienes éramos privilegiados podíamos usar zapatos y ropa, y comer bien; pero nos rodeaba un mar de pobreza [dijo Castro en un discurso en 2002]. Recuerdo que mi padre tenía más de veinticuatro mil setecientos acres de tierra de cultivo. Por supuesto, aquello era casi nada, pues los doscientos ochenta y cuatro mil doscientos cuarenta y cinco acres que rodeaban la tierra de nuestra familia eran propiedad de la West Indies Sugar Company y la United Fruit Company.

Sería un histórico golpe de la ironía que la plantación de la familia Castro colindara con la compañía azucarera con más éxito de Cuba, de la cual los Bush fueron accionistas mayores y George Herbert Walker Jr., alias *Herbie,* su director hasta 1959. Ray Walker, hijo de Herbie conocido como uno de los librepensadores de la familia, dijo que recordaba "que mi madre y mi padre iban y volvían de Cuba, y traían consigo toda clase de cosas", pero no tenían idea sobre las pérdidas de la compañía. Al notificársele que la compañía tenía una demanda importante contra Cuba, archivada en los años sesenta, Walker respondió parcamente: "No me interesa, pues no produciría demasiado dinero".

En mayo de 1959, el fortalecido gobierno de Castro aprobó la Ley de Reforma Agraria, la cual limitaba la propiedad privada de la tierra a mil acres y expropiaba todo el resto de la tierra, sobre todo la de las compañías azucareras. Para finales de 1960, la nacionalización de la West Indies Sugar era completa. Según Kevin Phillips, "entre 1957 y 1960, los activos de la West Indies Sugar se redujeron de 53 millones de dólares a casi nada". En 1966, la compañía registró una demanda en la Comisión de Reclamaciones Extranjeras de Estados Unidos para buscar una compensación por "la incautación de las propiedades de la compañía por parte del gobierno cubano". En 1997, la West Indies Sugar certificó sus pérdidas en 84.9 millones de dólares (de 1959). "La Comisión de Reclamaciones Extranjeras garantizó 6% de intereses anuales en todos los reclamos, empezando desde el día del pago del reclamo por parte de Cuba", explicó el abogado Robert Muse, litigante experto y experimentado en demandas contra Cuba. Mientras que la comisión no especificó si el interés iba a calcularse sobre una base simple o compuesta, el Departamento de Estado lo calculó sobre la primera base. Si la demanda llega a resolverse o pagarse, las pérdidas de la West Indies ascenderían a unos trescientos treinta millones de dólares, con una cantidad considerable destinada a la familia Bush.

Había otras razones por las que Castro detestaba a la familia Bush. Prescott Bush, padre de George H. W. Bush, también tuvo intereses en Cuba. Senador por el estado de Connecticut quien trabajó para la inteligencia militar durante la primera Guerra Mundial, Prescott fue uno de los primeros defensores y colaboradores de la Oficina de Servicios Estratégicos (OSS, por sus siglas en inglés), precursora de la CIA. Aquélla fue una pasión que heredó a su hijo, George H. W.

Durante los años cincuenta, la CIA rastreó con todo cuidado la fiebre revolucionaria que recorrió la isla. El jefe de la CIA, Allen Dulles, amigo cercano de la familia Bush, había llegado a creer que Cuba desempeñaba un papel crucial para los negocios y la seguridad de Estados Unidos. (Dulles también trabajó en el Consejo de Confianza de la United Fruit, el negocio estadounidense más grande que operó en Cuba y el resto de Latinoamérica. La firma legal de su hermano, John Foster Dulles, secretario de Estado bajo Eisenhower, representó a la compañía.) En consecuencia, la agencia apoyó al gamberro dictador de Cuba, Fulgencio Batista, a pesar de algunos recelos.

El ex presidente George H. W. se volvió todo un experto en asuntos del exilio cubano. De acuerdo con diversos documentos, él fue el principal enviado del FBI en Cuba a principios de los años sesenta. Un memorando dirigido al Departamento de Estado y escrito por J. Edgar Hoover el 29 de noviembre de 1963, informa que el FBI había comunicado "al señor George Bush de la Agencia Central de Inteligencia" justo después del asesinato del presidente John F. Kennedy sobre las reacciones de los exiliados "duros" y "a quienes no concordaran del todo con la política del presidente en relación con Cuba". El memorando de Hoover afirmaba que a George Bush y un oficial de la Agencia de Inteligencia de la Defensa se les había comunicado un día después del asesinato por temores de que "algún desorientado grupo anticastrista aprovechara la presente situación y realizara una incursión no autorizada en Cuba, bajo la creencia de que el asesinato del presidente John F. Kennedy presagiara un cambio en la política estadounidense, lo cual no es cierto".

En 1988, cuando la revista *Nation* publicó el documento, que pronto bulló en los principales medios de comunicación, un vocero de la familia Bush dijo que la persona nombrada en el memo "debe ser otro George Bush". Esa afirmación fue desmentida por un segundo memorando fechado el 22 de noviembre de 1963, el cual afirmaba que "a la 1:45 de la tarde, el señor George H. W. Bush, presidente de la Zapata Offshore Drilling Company de Houston, Texas", llamó al jefe de la estación del FBI de Houston setenta y cinco minutos después del asesinato de JFK para informar que "un tal James Parrot había hablado de matar al presidente cuando viniera a Houston". El memorando, desclasificado en 1993, afirmaba que Bush, entonces presidente del Partido Republicano del condado de Harris, dijo que "iría a Dallas", pero que regresaría a Houston al día siguiente. "Bush declaró que quería que se le mantuviera en secreto." (Después Parrot fue entrevistado y se descubrió que no tenía nada que ver con el asesinato; incluso acabó por trabajar en la campaña de Bush en 1992.)

La compañía de Bush, Zapata Offshore, la había fundado George Herbert Walker Jr. (el querido *Tío Herbie* de Bush), quien trataba a su sobrino "como a un hijo", según un primo de Bush, para pesar de los propios hijos de Herbie. George Bush fungió como presidente ejecutivo de la Zapata de 1956 a 1964, los años cruciales del conflicto entre Estados Unidos y Cuba. La compañía nunca fue lucrativa, pero su cercanía con Cuba le daba una ubicación estratégica. Sin embargo, desempeñó un papel útil en la invasión a la Bahía de Cochinos al permitir que sus plataformas petroleras se usaran como puestos de espionaje, y después durante la Crisis Cubana de los Misiles. En 1988, la revista *Baron's* identificó la Zapata como "una fachada comercial de medio tiempo para la CIA". De hecho, el nombre secreto de la CIA para su fallida invasión a la Bahía de Cochinos por mil trescientos exiliados en abril de 1961 fue "Operación Zapata". Los intentos de conspiración señalan inevitablemente que los dos barcos reasignados de la Armada que se usaron en la operación se renombraron como *Barbara* y *Houston*. El nombre Zapata, empero, es el de la península en la costa sur de Cuba, donde tocó tierra la fuerza invasora de la CIA.

En posteriores alusiones a las teorías de la conspiración, Castro proclamó en repetidas ocasiones que George Bush había sido participante y partidario de la Operación 40. Un misterioso grupo de saboteadores anticastristas, la OP 40 se especializó en ataques de guerrilla y operaciones encubiertas contra Cuba a principios de la década de los sesenta.

George H. W. Bush se convirtió en director de la CIA en enero de 1976 y sirvió ahí hasta enero de 1977. Bush remplazó a William Colby, quien había hecho enfurecer a los conservadores con su cooperación con el reformista Comité de la Iglesia en 1975. Entre otras desconcertantes confesiones, Colby dijo al comité del Senado que la agencia había desempeñado un papel en la desestabilización de Chile a principios de los setenta. Colby también implantó grandes reformas en la CIA, incluida la prohibición del asesinato como instrumento político, y se convirtió en el primer director de la CIA en instituir informes del Congreso en las operaciones de la agencia. Ambas acciones provocaron un profundo distanciamiento del ala derecha de la agencia, la cual apoyó con entusiasmo el nombramiento de George Bush.

Al convertirse en jefe de la CIA, George Bush nombró a Ted Shackley director asignado de Operaciones Encubiertas, la tercera labor más poderosa de la agencia. Shackley había establecido y dirigido la estación JM/WAVE de la agencia en Miami (su enorme subestación dedicada a derrocar a Castro). Él era un aliado cercano de David Atlee Phillips, quien atendía su "tienda de propaganda", y había sido jefe de la oficina de la agencia en La Habana. Según todos los informes, Bush y Shackley tuvieron una relación cercana y una filosofía en común que favorecía las operaciones encubiertas. Tiempo después, Shackley participaría en la operación secreta de armas a cambio de rehenes del caso Irán-Contra.

Sin embargo, Shackley era una figura conflictiva, y las relaciones entre el Departamento de Estado de Henry Kissinger y la CIA de George Bush se tensaron en extremo. El descontento era tan serio que, según William D. Rogers, el secretario de Estado asistente para los asuntos interamericanos en el Departamento de Estado rara vez se fiaba de la inteligencia de la CIA. "La agencia estaba controlada por los duros", dijo Rogers, quien falleció en 2007. "Tenían sus propios planes y la inteligencia era pésima."

El nombre de George H. W. Bush está ligado con el cuartel general de la CIA en Langley no sólo por su breve gestión como director, sino también por toda su historia con la agencia. Así pues, la dirección de catorce meses de Bush en Langley fue notable sólo en un aspecto: coincidió con la peor oleada de bombas y asesinatos por todo el hemisferio por parte de exiliados cubanos militantes. En cuanto a Fidel Castro, no por falta de intentos la familia Bush fracasó en su propósito de derrocarlo.

Al iniciar su presidencia en 2000, George W. Bush nombró al congresista Lincoln Díaz-Balart, pariente enemistado de Castro, como su contacto en Cuba. El republicano de Miami, junto con su colega y camarada exiliada de línea dura Ileana Ros-Lehtinen, se habían esforzado en asegurar que la junta de escrutinio cerrara el recuento durante la elección presidencial de 2000. A los dos los recompensó bien la nueva administración y ambos asistieron a las arduas negociaciones en el Congreso para asegurarse de que los programas anticastristas recibieran un amplio financiamiento.

De los dos, Lincoln Díaz-Balart tenía la conexión más personal con la familia Castro. En verdad, él ha sido un satélite que ha girado permanentemente alrededor del planeta Fidel: ambos hombres, por supuesto, cumplen años el mismo día, y Díaz-Balart había sido sobrino político de Castro, además de su más ardiente enemigo y aspirante a sucesor. Como *quarterback* de George W. Bush, Díaz-Balart dictó casi cada política y dotación de personal en relación con Cuba. No se oponía a una invasión a la isla y tampoco ocultó sus ambiciones de derrocar y remplazar a su ex tío.

Su padre, Rafael Díaz-Balart, había soñado que su hijo mayor arrebatara el control de Cuba a su ex cuñado. Castro había humillado a los antes poderosos Díaz-Balart, quienes lo habían recibido en su familia sólo para que él los exiliara. "No viviré para ser testigo de esto [el final de Castro]", me dijo Rafael en 2001, cuatro años antes de su muerte, "pero mis hijos sí". Rafael tuvo cuatro hijos, todos hombres de considerable reputación en Miami. Lincoln y Mario son congresistas; José es presentador de televisión para la cadena Telemundo, y su tocayo Rafael es empresario. Estas heridas familiares han dolido tanto que a quienes se arriesgaran a romper con las políticas de confrontación familiares hacia Cuba se les veía como una amenaza para las aspiraciones de Lincoln.

En 2001 se creó el Grupo de Estudios sobre Cuba a partir de los restos de la debacle de Elián González, cuando Miami fue la perdedora de una fiera batalla para mantener al niño de seis años en Estados Unidos. Los líderes del exilio pronto se dividieron en dos bandos: quienes se inclinaban hacia un atrincheramiento más duro y profundo, y quienes formaban una nueva generación de pragmatistas dispuestos a considerar opciones distintas de la confrontación con Cuba. La Fundación Nacional Cubano Estadounidense pronto se vería dividida al transitar del ala ultraderecha a la centroderecha. El ala militante de la fundación se había separado para formar el Consejo de Libertad Cubana, apoyado por los Díaz-Balart. El Grupo de Estudios sobre Cuba era conservador pero pragmático. Se enfocaba en asuntos económicos y políticos, y estaba dirigido por los empresarios Carlos Saladrigas y Carlos de la Cruz, y por Luis Pérez, un prominente abogado de Miami, todos republicanos de toda la vida. Estos hombres habían llegado a creer, a regañadientes y después de muchos años, que era necesaria una política más matizada y realista hacia Cuba.

Tal manera de pensar no agradaba al clan Díaz-Balart. Poco después de la formación del grupo, Rafael Díaz-Balart concertó una cita con Carlos de la Cruz y Luis Pérez. Refiriéndose a Saladrigas como "el muchachito", el patriarca de los Díaz-Balart dijo a los hombres que el Grupo de Estudios sobre Cuba era una intrusión indeseada en la política de los exiliados. Añadió que su familia veía a Saladrigas como un impedimento para el plan de Lincoln de ser el próximo presidente de Cuba. "Díganle [a Saladrigas] que necesita esperar su turno —advirtió el octogenario Rafael a los hombres—. Mientras tanto, no tenemos problemas con que él esté en el Senado [cubano]." Al principio, los magnates azucareros Alfie y Pepe Fanjul se habían adscrito al Grupo de Estudios sobre Cuba. Pero después de que unos enviados de los Díaz-Balart les advirtieron que sus extensos intereses comerciales en Florida podrían perder ciertos incentivos estatales y federales, se dice que los hermanos se hicieron a un lado.

En 2004, el Grupo de Estudios sobre Cuba publicó los resultados de una encuesta muy completa que mostraba un drástico cambio en las actitudes entre los exiliados cubanos. Sus hallazgos, que coincidían con otras encuestas de la época, revelaron que la mayoría de los exiliados favorecían la diplomacia con Cuba y albergaban grandes resentimientos respecto del embargo de Estados Unidos. Los Díaz-Balart respondieron al unir sus fuerzas con el zar radiofónico de los exiliados en Miami, Armando Pérez Roura de Radio Mambí, una especie de Walter Winchell de la Calle Ocho, y convocaron a una marcha de protesta. "Era la primera vez en la historia —dice Saladrigas— que alguien convocaba a una protesta contra una encuesta." Lincoln y Mario Díaz-Balart encabezaron la marcha por la Calle Ocho. A lo largo del día, Pérez Roura anunció por la radio que unos trescientos mil exiliados habían marchado tras los dos congresistas. En realidad, las fotografías aéreas sugieren que el número era de sólo unos cuantos miles. "Esto es lo que hacen en Cuba —dijo Saladrigas—. Fue un acto de repudio [manifestaciones montadas por el gobierno cubano] aquí en Miami."

No obstante, los Díaz-Balart y sus aliados se mantuvieron en el timón de la política hacia Cuba durante todo el mandato de George W. Bush. Durante ocho años, el equipo de Miami luchó por una confrontación creciente con la isla, con el fin de "llevar la democracia al pueblo cubano".

De 2001 a 2004 se dice que Fidel Castro expresó su preocupación de que George W. Bush estuviera preparado para invadir Cuba a instancias de los duros en Miami. A los golpes militares preventivos y las acciones encubiertas, solía señalar, se les tenía en alta estima en la familia Bush. Como vicepresidente de Reagan, George H. W. Bush desempeñó un papel operativo clave en la invasión de 1983 a la isla de Granada, un discípulo-aliado de Cuba. En 1989, el presidente Bush ordenó la invasión de Panamá y la captura de su presidente, el general Manuel Noriega, quien fue llevado a Estados Unidos, donde pasó las siguientes dos décadas en prisión.

En 2003, un segmento de los duros influyentes de Miami se entusiasmó con la idea de que George W. Bush estaba listo para "liberar a Cuba". Unos cuantos especialistas cubanos sintieron que si la administración no se hubiera distraído tanto con la guerra en Irak, habría estado lista una invasión de Cuba, similar a los golpes militares en Panamá y Granada. Algunos creen que el Departamento de Defensa había realizado "ejercicios de simulación" en Cuba. En verdad, Estados Unidos ha hecho prácticas y ejercicios de simulacro desde la Crisis Cubana de los Misiles, con los cubanos y soviéticos como adversarios potenciales.

Según el coronel retirado de la fuerza aérea Sam Gardiner, quien realizó simulacros para la Defensa en 2002 y 2003, el propósito de los juegos militares era doble: "La estabilidad en Cuba y en Florida: el caso era interceder lo antes posible en un éxodo de refugiados". Entre los simulacros que se exploraron, dijo él, había uno en el cual Cuba "invitaba" a entrar a Estados Unidos y otro en el que Estados Unidos "actuaba con previsión para estabilizar" la isla tras un éxodo migratorio. Otros detonadores u oportunidades incluían una catástrofe natural, una crisis económica y un derrumbe político.

Quienes sospechaban que se planeaba una incursión militar en Cuba creyeron en un informe que decía que a la 82ª División Aérea y a las Fuerzas Especiales de la Marina estadounidenses se les había alertado sobre una intervención de ese tipo a finales de 2003. Según una fuente militar que habló con Steve Clemons del *Washington Note*, el temor se disipó cuando Irak se convirtió en un en caos, lo cual debilitó sobremanera a las tropas estadounidenses.

Pero Castro no corría riesgos. Según el sociólogo Nelson Valdés de la Universidad de Nuevo México, en una junta del Partido Comunista el 15 de julio de 2003 se elaboraron planes de contingencia militar para responder a un posible ataque de Estados Unidos. "Los planes cubanos incluían medidas concretas a tomar en caso de que Fidel Castro se hallara incapacitado o muerto, antes o durante un ataque militar estadounidense", escribió Valdés. Al año siguiente, la administración Bush implantó las medidas más duras contra Cuba desde la Guerra Fría, casi al grado de criminalizar los viajes a Cuba para la mayoría de los estadounidenses y limitar severamente las visitas familiares de los cubano-estadounidenses. Según Valdés, Castro vio las medidas como otra provocación más y advirtió en una carta abierta: "En las condiciones actuales de Cuba para confrontar una invasión, mi ausencia física, sea por causas naturales o no, no dañarían, en modo alguno, nuestra capacidad para pelear y resistir".

En octubre de 2007, Castro se apresuró lo bastante como para sostener una conversación telefónica en vivo con su publicista en jefe Hugo Chávez. Se había arreglado de antemano que Chávez condujera su programa semanal de radio y televisión *¡Aló, Presidente!* desde Santa Clara, donde se conmemoraba el cuadragésimo aniversario de la muerte del *Che* Guevara. Chávez había visitado el museo, la imponente estatua del Che y el mausoleo que guarda los restos de Guevara, todo lo cual había sido grabado debida y reverencialmente por la televisión oficial cubana.

No pareció importar que varios de los descendientes del Che parezcan menos que encantados con el marxismo tropical. El hijo mayor del Che, Camilo Guevara March, a menudo se encuentra en París, mientras que su hermana menor, Celia, obtuvo un pasaporte argentino y vive en Buenos Aires. El hijo del Che que lleva su nombre, Ernesto Guevara March, es un ex músico de rock punk conocido por protestar contra el consumismo cubano. Él se ha quejado de que el gobierno le ha negado un pasaporte para viajar. "Él es a quien siempre ponen a encabezar las marchas en todos los eventos del Che —dice el escritor Achy Obejas—. Pero como podría decir cualquier cosa, a veces apagan el micrófono cuando empieza a hablar." Uno de los nietos del Che, Canek Sánchez Guevara, es un músico de heavy metal radicado en París, donde participa en la política opositora de los exiliados cubanos. Pero se ha dejado en manos de Aleida Guevara, marxista y doctora como su padre, portar el estandarte familiar y defender decididamente la Revolución.

Otro hijo del Che es Omar Pérez López, fruto de un breve romance que el argentino tuvo con una bella y coqueta periodista cubana en 1963. Según el libro *Che's Afterlife* del periodista Michael Casey, Pérez es poeta y disidente, y no ha gozado del reconocimiento de la familia de Aleida. Pérez fue un firmante del manifiesto de la

Tercera Opción publicado en 1991, descrito como una "alternativa democrática" para Cuba. Por tal insubordinación, a Pérez se le sentenció a pasar un año en un campo de trabajo en Pinar del Río, para cosechar jitomates. Irónicamente, ese campo fue creado por el Che en 1962 como un centro de rehabilitación para revolucionarios que habían perdido el rumbo.

Después de su *tour* en homenaje al Che, Chávez se entrevistó con el presidente en funciones Raúl Castro para dar los toques finales a un montón de acuerdos complacientes para la producción y el refinamiento de petróleo, así como para el turismo. Chávez también se había comprometido a financiar un cable subacuático de fibra óptica de mil millas que iría de Venezuela a Cuba. Una especie de cordón umbilical tecnológico, el cable proveería la infraestructura para una supercarretera digital y de información para actualizar las telecomunicaciones y la Internet entre los dos países. El estipendio de Venezuela a Cuba ahora ascendía a cuatro mil millones de dólares al año, e incluía cien mil barriles de petróleo al día.

La llamada de Fidel Castro a Chávez, que tuvo una hora de duración, se programó para transmitirse después de una videocinta filmada durante su entrevista de fin de semana. En el segmento filmado, Chávez llamó a Castro "padre de todos los revolucionarios", mientras a su mentor cubano se le veía hojear el *Diario boliviano* del *Che* Guevara. Luego, Chávez cantó para su amigo un himno revolucionario al Che, lo cual incitaría un brote de emoción en Castro. "Me conmuevo mucho cuando cantas sobre el Che", respondió Castro, convaleciente. Cual adolescente enamorado, Chávez exclamó en cierto momento: "¡Hay electricidad en el aire!"

La conversación televisada entre ambos gobernantes hispanos sugirió que el sucesor de Castro no sería su hermano Raúl, de bajo perfil y sabihondo de temas políticos, sino el otro dictador-estrella de cine de la región. Chávez parecía decir lo mismo. "En el fondo, somos un solo gobierno, un solo país", había dicho el venezolano a la televisión cubana horas antes.

Durante el resto de 2007, Castro se mantuvo sin ser visto salvo por familiares, médicos, amigos cercanos y ayudantes de confianza. "Está como nuevo", insistió Ramón Castro, el hermano de ochenta y tres años de Fidel, conocido como *Mongo*, en una breve entrevista para el *Sun-Sentinel* en una conferencia sobre ciencias animales. *Mongo* Castro también expresó su confianza en que Fidel seguiría dirigiendo el país. Él sonrió y añadió una obviedad que conocía muy bien: "Él hace lo que quiere".

El 6 de diciembre de 2007, Fidel Castro pidió a su asistente que hiciera una llamada telefónica al hogar de Elián González, "el niño milagroso" a quien habían hallado flotando en una cámara de llanta a las afueras de Fort Lauderdale en 1999. El rescate del niño se convirtió en una causa célebre en las guerras entre Miami y La Habana. Tras siete meses de un devastador pleito legal, el cual culminó con un desaire a los parientes del niño en Miami por parte de la Suprema Corte de Justicia de Estados Unidos, al pequeño Elián se le envió de regreso a Cuba para reunirse con su padre y familia. Era la batalla ideal para Castro, en la cual tuvo la rara oportunidad de ocupar la ventaja moral. Durante meses, a sus enemigos de Miami se les vilipendió en la prensa nacional y extranjera: se les describió como secuestradores de un niño desamparado e indefenso. Como suelen decir en Cuba, "con enemigos como éstos, Castro no necesita ningún amigo".

Cualquiera que fuese su afecto hacia este precoz chico, Castro reconoció a Elián como un trofeo político. El ex gobernador de California y actual fiscal general Jerry Brown, quien pasó varios días con Castro en 2000, estaba convencido de que el fotogénico chico había sido preparado por Castro para un alto cargo político, quizá incluso el más alto, cuando llegara el momento. En verdad, a Elián y a su familia se les ha cuidado bien, tanto en lo político como en lo material. Tras su regreso, a su padre, Juan Miguel González, se le recompensó con un escaño en la Asamblea Nacional y a la familia se le llevó a un hogar más espacioso en Cárdenas.

El joven padre de Elián dijo sentirse en deuda con el máximo líder de Cuba. "Fidel se volvió parte de nuestra familia", explicó Juan Miguel en un filme documental sobre el caso Elián, donde habló con una palpable emoción. El grado de gratitud se hizo evidente cuando el muchacho milagroso pronunció su primer discurso en un mitin antiimperialista en La Habana el 24 abril de 2005. La fecha se eligió para conmemorar el día en que unos agentes federales se llevaron al carismático chico del hogar de sus familiares en Miami. El mitin se realizó en un anfiteatro conocido como el "Protestódromo", construido a toda prisa justo enfrente de la Sección de Intereses Estadounidenses durante la "Guerra de Elián".

"Hace cinco años, volví al lado de mi papá —dijo Elián, de once años, quien leía frases ya preparadas—. Al verlo, me sentí muy feliz. Pude abrazarlo; pude ver a mi hermanito. Fue el día más feliz de mi vida." A continuación, agradeció al pueblo estadounidense y a Fidel Castro, quien estaba sentado junto al padre del niño. "Quiero agradecer a todos aquellos que hicieron que se cumpliera mi sueño de ser un niño libre." El mitin terminó con una ronda del canto de la Revolución "¡Patria o muerte!" En junio de 2008, *Juventud Rebelde*, el periódico juvenil estatal, anunció que el ex chico del póster (para ambos lados de la "guerra de Cuba") se había unido al partido comunista y juró "nunca defraudar a Fidel ni a Raúl Castro".

Se sabe que, en ocasiones, Castro ha llegado a olvidar el cumpleaños de sus propios hijos, pero nunca el de Elián. Durante su enfermedad, Castro descubrió el teléfono. Antes, había tenido aversión a las largas conversaciones telefónicas, quizá por cuestiones de seguridad. El 6 de diciembre de 2007, al chico de catorce años lo llamaron por teléfono a su casa en Cárdenas. "Quiero aprovechar la oportunidad para decir a todos los cubanos que acabo de hablar con *el Comandante* —dijo después el muchacho a los reporteros—. Él se siente muy bien. Me deseó feliz cumpleaños."

Pocos minutos antes de la medianoche del 1° de enero de 2008, la televisión y la radio estatales de Cuba leyeron un saludo de año nuevo de Fidel Castro. "Durante el transcurso de la mañana, dejaremos atrás el año cuadragésimo noveno de la Revolución y habremos entrado al quincuagésimo, lo cual simboliza medio siglo de heroica resistencia." Las palabras las recitaba un presentador de noticias mientras se sucedían en pantalla fotos de un Castro joven y dinámico.

En realidad, aún faltaba un año para el quincuagésimo aniversario de la Revolución. El general Fulgencio Batista había huido de Cuba —con mucho del tesoro nacional— el 31 de diciembre de 1958. Pero la preocupación de que Castro no viviera para presenciar el verdadero quincuagésimo aniversario incitó una manipulación numérica. De aquí en adelante, se decidió que se consideraría 2008 el año del "quincuagésimo aniversario de la Revolución".

La segunda anomalía del Año Nuevo fue la total ausencia de augurios en la "Letra del Año" en relación con Castro. Cada enero, los altos sacerdotes o *babalaos* de la santería, la fe dominante en Cuba, comunican sus pronósticos del año. Es un evento muy esperado por los cubanos, aunque se sabe desde hace mucho que incluso los santeros y babalaos conocen los límites del discurso político. Los babalaos tenían mucho que decir, pues predijeron diversas catástrofes meteorológicas, un aumento de la criminalidad y una o dos epidemias. Pero, conscientes de los límites estatales en los mensajes, incluso los que se transmitían desde el otro lado, no dijeron palabra sobre el tema que más preocupaba a los cubanos.

"Será mejor que se bañe con harina blanca y miel", me había aconsejado años antes Natalia Bolívar, cuando le informé que por fin había conseguido una entrevista con Fidel Castro. Toda una autoridad en religiones afrocubanas y santería, Bolívar, con graciosa inocencia, arqueó las cejas y meneó el dedo índice frente a su cara, al estilo cubano. "La gente dice que, si una persona está con Fidel, luego le pasan cosas malas —dijo ella en la sala de su apartamento de Miramar, asoleada y llena de obras de arte—. Se muere." Bolívar conocía otras cosas además de las del mundo espiritual. Había sido una luchadora de la resistencia en los años cincuenta contra Batista, y al haber sido una ex aristócrata de considerable belleza, había conocido a Castro de manera muy cercana. Durante muchos años, ella ha conocido a profundidad a muchos participantes y partidarios de la Revolución, y sólo ha obtenido amargas decepciones. "Un despojo" —una limpia espiritual— es lo que se aconsejó. Le pregunté quién le había dicho eso. "No lo sé —respondió, con su graciosa inocencia, mientras agitaban la mano a un lado de su cabeza—. Los babalaos lo dicen."

Mientras que los santeros guardaron silencio, el patrón establecido de fotografías periódicas del *Convaleciente en Jefe* prosiguió durante todo 2008. El debilitado Castro desapareció de la vista durante semanas o meses hasta que la percolación de rumores se tornó en un fiero bullicio. ¡Y entonces, pum! Reaparecería para recibir la visita de un líder extranjero. El 16 de enero hubo más evidencias fotográficas para dar fe de la visibilidad de Castro. Unas fotografías de Castro, que usaba sus típicos *pants* deportivos y sus tenis Adidas blancos, junto al presidente de Brasil Luiz Inácio Lula da Silva se publicaron tras una frenética y ajetreada visita de veinticuatro horas de Lula a la isla.

Un año antes, a Lula se le escapó el comentario de que creía que Castro tenía cáncer. Pero eso no volvería a ocurrir, al menos no en público. "Mi sensación es que Fidel goza de una salud impecable y que está tan lúcido como siempre —declaró el socialista brasileño, antes de añadir de manera un tanto inconvincente—: creo que Fidel está listo para tomar su histórico papel político en este mundo globalizado." En privado, algunos miembros de la comitiva aceptaron que Lula creía que Fidel se hallaba en las etapas finales del cáncer y que le sorprendía que el máximo líder de Cuba continuara con vida.

La visita del presidente socialista, representante del país más rico y extenso de Latinoamérica, no fue propiamente un llamado de condolencia para un dictador enfermo. Petrobras, la compañía petrolera semipública de Brasil, había puesto el ojo en los recursos de petróleo y gas natural en mar abierto. Además, la naciente superpotencia del Hemisferio Sur codiciaba el azúcar de Cuba para nutrir su lucrativa industria de etanol. A cambio, Lula aprobó créditos y tratos con Cuba por un valor de mil millones de dólares. Pocos meses después, durante una visita a La Habana, el canciller brasileño afirmó que su país esperaba convertirse en "el principal socio comercial de Cuba".

Pero el verdadero socio principal de Cuba regresó a La Habana para hacer una visita sorpresa a su maestro el 8 de marzo. Chávez comunicó las saludables noticias de que había hallado a Fidel "feliz, espléndido y lleno de ideas", pero no mencionó la razón de su visita social: la liberación de dos rehenes de alto perfil retenidos por las Fuerzas Armadas Revolucionarias de Colombia (FARC) que acababan de llegar a Cuba. Por supuesto, el guía de Chávez con las guerrillas y con su némesis, el presidente colombiano Álvaro Uribe Vélez, fue, por supuesto, Castro. (En noviembre de 2008, Castro "publicó" un libro titulado *La paz en Colombia*, descrito por el ministro de Cultura, Abel Prieto, como un "homenaje" a Manuel Marulanda, fundador de las FARC, quien había muerto repentinamente de un ataque al corazón meses antes.)

El presidente boliviano Evo Morales llegó a La Habana pocos meses después de Chávez, e informó que Castro había perdido peso pero estaba bien despierto. "Lucía delgado pero muy lúcido —dijo Morales sobre su conversación de dos horas con el líder cubano—. Y, como siempre, es un hombre muy sabio."

Pero la condición de Castro había empeorado muy rápido en mayo de 2008, según un fidelista que había peleado en la sierra. Tras una visita a sus antiguos compañeros de armas en La Habana, el revolucionario retirado, quien solicitó el anonimato, comunicó las tristes noticias del círculo cercano de Raúl de que "Fidel no llegará a ver el fin de este año, y quizá ni siquiera del verano". La visita del ex revolucionario coincidió con los difundidos informes de que a Fidel se le había practicado otra cirugía intestinal y se hallaba en condiciones inestables y delicadas.

Pero el indomable cubano volvió a levantarse para un encuentro con Hugo Chávez el 16 de junio, lo cual truncó las esperanzas de sus enemigos. El *Granma* informó que los dos hombres mantuvieron una "animada y afectuosa" reunión de tres horas. Después, un breve video de su reunión —sin audio— se transmitió en la televisión cubana, y mostraba a un Castro más flaco y pálido, de cabello más blanco, quien conversaba con Chávez y su hermano Raúl en un jardín no identificado. Eran las primeras imágenes de Castro que se veían en cinco meses, publicadas para poner un alto al último ciclo de rumores sobre su muerte. "Es un momento difícil en el mundo —dijo Chávez con cautela a los reporteros en el Aeropuerto José Martí de La Habana—. Pero, por fortuna, la Revolución cubana, que está por cumplir medio siglo, y la Revolución venezolana, que está por cumplir los diez, se han vuelto hermanas y han unido sus fuerzas."

Como para disipar posibles sospechas, la visita de Chávez fue pronto sucedida por otros encuentros breves con oficiales importantes. El primero de ellos fue el presidente uruguayo Tabaré Vázquez, un ex médico, quien informó que el líder cubano parecía estar alerta y se encontraba "muy bien". A él siguió He Guoqiang, un oficial mayor chino, quien preparó el terreno para una visita del presidente Hu Jintao, y también hizo a Castro una invitación para asistir a las Olimpiadas. Por supuesto, ambas partes sabían que Castro no estaría en los juegos, por más que haya deseado ir. Desde que Castro enfermó, China, por medio de su embajada en La Habana, lo había provisto tanto de medicamentos herbarios tradicionales como de fármacos modernos, junto con especialistas en ambas áreas. Las fotografías de todos los visitantes fueron debidamente tomadas y publicadas en los medios como evidencia de la recuperación y el compromiso de Castro.

La administración Bush emitió su propio diagnóstico del Máximo Líder: "No hay duda de que Castro está muriendo —dijo un oficial estadounidense, a lo que añadió una invaluable incoherencia noticiosa que nadie podría usar—: sólo que no sabemos cuándo".

Durante todo 2007 se había especulado y existía la esperanza de que Fidel se abstendría de dirigir las elecciones de la Asamblea Nacional que se llevarían a cabo el 20 de enero de 2008. Una retirada tan elegante habría impulsado y bruñido la autoridad de su hermano. Pero, para desgracia de Raúl, se rumoró que Fidel buscaría otro periodo. Un habanero dijo que percibía una desangelada expiración colectiva en toda La Habana ante la idea de prolongar aquel estado límbico disfuncional.

Por ley, los seiscientos catorce miembros de la Asamblea eligen a los treinta y un miembros del Consejo de Estado, así como los altos cargos de vicepresidente y presidente. Sin embargo, sólo hay una lista de candidatos, lo cual produce un resultado electoral al que la mayoría de las personas considera predeterminado y cosmético. "La ley electoral actual, marcada por su carácter totalitario, no garantiza el derecho elemental de los ciudadanos a elegir libremente", dice el disidente Vladimiro Roca. Tal como se acostumbraba, Santiago, el distrito domiciliario de Castro, registró su nominación para que él lo representara. En su columna, Fidel confesó que estaba demasiado débil como para hacer campaña. "Hago lo que puedo", dijo, como si su elección no fuera una conclusión predeterminada.

La invisibilidad de Fidel en los meses anteriores había renovado las especulaciones sobre su estado mental. Famoso por su locuacidad y sus discursos que a veces duraban de cuatro a siete horas, Castro se había vuelto extrañamente callado. "Yo escribo —explicó en su columna—. Para mí, ésta es una nueva experiencia: escribir no es igual que hablar."

Sin embargo, algunos sostenían que al máximo líder de Cuba se le había aflojado un tornillo por causa de sus enfermedades. Sus críticos más amargados de Miami murmuraron que empezaba a sonar como los pacientes de Mazorra, la famosa institución mental de La Habana.

Nadie parece haber explicado de manera satisfactoria la ausencia de Fidel en público durante veintidós meses [señaló un avezado diplomático europeo en 2008]. Mi propia teoría es que su mente se ha deteriorado y ya no hay manera en que se le pueda ver como un dirigente con credibilidad. Algunas de sus "Reflexiones" son extrañas, incluso para sus estándares recientes. Entonces, el gobierno cubano no puede arriesgarlo a hacer una aparición pública por miedo a que esto se vuelva demasiado obvio.

Aunque no había habido registros en directo de Fidel por casi tres años, los hermanos Castro cumplían con el trabajo. Mientras Fidel posaba para la fotografía ocasional, Raúl cerraba tratos. Cualesquiera que fuesen las tensiones entre los hermanos, habían asegurado amplios tratados de comercio e inversión que garantizaban la supervivencia de Cuba. Habían logrado elaborar un tratado de "petróleo a cambio de vida" con Chávez y convencido a Lula da Silva de comprometerse con una serie de proyectos de construcción y agricultura. El presidente brasileño también había firmado para que Petrobras, el líder mundial en la excavación de aguas profundas, explotara el manto recién descubierto de petróleo crudo en sus aguas septentrionales.

Todo aquello llegó como un fuerte piquete en el ojo de Estados Unidos y de su política única de tratar de aislar a la isla. "Cuba es un país", lamentó un petrolero estadounidense, "no una cruzada". En marzo de 2008, cien miembros de la Cámara de Representantes y veinticuatro senadores escribieron a la Secretaria de Estado Condoleezza Rice para expresar su consternación y temor de que Estados Unidos se hubiese colocado tan fuera del juego que estuviera por volverse irrelevante: "Nuestra política nos deja sin influencia en este momento crítico, y esto no sirve a los intereses nacionales estadounidenses ni a la mayoría de los cubanos. Después de cincuenta años, es hora de que pensemos y actuemos de manera nueva".

Más vergüenzas llegaron en junio de 2008, cuando la Unión Europea anunció que retiraría las sanciones contra Cuba, a pesar de los intentos estadounidenses por mantenerlas. Las restricciones se habían establecido desde 2003, cuando Cuba encerró a setenta y cinco disidentes y periodistas independientes. Casi cincuenta y cinco seguían encarcelados para cuando Estados Unidos hizo su anuncio. El cambio de política lo había defendido España, pero no la República Checa, Suecia ni el Reino Unido, lo cual indicaba que el organismo, con sede en Bruselas, continuaría negociando la liberación de todos los presos políticos. A pesar de su victoria y de la humillación de Estados Unidos, Fidel Castro no quedó satisfecho. Tildó el retiro estadounidense de las sanciones contra su país de "una enorme hipocresía" que además era "ofensiva". Muchos quedaron desconcertados ante la insatisfacción de Castro por un triunfo tan contundente y obtenido con tantos esfuerzos.

En verdad, la transición para después de Fidel se ha desarrollado de manera tan impecable que Cuba anunció a principios de 2008 que no le interesaba la diplomacia con Estados Unidos hasta que George W. Bush estuviera bien metido en su rancho de Crawford, Texas. Jorge Alberto Bolaños Suárez, el jefe recién nombrado de la Sección de Intereses Cubanos en Washington, dijo a la Prensa Asociada que Cuba había puesto en espera a Estados Unidos hasta enero de 2009. "No me preocupa lo que diga el actual Departamento de Estado, pues esperamos lo que el siguiente tenga que decir sobre Cuba", expresó Bolaños. "La verdad del asunto —dice Kirby Jones, presidente de la Asociación para el Comercio Estados Unidos-Cuba— es que Cuba no necesita a Estados Unidos. Tan sólo ha seguido adelante y hecho negocios con el resto del mundo."

Lo anteriormente dicho no estuvo nada mal para un hombre moribundo.

No fue hasta el 19 de febrero de 2008 —diecinueve meses después de que su enfermedad lo alejó de la vista pública— cuando Fidel accedió a retirarse y entregó formalmente el poder a su hermano. Finalmente, cediendo a su propia mortalidad y a la presión de dar a su hermano algo del muy necesario margen para maniobrar, Fidel anunció que dimitiría. Sin embargo, el relevo fue muy notable por la manera en que se manejó. En verdad, Castro no había perdido un ápice de su capacidad de sorprender, ni de su típico genio para la manipulación mediática.

Cinco días antes de los pronunciamientos tan publicitados de la Asamblea Nacional sobre quién gobernaría y cómo, Castro anunció con toda calma su renuncia en la edición en línea del *Granma*. En una carta a dicho periódico oficial, Castro dijo que no aceptaría un nuevo periodo cuando se reuniera la Asamblea Nacional el 24 de febrero para anunciar sus nombramientos. "Repito que no aspiraré ni aceptaré el cargo de presidente del Consejo de Estado y Comandante en Jefe", escribió.

El edicto de Castro galvanizó los medios de comunicación internacionales. Publicado astutamente en las primeras horas de la mañana tras un fin de semana de tres días por el Día del Presidente, se difundió por múltiples ciclos de noticias en Estados Unidos, y luego por todo el mundo. Mostraba al mejor Fidel, con sus dones intuitivos para las relaciones públicas. Él había opacado no sólo a su hermano mientras le pasaba la corona, sino también al anuncio de la Asamblea Nacional, que se había programado para el mismo día de la entrega de los Óscares. Como Fidel lo sabía muy bien, todos los ojos estarían en las celebridades de Hollywood, no en Raúl Castro.

Por supuesto, Fidel sólo renunció, no se retiró. En realidad, "renunciar" es un poco más indirecto que su equivalente inglés *resign* como fue señalado por un crítico de Miami. También puede significar "abandonar algo", y es un poco más abierto que, por ejemplo, "resignarse". En resumen, se dio por hecho que Castro continuaría como el mago tras bambalinas. "No les digo adiós —escribió—. Tan sólo quiero luchar como un soldado de ideas."

Pocos días después, Fidel estaba de regreso y opinó en sus "Reflexiones" que había querido tomarse un descanso de diez días de su columna, pero que el deber lo había llamado: "No tuve el derecho de guardar silencio por tanto tiempo". Pero hubo cambio pequeño, aunque notable. Su columna ya no aparecía en la página frontal del *Granma* como "Reflexiones del Comandante en Jefe", con una foto suya en su uniforme verde. Ahora sus ensayos se llamaban "Reflexiones del Compañero Fidel", y los acompañaba una foto suya con una sonrisa inescrutable y agitando una mano, quizá para decir adiós. También por primera vez, su columna aparecía en la página cuatro, a petición suya, como lo señaló.

Poco después, volvió a ajustar su estilo, y optó por un tono más ligero y amigable, y dio a su columna el sencillo título de "Reflexiones de Fidel". En aquellos buenos días que Castro rebozaba de juventud, no había nada que le impidiera entrometerse, con o sin sus grandiosos títulos. En tanto pudiera hablar y pensar, el mundo sabría de él.

Naturalmente, Raúl Castro sabía bien que la Asamblea Nacional lo nombraría sucesor de su hermano. Y, por todos conceptos, él se sentía animado y de buen humor. El 16 de febrero, días antes de la renuncia de Fidel, Raúl asistió a la boda del conocido artista Kcho, el segundo viaje de éste al altar. Con su guayabera blanca de manga larga, Raúl Castro estaba en gran forma. Ray Sánchez, quien entonces era jefe de oficina del *Sun-Sentinel*, asistió como invitado e informó que un efusivo Raúl "posaba para fotografías, saludaba de mano a todo el mundo, contaba chistes, besaba a los bebés e incluso coqueteaba un poco". Entre los ciento cincuenta invitados a la boda en Vedado se hallaban Mariela, la hija de Raúl, junto con varios de los hijos de Fidel, Fidelito, Antonio, el doctor y Alejandro, el hijo que, se dice, había estado plagado de problemas con el alcohol y sustancias controladas. Pero era Raúl, de setenta y seis años, quien estaba en el centro de la atención. En cierto momento, salió a dar un paseo con Kcho y su esposa por el malecón. Parecía, como dice Sánchez, que Raúl era un hombre cuyo momento había llegado y estaba en completa paz consigo mismo.

Varios se decepcionaron de que los hermanos Castro no hubieran considerado adecuado nombrar a Carlos Lage para la presidencia, como lo habían esperado los reformadores, empresarios y estudiosos. Según se creía, el popular ex pediatra convertido en zar económico habría moderado las políticas económicas cubanas y permitido que florecieran más negocios privados en la isla. También era un hombre astuto. En 2007, él señaló con gran precisión el dilema de la administración Bush en una conversación con un colega extranjero. "Los Estados Unidos tienen un plan con Fidel vivo y otro para cuando muera —dijo Lage—. Pero no tienen un plan intermedio."

Poco después de su discurso de aceptación, el 24 de febrero, para el cual lució un traje negro de vestir y una corbata plateada, Raúl tomó el teléfono para charlar con Hugo Chávez en el programa televisivo semanal del último. Se rumoró que Raúl Castro desconfiaba de Chávez, y que su círculo cercano consideraba al venezolano indisciplinado y le preocupaba si acaso era del todo confiable. Después de todo, la fiera lealtad de Chávez era hacia Fidel y hacia su propia ambición de convertirse en el próximo Simón Bolívar del hemisferio. La relación entre Chávez y Raúl no se benefició con el comentario que hizo Chávez, durante su visita a Santa Clara para la conmemoración del Che en 2007, de que Raúl "había disparado su primer tiro en Moncada", con lo cual sugería que el hermano de Fidel había llegado tarde al poder.

Pero la llamada de Raúl envió la señal clara e inequívoca de que Chávez y Venezuela permanecerían como el principal aliado de Cuba, al menos por el momento. "Nada va a cambiar", dijo Chávez a Raúl al aire. "Yo ratifico mi compromiso con Cuba, el compromiso del pueblo venezolano, de la Revolución bolivariana contigo, con Fidel, con la Revolución cubana y con el pueblo de Cuba." Raúl comentó, a manera de broma, que no seguiría el mismo estilo oratorio de su hermano. "Ninguno de mis discursos dura más de una hora", dijo. La brevedad fue uno de los beneficios pequeños pero apreciados de la coronación de Raúl (para alivio de muchos).

George W. Bush recibió las noticias de la histórica sucesión en Cuba con su acostumbrada falta de diplomacia. Tildó a Raúl de "tirano [quien] no es más que una extensión de lo que hizo su hermano, o sea, arruinar a una isla y aprisionar a la gente por sus creencias". Tom Casey, del Departamento de Estado, intervino y llamó a Raúl un "dictador *lite*", lo cual lo hizo sonar más como Mary O' Grady, la estridente militante de *The Wall Street Journal* que como un diplomático. Las principales potencias del hemisferio reaccionaron diferente: "El ascenso de Raúl Castro en Cuba deja tranquila a Latinoamérica", dijo Lula de Brasil. Los oficiales mexicanos anunciaron la sucesión de Raúl como algo de "gran importancia", pues preparaba toda una serie de nuevas aventuras diplomáticas y comerciales con Cuba.

No obstante la despreocupación de Casey, hubo toda una serie de turbulencias en las ríspidas aguas de la relación Estados Unidos-Cuba. Por una parte, incluso los duros más ortodoxos de ambos bandos reconocieron en privado que el cambio era inevitable y llegaría antes de lo esperado. Había habido toda una cascada de acciones de Raúl Castro, desde la liberación de varios disidentes hasta una serie de reformas económicas. El columnista Andrés Oppenheimer de *The Miami Herald* predijo que la nueva lista de iniciativas de Raúl sería un "cambio disfrazado de continuidad".

Pero muchos temían que Estados Unidos perdiera cualquier oportunidad de influir en el futuro de Cuba a medida que los hermanos Castro ampliaban y solidificaban tratados comerciales con los aliados de Cuba en Latinoamérica, Europa y Asia. "Estamos cerca de ser irrelevantes", dijo Vicki Huddleston, ex jefa de la Sección de Intereses Estadounidenses en La Habana. Un oficial del Departamento de Estado concordó, y dijo que tras ocho años de nula política bajo George W. Bush, "una buena parte de nuestros músculos políticos con Cuba se han atrofiado". Señaló que el mejoramiento de las relaciones con Cuba "no iría a ningún lado con la administración Bush". Luego añadió esperanzado: "Tenemos una declaración preparada para el día de su muerte".

CAPÍTULO CUATRO

Escribir para la historia

Los primeros obituarios para Fidel Castro se publicaron en 1956. Fue cuando el gobierno del presidente Fulgencio Batista embaucó a Francis McCarthy, un ingenuo corresponsal de la Prensa Unida Internacional, para que informara que Fidel Castro y su hermano Raúl habían resultado muertos en una emboscada. En verdad, el líder rebelde izquierdista de treinta años estaba escondido en las montañas de la Sierra Maestra. Desesperado por iniciar su revolución —y su vida— Castro envió a un emisario para traer a algún periodista conocido.

Tras un arduo viaje, en el que atravesó la casi impenetrable sierra, a Herbert Matthews, un corresponsal estrella de *The New York Times*, se le dijo que esperara en el bosque húmedo y frío. Llegó el amanecer antes de que Castro, siempre cuidadoso de la teatralidad, descendiera finalmente de las colinas, con lo cual estableció el procedimiento operativo que utilizaría con los medios: siempre mantener a los reporteros en espera, de preferencia a oscuras, durante el mayor tiempo posible. El resultado fue un heroico retrato que apareció en la primera página del *Times*.

Desde el principio, los periódicos y noticieros han conservado un obituario permanente de Castro. Parece algo prudente. Después de todo, varios presidentes estadounidenses han declarado que su eliminación sería un resultado deseable. Y luego hubo legiones de asesinos mercenarios —exiliados militantes amargados y obsesionados— determinados a cobrar venganza al hombre que, a su parecer, había secuestrado su país.

A mediados de los años noventa, fuertes rumores de que Castro apenas había eludido una cita con su Creador instaron a las organizaciones noticiosas a actualizar sus obituarios. Los especialistas prepararon sus *bytes* sonoros, listos para hablar sin cesar durante los setenta y cinco segundos que les asigna la televisión en vivo. Y, nuevamente, el 23 de junio de 2001, tras el famoso desmayo de Castro durante un discurso y la oratoria improvisada de su aterrado canciller, los obituarios para Castro se reescribieron a toda prisa.

La industria de los obituarios para Castro volvió a tomar impulso en 2004, cuando Fidel cayó de bruces contra el piso. Para entonces, Castro había hecho algunos comentarios inusuales sobre su mortalidad. Cambios sutiles pero cruciales despertaron las preocupaciones sobre su salud y el futuro de su revolución. El 1° de julio de 2006, el Partido Comunista de Cuba decretó que se restituiría el secretariado de doce miembros, con lo cual se fortalecería el papel del partido cuando se diera la transferencia de poderes. El secretariado se había deshecho en 1992, cuando los soviéticos desaparecieron de la escena. De ahí en adelante, serviría como el comité orientador del partido y se aseguraría de que éste y sus miembros más ortodoxos —la mayoría— desempeñaran un papel central en la era posfidelista.

Un mes después, cuando a Castro se le realizó una cirugía de emergencia, el negocio de los obituarios creció frenéticamente y se ha mantenido en espera desde entonces. Durante los siguientes tres años, los obituarios de Castro se revisaron cada mes, y a veces cada semana, en las agencias noticiosas de todo el mundo. Una reportera de la National Public Radio lamentó haber grabado tres obituarios de Castro durante el primer año de su enfermedad. En el segundo y tercer años, habría muchas otras revisiones.

"Tuvimos que rehacer nuestro obituario varias veces", dijo Anders Gyllenhal, director de *The Miami Herald*, un año después de que enfermó Castro. Tom Fielder, director del periódico de 2001 a 2007, aseguró a *Editor & Publisher*: "Teníamos para la muerte de Castro en los años noventa. Era bastante extenso, quizá incluso más detallado que el plan del Pentágono para invadir Irak", me dijo Gyllenhal en 2007. "Aquí hemos tenido talleres internos al respecto e hicimos grandes cambios en dos ocasiones. Por fortuna, realizamos un ensayo con vestuario", añadió en referencia a la casi muerte de Castro en julio de 2006.

Un año después, el *Herald* no estaba de muy buen humor. El editor Manny García ignoró la tradicional etiqueta de las salas de prensa y lanzó un informe breve y ordinario, en el cual comparó a Castro con un "cálculo renal" —un dolor constante que no parece irse jamás—. García explicó su molestia:

> Tienen que entender que *el Cadáver en Jefe* es nuestra historia y nuestro mayor reto [se quejó]. Nos sentamos en las juntas, que son bastante largas, y revisamos posibles historias. Fraseo. Tono. Extensión. Tenemos al menos cinco versiones diferentes del obituario de Fidel, adaptadas a la hora del día o de la noche en que muera. Creamos una página en Internet para el gran día...

Para los periodistas que cubrían las noticias de Cuba, a quienes Castro había tenido en muy baja estima, la larga agonía del hombre fuerte del Caribe se había vuelto otra humillación más que aguantar.

El primer intento de una biografía de Castro apareció en 1959, junto con una colección de sus cartas llamada *Cartas del Presidio*. Su portada mostraba la foto que se tomó al joven Castro, entonces de veintiséis años, tras su arresto por el asalto al Moncada en 1953.

Las veintiuna cartas del libro incluían misivas enviadas a su esposa Myrta; a su media hermana Lidia; al apreciado intelectual Jorge Mañach, quien había ignorado elegantemente el discurso del Moncada de Castro; a su abogado personal; a una futura amante, y al padre de un compatriota que había fallecido en el ataque al Moncada.

La colección también incluía varias cartas a su amigo de confianza y político incondicional Luis Conte Agüero, quien publicó las cartas y escribió el prefacio del libro, un apasionado homenaje al hombre que, según creía, sería el salvador de Cuba. Dos años después, Conte Agüero huyó del país y los ejemplares del libro desaparecieron de los anaqueles. En 2005 yo escribí una nueva introducción al libro, la cual se republicó en edición bilingüe inglés-español.

Todo un esclavo de la celebridad, Castro usó su tiempo en prisión —unos veintidós meses— de manera muy productiva. Leyó y escribió sin cesar, y planeó de manera implacable su futuro político. Las cartas demuestran de amplia manera el pensamiento estratégico y el liderazgo natural de Castro. Son un indicador temprano de su astucia maquiavélica y su genio para las relaciones públicas. "No se puede abandonar un minuto de propaganda porque es el alma de toda lucha", dice la famosa carta a su partidaria Melba Hernández en 1954. Cada carta ilustra la capacidad de Castro para inspirar a otros a realizar sus ideas. Muchos de sus destinatarios parecen haber centrado su vida en él, ansiosos por conocer sus necesidades y bien dispuestos a satisfacerlas. Algunos se enfocaron en su agenda política, mientras que otros esperaron instrucciones en relaciones públicas y puntos de discusión. Aconsejó a Hernández:

Mucha mano izquierda y sonrisa con todo el mundo. Seguir la misma táctica que se siguió en el juicio: defender nuestros puntos de vista sin levantar ronchas. Habrá después tiempo de sobra para aplastar a todas las cucarachas juntas. Un último consejo: cuídense de la envidia; cuando se tiene la gloria y el prestigio de ustedes, los mediocres encuentran fácilmente motivos o pretextos para susceptibilidades. Acepten a todo el que quiera ayudarles, pero recuerden, no confíen en nadie.

Las cartas eran un mapa temprano de las ambiciones políticas de Castro, junto con otros asuntos menores, incluidas sus añoradas visitas a Fidelito, el deterioro de su matrimonio y su divorcio posterior.

Aunque a Castro nunca se le ha considerado un hombre sentimental, las cartas están llenas de calidez y afecto hacia aquellos en quienes confiaba. Pero para quienes se le oponían, había rabia y despotriques.

Hay disertaciones sobre toda clase de temas, desde sus preferencias alimentarias y relaciones públicas hasta sus reflexiones filosóficas, incluida su estima por el filósofo y estadista estoico Catón, quien prefirió poner fin a su vida que vivir bajo César. Para los enemigos de Castro, de su pluma emanaba una homofobia ocasional: "Únicamente un afeminado como [Ramón] Hermida en el último grado de degeneración sexual puede acudir a semejante procedimiento, de tan inconcebible indecencia y falta de hombría", escribió enfurruñado Castro en una carta, en referencia al ministro del Interior.

El aspecto más patético de las cartas es la cantidad de destinatarios a quienes Castro elogiaba como amigos devotos o héroes, y que luego rompieron con él cuando tomó el poder. El apoyo a la Revolución cubana había atravesado todas las distinciones económicas y de clase. Casi todos creían que la eliminación del régimen del corrupto y represivo Batista sólo podía augurar cosas mejores para Cuba. Pero con el tiempo, muchos llegaron a sentirse traicionados.

Muchos, como Jorge Mañach y la propia hermana de Castro, huyeron al exilio. A otros se les envió a prisión o al pelotón de fusilamiento. Unos pocos, como Miguel Ángel Quevedo, el talentoso director de la revista *Bohemia*, quien había sido de gran utilidad para Castro, se quitaron la vida. Tal fue la importancia tan singular de Quevedo que Castro tuvo que suplicar a Conte Agüero para ganarse su colaboración. "Te ruego visites también a Quevedo —escribió— y lo exhortes en este mismo sentido... La simple publicación de lo denunciado será de consecuencias tremendas para el Gobierno [de Batista]". En otra carta a su esposa Myrta, él le recuerda: "No dejes de presentar, ahora con más razón que nunca, el escrito a Miguel Quevedo".

El 26 de julio de 1958, el quinto aniversario del asalto al Moncada, *Bohemia* publicó el "Manifiesto de la Sierra Maestra de Fidel", el cual asentaba su ferviente creencia en la necesidad de unir las diversas facciones que buscaban derrotar a Batista. El 11 de enero de 1959, la revista imprimió una edición especial que vendió más de un millón de ejemplares. La posterior nota de suicidio de Batista, enviada al renombrado periodista Ernesto Montaner, es una incisiva acusación contra su antiguo amigo.

> Fidel no es más que el resultado del estallido de la demagogia y de la insensatez. Todos contribuimos a crearlo. Muero asqueado. Solo. Proscrito. Desterrado. Y traicionado y abandonado por amigos a quienes brindé generosamente mi apoyo moral y económico en días muy difíciles… Y todos éramos víctimas de esa ceguera.

Era inevitable que Fidel Castro buscara tener la última palabra, en realidad unas doscientas mil palabras finales contenidas en *My Life*, la voluminosa e irresistible "autobiografía" de Castro. Publicada en Estados Unidos a principios de 2008, está basada en unas cien horas de conversación con el periodista Ignacio Ramonet, realizadas a lo largo de más de dos años.

El libro se publicó por primera vez en 2005 en español bajo el título *Fidel Castro: biografía a dos voces*. Castro, empero, consideraba que la edición inglesa debía tener una mayor importancia. Con tal fin, Ramonet informó a sus lectores que Castro "revisó y corrigió por completo" el original en español. Según Ramonet, Castro aún no terminaba de corregir el texto en noviembre de 2006. Esto significaba que, a pesar de que el líder cubano se debatía entre la vida y la muerte, recibía alimento intravenoso, perdía cincuenta libras y apenas podía sentarse, sacó su voluntad de superhumano para reescribir sus memorias. "Quería terminarla porque no sabía cuánto tiempo más me iba a quedar", explicó Castro a un amigo.

Con su suplicante interlocutor, Castro en verdad tiene la última palabra. Ramonet es un fidelista descarado que llama "Comandante" a su entrevistado. "Pocos hombres han conocido la gloria de entrar a las páginas de la historia y la leyenda estando aún vivos", escribió en su introducción. "Fidel es uno de ellos." Muy halagador, pero cierto. Y entonces se abre paso la lealtad incondicional. "Él es el último gigante sagrado de la política internacional."

No obstante su considerable experiencia y sus talentos como periodista, Ramonet fungió como una especie de Oliver Stone literario —cuya hagiografía cinemática de Castro produjo dos retratos optimistas, *Comandante* y *Fidel*—. Sin duda, estudiosos e historiadores estarán en deuda con Stone y Ramonet por su extraordinario acercamiento y el mero alcance de sus materiales: cincuenta horas de cinta de video y cientos de horas de cintas de audio. Quizá valga mucho la pena esperar transcripciones de esas cintas editadas por cronistas más objetivos.

Para su crédito, Castro y Ramonet recurrieron al excelente traductor Andrew Hurley para presentar su obra a los lectores en lengua inglesa. Él fue una elección inusual, pues ya había traducido a varios críticos vociferantes de Castro, como Heberto Padilla, Jorge Edwards y Reinaldo Arenas. Hurley escribió que le sorprendió un poco que se le encomendara la labor, y sus notas están entre las partes más interesantes. Al comparar su trabajo como traductor con el de un abogado defensor, Hurley señala: "Yo veía y veo a Fidel Castro como una de las figuras mundiales más 'censuradas' en inglés... representado de manera casi invariable por sus enemigos".

Hurley tuvo que lidiar con las revisiones de último momento del *Máximo Líder*, las cuales él describió como el deseo de Castro de "presentar una imagen menos 'locuaz' o 'indiscreta'". Escribió que algunos de los cambios de Castro se derivaban de querer revisar una "declaración políticamente incorrecta [y así] algunas de sus afirmaciones más directas y desinhibidas acabaron por eliminarse". Hurley considera que los cambios solicitados son "interesantes históricamente" porque "revelaron la mente de Castro en acción antes de que intervinieran el superyó de la visión retrospectiva y la asesoría". Tan extensas fueron las ediciones de Castro —"decenas de miles de cambios"— que las páginas marcadas y entintadas parecían "hormigas en un día de campo", comenta Hurley. Por fortuna para los historiadores y cubanófilos, él reubicó algunos de los cortes de Castro en las notas finales del libro.

Castro compartió sus recuerdos de la ansiedad que sintió durante el proceso de revisión. "Nunca en mi vida había pensado tanto —dijo a un entrevistador de *Granma*—. Yo creía que iba a ser una cosa rápida, como las entrevistas con [los escritores] Frei Betto y Tomás Borge. Y luego me convertí en esclavo del libro del escritor francés [Ramonet]. Cuando estaba a punto de publicarse sin mi revisión… apenas pude dormir aquellos días." Castro también hizo un autorretrato sorprendente y no especialmente halagador —un hombre más preocupado por su legado que por su propia supervivencia física, quien había aprovechado lo que bien pudo haber sido su último respiro para manejar su vida ultraterrena.

> Cuando enfermé de gravedad la noche del 26 de de julio [de 2006] y la madrugada del 27, pensé que sería el final [recuerda Castro]. Y mientras los médicos luchaban por mi vida, el jefe de la oficina del Consejo de Estado me leía el texto, ante mi insistencia, y yo le dictaba los cambios pertinentes.

No es sorpresa que los prodigiosos dones de Castro se muestren bien en esta autobiografía: su formidable erudición, férrea disciplina, épica curiosidad y una astuta comprensión de la historia. Un lector cuidadoso puede incluso vislumbrar sus defectos: obsesivo, colosalmente orgulloso y fieramente voluntarioso. También hay percepciones reveladoras, incluso aterradoras. Al hablar sobre una traición temprana cuando él era un joven activista en La Habana en 1952, Castro dice que aprendió algunas lecciones cruciales que endurecerían su corazón. "Él era un compañero —dice sobre un seguidor convertido en informante—. Yo confié en él. Ése es el error. No debes confiar en alguien tan sólo porque es un amigo."

A veces parecería que *todas* las reflexiones de Castro estuviesen en sus memorias —la historia de Cuba, la caída del imperio soviético, Iosif Stalin, su tutoría de Hugo Chávez, la política estadounidense, incluso Lee Harvey Oswald—. Castro nunca aburre y se presenta como un hombre que nunca conoció el aburrimiento. Él ve el panorama general, global, sobre todo en relación con los hombres fuertes de la historia. "A pesar de sus terribles abusos y errores", Castro tiene una generosa opinión sobre Stalin: "uno tiene que dar[le] crédito por una industrialización acelerada del país".

Para la edición inglesa, Castro añadió un capítulo dedicado a todo lo francés, quizá para honrar las buenas relaciones que Francia ha tenido históricamente con Cuba y con él. Castro prodiga admiración hacia el ex presidente francés François Mitterrand y su esposa Dominique, Jean-Paul Sartre y las obras de Honoré de Balzac y Victor Hugo. Según la lectura de Castro sobre la historia, Charles de Gaulle era "un genio", así como una especie de alma gemela suya. Elogia a De Gaulle por lo que llama "su intransigencia [y] su desafío a Estados Unidos y a los ingleses". Incluso dibuja una endeble comparación entre las revoluciones cubana y francesa. También hay muchas reflexiones interesantes sobre su ídolo de la niñez y modelo de toda la vida, Napoleón Bonaparte.

También para la edición inglesa, Castro añadió un nuevo capítulo sobre su familia y orígenes, en el cual se muestra inusualmente abierto y emotivo. Habla sobre su madre, quien murió en 1963 a los sesenta años de insuficiencia cardiaca congestiva, con un inmenso afecto rociado de exageración: "Sin ella, aseguro que yo —que siempre me ha gustado estudiar— sería un analfabeto funcional. Mi madre era prácticamente analfabeta, y al igual que mi padre, aprendió a leer y escribir casi sola, con grandes esfuerzos y determinación. Nunca la oí decir que haya ido a la escuela. Era autodidacta."

A medida que Castro retrocedió a su niñez, vio a Lina Ruz como una guajira del Renacimiento —a pesar de sus desgracias y de la austeridad de su vida—. "Aunque no lo decía todo el tiempo, mi madre adoraba a sus hijos —escribió—. Fue la cocinera, doctora y niñera de todos nosotros —nos dio todo lo que necesitábamos y nos consoló con cualquier problema que tuviéramos—… Nunca la vi descansar un solo segundo del día."

Pero hubo muchas cosas de las que no se habló o sólo se habló de manera "suavizada", desde los excesos y fracasos de la Revolución hasta secretos familiares. El relato de Castro dice que Lina, su madre, dio a luz a su primer crío, Ángela (llamada así en honor al padre), en 1923, cuando Lina tenía diecinueve años. Algunos expertos en Castro arguyen que, en realidad, Lina tenía catorce años y fue seducida por Ángel Castro poco después de que empezó a trabajar en su casa. (Los registros documentan el nacimiento de Lina tanto en 1903 como en 1908, lo cual podría deberse a un error tipográfico, un descuido en el registro o alguna confusión histórica.)

Castro recuerda a sus padres casi como unos pioneros marginados quienes, a base de incesantes esfuerzos, obtuvieron un enorme éxito. Tanto Ángel como Lina recorrían la hacienda a caballo, con rifles en sus sillas de montar. "En verdad, mi padre era un terrateniente bastante aislado. Mis padres no salían y rara vez tenían visitas. No tenían una cultura de familia rica. Trabajaban todo el tiempo. Y nuestro único contacto era con la gente que vivía en Birán", comenta Castro sobre sus primeros años. Describe bien la esquizofrenia de ser el producto de la riqueza más no de la cultura, de no provenir de lo que los cubanos llaman "una buena cuna".

Si yo hubiera sido el nieto de una familia rica… habría tenido un nacimiento aristocrático, y todos mis amigos y cultura habrían estado marcados por una sensación de superioridad y todo eso. Pero, donde nací, todo el mundo era pobre, hijos de peones y campesinos extremadamente pobres… Y mi propia familia, del lado materno, era pobre, y algunos de los primos de mi padre, que vinieron de Galicia, eran pobres… Yo viví con personas del más humilde origen… Por otro lado, en Santiago, y después en La Habana, asistí a escuelas para los privilegiados.

A Ángel Castro, quien solía llevar una pistola, un látigo y un machete sobre su abrigo, se le conocía por ser a la vez severo y generoso con sus más de trescientos trabajadores y sus propios hijos. "También hubo castigos corporales, como palmadas en la cabeza o azotes con cinturón —dice Castro sobre su padre—. Siempre corríamos ese riesgo."

A los seis años, sus hermanos mayores, Ramón y Angelita, se fueron a Santiago para vivir y estudiar con la familia de su maestro escolar, originario de Haití. Es probable que las inusuales relaciones domésticas de Ángel Castro le requirieran alejar del lugar a los hijos de Lina por un tiempo. Sin duda, Lina también creyó que eso mejoraba las oportunidades de sus hijos. Pero eso resultó ser una experiencia devastadora y casi dickensiana para Fidel y sus hermanos. La familia haitiana, urgida de dinero, acaparó la renta que les pagaba Ángel Castro ("ciento veinte pesos mensuales, que en aquel entonces era una fortuna"), y sólo dieron a los niños Castro una alimentación y educación mínimas. "Como yo era el hijo de un hombre rico, fui víctima de la explotación —explica Castro—. Yo me impartí mis propias lecciones. Desde entonces, siempre me he enseñado algo a mí mismo." Al preguntársele si aquella experiencia dañó sus sentimientos hacia sus padres, Castro respondió con un razonamiento de adulto: "No, yo los amaba, o al menos los respetaba".

Aunque Castro fue un alumno precoz y talentoso, era rebelde y terco desde el principio. Llegado el momento, él y sus hermanos Raúl y Ramón estudiaron en la preparatoria en el colegio De La Salle, una escuela cristiana marista en Santiago. Cuando sus padres fueron a recogerlos para celebrar la Navidad, se sintieron mortificados al saber que sus hijos —Fidel en particular— eran el terror de la escuela. El director informó a sus padres que sus críos eran "los tres bandidos más grandes que habían pasado por la escuela".

Como castigo, a los tres se les retiró de su costosa escuela, se les trajo de vuelta al rancho familiar y se les azotó. Ya no habría más preparatorias caras fuera del pueblo. En respuesta, Fidel hizo una célebre amenaza de guerra a su propia familia. "Debí de haber tenido once años, pues me hallaba en el quinto grado, y es cuando dije todas esas cosas terribles", recuerda. Castro confirmó la anécdota infantil a la que muchos periodistas consideraban apócrifa: "Dije que iba a quemar la casa", relató a su entrevistador, y aclaró que la casa "era de madera". "Pero usted realmente no tenía la intención de hacerlo, ¿o sí?", preguntó Ramonet. "No estoy seguro de lo que habría hecho", musitó Castro, como reconociendo los orígenes de su carácter de guerrero avasallador. "Lo más seguro es que no lo habría hecho. Digo, estaba muy, muy enojado, pero no lo habría hecho, estoy convencido. Pero dije que lo haría, y debí de haberlo dicho muy en serio."

Castro aceptó algo que sus amigos en la exclusiva preparatoria Belén de La Habana señalarían de manera invariable: que había una marcada deficiencia cultural en su educación. "Éramos privilegiados, íbamos a escuelas para ricos, para la clase alta, y sin embargo teníamos grandes lagunas en arte, pintura… No sabíamos nada sobre arte." Y así continuaría durante toda su vida. Castro tenía un tremendo talento y un insaciable interés en los deportes, la ciencia, la política, la historia y la estrategia militar, pero nunca desarrolló pasión por las artes visuales, la danza, el cine o la literatura. Él me contó en 1994 que había dedicado su tiempo libre a ver documentales sobre ciencia y astronomía. Quedaría en manos de sus camaradas Celia Sánchez y Alfredo Guevara, el intelectual marxista que fundó la prestigiosa escuela de cine ICAIC, fomentar y preservar la cultura cubana de todas las maneras que pudieron.

Aunque los recuerdos de Castro parecen abarcar prácticamente todo, hay lagunas significativas en la narrativa. La frase de George Orwell de que "la autobiografía es la forma más extravagante de ficción" nos viene a la mente en algunos fragmentos de su autorretrato. No se menciona el exilio de su hermana Juanita. Algo aún más revelador es que omite por completo a los casi doce niños que ha procreado y no dice nada sobre su primer gran amor, Myrta Díaz-Balart, ni sobre su segunda esposa, Dalia Soto del Valle. Tampoco Ramonet ayuda mucho. "Nunca me pasó por la mente que debiéramos hablar sobre la vida privada de Castro, su esposa o sus hijos", dice Ramonet a los lectores para su notable decepción.

Dicho en términos del budismo zen, Castro es el amo de las cortinas de humo verbales. Él sabe muy bien, al hablar o escribir, que una ventisca de palabras puede contar una historia y oscurecer hechos simples y verdades humildes. Después de todo, él es un sofisticado narrador y mitógrafo.

Pero resultó que Castro no era el único que buscaba tener la última palabra en su vida. Casi al mismo tiempo que este libro, se publicó *La autobiografía de Fidel Castro,* un tomo de mil trescientas páginas escrito por Norberto Fuentes y narrado, de manera ficticia, por el propio Castro. En el pasado, Fuentes se había sentido a gusto con la Revolución y había gozado de un acceso inusual a Castro. Sin embargo, su decepción empezó a finales de los ochenta, y acabó por desertar en 1994. En una entrevista, Fuentes dijo que optaba por omitir "las cosas convencionales sobre la Revolución y Castro: un dictador, un asesino con las manos manchadas de sangre. La idea es entender un fenómeno, una fuerza de la naturaleza, alguien que existe, que está con nosotros y que formará parte de la historia para siempre". Al pedírsele que mencionara algunos de los vicios de Castro, Fuentes dio un generoso elogio: "Tiene varios, pero como él mismo diría, ¿por qué fijarnos en las manchas del Sol? No tiene sentido evaluar a Castro con base en sus vicios; son sus virtudes lo que cuenta, sus logros como líder".

El libro *Con Ramonet* no fue el primer intento de Castro de escribir sobre historia. En 2003 apareció en La Habana *Todo el tiempo de los cedros.* El título hacía referencia a los grandes y hermosos cedros que florecían en la finca de Castro. Se trata de unas luminosas y halagadoras memorias de la familia Castro escritas por Katiuska Blanco, a quien se le permitió un acceso sin precedentes a los miembros, cartas y fotografías de la familia. Su adulación es insoluta; incluso están dedicadas "a Fidel, quien respira vida" y a sus padres. Sin embargo, están llenas de detalles fascinantes, así como de percepciones tanto deliberadas como involuntarias. Quizá por las últimas, salió de circulación poco después de su publicación.

Las citas de Blanco son de un diario que, supuestamente, Castro escribió mientras estuvo aislado en prisión, en 1954. La misiva, larga y divagadora, es un auténtico discurso sobre el filósofo Immanuel Kant —una libre asociación que Castro elegiría cincuenta y cinco años después, tras la elección de Barack Obama—. Además, y quizá por ello se le incluyó, la introducción muestra su habilidad para navegar por la teoría compleja. Uno no puede dejar de preguntarse si acaso la filosofía o la física no habrían sido su verdadera vocación.

Me había dormido acabando de leer la *Estética trascendental del espacio y el tiempo*. Por supuesto que espacio y tiempo desaparecieron un buen rato de mi mente. Kant me hizo recordar a Einstein, su teoría de la relatividad del espacio y tiempo, y su fórmula famosa de la energía: $E = mc^2$ (masa por el cuadrado de la velocidad de la luz); la relación que pudiera haber entre los conceptos de uno y otro, quizás en oposición; la convicción de aquél de haber encontrado criterios definitivos que salvaban a la filosofía del derrumbe, vapuleada por las ciencias experimentales y los imponentes resultados de los descubrimientos de éste: ¿le habría ocurrido a Kant lo mismo que a Descartes, cuya filosofía no pudo resistir la prueba de los hechos, porque contradecía las leyes probadas de Copérnico y Galileo? Pero Kant no trata de explicar la naturaleza de las cosas, sino los conocimientos mediante los cuales llegábamos a ella; si es posible conocer o no conocer y según ello, cuándo son aquéllos acertados o erróneos; una filosofía del conocimiento, no de los objetos de conocimiento. Según esto, no debe haber contradicción entre él y Einstein. Sin embargo, ahí están sus conceptos de espacio y tiempo, puntos básicos para elaborar su sistema filosófico. ¿Y cabría la contradicción? Claro que no será difícil cerciorarse, pero mientras me hacía esa pregunta, igual que otras muchas que continuamente nos asedian, pensaba en lo limitado de nuestros conocimientos y en la vastedad inmensa del campo que el hombre ha labrado con su inteligencia y su esfuerzo a través de los siglos. Y aun la misma relatividad de esos convecimientos entristece… Y en medio de todo esto, no dejaba de pensar si valdría la pena invertir mi tiempo estudiando muchas de esas cosas y su posible utilidad con vista a resolver los males presentes…

Evidentemente, la fijación de Fidel con Kant ha sido permanente. En febrero de 2009, Castro hizo una extraña exclamación sobre Rahm Emanuel, jefe de personal del presidente Obama. "¡Qué extraño apellido!", rumió, antes de arrojarse a otro discurso arriesgado y arbitrario, ahora en la forma de un comentario de *blog*. El nombre Rahm Emanuel, caviló,

parece español y fácil de pronunciar, pero no lo es. Nunca en mi vida he oído o leído sobre algún estudiante o compatriota con ese apellido, entre decenas de miles. Pero ¿de dónde proviene?, me pregunté. Una y otra vez, el nombre me remitía al brillante pensador alemán Immanuel Kant, quien junto con Aristóteles y Platón formó el trío de filósofos que más han influido en el pensamiento humano. Sin duda, él no estaba muy lejos, como después lo descubrí, de la filosofía del hombre más cercano al presidente de los Estados Unidos, Barack Obama.

En esta historia familiar de Blanco, Fidel es el guerrero bondadoso y noble que ama a su país y familia. Hay unas cuantas referencias a su hermana menor, Juanita, pero no se menciona el hecho de que ella rompió irrevocablemente con él y abandonó el país. Sobre la muerte de Ángel Castro, Blanco escribe que Fidel recordó con dolor su deceso: "Fidel recordó lo que su viejo y enfermo padre solía decir: que moriría sin volver a ver a sus hijos". A continuación, aparece una carta de Fidelito, la cual pretende dramatizar los conflictos de Castro entre la familia y el deber cuando huyó a México tras su liberación de prisión, en 1955, para eludir las amenazas contra su vida. "Ahora [Castro] lo entendía [a su padre] bien, pues al salir rumbo a Cuba, pasó por una situación similar... Ahora volvía a decir adiós a su hijo Fidel Ángel, sin saber si volvería a verlo. Fidelito, de seis años, escribió cuánto extrañaba a su papá."

La madre de Castro, Lina, es presentada como el modelo del amor maternal y una fuente de fervor revolucionario. En realidad, Lina no estaba demasiado contenta con las reformas radicales de la Revolución, sobre todo con la nacionalización de la finca de la familia Castro. Pero en el relato de Blanco, Lina es la sacrificada Mariana Grajales, la célebre madre de los generales y mártires revolucionarios decimonónicos Antonio y José Maceo. En agosto de 1958, ella escribió a su hijo, que estaba en la sierra —y envió su carta con un mensajero clandestino—:

Querido e inolvidable hijo:

Todos los días y a todas horas rezo y le pido al Señor por que muy pronto podamos abrazarnos todos juntos y llenos de felicidad, rodeados de la LIBERTAD que tanto amas al igual que todos los cubanos bien nacidos y que tengan un átomo de grandeza, decoro e idealismo. Toda madre se siente orgullosa de sus hijos aunque éstos no tengan más virtud que la de ser sus hijos y nada más, pero ése no es mi caso, pues tengo en ustedes, más que a mis hijos, a los héroes imborrables de toda una juventud y de todo un pueblo que tiene cifradas sus esperanzas y su fe en aquellos que salieron de mis entrañas y a los cuales vi crecer bajo la Mirada que sólo tenemos las madres... me siento doblemente orgullosa de mis hijos que son Uds...

Sin más por el momento me despido de ti con todo el cariño de una madre que desea verte pronto y que jamás te olvida.

Que Dios te bendiga
LINA

Dos semanas después —sólo cuatro meses antes de que clamara victoria—, Castro le respondió:

Querida madre:

Recibí con mucha alegría tu carta… [pero] seré breve porque sobre las cosas que podría hablarte habría que escribir mucho o no escribir nada. Tiempo habrá cuando concluya la guerra.

Estoy bien de salud como nunca lo había estado y Raúl lo mismo. Yo puedo comunicarme con él por radio cada vez que quiera, y todo marcha bien.

Sabía ya que Ramón estaba en España y también el viaje de Agustinita. Algún día la familia volverá a reunirse. Puedes mandarme noticias por esta vía y recibir cartas mías con frecuencia.

Muchos recuerdos a todos los Buenos amigos que no menciono pero a los que siempre recuerdo y recibe tú muchos besos de tu hijo.

FIDEL

Algo complementario —aunque igualmente revelador— para este homenaje romántico y sentimental a la familia Castro es el fascinante álbum fotográfico de la misma en su juventud. Hay instantáneas del matrimonio, de sus hijos jugando, en la escuela y como soldados. Pero en ninguna de aquellas en que aparece Fidel o sus padres hay alguien que esboce una sonrisa.

El 10 de julio de 2008, Castro publicó un ensayo introspectivo sobre su vida como convaleciente en una columna que tituló "El día libre". Sus actividades más exigentes en aquellos días, decía, era leer, escribir y estar al tanto de las noticias del mundo. Pero había tomado la decisión de liberarse de sus deberes, informó a los lectores, de manera que pudiera pasar el día con su amigo Gabriel García Márquez y su esposa, Mercedes Barcha. "Decidí descansar —escribió Castro—. Los invité a comer, algo que no había hecho con ningún visitante en casi dos años." El almuerzo se convirtió en un evento de cinco horas en el que Castro recordó emocionado su vida, en especial su juventud en Birán. "Nunca lo había visto tan afectuoso", resaltó después García Márquez. Castro dijo que aquella tarde con su viejo amigo había sido "la más agradable" que había tenido desde que enfermó.

Un mes después, el 13 de agosto, cuando cumplió ochenta y dos años, Castro informó a sus lectores que aún seguía la dieta que le habían prescrito sus médicos. Luego hizo una pequeña aunque reveladora confesión sobre su nuevo pronóstico médico. Dijo que cuidaba su régimen de salud "no para añadir años a mi vida, sino productividad a mis horas". El cumpleaños de Castro pasó sin que hubiera alguna celebración pública u oficial. Tampoco se lanzaron fotografías o videos de Castro, lo cual generó una nueva explosión de chismes que decían que él había decaído de manera significativa. Por supuesto, Chávez pronunció su mensaje anual de cumpleaños, como también lo hicieron los atletas cubanos en las Olimpiadas de Beijing, quienes saludaron a Castro como el "entrenador de su equipo, el mayor anotador de *home runs* y un gladiador inconquistable". Pero Castro permaneció fuera de la vista.

Y aunque el *Máximo Líder* en verdad estaba fuera de la vista, no estaba callado. En las dos primeras semanas de julio de 2008 publicó ocho columnas, un récord de sus "Reflexiones". "¡Fidel, aunque enfermo, habla más que su hermano Raúl!", proclamaba el encabezado de un artículo de la agencia EFE, el cual señalaba que Raúl sólo había pronunciado dos discursos desde que tomó la presidencia, y ninguno había sobrepasado los cincuenta minutos.

La ausencia de Fidel de la vista del público durante la semana de su cumpleaños incitó las especulaciones de costumbre, pero también consideraciones serias de sus críticos. "Sólo en raras ocasiones ha tenido la voluntad de un hombre tanto peso en un país", escribió en su *blog* Yoani Sánchez, de La Habana.

Su obstinada personalidad será histórica… Y en la víspera del quincuagésimo aniversario del triunfo de la Revolución… puede decirse que hay dos grandes verdades sobre el experimento que Castro inició en Cuba: que no se ha derrumbado, como lo habrían predicho sus enemigos, y que no ha alcanzado los objetivos que prometió, como sus seguidores lo habrían pronosticado.

Como lo había esperado de manera ferviente, Fidel Castro había vivido para ver el aniversario dorado de la revolución que él había llevado a Cuba. El hombre eterno de Cuba había sido capaz de aprovechar sus grandes reservas de valor y perseverancia. Pero se desconoce en qué grado lo celebró, pues no se le vio ni oyó.

El 31 de diciembre de 2008 se publicó un terso mensaje de una sola frase, supuestamente de Castro: "En celebración, durante las próximas horas, del 50 aniversario del Triunfo, felicito a nuestro heroico pueblo". Una semana después, el 8 de enero, el quincuagésimo aniversario de su marcha triunfal en La Habana —ocho días de celebración victoriosa que comenzaron en Santiago—, no hubo fotografías ni mensajes, y ni siquiera una columna de sus "Reflexiones". En verdad, el evento había pasado en un silencio aterrador.

Dos jefes de Estado visitantes, ambos aliados favorecidos de Cuba, regresaron a sus respectivos países con las manos vacías. A los presidentes Rafael Correa de Ecuador y Martín Torrijos de Panamá se les había dicho que visitarían a Castro. Para muchos expertos en Cuba, aquél era el tiro de gracia que revelaba una lóbrega conclusión. Correa confirmó más tarde que se le había informado durante su visita que Castro había sufrido "una recaída y que se encontraba muy delicado de salud", como consecuencia del avance de la diverticulitis maligna. El hecho de que ninguno de los mandatarios se entrevistara con Castro aumentó las especulaciones. El triángulo de capitales cubanas, La Habana, Miami y Washington, bulló en rumores de que Castro estaba al borde de la muerte, o más allá. Pero ahora no se trataba de rumores de fanfarrones o *blogueros*, sino de diplomáticos experimentados y otros veteranos de Cuba que señalaban que algo ocurría en La Habana.

Había pasado más de un mes desde que Castro escribiera una de sus columnas frecuentes, el 15 de diciembre de 2008. Las últimas fotos en que aparecía provenían de no después del 18 de noviembre, cuando se entrevistó con el presidente chino Hu Jintao. Su encuentro con el presidente ruso Dmitri Medvédev también fue inusualmente privado, sin fotografías publicadas en los medios.

Al mismo tiempo, *Granma* había empezado a reimprimir los discursos favoritos de Castro que se remontaban a 1959, una especie de lista de "grandes éxitos". Renato Pérez Pizarro, quien escribió por muchos años el *blog* "Cuban Colada" del *Miami Herald*, vio la lista como un intento "por recordar a los lectores que, en aquel entonces, Fidel era joven y estaba lleno de fervor y promesa".

El barullo de los rumores se amplificó cuando algunos cubanos informaron que había un nivel intensificado e invasivo de la policía en las calles. Durante todo enero, los residentes se quejaron de que el acceso a Internet estaba bloqueado la mayor parte del tiempo.

Pero hubo otro asunto que citaron quienes conspiraban en esa muerte anticipada. En diciembre de 2008, Carlos Valenciaga, secretario ejecutivo y un muy antiguo ayudante de Fidel, quien había anunciado con solemnidad la crisis de salud de Castro en televisión, de repente se quedó sin favores, y sin trabajo. No pocos sospecharon que la caída de Valenciaga indicaba que, al fin, era Raúl y no Fidel quien tomaba las decisiones. Como luego se sabría, la cabeza de Valenciaga fue sólo la primera en rodar. Dos meses después, a doce de los oficiales de mayor confianza de Fidel también les dieron las gracias.

Tal era el turbio ambiente cuando Hugo Chávez, una vez más, echó más leña al fuego. El 10 de enero de 2009, Chávez dijo a su público de la radio y la televisión que a su amigo no se le volvería a ver en público. "Fidel, el del uniforme, el que caminaba por las calles y los pueblos a altas horas de la noche y abrazaba a la gente, no regresará —dijo Chávez—. Eso permanecerá en [nuestros] recuerdos." El voluble venezolano recordó entonces la última vez que ambos se habían reunido de manera pública, durante su viaje a Argentina en julio de 2006, sólo una semana antes de que Castro cayera en peligro de muerte. "Él caminó hacia la puerta del avión y nos dimos un abrazo —dijo Chávez con emoción—. Dios mío, no pensé que sería la última vez." Antes de terminar, trató de tranquilizar al público. "Fidel vivirá para siempre, más allá de la vida física."

Para cuando terminó el programa dominical de Chávez, el obituario de Castro ya se había actualizado y preparado para publicarse en todo el mundo.

Pero, tal como lo había hecho ya muchas veces, Castro regresó de la tumba, aunque con bastante ayuda. El 21 de enero de 2009, se lanzó a tener un encuentro no anunciado de cuarenta minutos con la presidenta de Argentina, Cristina Fernández de Kirchner. El momento de la reunión se eligió con todo cuidado. Cuba tenía que moverse rápido para neutralizar los crecientes rumores de que Castro había muerto, antes de convertirse en un artículo de fe. Aun así, el gobierno no quiso opacar la toma de protesta del nuevo presidente en Washington. "Él me comentó que había seguido muy de cerca la toma de poder de Barack Obama —dijo Kirchner a los reporteros—. Él vio el evento por televisión todo el día. Tiene una buena opinión sobre el presidente Obama [como] un hombre que parece absolutamente sincero. Fidel cree en Obama." Además, se publicó la fotografía de rigor, a la que algunos cínicos llamaron "el *photoshop*". Ésta mostraba a un líder cubano solemne y cauto, quien vestía un traje deportivo negro con una raya roja, y se sostenía fuerte del brazo de Kirchner.

La argentina fue escoltada al aeropuerto por Raúl Castro, a quien cayó una lluvia de preguntas sobre la condición médica de su hermano. "¿Cree usted que si él estuviera enfermo de gravedad yo estaría sonriendo aquí? —dijo Raúl con un argumento convincente—. Pronto haré un viaje a Europa —recalcó en relación con el viaje que haría a Rusia—. ¿Creen ustedes que me iría de aquí si Fidel se encontrara en condiciones muy serias?"

En la primavera de 2009, un Castro ligeramente rejuvenecido empezó a pasar más tiempo en su casa de Siboney, donde sus médicos habían creado una *suite* médica ultramoderna. Durante los siguientes meses, se le llegaría a ver por su vecindario, siempre rodeado de un cuerpo de seguridad a pie y en autos Mercedes sedan. Un observador ocasional lo había visto caminar lento, "tambaleante", con esfuerzo evidente, acompañado de Eusebio Leal, el historiador que ha supervisado la restauración de La Habana Vieja. La hija de un vecino dijo a la cadena ABC News: "Mi madre siempre sabe cuando viene el comandante porque, antes que él, llegan guardaespaldas con rifles AK-47 para revisar el área. Luego, pasa por aquí caminando lento, vestido con su traje deportivo, acompañado de otro par de guardaespaldas. A veces, se detiene a saludar". Según el *New York Times,* en otra ocasión se le vio caminar con su hijo Alejandro cerca del Cimeq, el prestigioso hospital que no está lejos de su casa, donde hacía visitas semanales, al parecer, para limpiar y cambiar su aparato de colostomía y, quizá, para hacerse una diálisis.

Incluso se invitó a grupos selectos de personas para que lo visitaran en su casa. Tres miembros del Caucus Negro del Congreso estadounidense realizaron una visita así en abril de 2009, y dijeron que la esposa de Castro, Dalia, los saludó en la puerta mientras Castro permanecía de pie pero recargado en las jambas de la puerta. En compañía de Castro estaba su viejo amigo *Chomy*, conocido formalmente como José Miyar Barruecos.

El congresista Bobby Rush, un antiguo miembro de los Panteras Negras, dijo que su grupo estuvo encantado con el líder cubano, quien permaneció sentado durante su conversación de dos horas. Él dijo que Castro había hablado con el trío "como si se tratara de antiguos miembros de la familia". Cuando llegó la hora de marcharse, comenta Rush, "él fue muy cuidadoso y pausado para ponerse de pie".

Antes de la visita, Castro había escrito comentarios favorables sobre el nuevo presidente estadounidense en su columna de "Reflexiones", los cuales habían concluido con una nota de candor asombroso: "Estoy bien, pero insisto en que ninguno [de mis cama-radas] debe sentirse apesadumbrado por mis ocasionales 'Reflexio-nes', *la gravedad de mi salud* o mi muerte".

Luego ofreció más introspecciones. "He tenido el raro privile-gio de observar eventos por un largo tiempo. Recibo información y, con calma, estudio los sucesos." Entonces, Castro hizo su primer reconocimiento público de que padecía una enfermedad terminal. "No espero gozar de tal privilegio dentro de cuatro años, cuando haya concluido el primer periodo del presidente Obama."

"Él morirá como el jesuita para el cual se le educó —predijo María Luisa Menéndez, cuya familia era de fidelistas devotos hasta que huyeron en 1961—. Recuerden mis palabras, pues habrá un sa-cerdote junto a él para administrarle la extremaunción."

Con los años, Castro ha contado a los visitantes ocasionales que las raíces familiares de su padre eran judías. En verdad, los Castro provienen de la región del norte de España donde predominaron los judíos, y el nombre no es raro entre los judíos sefardíes. No es improbable que la familia se convirtiera al catolicismo dos siglos antes. Amén de lo anterior, las raíces intelectuales y el rigor de Castro eran puramente jesuitas. "Él fue educado por los jesuitas y se man-tiene como un jesuita ateo que usa uniforme en lugar de hábito —dijo el periodista cubano Ángel Tomás González a *The Guar-dian*—. Es por ello que no hubo ningún problema entre él y el papa Juan Pablo."

Fue Castro quien decretó en 1962 que Cuba era una nación atea, expulsó a la Iglesia de la isla y prohibió la celebración de la Navidad hasta 1997. Sin embargo, nunca cortó del todo sus lazos con el Va-ticano, aunque se mostró tan desconfiado e implacable con la Igle-sia como lo había sido con cualquier otra amenaza potencial. Trein-ta y cinco años después de declarar su dominio sobre la Iglesia en Cuba, negoció una tregua con el Vaticano, lo cual resultó en una visita del papa Juan Pablo II a La Habana. Justo antes de la visita papal en 1998, Castro reinstauró la fiesta de Navidad.

Para la histórica misa del papa en la Plaza de la Revolución, que atrajo a un millón de cubanos, los miembros de mayor rango del Buró Político usaron sus mejores trajes y se sentaron muy silenciosos en las primeras filas. Con una conducta tan respetuosa como la de los monaguillos, los hombres de Fidel hicieron un evidente esfuerzo mientras estuvieron sentados frente al papa, con los ojos divagantes y las piernas cruzadas. Sólo Fidel, vestido con su mejor traje francés, se sentó correctamente, con las manos sobre las rodillas. "Sólo Fidel recordó —señaló Menéndez— que uno nunca cruza las piernas enfrente del papa."

Sin embargo, la visita papal se había visto ensombrecida por el escándalo de Monica Lewinsky, el cual se difundió rápidamente por Washington y los encabezados, estropeando así los planes de Cuba, orquestados meticulosamente para los medios. A los principales conductores de noticieros estadounidenses se les indicó que regresaran de inmediato a Washington. Los oficiales cubanos lucían notablemente devastados por el rumbo de los acontecimientos y vieron una siniestra conspiración en operación. "Ésta es la sucia mano de la CIA. Es, con claridad, uno de sus trucos", me dijo en aquel entonces un exhausto oficial del Ministerio del Exterior. Cuando le expliqué que había surgido evidencia de que el presidente había sostenido una aventura con una joven, él pareció incrédulo, y dijo una sola palabra: "¿Y?" Para La Habana, se trataría de una conspiración para robar a Cuba su momento papal.

Para Jorge Fernández, un cubano-estadounidense involucrado en la reconciliación de Cuba con la Iglesia católica, Fidel se comportaba como "Eddie Haskell [el adolescente adulador de la famosa serie de los años sesenta *Leave it to Beaver*] todo el tiempo que estuvo con el papa. No pudo haber sido más respetuoso durante la visita". Fernández había contribuido con el regreso en 2008 de los Caballeros de Colón, a quienes Juan Pablo II consideraba "el brazo derecho de la Iglesia católica". Con la bendición de Fidel, a Dios se le había vuelto a recibir en Cuba —dentro de ciertos límites, claro está—. Según Orlando Gutiérrez, quien rastrea a grupos disidentes en Cuba, encuestas recientes indican que entre 75% y 85% de los cubanos creen en Dios, mientras que 60% ya están bautizados, cifras que, hace apenas veinte años, eran de un solo dígito.

A pesar de su enfermedad, Castro redobló sus esfuerzos para arreglar una visita con el papa Benedicto XVI, en 2012, cuyo emisario, el cardenal Tarcisio Bertone, sostendría el primer encuentro de Raúl como presidente con un oficial extranjero. Hoy, la Iglesia es la mayor organización no gubernamental en Cuba. Su organización adjunta, Caritas, cuenta con doce mil voluntarios, quienes fungen como uno de los grupos humanitarios más confiables del país. Pero la Iglesia católica no es la única que atiende a los fieles. La Iglesia de Pentecostés, los metodistas y los mormones han redoblado sus esfuerzos y adeptos. Los mormones ahora dicen contar con unos treinta mil feligreses que asisten a trescientos templos, aunque en edificios que son poco más que bohíos o chabolas.

A la Iglesia ortodoxa rusa se le brindó un recibimiento especialmente cálido. El habilísimo Castro vio a la Iglesia como un elemento clave en su nueva alianza estratégica con su antiguo patrocinador. El 20 de octubre de 2008, un Castro bastante más flaco, que llevaba unos *pants* blancos y tenis Adidas, se entrevistó durante noventa minutos con el metropolitano Kirill, el oficial de asuntos exteriores de dicha iglesia, quien ascendería al máximo cargo de patriarca tres meses después. Kirill se reunió con Castro tras consagrar una catedral ortodoxa en La Habana, y luego habló de la buena salud de Castro: "Está en total dominio de sus sentidos", dijo, "[lo cual es una] prueba de su total recuperación y su fuerza interior. En público, Fidel siempre se ha declarado marxista, pero su evaluación de lo que ocurre en el mundo de hoy es una evaluación cristiana", agregó Kirill, quien presentó a Castro con la orden de la Gloria y el Honor de dicha iglesia. En su siguiente comentario, Castro aseguró a los lectores que su visitante ruso —y por ende, la Iglesia— "no es un enemigo del socialismo".

En su vida privada, Castro se había declarado ateo o agnóstico durante la mayor parte de su vida adulta, aunque cuando joven fue creyente. "La vida física es efímera, pasa inexorablemente —escribió consolando al padre de un compañero caído en el Moncada en 1954, cuando Castro tenía veintisiete años—. Como han pasado las de tantas y tantas generaciones de hombres, como pasará en breve la de cada uno de nosotros. Dios es la idea suprema del bien y la justicia."

Y aunque Castro tendió a no hablar sobre asuntos espirituales, sus hermanas Juanita y Agustina —la menor de todos los hermanos— son muy devotas, en la tradición de su madre. Su hermano mayor, Ramón, *Mongo*, no obstante su afición por las mujeres y el ron, también va a misa con regularidad. Los Castro habían gozado de una extensa reunión privada con Juan Pablo II, la cual quedó registrada con todo detalle en video y fotografías para la familia, aunque nunca reveladas a los medios. Todos los hermanos de Castro, con excepción de Juanita, estuvieron presentes, incluido un muy elegante Raúl. Incluso Enma, quien vive en México, voló a Cuba para la visita del papa.

"Ellos nunca abandonaron sus raíces católicas", insiste John Parke Wright IV, cuyos pares, radicados en Tampa, poseían un extenso rancho en Cuba. "La familia siempre me ha parecido católica y creyente", dice Wright, quien suele visitar La Habana por cuestiones de negocios agrícolas aprobados por Estados Unidos. Cuando se encuentra en La Habana, Wright suele asistir a la misa dominical en la magnífica catedral de la ciudad, toda una oda del siglo XVIII a la supremacía de la Iglesia. Wright suele estar en compañía de Agustina, y a menudo de Ramón, la menor y el mayor de los supervivientes del clan Castro, después de la muerte de Angelita en 2012.

Fidel Castro llegó al mundo con toda una colección de dones: la disciplina de un guerrero, el intelecto de un matemático y la resistencia de un atleta. En igual proporción, se ha visto empequeñecido por sus defectos: tan obsesivo como un paranoico y tan voluntarioso como un niño. Pero, al parecer, el destino lo ha besado o los dioses lo han bendecido.

Rara vez a un hombre se le ha brindado tal oportunidad y la buena voluntad de tantos. Sus virtudes y su suerte ágil hacen que su legado —un país en bancarrota con una décima parte de su población en el exilio— sea en extremo inquietante.

No es sorpresa que Castro piense lo contrario, que triunfará después de morir. "Nuestros enemigos no deben engañarse —dijo al biógrafo que designó—. Si muero mañana, es posible que mi influencia crezca. Es posible que me lleven como el Cid, que después de muerto seguía ganando batallas."

La obsesión de Fidel

Con Fidel no hay matrimonio ni divorcio.
CHE GUEVARA

CAPÍTULO CINCO

El pediatra y el exterminador

A la puerta de su modesta casa, a principios de la primavera de 2006, Orlando Bosch Ávila, el más empeñoso asesino en potencia de Fidel, ofreció su mano y una débil sonrisa. Aunque Bosch nunca fue bien parecido, la edad había suavizado sus toscas facciones. Sus enormes ojos cafés, suspendidos tras sus típicas y enormes gafas de plástico, ahora parecían casi infantiles.

Según Bosch, él solía hablar muy buen inglés, pero esos días ya habían pasado. También fue confuso respecto de algunos detalles de su vida. En 1952 inició un internado médico de dos años en Toledo, Ohio, a lo cual siguió una residencia "en el hospital donde murió Martin Luther King, pero no recuerdo el nombre". Aquello fue mucho antes de que cambiara la pediatría por el terrorismo, tal como el FBI y el Departamento de Justicia han descrito su carrera de cuarenta y cinco años como mando paramilitar.

Bosch tuvo otra perspectiva sobre su carrera y me sugiere que un libro sobre su vida debería llamarse *Orlando Bosch, el bueno.* "Soy luchador y patriota", dice. Tampoco muestra remordimientos sobre el daño colateral que había infligido. "En la guerra que hemos sostenido contra el tirano, tienes que derribar aviones y hundir barcos", dijo Bosch en la televisión de Miami. "Tienes que estar preparado para atacar cualquier cosa que esté a tu alcance." Cuando le pregunté si sentía alguna culpa por las muertes de civiles que habían causado sus ataques, Bosch dio un profundo respiro. "Estábamos en guerra con Castro", explicó. "Y en la guerra, todo se vale."

Bosch vivió en un limpio suburbio de clase obrera en los límites al oeste de Miami, a tiro de piedra de la estruendosa autopista que atraviesa el "estado soleado". Sus cuadros cubrían casi todas las paredes, y la mayoría son sencillas escenas pastorales de Las Villas, la reverdeciente y graciosa provincia del centro de Cuba donde nació Bosch. Varios los pintó cuando estuvo tras las rejas en Venezuela, Atlanta y Miami, donde cumplía condena, según dice, por la lucha. "Diecinueve años en prisión, en total", me dijo Bosch con habla lenta.

El 18 de agosto de 2010, Bosch cumplió ochenta y cuatro años, la misma edad que su ex compañero escolar y némesis permanente. "Fidel es sólo cinco días mayor que yo", dijo abatido mientras indicaba el número con los dedos de la mano derecha. Pero el cuerpo de Bosch le fallaba y temía no vivir para ver la caída de Fidel. Su labio inferior lucía amoratado y caído, como consecuencia de la serie de apoplejías que había sufrido el año anterior. Además, padecía de problemas cardiacos y cáncer de próstata.

En la época de mi primer encuentro con Bosch, en 2006, su compañero de armas, Luis Posada Carriles, se encontraba a dos mil millas de distancia, en una cárcel para inmigrantes en El Paso, Texas. Durante dos años, Posada no dejó de recorrer ansiosamente su pequeña celda, lejos de sus amigos y familia en Miami. No tenía más que tiempo para evaluar su larga carrera como operativo de inteligencia y asesino fallido de Fidel Castro.

Mientras tanto, el Departamento de Justicia de George W. Bush vacilaba al tratar de decidir si presentar cargos contra su conocido preso, liberarlo o embarcarlo hacia algún amigable país centroamericano. El departamento se inclinaba hacia la última opción, pero la presión internacional ignoraba esa posibilidad. Había habido otra opción: detenerlo bajo los términos del Acto Patriota. La administración pudo haber perseguido a Posada por crímenes de terrorismo o, si doblaba las rodillas —como en realidad ocurrió—, tan sólo acusarlo de ingreso ilegal al país.

Posada y Bosch, conspiradores por más de cuatro décadas, eran todo un estudio de casos opuestos: Posada era un tipo tranquilo. Es amigable pero no muy parlanchín, un hombre confiable con una genialidad incidental. El fervor y la jactancia tan crudos de Bosch han sido una constante durante décadas, y sorprende al más amargado de los investigadores con sus muestras de ingenuidad y celo ideológico. Posada es más complejo: un hombre con múltiples planes y patrones.

En 2009, a sus ochenta y un años, Posada al fin mostraba su edad. Su pelo se había vuelto entrecano, pero lucía más fuerte que Bosch, a pesar de un intento de asesinato en su contra en 1990, el cual le destrozó la mandíbula, casi le amputó la lengua y lo dejó con una voz cascada y grave. Posada insistió en que quienes trataron de asesinarlo eran agentes cubanos. Dijo que un agente del Mossad se lo había confirmado, aunque reconoció que tenía toda una diversidad de enemigos. Un investigador estadounidense sostiene que el ataque no tuvo nada que ver con la política. "Una de las mujeres con quienes se acostaba era allegada a los generales del ejército salvadoreño", dijo. "Fue una venganza." Otra teoría, ofrecida por un amigo de Posada, es que un enemigo de la inteligencia venezolana le había puesto una trampa.

Yo conocí a Posada en junio de 1998, mientras trabajaba en una serie de investigaciones para *The New York Times* sobre los militantes exiliados, en colaboración con Larry Rohter. Un antiguo colega de *Vanity Fair* me había presentado a un amigo del legendario militante. Una semana después, Posada dejó un mensaje en mi contestadora y sugería que nos encontráramos en Aruba. Él me recogió en el pequeño y sombrío aeropuerto de Aruba; llevaba puestas bermudas, sandalias y una sonrisa amigable. Posada se parecía poco a la famosa foto que le tomaron en 1976, la cual mostraba a un hombre apuesto y facciones finas con un copete de pelo negro ondulado. Sus cejas, densas y rebeldes, inclinadas en diagonal sobre los ojos azul grisáceo. Tenía el ímpetu de un hombre mucho más joven, a pesar de cierto grosor creciente que rodeaba su cintura.

Posada cargó mis maletas hasta una furgoneta que nos esperaba y condujo hasta un conjunto residencial: su hogar de seguridad. El lugar, una bonita casa de dos niveles, no estaba a la vista gracias a una gran pared de estuco y una puerta de seguridad, y la rentaba a unos amigos de confianza. En el librero había varios ejemplares de sus memorias, *Los caminos del guerrero*, publicado de manera independiente en 1994. Al igual que Bosch, Posada es un pintor aficionado y tomó el pincel por primera vez cuando estuvo preso en Venezuela. Varios de sus cuadros adornaban la casa. Posada me sirvió un poco de té helado, mientras una sirvienta se ocupaba en la cocina.

Si consideramos su condición de fugitivo, Posada estaba bastante tranquilo. Yo conecté mi grabadora y hablamos durante varias horas. Apenas una media hora después de iniciar nuestra conversación, Posada se levantó la camisa hasta arriba de la cabeza y mostró un torso cubierto de cicatrices producidas en 1990, durante un atentado contra su vida en Guatemala. Sus dos brazos estaban marcados con orificios donde habían entrado y salido balas, y tenía un corte de diez pulgadas que le atravesaba el corazón. "Una bala entró aquí", dijo mientras señalaba su mandíbula, "y salió del lado izquierdo". Tras un largo proceso de recuperación, Posada retomó su vital misión de acabar con Castro. "Es una guerra", dijo. "Una guerra mala."

A veces, Posada tomaba mi grabadora Radio Shack, y sólo permitió que tomara notas a mano. (Mientras tanto, en nuestro hotel, Rother transcribía las cintas y recopilaba las notas mientras yo seguía con Posada.) Posada explicó que él había concedido aquella entrevista sin precedentes porque necesitaba generar publicidad para su campaña de bombardeo contra la industria turística de Cuba, lanzada en 1997. De otro modo, dijo, los inversionistas y turistas iban a seguir viajando en bandada hacia Cuba, lo cual proveía a Castro de un medio de salvación para la economía.

Durante nuestra primera sesión, Posada me dio un ejemplar de sus memorias y uno de sus cuadros más grandes, el cual representaba el área rural cerca de su Cienfuegos natal, y ambas cosas me las dedicó con afecto. Pero la atención que obtuvo con la serie del *Times* en 1998 fue más de lo que él había pedido. Posada había accedido a entrevistarse conmigo porque quería publicitar sus esfuerzos para derrocar a Fidel Castro. Yo registré tanto material como pude ante la posibilidad de que Posada se retractase de algo, lo cual ocurrió. Hizo varias negaciones contradictorias antes de admitir que la entrevista había tenido lugar.

Al igual que muchos entrevistados, él fue más cándido y extrovertido durante los intervalos en que pidió que se apagase la grabadora. Sin embargo, durante los tres días que lo entrevisté, él reveló bastante acerca de sus campañas de bombardeo y su filosofía en general. Se grabaron unas seis horas de conversaciones.

Su confesión de haber planeado la campaña de bombardeo —que mató a un turista italiano y causó grandes daños en varios sitios— generó una condena internacional y regaló a Fidel Castro una abundancia de propaganda. Lo que es peor, Posada había avergonzado a sus partidarios políticos en el sur de Florida, algunos de los cuales había mencionado como sus patrocinadores financieros. Es más, al FBI y al Departamento de Justicia los tomaron por sorpresa sus confesiones.

Cuando pregunté a Posada en 2005 de qué se arrepentía más, él respondió de inmediato: "¡De haber hablado para el *New York Times*!" Y se echó a reír.

Al igual que muchos relatos cubanos, éste abunda en historia y traición personales. No sorprende que el centro de esta narración sea Fidel Castro. En los años cuarenta, Luis Posada, Orlando Bosch y

Fidel Castro eran compañeros en la Universidad de La Habana. En las instalaciones, se sabía que Castro tenía su propio apartamento, autos nuevos y una robusta pensión que su acaudalado padre le daba a manos llenas. "Lo conocí muy bien", recordó Bosch, sentado en una mecedora junto a una fotografía suya de sus años universitarios. "Mi casa estaba frente a la suya. Y es cierto, él era inteligente. Él estudiaba derecho y yo medicina. Yo era el presidente de la escuela de medicina y Fidel un delegado de la escuela de derecho. Él nunca pudo ganar una elección. Yo también fui secretario general de la FEU y él también quería ser presidente de aquello [la unión de estudiantes], pero nunca pudo ganar."

La augusta escuela de derecho de la Universidad de La Habana era la plataforma de lanzamiento para los futuros políticos. También era un semillero de gansterismo —un mundo despreocupado del bandidaje político y criminal que caracterizaba a la universidad y la política cubana—. Algunos estudiantes, como el joven Castro, portaban armas de fuego, y los altercados violentos no eran raros.

Como líder estudiantil, Bosch se había opuesto con fuerza a la dictadura de Fulgencio Batista, y después dirigió las fuerzas rebeldes de Castro en la provincia de Las Villas. Cuando Castro declaró la victoria, a Bosch se le recompensó con la gubernatura de la provincia. Pero aquello no fue mucho antes de que Bosch acusara a Castro de traicionar la Revolución. Él abandonó su cargo y, durante más de un año, encabezó una insurgencia de guerrillas letal y efectiva contra el nuevo gobierno. En julio de 1960, huyó a Miami.

Luis Posada dijo también recordar al intenso estudiante de derecho oriundo de las regiones remotas de Birán. "Él era tres años mayor que yo", recuerda Posada. Señaló que Castro era guapo pero tenía una barbilla débil, la cual mejoró con la barba.

A diferencia de Bosch, Posada no tuvo compromisos políticos durante sus años estudiantiles. Su familia era de clase media alta y tenía una pequeña imprenta en Cienfuegos, una pintoresca ciudad en la costa sur de Cuba. Al haberse titulado en química, empezó su carrera como exterminador de plagas. A mediados de la década de los cincuenta, Posada consiguió un empleo en la Firestone Rubber and Tire Company, y trabajó en su planta de La Habana antes de reubicarse en sus oficinas centrales de Akron, Ohio, donde obtuvo el dominio del inglés.

Posada dijo que fue durante los primeros meses del régimen de Castro —en que la venganza y los castigos causaron estragos— cuando adquirió conciencia política. Pero no estuvo solo en su consternación. Luis Ortega, el ex director de *Prensa Libre,* el periódico más importante de La Habana, había regresado a Cuba en 1959, en solidaridad con la Revolución. Pero se sintió tan molesto por la violencia, los arrestos y las ejecuciones tan azarosos que volvió a Estados Unidos cinco meses después. "Fue un periodo de terror —dijo—. Entonces nadie estaba seguro de nada."

Los sociólogos hablan de tres olas de inmigración cubana a Estados Unidos: la primera fue de aquellos que nunca apoyaron la Revolución cubana; un segundo grupo que sí la apoyó pero que se desencantó de Castro; y el último, que quería mejores trabajos y oportunidades, no distinto de los refugiados económicos. La primera ola de exiliados cubanos, que llegó poco después de que Castro tomó el poder, estaba formada, en general, por individuos acaudalados, mejor educados, de piel blanca y anticastristas virulentos. Este grupo tomaría el liderazgo político de los exiliados de Miami, y nunca lo soltaría. Posada formaba parte de la primera ola, pero optó por permanecer en Cuba y luchar durante el mayor tiempo posible.

Se pondría en contra no sólo del nuevo gobierno, sino de su propia familia, quienes eran fidelistas devotos. Una de sus hermanas ascendería al grado de coronela en el ejército cubano y sus dos hermanos obtendrían buenos trabajos en el gobierno. Desde sus primeros días como contrarrevolucionario novato, Posada se unió a los esfuerzos de la CIA para sabotear al nuevo gobierno.

Para 1960, Posada había conocido al legendario espía maestro David Atlee Phillips, el hombre de la CIA en La Habana, quien se ocupaba de los operativos para derrocar a Castro. También es posible que se haya codeado con el colega de Phillips, E. Howard Hunt, si no en La Habana, sí en Miami. En 1961, la CIA construyó la entonces mayor subestación de la historia, llamada JM/WAVE. La estación tuvo un mandato y una sola misión: derrocar a Fidel Castro.

Ubicada en un anodino edificio de oficinas en un área boscosa cerrada de mil quinientos acres del *campus* sur de la Universidad de Miami, la JM/WAVE se convirtió en uno de los mayores empleadores del sur de Florida. Unos cuatrocientos empleados de tiempo completo de la CIA con un presupuesto anual de quince millones de dólares a su disposición emplearon a unos quince mil exiliados cubanos. Una dependencia anterior y más pequeña de la JM/WAVE se había establecido en una oficina en los alrededores de Coral Gables.

Según Ted Shackley, el jefe de espías que supervisaba la estación, unas cuatrocientas corporaciones de fachada, se contrató a miles más. La estación mantenía su propio arsenal privado de armas ultramodernas y tenía una flota de aviones y cientos de barcos. Varias grandes mansiones de Coral Gables que daban al mar servían también como puertos para el ejército de yates que perpetraban ataques relámpago en Cuba. Durante sus primeros años de operación, la JM/WAVE orquestó ataques directos contra Cuba, y luego, en 1963, cambió para dirigir misiones secretas.

David Atlee Phillips y E. Howard Hunt se habían ganado sus grados en la agencia al desestabilizar gobiernos y movimientos de izquierda en Latinoamérica. Su acción más notable fue derrocar al presidente recién electo de Guatemala, Jacobo Arbenz, en 1954 e instalar a un sustituto más acorde con los intereses comerciales de Estados Unidos. Guatemala nunca se recuperó; doscientas mil personas perdieron la vida en la guerra civil que se derivó de esto. Aun así, Hunt, quien tenía ochenta y ocho años en 2004, me dijo que él consideraba que el golpe había sido un éxito. Lo único de lo que se arrepentía, dijo, era de haber permitido que un joven argentino llamado *Che* Guevara huyera de Guatemala.

Un miembro distinguido de la JM/WAVE fue Porter Goss, quien se había unido a la CIA en 1960, recién egresado de la Universidad de Yale, con su amigo y compañero escolar William Bush *Bucky*, el hermano menor de George H. W. Bush. Goss trabajó de cerca con exiliados cubanos antes y durante la invasión a la Bahía de Cochinos y la Crisis Cubana de los Misiles, y dijo a *The Washington Post* que, durante este periodo, él aprendió mucho sobre el "manejo de barcos pequeños" y vivió "algunos momentos muy interesantes en los estrechos de Florida". (En septiembre de 2004 fue nombrado jefe de la CIA por George W. Bush, pero dejó el puesto después de menos de dos años bajo cargos de haber politizado la recopilación de inteligencia.)

Fue en la JM/WAVE donde David Atlee Phillips echó a andar lo que llamó su "tienda de propaganda". Entre los logros de Phillips están el establecimiento de Radio Swan, la cual transmitía diatribas anticastristas desde la isla Cisne, frente a la costa de Honduras, para Cuba. El fallecido líder exiliado Jorge Mas Canosa fue uno de los más talentosos presentadores de Phillips, mientras que Luis Posada fue empleado como "instructor del área de capacitación" en la estación hasta 1967.

En 1968 se desmanteló la JM/WAVE, punto en el cual la CIA tuvo su primera experiencia con un fenómeno llamado *blowback* (rechazo o rebote). La agencia había entrenado a un ejército de asesinos y luego cambiado de rumbo en relación con el objetivo. Pero a muchos exiliados, así como a una parte de los directivos de la estación, no les importó. Para ellos, la guerra contra Castro continuaría. La CIA había creado un monstruo, una agencia semicriminal, con miembros como Hunt y Phillips que despreciaban abiertamente a sus superiores en Langley. En 1976, el controvertido jefe de inteligencia de la CIA James Angleton reflexionó sobre la JM/WAVE con el periodista Dick Russell. "Tenía sentido poseer una base en Miami", dijo. "Era una idea nueva, pero se salió de control. Se convirtió en una potencia en sí misma. Y cuando la gente se dio cuenta de que no se les asignaría una misión, tuvimos algunos problemas."

Posada dijo que había realizado operaciones de sabotaje en La Habana durante casi un año con asistencia de la CIA. La agencia, según sostenía, lo proveyó de "bombas de tiempo en forma de lápiz, mechas, cuerdas de detonación y todo lo necesario para las acciones de sabotaje". Algunas veces se colaba a Miami y regresaba con "materiales de guerra".

Pero en enero de 1961 a Posada se le acabó la suerte en La Habana. Después de haber sobrevivido milagrosamente al fracaso de una operación, buscó asilo en la embajada argentina. Un mes después se le concedió una visa mexicana. Llegó a Miami justo a tiempo para enlistarse en la operación de Bahía de Cochinos, apoyada por la CIA. Su fracaso, después de que el presidente Kennedy se negó a autorizar el uso de aviones para lo que consideró una operación chapucera enfadó profundamente a los exiliados cubanos. El posterior trato de Kennedy con los rusos para poner fin a la Crisis Cubana de los Misiles el año siguiente —con la promesa de no invadir Cuba— abrió aún más la herida de los exiliados anticastristas y de veteranos de la CIA como Phillips y Hunt.

Pero, en los escombros del desastre y el retiro estadounidense, Posada encontró su llamado, así como una profesión lucrativa: sería "un guerrero", como él mismo lo dice.

Posada fue uno de los 212 exiliados elegidos por la CIA para asistir a la escuela de entrenamiento para oficiales en Fort Benning, Georgia, donde se impartían cursos de recolección de inteligencia, propaganda y operaciones secretas. En Fort Benning él estableció dos relaciones que fueron cruciales durante toda su vida: con Jorge Mas Canosa, quien se convertiría en el cabildero más poderoso de los exiliados, y Félix Rodríguez, quien se haría famoso por su papel en el asesinato del *Che* Guevara.

Posada egresó como teniente segundo del ejército estadounidense en 1963. Él se había entrenado en guerra de guerrillas, demolición y espionaje. A Posada lo atraía especialmente el mundo del espionaje, donde se convirtió en un maestro de la propaganda y la vigilancia, así como en las oscuras artes de adulterar fotos, falsificar documentos, fabricar y plantar evidencia, y crear artefactos explosivos. Se deleitaba en crear varios "nombres de guerra" para sí: se convirtió en *Comisario Basilio, Bambi, Solo* (por el espía de la serie televisiva de los años sesenta *The Man from* UNCLE [conocida en México como *El agente de* CIPOL] y *Lupo* ["lobo" en italiano]). Tuvo docenas de pasaportes falsos —fabricados según los necesitara— de diversos países, incluido Estados Unidos.

Posada también era encantador: hablaba muy bien el inglés y era un guapísimo mujeriego que podía beberse media botella de whisky Black Label sin hacer el ridículo. Tampoco era boquiflojo ni estaba obsesionado con la política: su única ideología era el anticomunismo. "No hay comunistas buenos", me dijo. "Todos son malos." En resumen, él era el espía perfecto de la Guerra Fría. En su momento, sus talentos serían buscados por la CIA y varias agencias de inteligencia en Latinoamérica. Durante los años sesenta, buena parte de los setenta y luego a mediados de los ochenta, durante la operación Irán-Contra, él fue un valioso empleado en la nómina de la CIA, un detalle que sus abogados defensores han recalcado en cada oportunidad. David Atlee Phillips, quien se convirtió en jefe de la CIA para Latinoamérica, dijo a los investigadores del Congreso (para el Comité Selecto de la Cámara sobre Asesinatos en 1978) que Posada había trabajado con él en operaciones chilenas. (Al parecer, el Track II, el programa de la CIA para derrocar al gobierno del presidente chileno Salvador Allende en 1973, estaba entre las operaciones.)

Posada siempre recibió dinero —aun cuando buscara su pasión personal de eliminar a Fidel Castro—. Posada era "listo con el dinero", me dijo Bosch, y lamentó: "Yo soy el único que no ganó dinero". Al principio lo patrocinaron la CIA y otras agencias de inteligencia de Latinoamérica. Después recibió financiamiento parcial de devotos patrocinadores anticastristas como Jorge Mas Canosa y algunos de los miembros de la Fundación Nacional Cubano Estadounidense, la poderosa organización de exiliados de Mas.

En la ocasión que estuvo más cerca de eliminar al presidente cubano, y en verdad casi lo logra, Posada se asoció con Antonio Veciana, un ex banquero que fundó el grupo paramilitar anticastrista Alpha 66, por sugerencia (y con el apoyo) de la CIA. El plan, concebido por el patrón de Veciana en la CIA, era eliminar a Castro en una cumbre en Santiago de Chile en noviembre de 1971. Veciana contrató a dos venezolanos, ambos seguidores de Orlando Bosch, para hacerse pasar por periodistas equipados con una cámara de carrete de dieciséis milímetros. Pero, adentro de la cámara, Posada plantó una ametralladora; aquél era un artefacto recurrido aunque anticuado de la CIA.

Todo un profesional consumado, Posada pensó en todo —incluso en cómo desviar las sospechas de la CIA si sus asesinos resultaban muertos—. En las habitaciones de hotel de los hombres se plantaron documentos falsos, fabricados con todo cuidado, los cuales llevarían a la policía hacia dos agentes de la KGB que vivían en Caracas. Veciana recuerda que Posada era "un tirador extraordinario", que a menudo ejercitaba su puntería y dominaba toda clase de armas de fuego —desde pistolas hasta armas automáticas—. "Cuando era niño, a Posada le fascinaban los explosivos y las pistolas", me dice Veciana. "Incluso entonces tenía una gran puntería."

De acuerdo con Veciana, los asesinos fijaron la letal cámara en Castro, pero entraron en pánico tras ver a agentes de seguridad cubanos que vigilaban las salidas. Posada estaba furioso. Él había elaborado el plan con todo detalle, e incluso había creado una estrategia *spin* para el golpe. Según Fabián Escalante, antiguo jefe de la inteligencia cubana, el atentado involucraba a

un corresponsal de la agencia de noticias soviética TASS, quien también era oficial de la KGB [que] estaba en Caracas. Posada planeó fotografiar a sus dos agentes mientras hablaban con el ruso, de modo que, tras el asesinato del *comandante*, se lanzara una campaña mediática que mostrara las fotos e inculpara a los soviéticos… Posada había acordado con Eduardo Sepúlveda, coronel de la Policía Montada de Chile, responsable de la seguridad en la locación donde Fidel daría su conferencia de prensa, que en lugar de detener a los asesinos, los eliminara y con ello evitara cualquier indiscreción.

Aunque desmoralizado por el fracaso, Posada pronto se asoció con otro colaborador, Osiel González, para fraguar otro intento de eliminar a Castro, esta vez durante una próxima visita a Quito, Ecuador.

En cierto momento, los hombres consideraron detonar una bomba "al plantar explosivos en los ceniceros del aeropuerto", me relató González mientras degustábamos unos cafés "cortaditos" en la Calle Ocho. Pero había problemas logísticos. "En el aeropuerto de Quito no hay ceniceros", explicó González, un hombre elegante y apuesto de más de setenta años.

La gente tira las cenizas y pisa las colillas en el piso. Además, los agentes [de seguridad] que van adelante de Fidel no son estúpidos e inspeccionan exhaustivamente cada lugar —incluso buscarán un techo falso...— ¿[Y] en dónde íbamos a conseguir los explosivos con tan poco tiempo? No había tiempo y [no había lugar] para plantarlos. Entonces ¿cómo vamos a hacerlo? Yo llamé a Luis [Posada] y se lo dije.

Él decidió que tenía que ser un golpe, pero esta vez no correría ningún riesgo: él mismo dispararía el arma usando un ultramoderno fusil con silenciador. Posada se colocó en un hangar elevado del aeropuerto de Quito, a sólo unos cientos de pies de donde Castro pasaría tras haber aterrizado. Pero en el último momento, el astuto hombre fuerte de Cuba cambió su sitio de llegada a una base militar cercana.

Después, Posada envió a otro grupo de asesinos con la cámara mortal a Caracas, pero cuando Castro apareció, a los hombres de Posada no se les halló por ninguna parte.

Posada aprendió de esas experiencias tan decepcionantes y desarrolló una filosofía y un *modus operandi* para futuras empresas. Los intentos de asesinato requerían de devotos exiliados anticastristas. El sabotaje, las bombas y similares serían relegadas para quienes él llamaba "mercenarios", por lo general jóvenes centroamericanos sin educación que llevaban a cabo unos cuantos trabajos menores y se los contrataba como intermediarios. "Todo lo hacía por sectores aislados", me explicó en 1998. "Yo sé quiénes son, pero ellos no me conocen."

Luis Posada escribe en sus memorias que, en septiembre de 1969, mientras sorbía de su acostumbrado daiquirí de aperitivo en el Centro Vasco, un popular restaurante de Miami en la Calle Ocho, se le acercó un venezolano "vestido muy elegante". El hombre era Erasto Fernández, el zar de la inteligencia de la Digepol venezolana, y tenía una oferta tentadora para el cubano, entonces de cuarenta años. Fernández estaba impresionado por el currículum de Posada en la CIA y por la recomendación que la agencia hacía de él. Fernández también admiraba los trabajos como mercenario que Posada había hecho para la inteligencia de Caracas durante varios años. Posada ingresó como jefe de seguridad para la Digepol, la cual pronto cambiaría de nombre a Disip. Para 1971, Posada se encontraba en una situación muy favorable, pues se le había ascendido a jefe de contrainteligencia.

En realidad, la relación de Posada con la CIA no había sido del todo fluida. Los memorandos de la agencia a finales de los sesenta cuestionaban la ligereza de Posada con los narcotraficantes y las bandas de delincuentes, así como una "tendencia" a involucrarse en "actividades de sabotaje clandestinas", "actividades criminales" y "robos a [la] CIA, y otros asuntos". Un reporte de inteligencia de 1974 informó que "Posada tal vez estuviera involucrado en la introducción de cocaína a Miami desde Colombia y a través de Venezuela, y también en la falsificación de dinero estadounidense en Venezuela". Otro informe señaló que Posada "fue visto con [un] conocido narcotraficante", y otro más se refirió a él como un "severo lastre potencial".

Se desconoce la medida en que las ganancias del tráfico de drogas hayan financiado golpes paramilitares de los exiliados. Los historiadores coinciden en que el renacimiento de Miami como ciudad estadounidense debía tanto al empleo por parte de la CIA de miles de cubanos a principios de la década de los sesenta como a las abrumadoras ganancias del bullicioso tráfico de cocaína en los setenta, calculado en ocho mil millones de dólares al año. Las drogas eran una lucrativa actividad paralela de algunos militantes cuyos motivos no eran del todo ideológicos.

El cambio de Posada de Miami a Caracas convino a la CIA, y le proporcionó cierto grado de ocultamiento y de capacidad para negar acusaciones. En 1972 se había capturado a cuatro militantes anticastristas junto a E. Howard Hunt mientras trataban de robar las oficinas centrales del Partido Demócrata en el hotel Watergate en Washington, D. C. El escándalo que eso provocó cimbró al país desde sus cimientos y al presidente Nixon se le obligó a renunciar. La CIA trató de distanciarse torpemente de los ladrones arrestados, que eran ex empleados suyos. Incitadas por informes sobre los excesos de la agencia, se realizaron varias auditorías exhaustivas por parte del Congreso para investigar la participación de la CIA en asesinatos.

La CIA se había mostrado interesada en la alianza de Posada con la Disip por otras razones. Caracas se había convertido en la línea frontal de la guerra de la CIA contra el comunismo en el hemisferio. El creciente vínculo de Castro con las guerrillas de izquierda de Venezuela había alarmado a la agencia. Según afirmaban algunos oficiales, el líder cubano no sólo quería exportar su revolución, sino que también había puesto el ojo en las vastas reservas de petróleo del país.

Poco después de que Castro ascendió al poder, Caracas se convirtió en un núcleo de actividad de los exiliados, como una especie de ciudad hermana de Miami, y la Disip funcionaba casi como una estación satélite de Langley. En una variante temprana de ciertas acciones especiales llamadas *renditions* ("interpretaciones especiales"), algunos de los trabajos más sucios de la CIA se le comisionaron a la Disip. Agitada por grupos guerrilleros, *wildcatters* (perforadores de pozos petroleros) y capos de la droga, Caracas era la Casablanca del Caribe. Como tal, era el perfecto hogar para Luis Posada Carriles.

En la Disip, Posada notó que todas las oficinas y negocios afiliados al gobierno cubano estaban bajo vigilancia continua. Aliado con los conservadores del Partido Demócrata Cristiano, él también husmeó en los asuntos privados de algunos miembros del opositor Partido Adeco. A un poderoso político del Adeco, Carlos Andrés Pérez, no le agradaron las intervenciones telefónicas secretas que Posada hizo de sus conversaciones con su amante. Cuando Pérez fue electo presidente de Venezuela en 1974, pronto expulsó a Posada.

Pérez, conocido como CAP, había sido él mismo un espía y político consumado, muy hábil para jugar a dos bandas. Aunque Pérez era un sólido aliado de Estados Unidos y desconfiaba de Castro, no buscaba un enfrentamiento con el beligerante cubano. Favoreció ciertas acciones encubiertas, y con tal fin proveyó a la CIA de oficiales con cargos en el gobierno. Mientras fue ministro del Interior, CAP recibió diez mil dólares mensuales de la CIA, según el periodista Don Bohning, quien ha escrito sobre la historia de la estación JM/WAVE.

Pérez continuó con la tradición de reclutar a exiliados cubanos para la Disip. Como la ciudadanía era un requerimiento para la Disip, a los cubanos se les sometió a un apresurado proceso de nacionalización, y luego se les recompensó con cargos clave. Rafael Rivas-Vásquez tuvo una de las gestiones más largas en la Disip bajo el mandato de Pérez. Nacido en Nueva York en 1937, de padres cubanos, se educó en La Habana. Al igual que muchos estudiantes universitarios, Rivas-Vázquez se unió a las fuerzas antibatistas sólo para acabar por convertirse en anticastrista. Tras recibirse como economista en la Universidad de Miami, la Disip lo contrató como analista en 1972. Hombre corpulento, pronto escaló por las filas de la

Disip y, en 1974, se le nombró subcomandante. En 1989, durante el segundo periodo de CAP como presidente, se convirtió en el jefe de la Disip.

Pero la relación más importante de CAP fue con Orlando García Vázquez, un veterano de la Bahía de Cochinos. Veterano del ejército estadounidense y miembro de la CIA, García fue responsable de la seguridad personal de CAP y sirvió como su guardián de confianza. García era calvo, llevaba la barba de chivo y era aficionado a las joyas de oro, las camisas de seda, las mujeres y el alcohol. Jugador empedernido, casado al menos cinco veces, García se involucró tanto en la política cubana como en las guerras de guerrillas de todo el hemisferio. Incluso llevó cierta relación con el *Che* Guevara en 1953, mientras vivía exiliado en Costa Rica. En este punto, ambos hombres eran rebeldes. García había combatido a Batista hasta que le resultó muy peligroso permanecer en Cuba.

La lealtad de García hacia CAP fue imperturbable durante cuarenta años. Los vínculos de su amistad se sellaron cuando García se enteró de un plan para asesinar a CAP en Costa Rica. Una conocida versión de la historia cuenta que García se hizo amigo de los asesinos, los envió a una misión falsa y luego los asesinó a tiros cuando se detuvieron en el camino para orinar.

Salvador Romaní, un exiliado que por mucho tiempo dirigió en Caracas la organización anticastrista Junta Patriótica Cubana, recuerda a García como un hombre de condición singular. "Déjeme decirle que la influencia que Orlando García Vázquez tenía en Carlos Andrés Pérez era total", empezó a contar entre sorbos de "cafecito". "Todos los días, Orlando se ejercitaba con Carlos Andrés Pérez en el gimnasio de La Casona [la residencia presidencial] y muchos de los miembros clave del entonces llamado Comité Ejecutivo Nacional sentían envidia porque Orlando García era el hombre más influyente." Romaní añade que, cuando murió García en Miami, en 2005, Pérez asistió a su funeral a pesar de "su mal estado físico" tras una debilitante apoplejía.

El suplente de García, Ricardo Morales Navarrete, *el Mono*, era aún más pintoresco. Una mezcla de James Bond y Caracortada, Morales había sido agente del servicio de inteligencia de Castro, y según se dice, lo había reclutado David Atlee Phillips. Guapo y conversador asombroso, había conocido a García por medio de su hermano. George Kisyzinski, agente veterano con treinta y cuatro años en el FBI, describió a Morales como a un "decadente, truculento, brillante y totalmente amoral, con una asombrosa memoria fotográfica". También era un camaleón —político y sexual—. Carente de ideología, Morales se convirtió en el Frankenstein de la CIA.

A menudo, Morales operó como informante para el FBI, la DEA, la CIA, el Departamento de Policía de Miami y varias agencias latinoamericanas. En 1968, él proporcionó la mayoría de los testimonios que inculparon a Bosch y lo enviaron a la prisión federal. Poco antes de unirse a la Disip, Morales apenas sobrevivió cuando su auto explotó en La Pequeña Habana, el barrio del sureste de Miami donde se asentaron primero varios cubanos exiliados.

Tanto Morales como Orlando García, quienes permanecían en la nómina de la CIA, desempeñarían papeles cruciales en la investigación de los atentados con bombas contra la aerolínea Cubana de Aviación en 1976.

Siempre ingenioso, Posada pronto se recuperó de su despido de la Disip y recicló sus poderosos contactos para una aventura aún más lucrativa, una agencia de seguridad y detectives llamada ICICA. La firma, ubicada en un bonito edificio cerca de la Disip, fue un éxito inmediato y atrajo a clientes como la Chrysler y muchos de los bancos más prestigiosos del hemisferio. Protegía a empleados, conducía investigaciones de robos e instalaba sistemas de seguridad. "Era la más grande del país", me dijo Posada con orgullo.

Orlando Bosch llegó a Miami en julio de 1960 con su esposa Myriam, quien también era médico, y sus cinco hijos pequeños. Pronto encontró trabajo como pediatra. Mientras que su trabajo diurno era salvar a bebés, el tiempo libre lo dedicaba a eliminar a sus enemigos.

Antes de huir de Cuba, Bosch fundó el grupo paramilitar anti-castrista Movimiento Insurreccional de Recuperación Revoluciona-ria (MIRR). Mientras estuvo en Miami, él redobló sus esfuerzos por el MIRR y aceptó, al principio, la asistencia de la CIA, que financió un campo de entrenamiento para él en Homestead, no lejos del Parque Nacional Everglades. Pero Bosch no tenía el temperamento para trabajar con la CIA. Cuando se dio cuenta de que no habría una se-gunda Bahía de Cochinos, escribió al presidente Kennedy una en-marañada diatriba, cerró el campo y siguió por su cuenta.

El nuevo grupo de Bosch, Poder Cubano, fue el más audaz de los grupos anticastristas, y se adjudicó docenas de ataques con bom-bas e intentos de asesinatos. Bosch las llamó "acciones de justicia". Cualquier compañía, individuo o país al que se considerara partida-rio de Cuba se le veía como blanco fácil. Para mediados de los años sesenta, a Bosch se le había arrestado media docena de veces en Miami por varios atentados con bomba y violaciones a la Ley de Neutralidad Estadounidense de 1939. En septiembre de 1968 vol-vieron a arrestarlo por disparar una bazuca de cincuenta y siete mi-límetros hacia una embarcación polaca con destino a Cuba que ha-bía atracado en el puerto de Miami. Esta vez lo sentenciaron a diez años en una prisión federal en Marion, Illinois. En prisión, Bosch se reencontró con Rolando Masferrer, quien había dirigido el grupo paramilitar más temible bajo Batista, conocido como *los Tigres*.

Desde sus primeros días en Miami, algunos de los colaboradores de Bosch cuestionaron sus tácticas y su cordura. A menudo lo descri-bieron como un "loco", incluso "esquizofrénico". Aunque algunos lo tenían en la más alta estima, a otros los exasperaba. Aun así, Bosch se había hecho de devotos seguidores y empezó a atraer a poderosos par-tidarios. El gobernador Claude Kirk de Florida estaba entre quienes ejercían presión para obtener su primera libertad condicional después de sólo cuatro años. "Cuando pienso en hombres libres que buscan una patria libre", explicó el gobernador, "debo pensar por fuerza en el doctor Bosch". En 1972, Bosch salió de la prisión federal de Atlanta.

Una de las prioridades de Bosch era infundir disciplina y obediencia en los paramilitares exiliados. En el Viernes Santo de 1974, el líder exiliado José Elías de la Torriente fue muerto a balazos en su sala mientras veía televisión con su esposa. En la entrada de su casa dejaron un pedazo de papel que tenía escrito un gran cero, con las iniciales de De la Torriente. Los medios de Miami recibieron cartas que describían a De la Torriente como "traidor" y enlistaban a otros diez líderes exiliados que pronto recibirían su propio "cero". Asesinaron a más de la mitad; otros huyeron de Miami.

Bosch desapareció tras el asesinato de De la Torriente, pero apareció pocas semanas después para una entrevista con el *Miami News*. "Nadie volverá a atreverse a ondear una bandera falsa, por temor por su propia vida", advirtió Bosch. "La muerte [de De la Torriente] fue una buena lección para la comunidad de exiliados, ya que así nadie más propondrá teorías truculentas para engañar y robar a la gente." Miami se convirtió en la capital del crimen en Estados Unidos, una ciudad donde las bombas y matanzas se habían vuelto casi una rutina. "Es como en la vieja ciudad criminal de Chicago, nada nuevo", dijo Jay Mallin, reportero de la revista *Time,* en 1976. "Bosch es un extorsionador, no un patriota. Si no le pagas, pone una bomba afuera de tu oficina. Ya no hay una auténtica actividad patriota militante, se ha reducido a criminal."

El FBI sospechaba que Bosch desempeñaba un papel clave en la carnicería que envolvía a Miami. Pero antes de poder arrestarlo, Bosch abandonó el país y violó los términos de su libertad condicional. Otra víctima de su cruzada fue su matrimonio. "Yo me internaré en un país latinoamericano para dirigir la internacionalización de la guerra [contra Castro]", anunció antes de irse. "Sé que seré un fugitivo." En 2006 me dijo: "Me fui a hacer sabotaje contra Castro", y acabó por unir fuerzas con Luis Posada en Venezuela. En realidad, Bosch había recibido la aprobación del presidente Carlos Andrés Pérez, quien ordenó a su cuerpo de seguridad, dirigido por los cubanos Orlando García, Rafael Rivas-Vásquez y *el Mono* Morales, que apoyaran a su colega exiliado.

Pregunté a Bosch cómo era posible que él volviera a trabajar con Morales, después de que éste presentó evidencia estatal en su contra. "*El Mono* me saludó con un gran abrazo", explicó Bosch y actuó el intento de abrazo. "Pero yo di un paso atrás y sólo le di la mano. Le dije que lo perdonaría, pero no olvidaría." Sin embargo, como solía ocurrir con Bosch, las cosas no salieron bien.

El 10 de octubre de 1974, el aniversario de la independencia cubana, Bosch puso bombas en la embajada venezolana en Panamá y en un centro cultural en Caracas, poco antes de que llegaran oficiales cubanos. Fiel a su *modus operandi*, Bosch fanfarroneó sobre su acción, lo cual avergonzó a los venezolanos y provocó su arresto un mes después. Ansiosa por deshacerse de Bosch, Venezuela contactó a Estados Unidos. Para su sorpresa, los oficiales se enteraron de que el Departamento de Justicia no lo quería de vuelta, a pesar de su condición de fugitivo.

Bosch dijo haber ganado su liberación tras negociar un trato inusual con la Disip. Ya no pondría bombas en Caracas. A cambio, se le prometió que a ningún alto oficial cubano se le permitiría visitar Venezuela.

Entonces, Bosch se dirigió a Curazao, usó un pasaporte falso con el nombre de Pedro Peña y se puso en contacto con su colaborador Guillermo Novo. Los dos hombres volaron hacia Santiago de Chile, donde encontraron a un anfitrión generoso y hospitalario en el general Pinochet durante el siguiente año. El presidente Augusto Pinochet y su órgano de inteligencia, la Dina, permitieron a Bosch atacar sus objetivos con impunidad —lo cual condujo al bombardeo de la embajada cubana en México y al secuestro de diplomáticos cubanos en Argentina—. Pero había un precio. La junta chilena informó a Bosch que tenía algunas plagas propias a las que quería eliminar —como al ex embajador Orlando Letelier—. "La gente de Pinochet siempre nos decía que querían mandar matar a Letelier", dijo Bosch.

Al igual que Posada, Bosch recorrería el hemisferio tras sus objetivos —e incluso se filtraría en Estados Unidos cuando lo necesitara—. "Con nuestro grupo de guerrillas, plantamos bombas", me dijo Bosch. Entonces, se encogió de hombros y levantó las palmas en un gesto de cómico desamparo. "Hicimos todo lo que era posible hacer", dijo a un reportero por la misma época.

Mientras estuvo en Santiago, Bosch se enamoró de una despampanante chilena, Adriana Delgado, veinte años menor que él. Se casaron en febrero de 1975 y, no mucho después, tuvieron una hija, Karen.

Bosch era prófugo de la justicia estadounidense cuando fundó la Coordinación de Organizaciones Revolucionarias Unidas (CORU) en la República Dominicana, un país hospitalario con los paramilitares cubanos exiliados así como con legítimos intereses comerciales de exiliados. La creación de la CORU, con su plan maestro para derrocar a Castro, estableció a Bosch como al padrino de los militantes del exilio. La junta fundacional de dos días de la CORU, el 6 y 7 de julio de 1976, se llevó a cabo en un recinto aislado, en la cima de una montaña cerca de Bonao. Asistieron veinte exiliados, incluidos Posada, Frank Castro, Ignacio y Guillermo Novo, y José Dionisio Suárez Esquivel. "Todo lo que hicimos se planeó allí", me dijo Bosch, y señaló que entre los asistentes estaban "todos los grandes líderes militares y políticos. Fue en verdad una gran reunión". La misión de la CORU era simple, dijo: "Combatir a los amigos y subordinados de Castro". Posteriormente, la CORU se adjudicó cientos de bombas, secuestros y asesinatos en Latinoamérica, Cuba y Estados Unidos.

Una de las prioridades de la CORU era derribar un avión cubano. El grupo razonó que un acto tan audaz demostraría su poder, aterraría al gobierno cubano y enfocaría la atención mundial en su causa. "Claro que se infiltraron varios informantes", añadió alzando la vista. "Eso nunca falla." Uno de ellos notificó a la CIA que la junta se había realizado en "casa de un ex senador del gobierno de Batista", según un memorando de la agencia, y señaló que "Orlando

Bosch y otros discutieron sobre acciones terroristas como colocar bombas en aviones cubanos".

A comienzos de 1975, los servicios de inteligencia del general Pinochet de Chile, del general Jorge Rafael Videla de Argentina y del dictador de Paraguay, el general Alfredo Stroessner, elaboraron un plan secreto para cazar y asesinar a opositores políticos e izquierdistas en todo el hemisferio. El plan se llamó Operación Cóndor, y funcionó como las operaciones internacionales de la Guerra Sucia, como se le conoció a la eliminación interna de opositores. Orlando García, de la Disip, dijo al escritor John Dinges, en una entrevista en 2002, que el general Juan Manuel Contreras, el brazo derecho de Pinochet y quien dirigía la Dina, había visitado su oficina en Caracas. "Contreras quería que capturáramos a exiliados chilenos y los lleváramos de regreso a Chile de manera ilegal", recuerda García. "Quería que los pusiéramos en un avión y Chile pagaría el vuelo. Dijo: 'Tenemos que eliminar a los enemigos'. Yo sabía que eso sólo significaba una cosa —sabíamos que a las personas que él capturara las torturarían y asesinarían—." García dijo que Carlos Andrés Pérez se opuso a la propuesta.

Pero Contreras tuvo más éxito reclutando a miembros de la CORU para la Operación Cóndor, y confiaba en que su furioso anticomunismo los haría inmunes al sentimentalismo. Según el espía maestro de Cuba, Fabián Escalante, quien alega una complicidad de la CIA en los ataques, "Bosch iba a ir personalmente a ofrecer sus servicios a Pinochet, junto con un grupo de terroristas de origen cubano, quienes se convertirían en asesinos dentro de la Operación Cóndor". Se entrevistó con el general Contreras, contactó al agente y asesino a sueldo estadounidense de la Dina Michael Townley, y pronto organizó el secuestro y asesinato de dos oficiales cubanos en Argentina.

Bosch no rebate la narración de Escalante. "Hicimos todo lo que pudimos", me dijo. "Y acabamos por atacar al embajador cubano en Buenos Aires", añadió en referencia a los dos oficiales de la embajada cubana que habían desaparecido.

Por la misma época empezaron a estallar bombas en Miami —a veces todos los días—. La noche del 3 de diciembre de 1975, y al día siguiente, estallaron trece bombas que golpearon el núcleo mismo de la vida de la ciudad: el aeropuerto, el Departamento de Policía, la oficina de la Fiscalía Estatal, el edificio del Seguro Social, la oficina de Correos y la oficina central del FBI.

Antes de que las bombas estallaran, solía haber una llamada telefónica. La persona que llamaba no hablaba, sino que ponía las primeras y encantadoras líneas de una melodía acompañada con charango, un éxito de 1970 de Simon y Garfunkel: "I'd rather be a hammer than a nail. Yes I would, if I only could, I surely would. Hmmmm". ("Preferiría ser martillo que clavo. Así lo haría, si tan sólo pudiera, seguro que lo haría. Hmmmm.")

Aquella melodía era originalmente una canción tradicional peruana, llamada *El cóndor pasa*. El título de la canción era una pista crucial que llevaría a los investigadores a dar con el terrorista Rolando Otero, un joven cubano extremadamente intenso con una crecidísima barba de chivo, quien había trabajado de cerca con *el Mono* Morales y Orlando Bosch. Incluso, el propio Otero se hacía llamar *el Cóndor* en honor al temible buitre de los Andes, renombrado por su envergadura y su vista como de radar. Los investigadores no pasaron por alto que "Cóndor" también era el nombre de las operaciones foráneas de la Guerra Sucia.

El mensaje era claro: Estados Unidos no había llegado a su límite en la guerra contra Castro.

CAPÍTULO SEIS

Asesinato en el cielo

En el verano de 1976, Orlando Bosch recibió una invitación que no pudo rechazar. El presidente de Venezuela, Carlos Andrés Pérez, feroz anticomunista durante su gestión como ministro del Interior, le había tendido la mano y lo invitaba a regresar a Caracas. Según Bosch, había sido contactado en tres ocasiones por Orlando García, de la Disip, quien incluso le envió por correo una visa para alentar su regreso. El 8 de septiembre de 1976, García y su ayudante, Ricardo Morales, *el Mono*, recibieron a Bosch en el aeropuerto.

Esta vez se acordó un pacto: a Bosch se le permitiría establecerse en Caracas, siempre y cuando sus ataques incluyeran Venezuela, Costa Rica o la República Dominicana. A cambio, a Bosch se le dio un pasaporte venezolano, guardaespaldas, una credencial de la Disip con el nombre de *Carlos Sucre* y una *suite* de lujo en el hotel Anauco Hilton, donde también vivían García y Morales.

Pero los anfitriones venezolanos descubrieron la pronta y triste verdad de que no serían capaces de controlar a su huésped. Poco después de su llegada a Caracas, se celebró en su honor una cena para recabar fondos en la casa de un acaudalado médico cubano. Asistieron todos los principales espías exiliados de la CIA como Posada, *el Mono* Morales y Orlando García. Según un informe de la CIA fechado el 14 de octubre de 1976, durante la cena Bosch trató de obtener del gobierno venezolano "una considerable contribución en efectivo para la organización [de Bosch]" a cambio de no atacar Estados Unidos durante el próximo viaje del presidente Carlos Andrés Pérez a las Naciones Unidas. A Bosch se le dieron quinientos dólares. Evidentemente, no era suficiente.

El 21 de septiembre, a Orlando Letelier, ex embajador de Chile en Estados Unidos y un crítico abierto de la junta de Pinochet, lo asesinaron cuando una bomba colocada bajo su auto explotó mientras el vehículo se acercaba a su oficina en la zona de embajadas de Washington. En el atentado también perecieron Ronni Moffitt, de veinticinco años, la esposa estadounidense del asistente de Letelier, Michael Moffitt, quien iba sentado en el asiento trasero y sobrevivió milagrosamente.

Los asesinatos, ocurridos seis semanas antes de la elección presidencial, pasmaron al mundo. El FBI sospechó de inmediato que los responsables eran militantes cubanos en contubernio con la policía secreta de Chile. A varios militantes se les conocía por ser tan garrulos como temerarios, e informaron al FBI que los miembros de la CORU José Dionisio Suárez, Virgilio Paz Romero y los hermanos Novo —Guillermo e Ignacio— habían ejecutado la explosión por órdenes del general Manuel Contreras, de Chile. "Estos muchachos hablaban como un montón de lavanderas viejas", dice E. Lawrence Barcella, el fiscal en Washington D. C., cuyo departamento acabó por resolver el caso. "Supimos sobre Guillermo Novo por Bosch, y Novo se jactaba de recibir apoyo de la junta chilena." La CORU había dominado el nuevo arte de las bombas en autos con tiempos de detonación exquisitamente programados, lo cual se convirtió en su especialidad. Después se encontró en la casa de Posada un mapa de Washington que trazaba la ruta diaria que tomaba Letelier para ir a trabajar.

No fue hasta después del asesinato de Letelier cuando los oficiales de la CIA se tomaron en serio sus problemáticas relaciones con grupos militantes y la amenaza que representaban para los funcionarios públicos. Unas cuantas semanas después del atentado contra Letelier, el director de la CIA, George H. W. Bush, tomó el teléfono de su oficina de Langley y llamó al congresista Ed Koch, futuro alcalde de Nueva York, para advertirle que él era un blanco posible, con base en un informe de inteligencia recibido en julio. Bush dijo a Koch que la legislación que propuso para suspender la ayuda militar estadounidense al gobierno represor de Uruguay había incitado a un grupo paramilitar afiliado a la Operación Cóndor a "sacar un contrato para ti".

En la CIA, George H. W. Bush había recibido advertencias similares en relación con Orlando Letelier y otras que afirmaban que deseaban derribar un avión cubano. Pero ninguna de estas tragedias acechantes garantizó la intervención de la CIA.

Un memorando de la CIA, fechado el 14 de octubre, afirmaba que su informante había oído por accidente que Bosch alardeaba de que "ahora que nuestra organización ha salido airosa de la misión de Letelier, vamos a intentar algo más". Señalaba que los planes se solidificaron poco después. Pocos días después de la cena para recabar fondos, continuaba el informe, se supo que Posada había dicho: "Vamos a atacar un avión cubano... Orlando tiene los detalles".

En verdad, a la CIA se le había avisado que Orlando Bosch había elegido un avión cubano como blanco prioritario cuatro meses antes. Un informe de junio de 1976, titulado "Possible Plans of Cuban Exile Extremists to Blow up a Cubana Airliner" ("Posibles planes de extremistas cubanos para hacer estallar una aeronave de Cubana de Aviación"), puso en alerta a la agencia de que un grupo dirigido por Orlando Bosch "planea colocar una bomba en un avión de Cubana que viaja entre Panamá y La Habana", y mencionaba un vuelo específico del 21 de junio. Su fuente fue descrita como "un empresario bastante confiable con nexos cercanos con la comunidad de exiliados cubanos".

Lázaro Serrano Mérida poseía una galanura sutil y una sonrisa que le formaba hoyuelos en las mejillas. A los treinta y dos años, tenía dos empleos. Uno era como aeromozo, con el cual sobrevivía. Pero era su carrera como cantautor la que ocupaba la mayor parte de su tiempo. En sus presentaciones en el Tropicana, el famoso club nocturno de La Habana, a Serrano se le conocía como Channy Chelacy. Aunque aún no era un cantante famoso, se le respetaba en los círculos musicales, y había escrito canciones y arreglos para el Cuarteto d'Aida, el mejor grupo femenil de la historia cubana.

De hecho, la novia de Serrano era Moraima Secada, la aterciopelada voz del Cuarteto d'Aida, cuyo sobrino Jon Secada se haría de un nombre años después en Miami. Las otras voces del cuarteto eran Haydeé Portuondo, la impresionante Elena Burke y la hermana menor de Haydeé, Omara Portuondo, la talentosa cantante de boleros que tendría un asombroso regreso con el Buena Vista Social Club. Durante la década de 1970, las cuatro estrellas tuvieron carreras como solistas, pero siguieron cantando juntas ante la demanda de sus seguidores en recintos llenos.

El 6 de octubre de 1976, Serrano se hallaba en un vuelo de Cubana de Aviación que recorría la Ruta Lechera del Caribe. Estaba ansioso por regresar a La Habana y trabajar en su nuevo espectáculo con Moraima. También se acercaba su boda, un evento que, según declaraba Moraima, sería la fiesta del año.

El vuelo 455 salió de Guyana a las 10:57 de la mañana. La primera escala fue en Trinidad, luego en Barbados, con una última parada en Kingston, Jamaica, antes del arribo programado en La Habana al final del día.

En Trinidad, veinticuatro miembros del equipo cubano de esgrima abordaron el avión. Del cuello les colgaban las medallas de oro y plata que habían ganado en el campeonato internacional juvenil de esgrima en Caracas. Aunque exhausto, el grupo —en buena medida conformado por adolescentes— estaba eufórico. Habían celebrado con un baile de toda la noche con los Van Van, el veterano grupo de rocanrol cubano, el cual se presentaba en Venezuela. El equipo había llegado en un vuelo de Pan Am desde Caracas, diez horas antes.

Las dos primeras escalas del viaje pasaron sin novedad, pero sólo ocho minutos después de salir de Barbados estalló una bomba en el baño trasero del avión. "Ocurrió una explosión a bordo", transmitió por radio el piloto Wilfredo Pérez a la torre de control. "Descendemos rápido. Tenemos un incendio a bordo." Luego ocurrió una segunda y ensordecedora explosión. Minutos más tarde, los horrorizados bañistas del Hotel Paradise vieron cómo el jet DC-8 se precipitaba en el agua.

Los setenta y tres pasajeros y la tripulación murieron: cincuenta y siete cubanos, seis estudiantes adolescentes de Guyana, una familia guyanesa de cinco miembros y cinco norcoreanos.

Los discos de Moraima Secada siguieron con buenas ventas. Pero ella nunca se recuperó de la muerte de su prometido. La virtuosa cantante pronto se precipitó hacia la depresión y el alcohol, y murió diez años después. "Le falló el hígado", dijo su amiga Rosario Moreno, "pero en realidad fue su corazón".

El derribamiento del vuelo 455 de Cubana fue el peor acto de terrorismo aéreo en el hemisferio antes de los atentados del 11 de septiembre. El ataque de un avión civil ha incitado tres décadas de juicios, acusaciones y contraacusaciones en la corte, y no pocas teorías de la conspiración. Pero algunos hechos no están a discusión.

Dos jóvenes venezolanos, Hernán Ricardo Lozano y Freddy Lugo, abordaron el avión de Cubana en Trinidad poco después de las once de la mañana. Cada uno había registrado una maleta. Aunque Ricardo sólo tenía veinte años, había trabajado para Luis Posada Carriles en Caracas por casi cinco años. Ansioso y ambicioso, Ricardo hizo toda clase de trabajos extraños en la agencia de detectives y seguridad de Posada, desde fotografía hasta vigilancia. Recientemente había reclutado a su amigo Freddy Lugo, de veintisiete años, para que lo ayudara. Lugo ingresó al avión con dos cámaras, una alrededor del cuello y la otra en una bonita mochila bandolera de piel de cocodrilo.

Hernán Ricardo viajaba con un pasaporte venezolano bajo el nombre de *José Vásquez García*. En su maleta había otros pasaportes, incluido un documento estadounidense con un nombre falso. Antes de abordar el vuelo, Ricardo había llenado con explosivos plásticos una de las cámaras, así como un tubo vacío de pasta de dientes Colgate. Lugo recuerda que su amigo "jugaba con una especie de pasta de color blancuzco o beige; la estaba suavizando".

Unos veinte minutos tras haber despegado, puso la cámara bajo el asiento en la sección central del avión y escondió el tubo de pasta dental en el baño posterior. Pero, en su nerviosismo, trabó la puerta del baño. Encerrado, golpeó la puerta para pedir ayuda, según un pasajero que descendió en Barbados. Una azafata trató de abrir. Al no lograrlo, llamó al copiloto del avión para aflojar la puerta con una patada y rescatar al joven asesino.

En el aeropuerto de Barbados, los dos hombres pararon un taxi para que los llevara al Holiday Inn en Bridgetown, donde se registraron en la habitación 103 con nombres falsos. En el trayecto, Ricardo pidió al taxista que se detuviera para poder salir unos momentos a mirar un avión que pasaría por ahí. En el hotel, desde la recepción, Ricardo hizo una llamada a la agencia de detectives de Luis Posada y dejó un mensaje con su secretaria, en el cual pedía que le devolviera la llamada de inmediato. Entonces, llamó a su novia, Marines Vega, quien trabajaba en la agencia, y le pidió que le comunicara un mensaje urgente a Posada: "Estamos en una situación desesperada y necesitamos ayuda… El camión estaba lleno de perros", le dijo a ella, empleando las burdas claves de "camión" para "avión" y "perros" para "pasajeros".

A continuación, Ricardo llamó al *Señor Paniagua*, el nombre de guerra de Orlando Bosch, o *Señor Pan y Agua*, como Freddy Lugo pronunciaba el nombre. "Yo le pregunté quién era el señor *Pan y Agua* porque me parecía gracioso que hubiera alguien con ese nombre", escribió Lugo en su confesión posterior, "y él me dijo que era un querido amigo de su mentado Orlando Bosch". Por aquel tiempo, Bosch vivía en Caracas, en la casa de un camarada exiliado. Uno de los empleos más recientes de Ricardo era como chofer y ayudante general de Bosch. Ricardo no pudo encontrarlo al principio, pues el número telefónico que dio al operador tenía un dígito equivocado.

Con la esperanza de borrar sus huellas, ambos hombres cambiaron de hotel y se registraron en el Village Beach, habitación 61, donde Ricardo siguió tratando de contactar a Posada y Bosch. Ricardo también trató de hacer contacto con su madre, y le dijo, según Lugo, "que le diera el número telefónico del Hotel Village Beach en Barbados al señor Luis Posada, para que llamara y le dijeran que había un problema". Ricardo hacía llamadas frenéticamente e imaginaba que había un agente de la inteligencia cubana en el *lobby*.

Muy agitados, los jóvenes optaron por dar una caminata para calmar sus nervios. Pero a medida que se esparció la noticia de la tragedia entre los lugareños, los aterrados venezolanos decidieron que tenían que salir de Barbados de inmediato. Se fueron al aeropuerto con tal prisa que dejaron su equipaje en la habitación del hotel.

Al llegar de vuelta a Puerto España, capital de Trinidad, tomaron un taxi al Holiday Inn, se registraron con nombres falsos y siguieron en sus intentos de contactar a Posada. Al final, Ricardo hizo un enlace telefónico con Orlando Bosch, quien expresó cierta insatisfacción con su trabajo: "Mi amigo, tenemos problemas aquí en Caracas", dijo Bosch a Ricardo. "Nunca se hace estallar un avión mientras está en el aire", dijo, y pareció sugerir que el avión debió haber estado en tierra para el ataque.

Al taxista, Kenneth Dennis, quien había oído por la radio las noticias sobre el atentado, le pareció sospechosa la actitud de sus dos nerviosos pasajeros. Lo mismo ocurrió al recepcionista del hotel. Ambos notificaron a la policía de Trinidad, que no tardó en hacer una redada para arrestar a Ricardo y Lugo.

El comisionado asistente de policía de Trinidad, Dennis Ramdwar, policía de cuarenta y nueve años de edad y veterano de más de dos décadas, comprendió la gravedad del crimen y sus implicaciones. "Yo seguí nuestros procedimientos de rutina", me dijo en 2006 con una ligera entonación caribeña, y explicó que había ordenado interrogar a los sospechosos por separado. Hombre cauteloso, logró que varios oficiales presenciaran los interrogatorios y participaran en ellos. También llamó a dos hispanohablantes para que sirvieran de intérpretes.

Ramdwar empezó primero con Hernán Ricardo, quien era más parlanchín y cuyo nombre no coincidía con el que había usado para registrarse en el Holiday Inn. Al día siguiente, él y su equipo entrevistaron a Freddy Lugo. Al principio, ambos hombres negaron tener conocimiento del atentado.

El domingo 10 de octubre, Ramdwar visitó a Hernán Ricardo y le mostró varios boletos de avión, un cuaderno y un diario. "Él me dijo que los boletos eran suyos y que el cuaderno y el diario también lo eran", escribió Ramdwar en su informe. Entonces, Ramdwar lo interrogó en relación con varios nombres y números telefónicos de interés para él. Una anotación decía, "Orlando 713916". En este punto, Ricardo dijo que daría una declaración formal.

El testimonio de Ricardo para Ramdwar llegó poco a poco durante las siguientes dos semanas. Para el final de la segunda entrevista, Ramdwar cayó en la cuenta de que investigaba el crimen de su carrera, si no es que uno de los más horrendos del hemisferio.

Al día siguiente, a las ocho de la mañana, Ramdwar voló a Caracas para entrevistarse con oficiales en el Ministerio del Exterior de Venezuela, así como con los mandamases de la Disip y el Ministerio del Interior. Para cuando terminaron las sesiones, resultó claro para todos los presentes que los dos jóvenes en Trinidad no habían actuado solos.

Ramdwar regresó a Trinidad y visitó a Freddy Lugo en su celda. Lugo empezó a recordar algunos detalles, como el uso de un pasaporte falso por parte de Ricardo. Para el final del día, Lugo pidió verlo de nuevo. Dijo que ahora recordaba que Hernán Ricardo le había dicho en su vuelo de regreso a Trinidad que "Orlando Bosch y Luis Posada debían de estar preocupados por él". También dijo que unos veinte minutos después de que el avión de Cubana salió de Trinidad, su amigo "se puso muy nervioso [y] sudoroso, y fue al baño". Cuando Ricardo volvió a su asiento, añadió Lugo, estaba "aún más nervioso y sudoroso".

La tarde siguiente, Lugo pidió ver a Ramdwar y su equipo en la oficina del comisionado. "Me dijo que había reflexionado sobre todo el asunto y deseaba decirme la verdad", escribió Ramdwar en su informe. Leyó a Lugo sus derechos y le dijo que sus comentarios podían usarse en su contra en una corte de justicia. Lugo asintió, se desahogó y dijo al grupo de investigadores que estaba convencido de que Hernán Ricardo era quien había colocado la bomba en el avión. Según dijo Lugo, en su viaje a Trinidad, su amigo le dijo que haría estallar un vuelo de Cubana.

Al día siguiente, a las 6:30 de la tarde, Hernán Ricardo pidió ver a solas a Ramdwar, con sólo los intérpretes presentes. Ramdwar accedió y Ricardo inició su notable narración. El joven Ricardo sorprendió a los investigadores por ser más sofisticado que el común de la gente de su edad, sobre todo cuando les dijo que su colaborador, Orlando Bosch, encabezaba una organización cúpula de índole militar llamada "El CORU", a la que también llamaba "El Cóndor". Para tratar de impresionar al comisionado de policía, trazó un organigrama de la jerarquía de la organización y señaló que Luis Posada había sido una persona poderosa en el aparato de inteligencia de Venezuela.

Ricardo también mencionó que él y Lugo habían estado en Barbados el 10 de julio, el mismo día que explotó una oficina de boletos de la aerolínea British West Indies. Señaló, con cierta presunción, que sabía bastante acerca de esa detonación, así como de otra que ocurrió en el Consulado de Guyana en Trinidad.

En la tarde del 19 de octubre, Ricardo dijo más a Ramdwar y su equipo de investigadores. Advirtió que hablaba "en la mayor confidencialidad y declaró que él y Freddy Lugo eran miembros de la CIA en Venezuela", aunque Lugo tenía sólo el "Grado D", mientras que él tenía una categoría superior, con el "Grado B-1". Ricardo dijo que lo habían reclutado en "1970 o 1971" y entrenado en contrainteligencia en Panamá y Venezuela. También dijo que sabía quiénes habían hecho estallar el avión y los identificaba como venezolanos que aún estaban en Trinidad.

Ramdwar previno al joven de que su testimonio podía usarse en su contra. Ricardo respondió al decir que si Ramdwar "usaba su cerebro policial, le resultaría claro quién había hecho estallar la aeronave". Cuando Ramdwar le informó que estaba bastante seguro de quién había cometido el crimen, Ricardo quedó muy callado. Entonces, procedió a hacer una confesión completa: "Yo quiero decirle, con la mayor confidencialidad, que Lugo y yo hicimos explotar el avión", dijo a sus interrogadores, y pidió pluma y papel. Tras trazar un elaborado boceto de la bomba, el temporizador y el detonador, Ricardo explicó a Ramdwar cómo detonó los explosivos por medio de un temporizador del tamaño de un lápiz —que había metido en un tubo de dentífrico— minutos después de que el *jet* surcara los cielos sobre Barbados.

Entonces, procedió a describir un perverso complot, el cual estaba fraguado, según dijo, por su patrón, Luis Posada, y su colaborador cercano, Orlando Bosch. "Él me dijo que Bosch sabía sobre todas sus actividades y que siempre informaba personalmente a Posada, su superior inmediato, o a Orlando Bosch", escribió Ramdwar en su informe. "Ricardo me dijo que había llamado a Bosch y le había informado por teléfono sobre los resultados de la operación, y dijo que Posada también estaba informado". La noche anterior al atentado, Ricardo, a quien habían pagado veinticinco mil dólares por sus servicios, tuvo una última reunión con Bosch y Posada en el *lobby* del Anauco Hilton.

Freddy Lugo dijo a los investigadores de Trinidad que Ricardo había comparado sus explosiones con las de *Carlos el Chacal*, el terrorista venezolano que entonces se hallaba en la cima de su fama. "¡Coño, 73! ¡Más que *el Chacal*", presumía a Lugo. Según Lugo, en el breve vuelo de regreso a Trinidad, Ricardo había pasado de la euforia al pánico y las lágrimas entre tragos de whisky. "*El Chacal* podrá tener su historia como gran terrorista, pero en eso yo ya lo sobrepasé, y también a los palestinos", recordó Lugo. En cierto momento, dijo que él había superado al notable *Chacal*. "Ahora soy yo quien tiene el récord, pues soy el que hizo estallar esa cosa." Después, se descompuso y dijo: "¡Maldición, Lugo, estoy desesperado y quiero llorar! Nunca había matado a nadie".

El plan había sido que Hernán Ricardo siguiera rumbo a Estados Unidos tras el atentado. Para ello, necesitaba una visa estadounidense del agregado legal del FBI en Caracas, Joseph Leo, quien explicó a Ricardo que debía llevar una carta de trabajo. El 1° de octubre de 1976, Ricardo regresó a la oficina de Leo con una carta firmada por Posada en una hoja con el logotipo de su negocio, donde asentaba que Leo era su empleado.

Después, Leo comentó que hubo algunas cosas de Hernán Ricardo que lo inquietaron, aunque no lo suficiente como para negarle una visa. Dos días después de las explosiones, Leo escribió un detallado memorando de siete páginas para el FBI, en el cual admitía que se había entrevistado con Ricardo en varias ocasiones, y lo describió como un fotoperiodista "al servicio personal de Luis Posada". Luis Posada, empero, veía las cosas de manera distinta. "Ricardo era un amigo de Joseph Leo", dijo.

En una ocasión anterior, Ricardo había buscado la cooperación de Leo en una de sus misiones. En realidad, había pedido consejo y sugerencias de Leo en relación con las acciones que tomaría un grupo anticastrista contra la embajada cubana en Caracas que Ricardo había fundado. Ricardo volvió a entrevistarse con Leo al final de septiembre y le pidió que le expidiera una visa estadounidense. Leo notó que Ricardo había estado en Trinidad el 1° de septiembre, "el mismo día que una bomba hizo estallar el consulado guyanés en esa ciudad". Las cordiales relaciones de Guyana con Cuba hacían enfurecer a los exiliados militantes, que querían un embargo internacional contra Cuba. Leo escribió en su informe que se preguntaba si, "en vista de la asociación de Ricardo con Posada, su presencia ahí durante aquel periodo sería una mera coincidencia". Leo también señaló que Ricardo "posiblemente también visitará Barbados" en su próximo viaje del 6 de octubre.

El 20 de octubre, dos semanas después del atentado, Hernán Ricardo firmó su confesión. Entonces regresó a su celda y se cortó la muñeca izquierda. Un médico lo atendió y se recuperó pronto.

Al día siguiente del atentado contra Cubana, la CIA hizo lo que sus registros llaman "intentos fallidos" de contactar a Luis Posada. Pero otro memo clasificado como SECRETO identifica con claridad que la CIA de inmediato tuvo fuertes sospechas. "Se sospecha que Posada trabajó con Orlando Bosch y otros en el complot", dice. "También se menciona a: Ricardo (Mono) Morales Navarrete, Hernán Ricardo Lozano y otros. Aparecen, además, sospechosos de haber participado en el asesinato de Letelier. La CIA los rastreó para el FBI."

Según un informe del FBI escrito el mismo día, una fuente confidencial "no tuvo más que admitir que Posada o Bosch habían planeado el atentado contra la aerolínea". En un posterior cateo de la agencia de detectives de Posada se halló un itinerario de los vuelos de Cubana. Dos semanas después, en un segundo documento del FBI, un informante de la CORU se adjudicó el atentado y lo justificó como una acción de guerra, aunque señaló que algunos en el grupo habían expresado recelos.

Dos días después del ataque contra el *jet* cubano, se publicó en Miami una declaración de miembros de la CORU, donde se adjudicaban la responsabilidad de las explosiones y detallaban el método de su ejecución. La misiva buscaba justificar el ataque al declarar que la nave era "un avión militar camuflado como un DC-8 civil" y que los pasajeros del avión eran "cincuenta y siete comunistas cubanos [y] cinco comunistas norcoreanos".

No se dudó de la autenticidad de la declaración, la cual fue corroborada por miembros de la CORU, quienes también llamaron a reporteros del *Trinidad Express*. La firma de la declaración iba acompañada de la rúbrica "independencia o muerte", un venerado canto cubano. Estaba fechada el 10 de octubre —el día que marcó el inicio de la guerra de diez años con la que Cuba buscó su independencia de España, la cual comenzó en 1868, y al cual se conoce como "El grito de Yara"—.

Bosch dijo que él tenía programado un encuentro con el presidente Pérez, pero que todo el alboroto generado por el atentado enfrió su relación. "Yo iba a entrevistarme con el presidente Pérez el 10 de octubre, pero el avión estalló el 6 y empezaron todos los problemas", dijo a un reportero. "Yo tenía muchas conversaciones con [Orlando] García", continuó Bosch. "Le pregunté qué debía hacer yo, y él dijo: 'No va a pasar nada. Tan sólo guarda silencio. No te preocupes, todo va a estar bien'."

Pero al día siguiente Orlando García asistió al llamado del jefe de policía de Trinidad, Dennis Ramdwar, acerca de su interrogatorio de Lugo y Ricardo. Para el final de la reunión, resultó claro para García que los jóvenes venezolanos que estaban bajo custodia en Trinidad implicarían a Bosch, Posada y quizá otros.

El abogado radicado en Miami Alfredo Durán, quien después representaría a Orlando García, recuerda haber aterrizado en Caracas poco después del atentado. Por causa del ataque, a todos los cubano-estadounidenses que llegaban se les sometía a una estricta revisión y se les investigaba. "Había habido mucha tolerancia para la actividad anticastrista", recuerda Durán, veterano de la Bahía de Cochinos, "pero cuando ocurrió el atentado del avión, retiraron el tapete de bienvenida. Todo terminó". Durante los meses siguientes, a todos los exiliados cubanos los detenían en el aeropuerto, los llevaban a la Disip y retenían su pasaporte. "Así de malo era el 'olor' que había", dice Durán.

El 13 de octubre, la policía venezolana atrapó a Luis Posada y Orlando Bosch en Caracas. Posada escribe en sus memorias que al principio se le dijo que lo detendrían en las oficinas de la Disip "por unos días para mi propia protección". A los dos se les prometió un trato de lujo y se les permitió ordenar sus alimentos de sus restaurantes favoritos, junto con el mejor whisky.

Dos días después, a Bosch se le condujo a la oficina del *Mono* Morales en la Disip para una reunión secreta con Orlando García y Morales. Este último entregó a Bosch un sobre lleno de dinero en efectivo y dijo: "Aquí hay algo de dinero para que salgas del país". Bosch preguntó qué ocurriría con su camarada. "Posada se queda", respondió García. "No hay alternativa." *El Mono* Morales lo exhortó a irse. "Mejor vete primero, y después veremos qué podemos hacer por Posada", le dijo. Bosch me contó que respondió sin dudarlo. "Nos vamos los dos", dijo. "O yo me quedo con él."

Yo pregunté a Bosch por qué no había aprovechado esta oportunidad de libertad inmediata. "Porque él era mi amigo", dijo. "Y yo no podía irme y dejarlo en prisión." Luego añadió: "Y yo era el responsable de todo aquello".

En 2006, Bosch estaba en un programa de televisión de Miami y ofreció algunas justificaciones del atentado del avión. "¿Quién iba a bordo de aquel avión?", preguntó simuladamente Bosch al conductor del programa. "¡Miembros del Partido Comunista, chico! Nuestros enemigos… Yo estaba en Caracas. Vi a las chicas [las esgrimistas cubanas] en la televisión. Al final de la competencia, la líder… dio un discurso con elogios para el tirano".

Cuando pregunté a Bosch si él era responsable de las bombas en el avión de Cubana, él hizo una pausa mientras reunía sus pensamientos. "Tengo que decirle que no. Si le digo que lo hice, me estaría incriminando yo mismo", dijo. "Si le digo que no lo hice, usted no me creerá."

Nueve días después del ataque, más de un millón de cubanos se reunieron en la Plaza de la Revolución de La Habana para rendir homenaje a las personas que murieron en el avión. Fidel Castro dio un estruendoso discurso rebosante de furia: "Podemos decir que el dolor no se divide entre nosotros. Se multiplica entre nosotros", pronunció. Incluso, acusó a la CIA de complicidad en el ataque. "Al principio, teníamos dudas sobre si la CIA había organizado directamente el sabotaje o si lo había elaborado por medio de sus organizaciones encubiertas, constituidas por contrarrevolucionarios cubanos", dijo Castro a la concurrencia. "Ahora nos inclinamos decididamente hacia la primera teoría. La CIA participó directamente en la [detonación] del avión de Cubana de Aviación en Barbados."

Desde entonces, cada 6 de octubre, Castro marcó el aniversario con un fiero discurso y repitió su acusación de que la CIA estuvo implicada en las explosiones. En realidad, no hay evidencias de que la CIA estuviese involucrada de manera directa en el ataque. Que fue negligente al no advertir a Cuba del inminente peligro del ataque, por supuesto que sí. Además, Estados Unidos ha rehusado a desclasificar cientos de páginas de documentos conocidos que se relacionan con el atentado, con Posada y con Bosch. Esta negativa ha alimentado las teorías de la conspiración y deja sin respuesta algunas preguntas sobre un acto que ha llegado a convertirse en un símbolo icónico de las insidiosas maniobras de Estados Unidos en Latinoamérica. ¿Por qué la administración Reagan-Bush reclutó a Posada en la operación Irán-Contra? ¿Y por qué a Bosch se le otorgó la residencia estadounidense cuando tanto la CIA como el FBI concluyeron que ambos hombres habían hecho estallar el avión de Cubana?

Peter Kornbluh, del National Security Archive (Archivo de Seguridad Nacional), fundado de manera independiente y el cual ha publicado muchos de los memorandos de la CIA y el FBI, se pregunta por qué Joseph Leo y otros oficiales de inteligencia nunca corrieron la alarma antes del ataque contra el avión. "Había evidencia concreta de que planeaban hacer explotar un avión", dice Kornbluth. "¿Cómo pudieron no notificar a los cubanos?"

En el vigésimo quinto aniversario de la tragedia, tan sólo semanas antes de los ataques del 11 de septiembre, Fidel Castro recordó a su público que Cuba fue el primer país del hemisferio en conocer el terrorismo aéreo: "En un día como hoy, tenemos el derecho de preguntar qué se hará respecto de Posada Carriles y Orlando Bosch, los perpetradores de aquel monstruoso acto terrorista".

Después de que la salud de Castro decayó precipitadamente en el verano de 2006, Hugo Chávez, de Venezuela, relevó a su amigo como hombre de punta y guardián doliente de los recuerdos del atentado aéreo. Rara vez ha dejado pasar la oportunidad de recordar al mundo que tanto Posada como Bosch residen en Miami, así como de reprender a Estados Unidos por su "doble moral en relación con el terrorismo".

Sin embargo, hubo un breve momento en la historia en que Chávez y Luis Posada lucharon del mismo lado, al combatir guerrillas izquierdistas apoyadas por Castro, las cuales desafiaban al gobierno. Chávez entró en el conflicto primero, a finales de los sesenta, cuando inició su servicio militar, y luego a mediados de los setenta, cuando fue miembro de la unidad de contrainsurgencia del ejército venezolano, un batallón conocido por su implacable campaña contra las guerrillas.

Posada me dijo que él cumplió con su misión sin remordimientos: "Los perseguí con gran dureza", admitió. "Se mató a muchas, muchas personas." Paco Pimentel, buen amigo de Posada, me relató un episodio: "Luis atrapó a un guerrillero, se puso una granada en el pecho y lo ató a sí. Le dijo: 'Será mejor que me muestres todos los escondites. Pero si me engañas y me llevas a una emboscada, moriremos los dos juntos'."

De manera similar, Chávez era un ambicioso soldado que ascendió de grados hasta convertirse en teniente coronel. Pero cuando combatía guerrillas, Chávez vivió algo que describe como una epifanía. Una noche, mientras oía los quejidos de guerrilleros que eran torturados, empezó a cuestionarse su papel en la operación, y su política.

En 1989, Carlos Andrés Pérez ganó un segundo periodo como presidente de Venezuela, pero su gestión estuvo plagada de protestas multitudinarias contra la corrupción del gobierno. En aquel tiempo, Hugo Chávez era una estrella en ascenso dentro del ejército. Tres años después, encabezó un golpe de Estado contra Pérez. Aunque el golpe fracasó, sus temerarios discursos en la televisión nacional lo convirtieron en héroe. Chávez fue a prisión, pero Carlos Andrés Pérez nunca recuperó su posición y se le sometió a juicio político al año siguiente. Su sucesor, Rafael Caldera Rodríguez, en respuesta al clamor popular por la liberación de Chávez, lo perdonó en 1994.

Sólo cuatro años después, Chávez, quien combinaba su reputación militar con un carisma excéntrico y folclórico, se abalanzó hacia la presidencia en una ola de populismo y nacionalismo. Ya instalado en el Palacio Miraflores, se proclamó como el nuevo Juan Perón. Y aunque no tenía a una exuberante Evita a su lado, poseía petróleo. Casi de inmediato, Chávez estableció una relación de alumno-maestro con el disidente más preeminente de la región, Fidel Castro. Su resistente y curiosa alianza se basaba en intereses y enemigos comunes, uno de los cuales era Luis Posada Carriles.

En 2005, en su programa de radio semanal *¡Aló, Presidente!*, Chávez transmitió la grabación en que el desesperado piloto de Cubana pide ayuda por radio, seguido de un fragmento de un discurso en el que Castro reacciona ante el atentado. "Si los Estados Unidos no extraditan a Luis Posada Carriles, nos veremos forzados a reconsiderar nuestros lazos diplomáticos", advirtió Chávez. A continuación, ofreció su propia teoría de la conspiración. "George Bush, padre, era director de la CIA al momento del ataque", pronunció ominoso. "Ésa es la verdad. Entonces, tal vez ahora temen que [Posada] vaya a hablar, y por ello lo protegen."

En 2005, Roseanne Persaud Nenninger, una enfermera que vivía en Nueva York, me llamó tras haber leído un artículo mío en *The Washington Post* sobre un reciente ingreso de Luis Posada a Estados Unidos. Nenninger, quien había nacido y crecido en Guyana, dijo que quería hablar sobre su hermano Raymond, de diecinueve años, quien había perecido en el fatídico vuelo de Cubana.

Raymond Persaud quería ser médico, pero su padre no tenía recursos para enviarlo a una escuela de medicina en Estados Unidos. Cuando le ofrecieron una beca completa para estudiar en La Habana, Raymond aprovechó la oportunidad.

Charles Persaud se mudó con su familia a Estados Unidos en 1979 y, durante años, recolectó cajas de información acerca del atentado. En 2002 falleció tras un ataque cardiaco. "Murió porque su corazón estaba roto, pues nunca pudo recuperarse de la muerte de mi hermano", dice Roseanne.

Roseanne no fue la primera persona en contarme cómo aquellas explosiones habían arruinado su vida. Años antes, yo me hacía una manicura en una peluquería de Miami, propiedad de María González, quien me contó que tenía buenas razones para ser fatalista en la vida. Durante su infancia en La Habana, ella había sido una talentosa esgrimista y había formado parte del equipo nacional que competiría en el Campeonato Juvenil de Esgrima del Caribe, que se llevaría a cabo en Caracas en octubre de 1976.

Pero poco antes de abordar el avión de Cubana en el Aeropuerto José Martí, uno de los entrenadores de su equipo avisó que habían descubierto en su pasaporte que ella sólo tenía doce años —la edad mínima requerida era de trece—.

María rompió en sollozos mientras se le conducía de vuelta a la terminal. Para remplazarla, se llamó a Nancy Uranga, de veintidós años, quien estaba embarazada. Para María, aquello fue una decepción abrumadora. En Cuba, a los atletas se les muestra un respeto —incluso adulación— como el que se da a las estrellas de cine. En el apiñado apartamento de su familia, ubicado en el barrio de La Víbora, en el centro de La Habana, ella se acurrucó en su estrecha cama y lloró. "Durante tres días —dijo— lloré todo el día y toda la noche."

En la tarde del 6 de octubre, el padre de María entró a su alcoba y le dijo en voz baja que no vería a Nancy ni a sus compañeras del equipo nunca más.

Como el avión de Cubana había hecho una escala en una isla del Caribe, varios países iniciaron investigaciones y surgió un pleito sobre quién tendría jurisdicción. Los cubanos arguyeron que ellos deberían tenerla, pues se trataba de una aerolínea cubana y habían perecido cincuenta y siete cubanos. Oficiales de Guyana señalaron que habían perdido a doce ciudadanos, y Barbados alegó que el crimen se había cometido en su espacio aéreo. Trinidad tenía a dos sospechosos en custodia y había obtenido confesiones detalladas.

La jurisdicción se le concedió a Venezuela, en parte porque dos de los sospechosos, Ricardo y Lugo, eran venezolanos. Además, Posada se había convertido en ciudadano venezolano y tanto él como Bosch radicaban en Caracas. Barbados y Trinidad también expresaron su preocupación de que Cuba impusiera la pena de muerte, abolida en Venezuela. Es más, el presidente Carlos Andrés Pérez, enfurecido por el ataque, sostuvo una junta secreta con Fidel Castro en la cual le suplicó mejorar las relaciones entre sus países y prometió una persecución agresiva.

A lo largo de la década siguiente habría numerosos juicios, confesiones y retractaciones en relación con la tragedia del avión de Cubana. Era un caso cargado de peligro para sus acusadores, testigos y jueces, e incitó una interferencia gubernamental y una vacilación judicial sin precedentes.

Durante los procedimientos, a los cuatro hombres se les retuvo en prisión, lo cual encendió a sus partidarios. En protesta, durante el periodo de nueve meses que siguió a su arresto, los colegas de Bosch y Posada en la CORU colocaron bombas en cinco empresas gubernamentales venezolanas, incluidas las oficinas de boletos de la aerolínea Viasa en San Juan de Puerto Rico y Miami, la misión del país en las Naciones Unidas en Nueva York y el consulado venezolano en San Juan. Bosch se refirió a las bombas como "mensajes", y advirtió que "habría otro par de mensajes".

Frank Castro, un colega de confianza de Posada y Bosch desde los días de la fundación de la CORU, se encargó del liderazgo durante su ausencia. En 1978, un informe de la CIA hablaba de Frank Castro como el nuevo "líder tras bambalinas de la CORU" e indicaba que él se había acercado a las autoridades venezolanas con una oferta aterradora: "A cambio de la liberación de Posada, y quizá de Bosch, ya no habría más actos terroristas en Venezuela o contra propiedades venezolanas". El informe señalaba que, el año anterior, se había hecho estallar en tierra un avión DC-9 venezolano en el aeropuerto internacional de Miami "en protesta por el encarcelamiento de Posada y Bosch".

Al mismo tiempo, el juicio se volvió una causa célebre entre los líderes políticos exiliados. El alcalde y los comisionados de la ciudad de Miami prometieron liberar a los dos y organizaron recaudaciones de fondos para pagar a abogados y grupos de presión. El alcalde de Miami, Maurice Ferré, visitó a Bosch en prisión, mientras los comisionados de la ciudad declaraban un "Día Oficial de Orlando Bosch". El impacto de la campaña en el sistema de justicia de Caracas, susceptible desde tiempo atrás a la presión política y las "mordidas" (sobornos), sería significativo.

El gobierno venezolano tenía dos metas contradictorias: evitar un enfrentamiento con militantes cubanos y demostrar al mundo —y a Castro— que iba a dedicarse con seriedad a resolver el caso. El país tenía una tercera meta: desviar la atención de la implicación de su propia agencia de inteligencia, la Disip. Cables del Departamento de Estado recién desclasificados revelan que Estados Unidos pidió a Venezuela que extraditara a Bosch inmediatamente después del ataque. En cambio, la inteligencia venezolana trató de sacarlo a escondidas del país. Era mucho más conveniente centrar la atención en Posada, ex agente de la CIA, que en Bosch, quien apenas había sido recibido en el país por el propio jefe de seguridad de CAP.

Varios jueces y fiscales recibieron amenazas de muerte. La jueza Delia Estava Moreno, quien había expedido las cuatro órdenes de arresto, recibió más de una. Temerosa de su vida, se retiró del caso pero no antes de transferirlo a un tribunal militar en agosto de 1977.

Cuando el juez que presidía el tribunal, general Elio García Barrios, indicó públicamente que las evidencias contra los cuatro hombres le parecían concluyentes, él también empezó a recibir amenazas de muerte.

Al temer más bombas y asesinatos, el gobierno venezolano empezó a presionar al panel de jueces del tribunal para que absolviera a Posada y Bosch. "Sería inconcebible permitirles salir libres", dijo el general García al reportero venezolano Alexis Rosas, "pero se nos está presionando muy fuerte… Lo que quiera el gobierno es lo que haremos". Tiempo después, el hijo y el chofer del juez resultaron muertos por disparos desde un auto, un asesinato al cual describió el juez como un golpe de la "mafia cubana".

En septiembre de 1980, el tribunal militar anunció que no había evidencias suficientes para juzgar a los cuatro hombres y ordenó su liberación. Al día siguiente, Fidel Castro, en protesta, ordenó que todos los diplomáticos cubanos salieran de Venezuela. El presidente Pérez reconsideró el veredicto y la corte corrigió su decisión. Los acusadores apelaron, y el gobierno tan sólo decidió que los militares carecían de la autoridad adecuada para juzgar el caso. Se citaron dos causas: los hombres no pertenecían al personal militar y el crimen de homicidio agravado no podía juzgarse en un tribunal militar. La Corte Militar de Apelaciones concordó y renunció a la jurisdicción. Entonces, el juicio fue enviado de vuelta a una corte civil, que se mantuvo a los sospechosos tras las rejas.

Mientras tanto, los políticos de Miami incitaron a la administración Reagan-Bush a presionar para que liberaran a Bosch y Posada. Sin embargo, la administración sabía bien que tanto la CIA como el FBI creían que ambos hombres eran culpables. Después de todo, *el Mono* Morales era un informante del FBI. Tan sólo tres semanas después del derribo del avión, él había dicho al FBI que el atentado se había planeado en dos juntas en el Anauco Hilton de Caracas, una de las cuales se había realizado en su propia *suite* residencial. Según dijo, Posada había asistido a ambas juntas, lo cual confirmaba lo que

Hernán Ricardo había dicho al jefe de operaciones de la Disip. Sin embargo, Morales, quien firmó las órdenes de arresto de Posada y Bosch, tenía una mordaz advertencia para el FBI. "Algunas personas del gobierno venezolano están involucradas en este atentado aéreo", dijo, según un memorando emitido por la Agencia de Seguridad Nacional (NSA, por sus siglas en inglés). "Y si Posada Carriles habla, él y otros en el gobierno 'van a caer'." Morales concluyó que si la gente empezaba a hablar, "tendremos nuestro propio Watergate".

El subdirector de la Disip, Rafael Rivas-Vásquez, informó con anterioridad a las autoridades estadounidenses que el atentado contra Cubana de Aviación se había planeado en una junta inicial de la CORU en República Dominicana. ¿Cómo lo sabía? Su predecesor, Luis Posada, se lo había dicho. Orlando García también transfirió a la CIA su investigación, la cual concluía que los cuatro hombres formaban parte de la conspiración. Pero, según contó a sus amigos, Estados Unidos expresó escaso interés en el caso. "Mi padre dijo que todos ellos eran culpables", dijo Rolando García, uno de los tres hijos de García, quien después trabajó con él en la Disip. La pasiva respuesta de la CIA afectó la imagen que su padre tenía de George H. W. Bush, quien entonces era director de la CIA. "Él tenía una opinión muy mala de George Bush", dijo Osvaldo García, el menor de los hijos de Orlando, "en relación con la manera en que manejó las cosas cuando estaba en la CIA".

Los oficiales de la administración Reagan-Bush tenían otras consideraciones: ellos sabían que pronto necesitarían el apoyo de militantes exiliados para una operación secreta de intercambio de armas por rehenes en El Salvador.

Para Orlando Bosch y Luis Posada, la vida en la prisión venezolana de San Juan de los Moros no era distinta de un campamento de verano. En su ala de la cárcel, había patios soleados y agradables habitaciones comunes para recibir a sus numerosos y constantes visitantes, incluidos varios de los políticos y personajes influyentes más poderosos de Miami. La celda de Bosch y Posada, aunque pequeña, tenía una televisión y un bello papel tapiz que Adriana Bosch había conseguido. Gozaban incluso de visitas conyugales. Adriana visitaba con frecuencia a su esposo, mientras que Posada continuaba con su vertiginosa vida amorosa y recibía con regularidad la visita de varias mujeres atractivas.

Sin embargo, los hombres estaban encerrados junto a algunos de sus enemigos de las guerrillas de izquierda. Cuando se cruzaban en el camino, había una tensión palpable y pleitos verbales de intensidad no muy pequeña. Una de esas peleas a gritos concluyó cuando el impulsivo Ricardo dejó callados a sus enemigos al vociferar: "¡Sí, pusimos la bomba! ¿Y qué?" La fanfarronada de Ricardo se convirtió en el título de un libro escrito por la periodista Alicia Herrera, una amiga de la infancia de Freddy Lugo que por casualidad había ido a visitarlo en aquella ocasión. "Usted puede imaginar cuánto daño nos ha hecho ese desgraciado", se lamentó Lugo con Herrera. "Bosch y yo miramos hacia otro lado… Él hizo lo mismo en Trinidad; se volvió loco. No sé por qué: empezó a confesar todo."

A finales de marzo de 1977, un reportero llamado Blake Fleetwood, que escribía para la revista *New Times*, se arriesgó y fue a la prisión una mañana. Él había desobedecido a las autoridades venezolanas, que hacían los mayores esfuerzos para mantener a los reporteros lejos del prisionero. Sus tentativas recibieron una buena recompensa, pues pasó seis horas con los dos conocidos militantes. Después de charlar con Bosch en el patio, éste lo llevó a su celda y lo presentó con Posada. Tras ofrecer al joven periodista licor francés y un puro cubano, Posada comentó en tono de broma: "Los Estados Unidos podrán tener un embargo contra los puros cubanos, pero nosotros no".

Aunque al periodista Posada le pareció un tipo cauteloso, Bosch se mostró franco, garrulo y furioso por lo que percibía como una traición de las autoridades venezolanas. Ambos hombres creían que se les declararía culpables del crimen gracias a las confesiones de Lugo y Ricardo, pero anticiparon cierta forma de intercesión política en su nombre. Ninguno negó su participación en el atentado aéreo, dice Fleetwood. Dijeron que habían realizado las explosiones del avión de Cubana, recuerda él. "Su defensa era que el gobierno venezolano conocía sus actividades, y que incluso 'nos había proporcionado identificaciones y armas'." Según Fleetwood, sólo hubo un malentendido. "Las bombas debían estallar cuando el avión estuviera en tierra." Al parecer, una acción así habría generado menos publicidad negativa que un avión en llamas precipitándose hacia el mar.

Bosch declaró que Orlando García había prometido liberarlo "tan pronto como cese la publicidad". Aunque Bosch dijo que al principio se inclinó a proteger a sus anfitriones venezolanos, ahora no lo haría por nadie. "Si ellos me quieren llevar a juicio", advirtió, "también tendrán que acusar al ministro del Interior, al director de la Disip y al presidente. Esas personas conspiraron conmigo. También debe encarcelárseles".

Posada invocaba sus tenues vínculos con la CIA cada que podía. "En Miami, yo tenía un sueldo de trescientos dólares [mensuales] más todos los gastos", dijo a Fletwood. "Después, la CIA me ayudó a abrir mi agencia de detectives, desde la cual planeamos *acciones*" (el eufemismo para ataques y bombas).

Fleetwood se enteró de que había tenido suerte de haber salido de Venezuela con sus cintas y su vida. Al día siguiente, envió preguntas a la oficina de CAP, para confirmar las narraciones de Bosch y Posada. Nunca le respondieron. En cambio, las autoridades venezolanas llamaron al embajador de Estados Unidos en Caracas, Peter Vaky, para expresarle su disgusto. El escritor Taylor Branch y Eugene Propper, quien entonces fungía como el abogado encargado de la investigación del asesinato de Letelier, recuerdan el incidente en su libro *Labyrinth:* "El [embajador] estaba molesto porque el presidente Pérez estaba molesto —y casi al mismo grado—". Estaba tan enfadado que "el presidente Pérez había ordenado a la Disip arrestar a Fleetwood [y] el embajador Vaky exigía una explicación". Prevenido por la oficina de Propper, el joven periodista fue capaz de escabullirse de Caracas con otro nombre y huir del país. A su regreso a Nueva York, él envió copias de sus cintas a la oficina de Propper.

En junio de 1978, los militantes presos tuvieron otra visita: esta vez de dos investigadores enviados por el Comité Selecto de la Cámara sobre Asesinatos. A ambos, Gaeton Fonzi y el ex detective de la policía de Miami Al Gonzales, Bosch y Posada les parecieron diametralmente opuestos: Bosch, según señalaron, era "un verdadero ideólogo, y bastante orgulloso de serlo", que ensalzaba ingenuamente su determinación de derrocar a Castro, mientras que Posada parecía un engreído y casi mañoso en su certeza de ser perseguido por gente poderosa. "Se paseaba por la habitación despreocupado, seguro de sí mismo, aquel buen mozo de casi cincuenta años, bronceado y alto, sin una sola señal de la palidez de la prisión", escribió después Fonzi. "Su cabello castaño estaba bien cortado y peinado, y su camisa estaba hecha a la medida aunque con pantalones bastante arrugados. Posada subió los pies al escritorio, sonrió y aceptó muy pocas cosas." En cierto momento, cuando se le preguntó sobre sus nexos con la CIA, él sonrió y dijo: "Todos los cubanos trabajan para la CIA".

Bosch se había resignado a vivir en prisión en su futuro inmediato y se dedicó a pintar y escribir. Es más, fue capaz de continuar su carrera como militante anticastrista, se entrevistó con sus camaradas en prisión y planeó continuos ataques contra Fidel Castro, Cuba y sus aliados.

Posada era menos optimista sobre sus posibilidades de librarse de los cargos una vez que el caso fuera a la corte. Tras varias apelaciones y un interminable pleito legal, Posada decidió hacerse cargo él mismo de las cosas cuando su caso volvió a ir a juicio y se le acusó de asesinato en primer grado. En 1985, mientras esperaba el veredicto de su juicio, escapó de prisión al sobornar al guardián. Los cincuenta mil dólares del soborno habían sido recaudados por Jorge Mas Canosa, según el hermano de Mas, Ricardo, quien dijo que él negoció partes de la transacción.

Aquél fue el tercer intento de Posada: los dos intentos de escape anteriores que realizó con Hernán Ricardo habían fracasado. En agosto de 1982, los prófugos habían llegado a la embajada chilena, donde se les recibió con hospitalidad durante tres días. Pero después de mucho regateo entre las autoridades chilenas y venezolanas, se les negó el asilo. Ni siquiera un aliado incondicional como el general Pinochet estuvo dispuesto a invertir el capital político necesario para un caso tan dañino. Sin embargo, Posada no le guardó rencor. En 1998, él me dijo que "Pinochet era el mejor dictador que había tenido Latinoamérica".

Tras su escape de 1985, un barco camaronero, propiedad de un partidario de Miami, llevó a Posada a El Salvador, donde se entrevistó con Félix Rodríguez, su antiguo compañero en Bahía de Cochinos. Rodríguez tenía una inusual oportunidad de trabajo para Posada: que fuera su segundo al mando en una operación secreta dirigida por el teniente coronel Oliver L. North del Consejo de Seguridad Nacional para apoyar a los *contras*, quienes luchaban por derrocar al gobierno nicaragüense. A Rodríguez lo había solicitado para el trabajo un antiguo amigo de la CIA de Vietnam, Donald Gregg, consejero de seguridad nacional del vicepresidente George Bush.

Casi de la noche a la mañana, Posada sufrió un espectacular cambio de fortuna —de prisionero acusado del horrible acto de terrorismo aéreo a un hombre que dirigía una operación secreta dirigida desde la Casa Blanca—. Posada no sólo volvía a ser favorecido; estaba en la nómina del gobierno.

A Posada se le dio un pasaporte salvadoreño y una licencia de conducir con el nombre de *Ramón Medina Rodríguez*. Se le encargó la organización de vuelos que llevaban provisiones para los *contras* desde la base aérea salvadoreña en Ilopango hasta el frente de batalla en Nicaragua. Entre sus tareas estaba coordinar los esfuerzos de los *contras*, los consejeros secretos estadounidenses y los pilotos del ejército estadounidense con sus aliados militares derechistas salvadoreños, entre los que Posada había cultivado amistades útiles. Con su dominio del inglés, fungió también como traductor para la operación.

Cuando el escándalo Irán-Contra salió a la luz en la primera plana de los diarios en 1986, Posada dijo que él se había ganado hasta el último centavo de su salario de financiación estadounidense, unos cien mil dólares al mes —menos impuestos—. Él me dijo que, en cuestión de horas, él había destruido todos los escondites en El Salvador, desalojó del país a los "consejeros estadounidenses" y se deshizo de materiales comprometedores que habrían resultado problemáticos para la Casa Blanca.

Félix Rodríguez se entrevistó con George Bush en la Casa Blanca en enero de 1985 para discutir la operación secreta. Fue una junta frustrante, de acuerdo con Posada, y Rodríguez fue el único que habló. El vicepresidente asentía con la cabeza y sonreía, pero decía poco. En 1998, cuando pregunté a Posada si la Casa Blanca sabía sobre la operación de provisión ilegal de armas, rió con ganas y dijo: "Todo el mundo lo sabía".

Con Posada fuera del escenario, la judicatura venezolana continuó con los juicios de sus coacusados. Pero el gobierno siguió preocupado por el caso y su potencial para provocar un revés político o algo peor. Sus recelos fueron evidentes cuando, de manera inexplicable, la corte descartó las confesiones de Lugo y Ricardo junto con todo el expediente del caso, recopilado con tanto cuidado por investigadores policiacos en Trinidad y Barbados. En cambio, la corte llegó a la espuria decisión de que todos los informes eran inadmisibles porque estaban en inglés.

Sin embargo, en julio de 1986, a Hernán Ricardo y Freddy Lugo se les declaró culpables de homicidio al haber plantado las bombas en el avión. Por el asesinato de setenta y tres civiles se les sentenció a veinte años en prisión, el mínimo permitido bajo las leyes venezolanas. Se les liberó en 1993, tras haber cumplido tan sólo dieciséis años.

Orlando Bosch tuvo aún más suerte y se le absolvió sin más. El veredicto no sorprendió pues, misteriosamente, el juez que presidía declaró inadmisible casi toda la evidencia y los expedientes del caso que había contra él. Se le liberó un año después. El 16 de febrero de 1988, un Bosch en extremo seguro voló a Miami, a pesar de que se le había negado una visa estadounidense. A su llegada a Estados Unidos se le detuvo por la violación de su libertad condicional y por entrada ilegal.

El poderoso líder exiliado Jorge Mas Canosa hizo que sus abogados, Hank Adorno y Raoul Cantero, representaran a Bosch. Los fiscales llevaron el caso con prontitud y gusto. En la radio de Miami, Cantero, que es nieto de Fulgencio Batista, describió a su cliente como "un gran patriota cubano".

La visión de Cantero no la compartía el secretario de Estado, Henry Kissinger, quien escribió un memorando titulado "US Position on Investigation of Cubana Airline Crash" ("Posición de Estados Unidos en relación con la investigación del atentado contra Cubana de Aviación").

El gobierno de Estados Unidos había planeado recomendar la deportación de Bosch antes de que ocurriera el atentado de Cubana de Aviación, porque se sospecha su participación en actos terroristas y porque violó su libertad condicional [escribió Kissinger]. La sospecha de que Bosch está involucrado en la planeación del atentado contra Cubana de Aviación nos [lleva] a sugerir su deportación de manera urgente.

Mientras el Departamento de Justicia revisaba su caso, se recibieron amenazas de bomba contra la oficina del Servicio de Inmigración y

Naturalización (INS, por sus siglas en inglés) en Miami. "Mis colegas y yo dirigimos investigaciones exhaustivas sobre Bosch desde el tiempo en que llegó", escribió el agente del FBI George Davis en un informe al secretario de Estado George Shultz en 1989. "El FBI y otras agencias de refuerzo de la ley lo consideraban el terrorista número uno de Miami." El fiscal general Richard Thornburgh describió a Bosch como un "terrorista empedernido" y recomendó que se le deportara de inmediato.

Pero había consideraciones políticas en Miami. En 1989, asegurar la liberación de Orlando Bosch se convirtió en la piedra angular de la campaña para el Congreso de la exiliada cubana Ileana Ros-Lehtinen. Ros-Lehtinen elogiaba a Bosch como a un héroe y patriota en las estaciones de radio, y recaudó doscientos sesenta y cinco mil dólares para su fondo legal. Su padre, Enrique Ros, un devoto aliado de Bosch, fue su guía político. Ella recibió también eficaz asistencia de su director de campaña —un neófito político, aunque contaba con el oído de la Casa Blanca—, cuyo nombre era Jeb Bush.

Después de que el INS clasificó a Bosch como "extranjero excluible", Jeb Bush se reunió con partidarios de Bosch, quienes realizaban una huelga de hambre limitada. El 17 de agosto de 1989, Jeb Bush asistió a una junta que había preparado para Ros-Lehtinen con su padre para discutir el asunto de Bosch. En julio del año siguiente, en una intercesión sin precedentes, el presidente George H. W. Bush rechazó la recomendación de su propio Departamento de Justicia y autorizó la liberación de Bosch. Dos años después, Bush concedió a Bosch la residencia estadounidense, condicionada a que renunciara a la violencia.

Poco después de su liberación, Bosch anunció que estaba listo para "reiniciar la lucha" y dijo que el trato que había firmado para renunciar a la violencia era "una farsa". El FBI compartía su punto de vista y señalaba que Bosch pronto reinició sus actividades militantes con impunidad. Robert Gelbard, un importante oficial del Departamento de Estado, dijo que cuando él presentó las quejas contra Bosch, que solicitaban su arresto por violar las estipulaciones de su libertad condicional, Bosch no permanecía por mucho tiempo en la cárcel. De manera invariable, lo liberaban pronto y planeaba su siguiente golpe contra Castro. Gelbard dijo que le explicaron que "Jeb Bush haría una llamada a su padre y Bosch estaría de nuevo en las calles".

Sin embargo, el desafío de Bosch sería una continua fuente de vergüenza para la familia Bush. "Yo dije que nunca debió habérsele permitido permanecer en Estados Unidos", me dijo en 2007 Thornburgh, el ex fiscal general. "Ellos lo sabían, pero no escucharon." Cuando un reportero de *Newsweek* preguntó a Bill Clinton sobre su perdón del fugitivo financiero Marc Rich, él respondió bruscamente: "Juré que no respondería a esa pregunta hasta que Bush respondiera por Orlando Bosch". Pocos republicanos volvieron a sacar el asunto a colación. A Bosch no parecían preocuparle los costos políticos de cualquier límite a su libertad. "[Ellos] compraron la cadena", se jactó con un reportero de *The Miami Herald*, citando un dicho cubano, "pero no tienen el mono".

CAPÍTULO SIETE

Miami: en pie de lucha

Ellos eran un extraño trío unido por una sola pasión. Diosdado Díaz, Luis Rodríguez y George Kiszynski tenían más de setenta y cinco años de experiencia colectiva en la investigación de grupos de exiliados militantes. Antes de retirarse o cambiar de actividad, los tres fueron miembros, durante mucho tiempo, de la Fuerza Conjunta contra el Terrorismo (JTTF, por sus siglas en inglés) del Sur de Florida —un grupo de investigadores con representantes de la Oficina del fiscal estatal, el FBI y los departamentos de policía de Miami y del condado de Miami-Dade—. La "Fuerza Conjunta" está patrocinada por la oficina del FBI en Miami y trabaja desde sus instalaciones en NW 2nd Avenue. Es la primera instancia para la defensa contra las conspiraciones criminales y el terrorismo en el "estado del sol". Por supuesto, no todos sus asuntos involucran a paramilitares exiliados. Después de los ataques del 11 de septiembre, una de sus tareas fue entrevistar a la hermana de Osama bin Laden cuando ella estudiaba en la Universidad de Miami.

Díaz, también conocido como D. C., se retiró del Departamento de Policía de la ciudad de Miami en 1999 después de veinte años de servicio y luego trabajó como capacitador para un contratista del Departamento de Defensa. Díaz tiene la cabeza afeitada y los ojos azul verdoso, e invariablemente usa zapatos tenis y lentes oscuros —con pistola y funda metidas bajo sus pantalones de mezclilla, arriba del tobillo—. Aficionado a los chistes y los epítetos profanos, no podía ser más distinto de Kiszynski, de voz muy suave.

Con una carrera de treinta y cuatro años en el FBI antes de retirarse en 2005, George Kiszynski usa un bigote blanco recortado y el pelo impecablemente peinado. Unas gafas con aro de oro enmarcan sus pálidos ojos. Hombre cauteloso y mesurado, Kiszynski creció en Buenos Aires, hijo de madre italiana y padre polaco. Conocido como *Jorge* por la mayoría de sus informantes, él es el único investigador estadounidense que ha realizado dos entrevistas formales a Luis Posada.

Luis Rodríguez es el más joven de los tres, aunque ha trabajado por más de dos décadas para el Departamento de Policía de Miami-Dade. Moreno e intenso, tiene todo el tipo de hombre de familia y guarda cierto parecido con la estrella de cine Andy García. De 1992 a 2002 fue miembro de la Fuerza Conjunta contra el Terrorismo.

Los tres no concordaban en todas sus opiniones sobre asuntos policiacos, pero compartían varios puntos de vista. El primero era que la inteligencia cubana se había infiltrado desde hacía mucho tiempo en la mayoría de los grupos de exiliados y a veces realizaba operaciones encubiertas. El segundo, que algunos militantes invocaban la causa de la libertad en Cuba para ocultar motivos menos nobles, como el narcotráfico, el contrabando de armas y las apuestas ilegales. El tercero era la negativa de los fiscales de Miami de perseguir a los grupos paramilitares y sus miembros. En verdad, parecía que a cualquiera que proclamara ser soldado en la guerra contra Castro se le aplicaba un sistema de justicia paralelo con privilegios poco comunes.

En 1982, D. C. Díaz trabó una relación con Ricardo Morales, *el Mono*. El antiguo oficial de la Disip había estado en Miami y testificado como informante policiaco en una importante investigación sobre narcóticos conocida como Tick Tock. Tras una exhaustiva declaración jurada de los abogados defensores, el agitado Morales invitó a Díaz un trago en el bar del hotel Marriot en Le Jeune Road, cerca del aeropuerto.

Durante una larga y enmarañada conversación, Morales admitió su culpa en el atentado de Cubana, pero sostuvo que el avión era militar. Es más, él insistió, a manera de justificación, en que los pasajeros eran agentes de la inteligencia cubana. "*El Mono* dijo que Posada hizo las bombas", recuerda Díaz, "y que eran dos: la que estaba dentro de la cámara y otra que estaba oculta en la bodega del avión que fue la que lo derribó en Barbados". Según Morales, los explosivos los había colocado dentro de la bodega de una de las alas un empleado del aeropuerto de Barbados. Sin embargo, "Lugo y Ricardo no sabían que había otra bomba, porque nunca les dijeron". Díaz dijo que, en esta ocasión, Morales le había parecido convincente, sincero y creíble.

Cuando el avión explotó, según dijo Morales a Díaz, él estaba en su oficina (de la Disip) charlando con Posada. "Escucharon un rechinar de llantas, se asomaron a la ventana y dice que vio a dos agentes del Scotland Yard [Barbados forma parte de la Commonwealth británica] que bajaban de un auto. Entonces, *el Mono* miró a Posada y dijo: 'Estamos en problemas'."

Como Bosch bebía en exceso, Díaz cree que él desempeñó un papel menor, si no es que ninguno, en el atentado aéreo. "Cuando él estaba aquí en Miami, los militantes extremistas no confiaban en él porque era un borracho y fanfarroneaba sobre cualquier cosa", dijo Díaz. "Él no puede guardar un secreto." En Caracas, su conducta se volvió aún más errática. "Era una vergüenza para el gobierno, bebía cada noche y causaba estragos", recuerda Díaz. El día del atentado, dijo Morales a Díaz, Bosch vino a su oficina y afirmó: "Tú sabes que hubo un atentado con explosivos. Yo voy a adjudicármelo". Morales también dijo que "la CIA sabía que habría un ataque porque eran los años de la Guerra Fría", con lo que sugería que había pocos secretos entre Langley y la Disip.

Kiszynski admitió que siempre desconfió de Morales, y añadió: "Usted no querría enemistarse con él". Kiszynski y Rodríguez sospechaban de las mismas personas en relación con el atentado de

Cubana: Posada, Bosch, Hernán Ricardo, Lugo, Morales y Frank Castro, quien salió impune y se estableció en República Dominicana. Kiszynski señaló que Freddy Lugo y Hernán Ricardo "son justo el tipo de hombres que Posada usaría para un ataque", por el historial que tiene Posada de utilizar a jóvenes centroamericanos de escasa educación para hacer el trabajo sucio.

Kiszynski y Rodríguez también creían que García había tenido alguna participación. "Yo fui a entrevistarlo sobre otro asunto", dijo Kiszynski. "Él fumaba mucho, era muy astuto y maquiavélico. Si Orlando García hubiera querido resolver el caso de Cubana, podría haberlo hecho. Habría sabido justo lo que ocurrió." Rodríguez no está tan seguro. "Quizá Orlando García sabía algo", dijo, concordando con Díaz. "Pero no creo que fuera un conspirador."

Después, en 1982, el abogado de Posada, el ostentoso Raymond Aguiar, conocido como *el Clarence Darrow de Caracas*, voló a Miami en su avión privado para entrevistarse con *el Mono*. Al mismo tiempo, Morales tenía planes de restablecerse en Miami y esperaba que su "confesión" facilitara sus relaciones entre él y líderes militantes exiliados que ya no confiaban en él. En una confesión grabada en video, Morales se responsabilizó de las bombas y afirmó que Bosch y Posada eran por completo inocentes. También despotricó contra el presidente Carlos Andrés Pérez e insistió en que Hernán Ricardo y Freddy Lugo habían trabajado sólo para él, y no para Posada y Bosch, afirmación de falsedad comprobable.

Orlando García dijo a su hijo Rolando, quien trabajó con él en la Disip de 1989 a 1999, que no estaba sorprendido. "Mi padre me dijo que *el Mono* diría cualquier cosa que le pagaran por decir", recordó Rolando. Cuando pregunté a Bosch sobre la "confesión" de Morales, él esbozó una sonrisa, agitó la mano a la altura de la cabeza, al estilo cubano. "*El Mono* dijo que lo hizo", dijo Bosch encogiéndose de hombros. "Entonces, él lo hizo."

Evidentemente, el radical cambio del *Mono* y su drástico pronunciamiento en favor de sus colegas no bastaron para convencer a todos sus críticos. No mucho después de su confesión grabada, Morales fue asesinado a tiros en un bar de Key Biscayne, a manos de un narcotraficante llamado Orlando Torres. Con el argumento de defensa propia, Torres salió libre, pero luego cumplió condena por tráfico de armas tras ser atrapado por nada menos que D. C. Díaz. En un giro surrealista y digno de un filme negro, el glamoroso abogado de Posada fue asesinado un año después, en un asunto no relacionado con el caso.

En 1985 un informante, "un visitante sin cita", se presentó en las oficinas del FBI en Miami y pidió hablar con D. C. Díaz acerca de una operación de armas que se realizaba de Miami a El Salvador. Díaz dice que pronto sospechó que trataba con un agente cubano de bajo rango, lo que en el FBI llaman un "colgante", un informador que puede tener múltiples lealtades y motivos. Por lo general, los "colgantes" muestran su vocación anticastrista al trabajar las jornadas más largas en un grupo militante. A veces, un colgante informará al FBI antes de que ocurra algún atentado, a veces después. Si la información es sólida, los agentes averiguarán todo lo que puedan y luego mantendrán bajo vigilancia al informador. En esta ocasión, Díaz sospechó que el colgante sostenía un amorío con la esposa de un veterano de Bahía de Cochinos y militante anticastrista que enviaba armas a El Salvador. "Fuimos capaces de interceptar varios cargamentos grandes de armas", recuerda Díaz. "Y una cosa llevó a la otra."

Pero cuando el FBI preguntó a la CIA sobre los misteriosos envíos de armas, la agencia negó tener conocimiento. "Hemos penetrado una operación de la CIA. Lo curioso es que el señor Posada, el gran héroe cubano, hacía llamadas de larga distancia a todos sus amigos de Miami desde una casa segura", dice Díaz mientras goza de un momento de rico sarcasmo, "arreglada y pagada por la CIA". Unas transcripciones de las grabaciones telefónicas de Posada, que serían citados por el comité del Senado que investigaba el caso Irán-Contra, confirmaron las llamadas. "En otras palabras, la CIA nos mintió todo el tiempo", dijo Díaz.

Durante su infancia en La Habana, en los años cincuenta, D. C. Díaz había oído que Orlando Bosch era un hombre bebedor e impulsivo. Esa impresión volvió a confirmarse en 1974. "Yo detuve un auto que zigzagueaba a lo largo de la Calle Ocho", recuerda Díaz. "Un hombre salió del auto a toda prisa y una mujer se deslizó hacia el asiento del conductor. Era Bosch, y estaba tan ebrio que ni siquiera podía caminar." Díaz dejó ir a Bosch con la condición de que no siguiera conduciendo y cediera el volante a su amiga.

El alcohol es un tema típico que sale a colación en casi todas las conversaciones sobre los grupos paramilitares de exiliados durante la década de los setenta —el elixir posibilitó muchas cosas—. Estaba el alcoholismo desmedido de Bosch, la pasión de Posada por el whisky Black Label y las constantes borracheras del *Mono*. "*El Mono* fue borracho y un perdido y un chivato", me dijo Bosch en relación con Morales. En la Disip, Orlando García rara vez fue a laborar sin una buena resaca. ¿Acaso García sabía algo sobre las bombas en el avión de Cubana, como algunos lo sostienen? ¿O lo habría recordado, aun cuando se lo pidieran? "Dependía de su estado de ánimo", explica Salvador Romaní. "Si no estaba ebrio, era muy cordial. Pero muy peligroso cuando bebía (y siempre bebía)."

Los tres primeros investigadores concordaron en que Orlando Bosch nunca se había retirado de las actividades de sabotaje. Por años pidieron permiso para intervenir su teléfono pero se les negó. Algunos agentes de la JTTF concluyeron que Héctor Pesquera, el agente especial del FBI a cargo de la oficina de Miami de 1999 a diciembre de 2003, era especialmente influenciable por la presión política local.

Cualquier acusación legal que pudiera ser problemática —incluidos todos los casos de los exiliados— era llevada por los líderes políticos de Tallahassee, la capital del estado de Florida, y Miami.

Durante años, esto implicó que el gobernador Jeb Bush, quien debía una buena parte de su apoyo a los exiliados de ala dura, y los representantes ante el Congreso de Miami, influían en las investigaciones, conmutaciones y perdones. Tanto al Ministerio de Justicia estatal como al Ministerio de Justicia de Estados Unidos en Miami siempre se les ha considerado entre los más politizados del país.

Aun así, en el verano de 2001 la Fuerza Conjunta contra el Terrorismo estuvo a punto de aprehender a Bosch, incluso sin necesidad de intervenir su teléfono. Los investigadores habían aprehendido a Andrés Nazario Sargén, líder de Alpha 66, el grupo de exiliados militantes. Sargén había entrado a la oficina de correos local en Miami para recoger una caja de detonadores, así como explosivos plásticos C-4. "Llevamos a Sargén a la habitación de un motel y él soltó la sopa", recuerda Rodríguez. "Lo confrontamos con toda la evidencia que teníamos, incluido un bote atracado en el río Miami, el cual teníamos bajo vigilancia. Sargén nos contó que su plan era embarcarse rumbo a Caibarién, en la costa norte de Cuba, y hacer estallar las refinerías petroleras del lugar, pues ellos tienen cierto fetiche en relación con las refinerías petroleras que hay allí."

Sargén accedió a usar la evidencia del estado en contra de Bosch —e incluso accedió a usar un micrófono escondido—. "Nadie sino Bosch habría tenido esos detonadores", dice Rodríguez. "Pero entonces, Sargén entró en temor y rehusó nombrar a Bosch, quien era como un gurú para todos ellos. Si hubiera nombrado a Bosch, lo habríamos atrapado —incluso sin intervenir su teléfono—. Y él habría desaparecido por un largo tiempo, pues era un convicto y había violado su libertad condicional." Sargén falleció en 2004, a los ochenta y ocho años de edad.

Los líderes de los exiliados de Miami se regocijaron con la entrada de George W. Bush a la Casa Blanca en enero de 2001. Según decían los exiliados de ala dura, por fin alguien en la Oficina Oval entendía que el cambio de régimen era la única manera de combatir a Fidel Castro. Casi de inmediato, la administración Bush se dispuso a realizar una infinidad de cambios en la política estadounidense hacia Cuba —al suprimir nuevas tentativas diplomáticas, aumentar la hostilidad e imponer onerosas restricciones en relación con los viajes y las remesas que iban hacia la isla—. También se indicó a los investigadores de la oficina del FBI en Miami que cerraran casos sobresalientes sobre complots de exiliados contra Cuba y se concentraran sólo en encontrar a espías cubanos que rondaran en el sur de Florida.

En agosto de 2001, José Dionisio Suárez y Virgilio Paz, ambos procesados por su participación en el asesinato del embajador Orlando Letelier y su joven acompañante estadounidense, salieron de prisión por mediación de los congresistas de Miami. Un mes antes, al militante Héctor Cornillot Llano se le había liberado tras cumplir trece años. Las liberaciones siguieron a un fallo de la Suprema Corte de Justicia de Estados Unidos de junio de 2001 (en un caso que se tomó principalmente en nombre de los exiliados presos) que decía que la detención indefinida de criminales extranjeros que han cumplido tiempo en prisión y son candidatos a la deportación, pero para quienes no se puede encontrar país, es inconstitucional. Sin embargo, en lugar de ser deportados como otros criminales no estadounidenses, a los exiliados militantes convictos se les permitió establecerse en la buena vida de Miami. Es más, ni siquiera se consideró la posibilidad de hallarles un país alternativo a Cuba.

Tras la tragedia del 11 de septiembre de 2001, se aceptó que la política de liberar a asesinos convictos debía parar. Como es bien sabido, el presidente Bush dijo al mundo que la elección era entre el negro y el blanco: "Tenemos que decir a las personas dispuestas a dar asilo o alimento a un terrorista", proclamó Bush, "que son tan culpables como los terroristas".

Pero pronto surgió algo que se llamaría la "excepción Castro". Al parecer, cualquiera que apoyara la idea de una Cuba libre podía ser candidato a la liberación. Incluso un asesino serial como Valentín Hernández podía salir de la cárcel —después del 11 de septiembre— y restablecerse con su familia en Fort Myers, Florida. Hernández había asesinado a tiros a Luciano Nieves, partidario del diálogo con Cuba, en 1975, al emboscarlo en el estacionamiento de un hospital de Miami. Nieves acababa de visitar a su hijo de once años, quien se encontraba enfermo. Dos años antes, a Hernández se le había acusado de asalto agravado por atacar a Nieves con la silla de un restaurante. Durante su juicio, Hernández escapó al deslizarse por la ventana de un baño durante un receso. Se hallaba prófugo cuando mató a Nieves y así continuó durante dos años después del asesinato, protegido por exiliados que simpatizaban con él o se sentían intimidados. Menos de un año después, Hernández y su cómplice Lazo dieron muerte al ex presidente de la Asociación Bahía de Cochinos, Juan Peruyero, en una lucha de poder interna. Hernández acabó por ser capturado en Puerto Rico en julio de 1997 y sentenciado a cadena perpetua. A su cómplice, el furibundo anticastrista Lazo, nunca se le ha llevado ante la justicia.

Luis Posada realizó su último intento de eliminar a Castro en la Cumbre Iberoamericana realizada en Panamá en noviembre de 2000. Pero Posada y sus tres colaboradores veteranos, Gaspar Jiménez, Guillermo Novo y Pedro Ramón, fueron sorprendidos por una operación encubierta de los agentes de inteligencia cubanos, quienes se ganaron la confianza de los malogrados asesinos. Fidel Castro lo celebró con una muy publicitada conferencia de prensa, en la cual proclamaba la captura de los conspiradores junto con un pequeño arsenal de armas y explosivos. A los cuatro se les acusó en Panamá del intento de asesinato de Castro.

Después del juicio y la condena de los hombres en 2004 (reducida a varios crímenes menores como "poner en peligro a la sociedad", la posesión de treinta y tres libras de explosivos C-4 y falsificación de documentos), los líderes de los exiliados de Miami encabezaron una enérgica campaña para liberar a los cuatro veteranos militantes. Los tres congresistas cubano-estadounidenses del sur de Florida, Lincoln Díaz-Balart, Mario Díaz-Balart e Ileana Ros-Lehtinen, escribieron cartas en hojas de papel oficial del Congreso de Estados Unidos a la presidenta de Panamá, Mireya Moscoso, que buscaban su liberación. Los exiliados cubanos militantes tenían otro poderoso aliado político: desde hacía mucho tiempo, el senador Joe Lieberman, vocero del poderoso Comité de Seguridad Fronteriza del Senado, los había oído con simpatía. A Lieberman lo habían elegido para representar a Connecticut en 1998, en buena medida por medio de las contribuciones del finado Jorge Mas Canosa, quien ayudó de enorme manera a que Lieberman expulsara a Lowell Weicker, quien favorecía la cancelación del embargo contra Cuba.

Dos prominentes protagonistas legales y políticos de Miami encabezaron la campaña para asegurar la liberación de Posada y sus colegas: Simón Ferro, ex embajador en Panamá, y Herminio San Roman, ex director de Radio Martí, la estación con base en Miami que transmite para Cuba, iniciaron negociaciones discretas con Moscoso, quien tenía una casa en Key Biscayne, en Miami. También se entrevistaron con miembros de la Fuerza Conjunta Contra el Terrorismo de Miami para comunicarles su desaprobación de las continuas investigaciones realizadas a los encarcelados. Según dijeron a los agentes, no se recibiría bien ningún esfuerzo de la Fuerza Conjunta que pareciera socavar la campaña de liberación.

El 24 de agosto de 2004, Posada y los otros conspiradores, todos con pintorescos antecedentes penales, recibieron un perdón de último minuto por parte de la extrovertida Moscoso. En Miami se corrieron rumores de que se había pagado una importante suma de dinero para asegurar su libertad, algo que los informes nunca confirmaron. Antes de los perdones, la administración Bush hizo investigaciones discretas y consideró tratos secretos, pues buscaba un país que diera asilo a Posada para mantenerlo fuera de la vista y de las noticias.

Mientras sus colegas volaban directo a Miami para recibir una enardecedora bienvenida, Posada descubrió que su caso era más complejo: él era, después de todo, un fugitivo buscado en Venezuela. Al principio se le condujo en un avión privado a San Pedro Sula, Honduras, con un pasaporte estadounidense falso a nombre de *Melvin Clyde Thompson*. En Honduras se entrevistó con uno de sus patrocinadores, Rafael Hernández Nodarse, un veterano de Bahía de Cochinos y acaudalado magnate de los medios, descrito por *The Miami Herald* como "un mezcla descarada y pendenciera de William Randolph Hearst y el personaje ficticio de Tony Montana, *Caracortada*". La primera estación radiofónica de Nodarse en Honduras se llamó Radio Swan, en honor a la famosa estación de propaganda anticastrista manejada por la CIA. A Posada se le celebraría con una cena y una estadía de lujo en uno de los hoteles de Nodarse.

Durante los meses siguientes, Posada vacacionó y recibió atención médica por cortesía de Nodarse. Sin embargo, guardaba la esperanza de reunirse con sus amigos y familiares en Miami. Con el tiempo, sus aliados le dieron pruebas razonables de que sería bien recibido ahí, sin interferencia de las autoridades. Después de todo, Orlando Bosch, quien se mantenía abierto y jactancioso sobre sus operaciones contra Castro, llevaba una cómoda vida en el "estado del sol".

Yo recuerdo un esbozo de sonrisa que Posada hizo cuando me contó que tenía varios pasaportes de diversos países bajo nombres ficticios, incluido uno estadounidense. Cuando le pregunté cuándo había sido la última vez que había visitado Estados Unidos, él rió con satisfacción. "¿Legal o ilegalmente? Tengo muchos pasaportes", dijo Posada. "Si quiero ir a Miami, tengo diferentes maneras de hacerlo. No hay problema."

Pero cuando Posada entró en Miami en marzo de 2005, la administración se avergonzó. ¿Cómo era posible que alguien que se describía él mismo como un "guerrero" y "militante" —incluido desde tiempo atrás en la lista de vigilancia de las autoridades migratorias estadounidenses— hubiera entrado a Estados Unidos con pasaporte y visa falsos? ¿Y acaso era posible que la administración Bush, a pesar de su supuesto compromiso con la guerra contra el terrorismo (la regla 1 de la política estadounidense de contraterrorismo dice: "No dar concesiones ni hacer tratos con los terroristas"), consideraría la residencia para un notable fugitivo?

En cualquier otra ciudad estadounidense, a Posada lo habría interceptado un escuadrón de SWAT y luego lo habrían arrestado y deportado. Pero en el peculiar ecosistema de Miami, donde los políticos anticastristas de ala dura controlaban las estaciones de radio y las urnas electorales de la comunidad hispana, la definición de terrorismo era maleable. Su abogado esgrimió el manido argumento de que a quienes plantaron las bombas en La Habana no se les podía responsabilizar por las víctimas inocentes a menos que pudiera probarse que esas víctimas en verdad eran los objetivos buscados.

Para 2005 esta doble posición frente al terrorismo ya no era creíble. Además, las encuestas en el sur de Florida revelaban una nueva realidad: sólo una parte muy pequeña de los exiliados más veteranos consideraba a militantes como Bosch y Posada como héroes. Los exiliados más jóvenes se preocupaban principalmente por sus hogares, empleos e impuestos, no por derrocar a Fidel Castro.

El 17 de mayo de 2005, Posada sostuvo en Miami una conferencia de prensa mal orientada y extraña. Aunque el gobierno no buscaba arrestarlo, según dijo, él abandonaba su petición de asilo. Mencionó que, como ya no quería más problemas, había decidido dejar el país. Pero la exposición pública de sus problemas legales fue demasiado, incluso para sus aliados en la administración Bush. Posada fue arrestado justo después de la conferencia de prensa. Sin embargo, se lo llevaron con toda discreción: no lo esposaron, sino que lo condujeron a un carrito de golf, el cual lo llevó a un helicóptero cercano. Luego fue trasladado de repente a unas instalaciones de inmigración en El Paso, Texas, lejos de sus amigos y aliados.

El bando de Posada sufrió otro revés en noviembre de 2005, cuando Osvaldo Mitat y Santiago Álvarez, quien durante mucho tiempo había sido benefactor y seguidor de Posada, fueron arrestados y acusados de posesión ilegal de pasaportes falsos y cientos de armas de fuego, incluidos unos AK-47. Cuando los capturaron, Mitat dijo a los agentes: "Por desgracia, ustedes hacen su trabajo y nos atraparon con un montón de armas", a lo que añadió: "Yo amo a Estados Unidos".

Los investigadores creían que Álvarez había ayudado a Posada con su perdón panameño y su regreso a Estados Unidos. Álvarez cuenta con un historial propio y se ha llevado sus propios sustos. "Álvarez fue quien dio la orden de disparar al barco *Sierra Aránzazu* mientras partía rumbo a La Habana el 13 de septiembre de 1964", dijo el periodista Don Bohning. "Él había confundido la embarcación española con el *Sierra Maestra*, un barco cubano que partiría de La Habana rumbo a Japón a la misma hora. Aquello causó una gran agitación política."

Algo fundamental para el caso del gobierno contra Álvarez y Mitat fue el testimonio de un confidente suyo, Gilberto Abascal, quien había conducido a los agentes del FBI al escondite de las armas. Fue Abascal quien informó a las autoridades estadounidenses y cubanas que, contrario a la afirmación de Posada de que había cruzado la frontera en autobús por Texas, el célebre militante había llegado a Miami en bote. El navío, llamado *Santrina*, propiedad de Álvarez, había hecho una escala en Isla Mujeres, más allá de la costa de Cancún, México, para hacer reparaciones antes de proseguir rumbo a Miami. Los fiscales verificaron la versión de Abascal y acusaron a Posada de entrada ilegal y de haber mentido a los oficiales federales al decirles que había cruzado la frontera en Texas.

El arresto de Posada, Álvarez y otros militantes enfureció a sus partidarios, quienes argüían que esos militantes se habían desarrollado en el regazo de la CIA. Los abogados de ambos hombres amenazaron con asestar un revés y enviar a juicio al gobierno estadounidense.

Detenido sin derecho a fianza y sentenciado a treinta años, el acaudalado Santiago Álvarez conservó, empero, un equipo de defensores de primer nivel, incluidos el ex fiscal de Miami, Florida, Kendall Coffey, y Arturo Hernández. Los abogados consideran a

Gilberto Abascal como el villano —pues alegan que no sólo era un informante del FBI, sino también un agente cubano que había puesto una trampa a sus clientes en una operación encubierta—. Los abogados prometieron poner en evidencia el uso de "colgantes" por parte del FBI. En abril de 2001, Abascal había advertido al FBI sobre otro ataque organizado por Álvarez. Pero en aquel caso, él no volvió a reportarse hasta después de que capturaron a los tres comandos en Cuba. En respuesta a los cargos que le presentaron los fiscales, Abascal hizo una vehemente negación. "Este caso tendrá un impacto enorme", dijo Hernández a los reporteros. "Será tan grande como Elián —trascendente en lo que revela—." Una vez más, una historia criminal se había convertido en una parábola sobre las maratónicas guerras anticastristas.

La táctica del abogado tuvo el impacto que buscaba: los fiscales accedieron a tener un acuerdo de aceptación de culpabilidad cuando el juicio estaba por empezar. En lugar de cumplir hasta cincuenta años si lo hallaban culpable de todos los cargos, Álvarez obtuvo una sentencia de sólo cuarenta y siete meses, y Osvaldo Mitat una de treinta y siete. En 2007, a sus sentencias se les restó incluso más de un año, cuando accedieron a entregar otro enorme arsenal, el cual incluía más de catorce libras de explosivos plásticos, doscientas libras de dinamita, treinta armas semiautomáticas y automáticas, y un lanzagranadas y dos granadas caseros, tal como lo informó el *Miami Herald*. "Todo esto habría sido un tesoro para los peores enemigos de nuestra nación", dijo el ex ministro Coffey, quien sugirió incluso que sus clientes protegían al país de los militantes musulmanes. "Lo que habría sido un cofre del tesoro para Al Qaeda es un regalo de Dios para nuestra comunidad."

Por un corto tiempo en 2005 pareció que aquello no iba a proceder como de costumbre. Dos grandes jurados habían convenido en investigar las actividades de Posada. Para complicar las cosas, surgió un pleito muy público y sensacional: José Antonio Llama, ex director de la Cuban American National Foundation (CANF, o Fundación Nacional Cubano-Estadounidense), había acusado al grupo de exiliados de haber preparado ataques contra Castro y objetivos turísticos dentro de Cuba.

José Antonio Llama, conocido como *Toñín*, había sido un colaborador cercano del finado Jorge Mas Canosa. En 1998 fue a juicio —con otros cuatro exiliados— por un intento de asesinato contra Fidel Castro. Éste se consumaría durante la Cumbre Iberoamericana en la isla Margarita, Venezuela, en 1997. Los esperanzados asesinos intentaban derribar a tiros el avión de Castro desde su yate mientras aterrizaba. El bote, *La Esperanza*, lo había comprado Llama para la misión.

Según el FBI, Posada fue un participante fundamental en este tonto intento de atentado contra Castro, pues había reservado las habitaciones de los asesinos en la isla Margarita. Los hombres acabaron por recibir la absolución en un juicio realizado en San Juan, Puerto Rico, después de que el juez, de manera por demás inexplicable, desechó una declaración confesional clave.

Pero en junio de 2006, Llama, amargado y frustrado, admitió que los fiscales federales habían tenido la razón. Según Llama, él había prestado un millón cuatrocientos mil dólares a la CANF para comprar materiales que se usarían para atacar blancos cubanos. A pesar de años de súplicas, el grupo nunca le había pagado. Entre sus compras estaban un helicóptero de carga, siete embarcaciones, incluido el bote, y un enorme arsenal de explosivos. De gran interés para los investigadores fue la compra de diez pequeños aviones de control remoto, conocidos como *ultralights* (ultraligeros), por doscientos diez mil dólares.

Para reforzar sus alegatos, Llama difundió un comunicado de prensa que detallaba la creación de El Grupo Bélico en la junta anual de la CANF en Naples, Florida, en 1993. La consigna del grupo era singular, escribió Llama en su declaración:

Desestabilizar el gobierno comunista de Castro... Mas Canosa pidió que el comité ejecutivo discutiera la propuesta a puerta cerrada, y no abiertamente en la sala de juntas de la Fundación... Él eligió a Pepe Hernández para dirigir este nuevo grupo... Pepe es un veterano de la Brigada 2506, ex capitán de las fuerzas especiales del ejército estadounidense y cumplía con los requisitos para este trabajo. Él era el candidato lógico.

Francisco Hernández, *Pepe*, había comprado uno de los rifles de largo alcance que se habían decomisado en el ataque de *La Esperanza*. Después fue lógico pensar que se le acusaría con los otros cuatro hombres. "Nosotros lo trajimos, le tomamos las huellas digitales y todo, pero Janet Reno tomó la decisión final y no lo acusó", dijo un agente del FBI, quien señaló que Reno, ministra de Justicia de Estados Unidos, había dado muestras de aborrecer a los exiliados paramilitares cuando era ministra de Justicia estatal en Miami, a finales de los setenta y durante los noventa.

Los partidarios cercanos de Luis Posada, el difunto Arnaldo Monzón Plasencia y Ángel Alfonso Alemán, fueron otros participantes clave, según dice Llama.

[Posada] tenía un plan, las bombas en el hotel en Cuba... El Grupo Bélico se había propuesto obtener la democracia en Cuba por cualquier medio. Otros de los miembros eran Elpidio Núñez, Horacio García y Luis Zúñiga, quienes abandonaron la CANF en 2001 por otro cabildo de exiliados más militante, el Cuban Liberty Council (Consejo para la Libertad Cubana). Por otro lado, Pepe Hernández había renunciado a los golpes paramilitares y había desviado a la CANF de su camino de ala dura.

Llama dijo a Wilfredo Cancio Isla de *El Nuevo Herald* que estaba escribiendo sus memorias, a las cuales llamaría *De la fundación a la fundición: historia de una gran estafa*.

Aunque los miembros de la CANF contraatacaron al decir que las acusaciones de Llama eran "un intento de extorsión y difamación", las fuentes del FBI decían lo contrario. "Todo es verdad", dijo un agente que había visto los aeroplanos ultraligeros estacionados en Miami. "La idea es que llegaran a Cuba sin tripulación y tiraran las bombas. Así que, mientras Castro daba un discurso en la Plaza de la Revolución, ellos podrían enviar uno de esos aviones ultraligeros a La Habana y acabar con Castro sin perder un solo piloto." Por supuesto, habría un importante daño colateral. "Y, sin duda, Castro sabía sobre los ultraligeros, pues tenía a Juan Pablo Roque", añadió, en referencia al infame agente infiltrado en la organización Brothers to the Rescue ("Hermanos al Rescate").

En febrero de 1996, Brothers to the Rescue había conducido tres aviones Cessna cerca de La Habana, dos de los cuales fueron derribados por aviones MiG cubanos. El día anterior, Roque, sumamente guapo y amoral, había dejado su hogar y a su "esposa" exiliada en Miami y volado de regreso a Cuba.

Los vuelos de los Brothers tenían la intención de hallar a los cubanos prófugos que se perdían en los estrechos de Florida, aunque a veces incursionaban de manera provocadora en el espacio aéreo cubano. El derribo de los aviones, ocurrido a pesar de repetidas advertencias al grupo de desistir de los vuelos, fomentó suficiente indignación para que el Congreso reuniera los votos para aprobar la Ley Helms-Burton, antes conocida como Ley de Libertad y Solidaridad Democrática Cubanas, que se había suspendido por falta de consenso. La legislación, convertida en ley por el presidente Bill Clinton, logró un control mucho más estricto sobre el embargo, lo reglamentó y lo hizo reversible sólo por la vía del Congreso, no del presidente.

Muchos observadores de Castro especularon que el líder cubano había obtenido lo que quería: un alto a la relajación que había empezado a prevalecer en la política estadounidense. Un agente del FBI que trabajaba en la investigación dijo que quizás al principio Castro no pensaba que los aviones fueran Cessna, sino ultraligeros, con verdadero potencial letal. "Tal vez Castro pensaba que íbamos a arrojar bombas, no panfletos", conjeturó.

Eduardo Soto, el abogado de Posada en aquel momento, no dijo nada sobre los alegatos de Tony Llamas, pero comentó que se vio presionado para jugar rudo. El padre de Soto, amigo de Posada durante su juventud en Cienfuegos, había logrado que su hijo representara el pro bono de Posada. Soto Jr. dedicó a su famoso cliente una buena parte de su página en Internet: en un *collage*, había una foto de Posada junto a otra del ex presidente George H. W. Bush, las cuales lindaban con una instantánea de Oliver North. Sin dejar algo a la imaginación, la imagen final era la célebre insignia que hay en el piso de mármol en Langley, la cual dice "Central Intelligence Agency" (Agencia Central de Inteligencia).

"Louie es no sólo una amenaza para la seguridad nacional", afirma David Sebastian, quien era el hombre clave en la oficina de Posada. "*Él era la seguridad nacional.* Él era parte de la Operación del Frente Sur, tal como la llamaron antes del asunto Irán-Contra, y él trabajó para *The Hammer (el Martillo)*", dice Sebastian en referencia al nombre clave de Oliver North. "Todos sabían que *Ramón Medina* era Luis Posada y que él era una persona muy importante. De 1967 a 1986, Luis fue un agente pagado por la CIA. Y George Bush, el vicepresidente, sabía lo que hacía."

El Departamento de Justicia y el FBI no estaban convencidos. "El FBI es incapaz de descartar la posibilidad de que Posada Carriles implique una amenaza a la seguridad nacional de Estados Unidos", escribió el agente del FBI Thomas Rice un mes después del arresto de Posada en Miami.

A Posada lo mantendrían separado de la población general de reos durante los siguientes veintiún meses. Cuando salía de su celda, se ponía un grueso chaleco antibalas. Aunque tuvo pocos visitantes, con frecuencia habló por teléfono con sus familiares y partidarios en Miami, muchos de los cuales firmaron peticiones pidiendo a Estados Unidos su liberación. "Yo soy un optimista", me escribió Posada el día posterior a su arraigo de agosto de 2005. "Aún lo soy y siempre lo seré. Creo en Dios."

Pero Posada no estaba en buenos términos con todos. Por ejemplo, él y Félix Rodríguez, su antiguo compañero en el Irán-Contra, habían peleado de manera pública durante años. El veterano del FBI George Kiszynski dice que su separación se derivó de diferencias metodológicas. "Félix hace cosas de una manera más tradicional", dice Kiszynski con una sonrisa. "Posada es menos ortodoxo. Lo que le funcione está bien."

Posada tenía una perspectiva similar en relación con el matrimonio. A pesar de haberse alejado de él durante décadas y de tener una reputación de Casanova irredento, su esposa, Nieves, la madre de sus dos hijos mayores, nunca se divorció. Durante el encarcelamiento de Posada en El Paso, Nieves reapareció como su defensora —negoció con sus abogados y se quejó sobre su estado de salud— tal como lo hizo cuando lo apresaron en Caracas. Ella dijo estar desconcertada de que las autoridades detuvieran a su marido. "No entiendo por qué Orlando [Bosch] salió libre y el caso de Luis se ha prolongado tanto", comentó ella según uno de los abogados de su esposo, y éste añadió en voz baja: "Creo que Nieves aún está enamorada de él".

Seguridad Fronteriza se enteró de que Nieves podía ser tan fiera como su esposo cuando unos agentes la visitaron en West Kendall, Miami. Los agentes la provocaron con preguntas sobre los amigos de su esposo, sus fuentes monetarias y cómo logró comprar su bonita casa dúplex. Nieves no dijo una palabra, comentó uno de los abogados de Posada.

El 30 de agosto de 2005, algunas docenas de reporteros se apiñaron en el salón de la corte para observar el juicio de Luis Posada por entrar ilegalmente a Estados Unidos. Sin embargo, les sorprendió saber que no había mucho que ver además de los propios testigos de Posada.

Aquella mañana, la corte atendió la petición de deportación de Posada que hizo Venezuela para llevarlo a juicio por el atentado contra Cubana de Aviación en octubre de 1976. Joaquín Chaffardet, antiguo socio y abogado de Posada, declaró que si Estados Unidos deportaba a Posada a Venezuela, era muy probable que lo torturaran. Es curioso que los fiscales no hayan presentado refutaciones o preguntas o testigos, ni tampoco cuestionado los lazos personales y de negocios con Posada, los cuales se remontaban cuarenta años. En verdad, actuaron como sonámbulos durante los procedimientos, que caminaban hacia un veredicto predeterminado. Al no estar autorizados para tomar decisiones, lo cual era evidente, los fiscales retrasaron los procedimientos varias veces para llamar a sus superiores en Washington.

En la tarde, Posada subió al estrado con su overol anaranjado, y Gina Garret-Jackson, la abogada principal del gobierno, empezó a interrogarlo. No hubo preguntas sobre su larga carrera paramilitar, sólo lo que él había declarado al *New York Times* en la serie que publicó durante el verano de 1998, de la cual fui coautora. Aunque es verdad que la entrevista exclusiva que Posada concedió a *The New York Times* había despertado la atención nacional, el gobierno tenía sus propios archivos, material que las fuerzas del orden público habían recopilado con todo cuidado a lo largo de cuarenta años y que era palpablemente más condenatorio.

En cierto momento, presionado por la fiscalía, Posada empezó a atacar al *Times*. Se retractó de sus declaraciones anteriores y luego se quejó de no saber que yo tenía una grabadora ni una libreta de notas durante la entrevista. Incluso afirmó que no entendía el inglés, no obstante su trabajo como traductor para el ejército de Estados Unidos. En realidad, la grabadora estuvo justo enfrente de Posada, y él la apagaba cuando no quería que se registrara algo, y permitía sólo notas escritas.

Durante el receso, dos abogados del gobierno me emboscaron en el baño y me preguntaron si no sentía la necesidad de subir al estrado para defender al *Times*. Para su consternación, respondí que las páginas del periódico hablaban por sí mismas y que no estaba dispuesta a resolverles el caso. Yo era una reportera, no una fiscal. En verdad, si se me obligaba a testificar, las protecciones de la Primera Enmienda para la prensa se iban a convertir en algo más que un mero adorno. Sin embargo, respondí a las endebles afirmaciones de Posada ante un vivaz enjambre de reporteros afuera del salón de la corte.

Por irónico que parezca, mientras yo trataba de que no se me enredara en el arraigo de Posada, Blake Fleetwood, el periodista que había entrevistado a Bosch y Posada en prisión en 1977, esperaba un citatorio que nunca llegó. Fleetwood había estado en contacto con oficiales de los departamentos de Seguridad Nacional y de Justicia, y les había dicho que estaba dispuesto a testificar en el juicio de arraigo de Posada y que ponía a su disposición sus notas y cintas. En verdad, el gobierno había tenido bajo su custodia el material de Fleetwood desde 1977, pues éste había cooperado con Eugene Propper, ministro de Justicia de Estados Unidos, durante el juicio por el caso Letelier.

Al día siguiente, cuando tomé mi asiento en la corte antes de que llegara el juez, Posada me miró a los ojos y me hizo una señal de saludo con la mano. Tenía un ejemplar de mi libro *Cuba Confidential*, el cual yo había dado a su abogado y, en un susurro en voz alta, dijo: "¡Qué bueno!"

Horas después, pedí a su abogado que se me concediera una entrevista con él. Pero Posada desconfiaba mucho de los procedimientos de la corte —y quizá también de nuestra última entrevista—. Pidió que escribiera algunas preguntas y se las diera, lo cual hice de inmediato. Él me respondió con prontitud —ambos escribimos en español.

Estimada Ann:

Un saludo afectuoso con mis mejores deseos para usted y su familia. Hasta ahora, he leído cincuenta y cinco páginas de su libro y me pareció excelente. Cuando lo lea todo, tendré comentarios mejor informados. Espero salir pronto de este problema con la ayuda de Dios. Cuando obtenga mi libertad, o quizá después del juicio, podremos tener una entrevista (sin la grabadora escondida). Puede escribirme aquí al Centro de Detención.

Que Dios la bendiga,

LUIS POSADA
Centro de Detención de El Paso, 1° de septiembre de 2005

Resultó evidente para los observadores del salón de la corte que el gobierno no tenía deseos de condenar a Posada. Forzada a actuar, la administración Bush había decidido postergar los trámites el mayor tiempo posible, pero dejando los menores rastros posibles. Si los medios no podían resolver el caso contra Posada, no lo haría nadie, lo cual no dejaba al juez otra opción que fallar en favor de la defensa.

La farsa fue evidente tanto para los reporteros como para los abogados. Los abogados de Posada dijeron que el Departamento de Justicia les había asegurado en privado que no deportarían a Posada. "Por razones políticas, ellos no querían declarar abiertamente que irían por la postergación [que Posada continuara detenido en Estados Unidos]", explicó en aquellos días uno de los abogados de Posada. "Ellos querían que decidiera el juez." Y así lo hizo. A nadie sorprendió que el juez de inmigración William Abbott fallara a favor de Posada, con lo cual descartaba a Venezuela como una opción de deportación.

Tras el arraigo de Posada entrevisté a su testigo y buen amigo Joaquín Chaffardet. Un abogado cortés, elegante y afecto a los cigarrillos Marlboro, Chaffardet había sido secretario general de la Disip y socio de Posada en su agencia de detectives. A Chaffardet también se le había acusado, pero no culpado, por organizar el escape de prisión de Posada en 1985. "Justifico por completo la decisión", dijo a *The Washington Post*. "No es justicia hacer esperar a alguien nueve años por un juicio aunque ya se le haya absuelto."

Chaffardet me dijo que aunque Posada nunca lo diría en público, siempre guardó cierto recelo hacia Bosch. "Usted sabe que Bosch está loco, ¿no? —dijo mientras alzaba una ceja—. Siempre ha estado loco. Luis nunca confió en Bosch, pues dijo que no había nada que él no estuviera dispuesto a hacer." Según Chaffardet, Posada siempre se quejaba de que Bosch estaba peligrosamente fuera de control. Posada estaba tan preocupado, dice su amigo, que alertó a las autoridades de Caracas y Estados Unidos.

En septiembre de 1976, Posada pidió a Chaffardet que lo acompañara a ver a Martínez Granados, el jefe de investigaciones de la Disip. Durante su encuentro, Posada dijo que Bosch estaba en Caracas y planeaba actos de violencia inimaginable. "Dijo a Martínez que Bosch era 'un loco, asesino y terrorista; que no había nada que no estuviera dispuesto a hacer debido a su personalidad esquizofrénica'", afirmó Chaffardet, quien señaló que la reunión duró más de una hora.

También era cierto que, en sus memorias, Posada describía el atentado de Cubana como "una tragedia", a diferencia de Bosch. Otros son más cínicos. Bernardo Álvarez Herrera, embajador de Venezuela en Estados Unidos, veía las palabras de Posada como una treta: "Por supuesto", me dijo en su oficina de Washington, "Posada es un profesional".

Chaffardet dijo incluso que "no tenía dudas" de que Posada fuera la fuente de un memorando de la CIA de junio de 1976 titulado "Posibles planes de exiliados cubanos extremistas de hacer estallar un avión de Cubana". Uno de los documentos más inculpatorios que se han hallado en los archivos de la agencia, este informe se atribuyó a "un empresario bastante confiable con vínculos cercanos con la comunidad de exiliados cubanos". En aquella época, Posada era un afortunado hombre de negocios que dirigía la ICICA, su agencia de detectives, en asociación con Chaffardet. El memo advertía a la agencia que un grupo dirigido por Orlando Bosch "planeaba colocar una bomba en un vuelo de Cubana de Aviación que viajaba entre Panamá y La Habana"; en concreto, el blanco sería el vuelo

467 de Cubana del 21 de junio de 1976. Resulta que Posada había proporcionado información a la CIA y la Disip durante años. Según Rafael Rivas-Vásquez y Orlando García, quienes fungieron como directores de la Disip por veinticinco años, Posada fue su informante en la primera reunión de la CORU.

Chaffardet aceptó que su amigo estaba entre la espada y la pared. Si Posada proseguía con su historial de informes sobre Bosch, dañaría su reputación y se distanciaría de los poderosos aliados políticos de Bosch en Miami, que también lo habían defendido a él.

Cuando pregunté a Posada qué pensaba de Bosch, sólo dijo que era "un patriota, que lo ha dado todo por la causa de la libertad". Por su parte, Bosch estaba dispuesto a anteponer a todo la causa de eliminar a Fidel. En mayo de 2006 le pregunté acerca de su respuesta a los memorandos de la CIA donde se establecía que Posada había provisto información sobre él. Agitando la mano en ademán despectivo, respondió que los memos estaban escritos con la mano de "la gente de Castro". Añadió que Posada lo llamaba a menudo desde la cárcel, pero indicó que no había una relación cercana. "Hablo con él cada semana", dijo. Entonces, añadió un adjetivo: "Él no es mi amigo. Es mi hermano en la lucha."

Sin embargo, en varios informes de la CIA que emitió el Archivo de Seguridad Nacional, Posada no dejó duda de que él sentía que Bosch era capaz de una violencia inimaginable —mucho más allá de los límites de la guerra contra Castro—. En febrero de 1976 Posada avisó a la CIA que Bosch y Orlando Otero, otro exiliado, planeaban asesinar en Costa Rica a Andrés Pascal Allende, sobrino del difunto presidente de Chile, Salvador Allende; la información de Posada llevó al arresto de ambos hombres el mes siguiente. También informó sobre un plan de Bosch de asesinar a Henry Kissinger, al parecer como venganza por la diplomacia subrepticia del secretario de Estado hacia el gobierno cubano. "Posible atentado contra Kissinger se planea para Costa Rica", dice el informe. También le preocupaba que Bosch se enterara de su condición de informante. "Posada informa a la agencia que debe proseguir con sus intentos de contactar a Bosch como si no supiera que Bosch había sido arrestado", dice el memorando de 1976. "Posada preocupado de que Bosch lo culpe por delación de planes."

Es cierto que los motivos de Posada no eran del todo altruistas. Con el propósito de que lo reintegraran a la CIA y la esperanza de obtener visas estadounidenses para él y su familia, Posada había intensificado sus actividades de informante. Pero había otra posible explicación de la extensa actividad de Posada como informante: él establecía su propia coartada.

Durante mi entrevista de 1998 con Posada, yo le mostré un fax firmado por él y enviado a sus colaboradores en Union City, Nueva Jersey, en relación con un problema espinoso: la renuencia de las organizaciones noticiosas de Estados Unidos a tomar en serio sus declaraciones de que en verdad había atentados en Cuba. "Si no hay publicidad, el trabajo es inútil", les escribió. "Los periódicos estadounidenses no publican cosas que no se hayan confirmado. Necesito todos los datos sobre [las detonaciones de] la discoteca para tratar de confirmarlo. Si no hay publicidad, no hay pago." El fax también hablaba sobre los pagos, y decía que el dinero debía "enviarse por Western Union desde Nueva Jersey" para "liquidar la cuenta del hotel". En el extremo inferior del fax aparecían su escritura y nombre de guerra distintivos, *Solo*.

Yo había recibido una copia del fax de una fuente venezolana. El original se había entregado a Antonio Álvarez, *Tony*, un empresario cubano-estadounidense que compartía con un partidario de Posada una oficina en la ciudad de Guatemala. Álvarez se alarmó cuando se enteró de que algunas de las actividades de Posada se realizaban por medio de su oficina. Al recibir el fax, el FBI envió agentes a Guatemala para entrevistar a Álvarez, quien explicó cómo funcionaba la fábrica de bombas de Posada y sus próximos blancos en La Habana.

"Tony Álvarez nos pareció por completo verosímil", dice Luis Rodríguez de la Fuerza Conjunta contra el Terrorismo.

Al ver que el FBI no emprendía acción alguna, Álvarez recurrió a *The New York Times*.

Posada me preguntó si pensaba que el fax le causaría problemas, pero él parecía saber la respuesta. Su aspecto se descompuso un poco, y me dijo: "Me van a pillar". En realidad, él no tenía de qué preocuparse.

"Pensábamos que lo íbamos a machacar", dijo un agente de la JTTF en 2005.

Íbamos a acusar y arrestar a Posada. Luego tuvimos una junta y el jefe dijo: "Oigan, esperen. Mucha gente de por aquí cree que Posada es un luchador por la libertad". Estábamos en *shock*. Había dos facciones culpables que impedían el avance de esta investigación. El gobierno cubano obstruyó el acceso a los testigos y evidencias. Aquí en Miami [Héctor] Pesquera hizo su parte. Y no olvide que tenemos a tres congresistas que meten las manos al fuego por alguien que probablemente hizo estallar un avión, mató a setenta y tres personas inocentes, y después a un turista italiano en 1997. Fue un gran aborto de justicia. Luego, Posada apareció con sus secuaces en Panamá y trató de eliminar a Castro.

El agente hizo una pausa y sacudió la cabeza. "Para entonces, ya habían cerrado toda investigación que involucrara a estos individuos."

CAPÍTULO OCHO

Réquiem por un asesino fallido

Como regla, no creo en teorías de la conspiración. Tienden a ser ordenadas y selectivas, mientras que la vida es caótica y vira hacia el azar. Pero el caso de Luis Posada Carriles ha puesto a prueba esas convicciones.

Después de que los oficiales de Seguridad Fronteriza por fin lograron arrestar a Posada en abril de 2005 y acusarlo de entrada ilegal, yo supuse que el Departamento de Justicia procedería acorde con su propia versión de ataques paramilitares y lo deportaría a algún lugar. También pensé que yo iba a continuar con la cobertura de su caso. En cambio, el gobierno vaciló por dos años mientras Posada languidecía en una cárcel de inmigración en Texas. Y yo me vi como una participante involuntaria en el enredado drama de *Los Estados Unidos contra Luis Posada Carriles*.

No mucho después del arresto de Posada en Miami, agentes del FBI y de Seguridad Fronteriza empezaron a telefonearme para pedirme información sobre la serie de artículos de *The New York Times*. Una agente habló con franqueza y me preguntó si compartiría con él algunos de mis materiales de investigación —así como mis copias de los expedientes del FBI y la CIA sobre Posada—. "Háganos un favor", dijo. "Nosotros no podemos encontrar los nuestros." Yo reí discretamente, pues supuse que aquello era una especie de broma forzada. Pero no bromeaba.

Unas semanas después, mi esposo me llamó mientras me hallaba en un salón de belleza para contarme que dos agentes del Departamento de Seguridad Nacional (DHS, por sus siglas en inglés) habían llegado a nuestra casa en Santa Bárbara, California, para entregarme un citatorio. Yo le dije que pidiera a los agentes que dejaran sus preguntas dirigidas a *The New York Times*. Al final, el Departamento de Justicia llamó a declarar al *Times*, y durante el año siguiente se desarrolló toda una elaborada danza en la Corte Distrital de Estados Unidos para el distrito del sur de Florida. En la primera ronda, el *Times* presentó una moción para anular el citatorio, la cual llevó al Departamento de Justicia y al DHS a retirarla en agosto de 2005.

Resultó que en la administración Bush había dos posiciones opuestas. Los políticos querían apaciguar a los exiliados de línea dura y conceder a Posada una vida de retiro pacífico, de preferencia afuera de Estados Unidos. Al mismo tiempo, los profesionales del orden público ansiaban llevarlo a la justicia. En agosto de 2008, el presidente de Honduras José Manuel Zelaya Rosales hizo una revelación asombrosa. Dijo que el embajador estadounidense en Honduras, Charles Ford, le había solicitado que diera asilo político a Posada. En una entrevista con el periódico *Tiempo* de Tegucigalpa, el presidente hondureño dijo que había rechazado la petición de Ford porque estaba convencido de que Posada era un terrorista. El embajador Ford se negó a hacer comentarios al periódico, pero un fiscal del Departamento de Justicia me confirmó que, en efecto, se había hecho la petición a Honduras.

Mientras la administración buscaba un retiro cómodo para Posada, el *Times* batallaba con el Departamento de Justicia en relación con el "privilegio periodístico", el cual protege a los periodistas para que no se les involucre en procedimientos judiciales. El 11 de septiembre de 2006, el Departamento de Justicia emprendió acciones (quizá incitado por el simbolismo de la fecha) y notificó al abogado del *Times*, Tom Julin, del despacho Hunton & Williams, que el gobierno emitiría otro citatorio más.

El mismo día, el Departamento de Justicia llegó a un acuerdo de aceptación de culpabilidad con Santiago Álvarez y Osvaldo Mitat, dos de los colaboradores de Posada. Ambos accedieron a pasar dos años en prisión, con lo que evitarían un juicio y una molesta nota periodística. (Álvarez aún estaba en prisión cuando, en mayo de 2008, un programa especial de la televisión cubana reveló que la Judicial Rescue Foundation, una compañía dirigida por él, había entregado dinero a disidentes en Cuba. El dinero se había enviado por medio del jefe de la Sección de Intereses Estadounidenses en La Habana, una revelación que avergonzó a todas las partes involucradas.)

Un mes después, otros tres colaboradores de Posada resolvieron sus juicios pendientes, con lo que se salvaron de otra nota de primera plana. Ernesto Abreu, Rubén Darío López-Castro y José Pujol se declararon culpables del cargo de obstrucción de la justicia por negarse a testificar (contra Posada) ante un gran jurado federal, a pesar de que se les había garantizado la inmunidad.

También el 11 de septiembre, un magistrado de El Paso recomendó que liberaran a Posada, y señaló que el Departamento de Justicia aún tenía cargos que presentar. Pero en contraposición a las fulminaciones de Fidel Castro y Hugo Chávez, el fallo del juez Norbert Garney no era un caso de prejuicio judicial; más bien se derivaba del simple hecho de que el gobierno estadounidense nunca presentó un caso que justificara la detención prolongada de Posada.

Era evidente que el Departamento de Justicia de Bush había encontrado otra presa. En lugar de recurrir a cuarenta y cinco años de voluminosos expedientes de la CIA y el FBI sobre Posada, o de detenerlo bajo los términos del Acto Patriota, el Departamento de Justicia se acercó a mí y a *The New York Times* y proclamó que necesitaba nuestra cooperación para poder proceder. Abundaban las ironías. Después de todo, si yo no hubiera escrito sobre Posada, como me lo dijo un fiscal del gobierno, la administración Bush no habría sufrido escándalos o vergüenzas. Al ir tras la serie del *Times,* la administración logró tres metas: suspender las acciones contra Posada durante el mayor tiempo posible, neutralizar en cierto modo al periodista principal del caso y castigar a su periódico menos favorito, *The New York Times*, con onerosos trámites y gastos legales.

El 6 de octubre de 2006, la fecha del 30 aniversario del atentado contra el avión de Cubana (uno tiene que reconocer al Departamento de Justicia por su exquisito sentido del tiempo), recibí un nuevo citatorio de las cintas de mi entrevista con Posada. Éste, emitido por un gran jurado federal en Newark, Nueva Jersey, llevaba la firma del mayor luchador contra el crimen del país, el ministro de Justicia Alberto Gonzales. Aunque el Departamento de Justicia se encontraba en medio de una tormenta de críticas por su manejo de la guerra contra el terrorismo, nadie podía cuestionar su dedicación con su guerra contra el "cuarto poder". Una vez que Gonzales quedó instalado en el departamento, una auténtica lluvia de citatorios, inédita en la historia de Estados Unidos, cayó sobre los medios de comunicación. Por mi parte, aquello me puso frente a una dificultad particular: contemplar cuán lejos uno debería llegar para proteger las libertades civiles de un presunto terrorista.

En cuanto a la serie de 1998 del *Times*, mi coautor, Larry Rother, los editores del periódico y yo extrajimos las partes más fuertes y comprometedoras de las transcripciones y notas. Contrario a lo que las grandiosas mentes del Departamento de Justicia parecen pensar, no retuvimos los mejores fragmentos —los publicamos—. Es más, en octubre de 2006, la revista *The Atlantic* publicó un artículo mío de diez mil palabras sobre el atentado contra Cubana, junto con las notas manuscritas de Posada de 1998, en las cuales me ofrecía una orientación editorial: "Él no acepta que haya habido bombas en los hoteles, pero tampoco lo niega", escribió. La página en Internet de la revista también vinculaba con una serie de preguntas y respuestas escritas a mano que hice con él en 2005.

Por fortuna, mi caso no involucraba fuentes confidenciales. Por lo contrario, Posada siempre había buscado publicidad y nunca había pedido confidencialidad. La ley, según la Corte de Apelaciones de Estados Unidos para el Tercer Circuito Judicial, donde se abrió el caso, y los propios procedimientos del Departamento de Justicia, parecían bastante claros: los fiscales no podían obligar a los reporteros a proporcionarles información que podían obtener por otros medios. Sólo tras agotar otros recursos el gobierno recurre a los medios para construir un caso.

Quizá yo soy una construccionista estricta, pero me pareció que los Padres de la Constitución dejaron bastante claro que no buscaban que al gobierno se le permitiera invadir los medios noticiosos en busca de sus expedientes de trabajo. Sobre todo, después de que había estropeado un caso y destruido información fundamental. Y justo eso ocurrió en el caso de Luis Posada.

El verano de 2003 fue para los aliados de Posada, un considerable número de políticos de Miami, una época favorable para disponer de los expedientes con las evidencias en su caso. Pero esto debía realizarse con discreción. Para entonces, algunos de los agentes más eficientes y dedicados del FBI de Miami, derrotados por las políticas oficiales o el desánimo, se habían jubilado o habían pedido que se les retirara de los casos de exiliados militantes. Sin embargo, antes de su salida, ya se habían recolectado y guardado con todo cuidado cinco cajas de expedientes y pruebas cruciales en el salón de evidencias conocido como "El Abultado". Los documentos más importantes sobre Posada se habían guardado aparte en un gran sobre que decía, con letra negrita, "Evidencia importante". Adentro estaban los telegramas originales y las transferencias de dinero de Western Union que Posada recibió por parte de los otros conspiradores en Union City, Nueva Jersey. El material, recolectado durante cinco años, muy probablemente bastaba para lograr una condena criminal.

Sin embargo, si se cerraba el caso Posada, mucha de toda la evidencia espinosa de este asunto tan contaminado de política corría el riesgo de desaparecer. Y así ocurrió en agosto de 2003, cuando la oficina del FBI en Miami tomó la increíble decisión de cerrar su caso contra Posada, con lo cual dio luz verde a la destrucción de toda su evidencia y una buena parte de sus expedientes.

Fue una decisión importante y, como tal, requirió de la aprobación del jefe de la oficina del FBI en Miami, Héctor Pesquera, o del supervisor de la oficina —aunque los ex agentes dicen que probablemente la de ambos—. Pero también necesitaba la firma del fiscal de Estados Unidos para el distrito del Sur de Florida, Marcos D. Jiménez. Éste, político hábil, cuyo hermano Frank era el subjefe de personal de Jeb Bush, había sido instalado en su cargo por la administración Bush en remplazo del prestigioso Guy Lewis. Los dos hermanos Jiménez habían trabajado en la batalla de recuentos por la candidatura Bush-Cheney en el año 2000.

Para sorpresa y decepción de los veteranos de la JTTF, Héctor Pesquera puso a su hijo, Ed Pesquera, a cargo de la investigación de Posada, a pesar de tener muy poco conocimiento del caso. Según dos agentes del FBI, la destrucción se hizo con una trituradora de papel. Entre los documentos de mayor valor estaban las trasferencias electrónicas originales de Western Union y la copia del FBI del fax original firmado que Posada había enviado a sus colaboradores en Guatemala en 1997 con su número telefónico de El Salvador impreso en el extremo superior. Era el mismo fax en el cual Posada se había quejado de la renuencia de los medios de comunicación estadounidenses a creer en los informes sobre explosiones de bombas en Cuba, un lamento que lo ligaba directamente a los ataques. Un agente involucrado en la investigación de Posada declaró que la destrucción tendría un impacto "devastador" si se intentaba reabrir el caso en el futuro. También envió un mensaje abierto a los agentes que trabajaban en las oficinas de Miami de que Posada estaba fuera de su alcance.

Yo me enteré sobre la destrucción de evidencia dos años después de que ocurrió. En 2006, mientras trabajaba en mi artículo para *The Atlantic,* llamé a la vocera del FBI en Miami, Judy Orihuela, para que me lo confirmara. Mi petición la tomó por sorpresa, pero prometió responder a la brevedad. Así lo hizo, y confirmó que se había llevado a cabo la destrucción, pero explicó que había sido la consecuencia de una "limpieza de rutina" del salón de evidencias. Cuando se cierra un caso, dijo, se aprueba la destrucción de los materiales para liberar espacio en "El Abultado". También confirmó que "el agente supervisor en cargo y alguien del Ministerio de Justicia de Estados Unidos habrían tenido que firmar" antes de que la evidencia se retirara y destruyera. Para tratar de dar la mejor justificación bajo las circunstancias, Orihuela dijo que la agencia pensaba que Posada había desaparecido de la vista, permanecía inactivo y con paradero desconocido. Por lo tanto, según seguía su razonamiento, ya no se garantizaba mantener abierto el expediente de su caso.

Sin embargo, la ubicación precisa y las actividades recientes de Posada habían sido noticias de primera plana. Desde noviembre de 2000, él y sus tres colaboradores vacacionaban en una prisión panameña por el intento de asesinato de Fidel Castro.

Quizá, algo aún más asombroso que la destrucción de la evidencia de Posada por parte del FBI fue la reacción —o más exactamente, la falta de reacción— de los medios en Miami. Nadie cuestionó, ni en las noticias ni en las páginas editoriales, los motivos de la eliminación de la evidencia en el caso más politizado del sur de Florida. Nadie cuestionó si acaso los asuntos viejos de robos de autos y pequeños hurtos no habrían sido más adecuados para la trituradora, si se necesitaba con urgencia tanto espacio. Una vez más, sólo el incesante escrutinio de los medios de comunicación nacionales —en este caso, mis artículos en *The Washington Post* y *The Atlantic*, seguidos de toda una serie de artículos en Internet— incitó a los medios de Miami para que al menos informaran lo que había ocurrido. Y eso no ocurría por falta de reporteros capaces, sino por parálisis, miedo y una rociada de envidia entre facciones en las oficinas generales.

Por curioso que parezca, la conservación de los expedientes del caso y las evidencias contra Posada había resultado difícil en varios países. Ya en 1998, el presidente venezolano Carlos Andrés Pérez había afirmado que "al expediente [del atentado de Cubana] se le había alterado", y resaltó que "yo conozco bien este monstruoso crimen porque la responsabilidad inicial era mía". Su sucesor, Hugo Chávez, se quejó igualmente de que en los días previos a su toma de poder en 1998 se destruyeron muchos archivos delicados de la Disip, incluidos los registros del caso de Cubana.

En 1992, un gran incendio en la estación de policía de Puerto España, la capital de Trinidad y Tabago, destruyó muchos de los expedientes del atentado contra Cubana. Cuando llamé a Dennis Ramdwar, el ex comisionado de policía que había entrevistado a Hernán Ricardo y Freddy Lugo, los detonadores de las bombas de Cubana, al principio se mostró dispuesto a ayudar. Pero durante llamadas posteriores, Ramdwar, quien ahora cuenta con ochenta y cuatro años, dijo: "No quiero hablar de ello ni interponerme entre Chávez y Estados Unidos". Tampoco quería comentar sobre sus propios expedientes sobre Bosch y Posada. "Ellos tienen amigos poderosos que los protegen", dijo. "Los protegieron entonces y también ahora."

Hubo otros detalles inciertos que rodearon la investigación. El nexo del Departamento de Policía de Miami-Dade con la Fuerza Conjunta contra el Terrorismo era un detective llamado Luis Crespo Jr. Aunque agradable, él es hijo de Luis Crespo, uno de los militantes anticastristas más famosos, a quien se le conocía como *el Gancho* por haber perdido una mano al estallarle una bomba inoportuna.

Junto a Crespo Jr. trabajaba el detective Héctor Alfonso, cuyo padre es otro legendario militante anticastrista, Héctor Fabián, quien conduce un programa de radio en español en Miami. Asignado a la unidad de inteligencia del MDPD, Alfonso tuvo acceso a información muy delicada sobre la defensa nacional, incluidos materiales sobre exiliados militantes cubanos. "Supongamos que usted tiene un consejo para el FBI en relación con un atentado con bombas", reflexionó D. C. Díaz, quien trabajó casi tres décadas para la MDPD. "¿Querría dárselo a alguien cuyo padre es Luis Crespo?"

En verdad, Posada tenía muchos aliados influyentes. Uno de sus abogados me dijo que le habían asegurado que el caso de Posada "se manejaba en los niveles más altos" del Departamento de Justicia. "Todo lo que tienen que hacer para detener a Posada de manera indefinida", explica, "es que [el fiscal general Alberto] Gonzales lo certifique como una amenaza a la seguridad nacional. Pero no van a hacer eso", añade. "Eso crearía problemas a la gente de Bush con su base en Miami." En otras palabras, el gobierno no quería construir su propio caso y arriesgarse a perder a sus partidarios cubanoestadounidenses. Era mejor que los periodistas construyeran el caso y luego dejar que los abogados de Posada presionaran a los reporteros para declarar en un interrogatorio o juicio.

El ex fiscal general Gonzales más o menos confirmó esta estrategia cuando lo confrontó el congresista William Delahunt en una auditoría del Congreso en 2007: "La designación que usted ha hecho de Luis Posada Carriles como un terrorista bajo el Acto Patriota, una ley que ustedes han apoyado y que esta administración ha defendido, no requiere de ninguna revisión judicial. ¿Es ésa una afirmación justa?" Gonzáles concordó. "Creo que es una afirmación justa, congresista", dijo. "Pero repito, sobre su pregunta específica de por qué esto no ha ocurrido, necesito más información." Delahunt lo interrumpió. "Con todo respeto, señor fiscal general, como dijo mi colega de California, aquí la responsabilidad es suya." Gonzales pareció conceder y respondió: "Entiendo".

En el verano de 1998, cuando apareció la serie de artículos de *The New York Times*, hubo una rara tregua de las ásperas tensiones entre Cuba y Estados Unidos. En julio de 1998, un pequeño grupo del Departamento de Justicia y el FBI visitaron a sus homólogos de La Habana. El propósito era recolectar información sobre los atentados con bomba, dirigidos por Posada, que habían ocurrido en objetivos turísticos un año antes en Cuba, en violación de la Ley de Neutralidad de Estados Unidos.

Los investigadores cubanos, encabezados por el teniente coronel Roberto Hernández Caballero, fueron anfitriones hospitalarios, pero había límites para su cooperación. Al equipo estadounidense no se le permitió entrevistar directamente a testigos ni examinar evidencia. Después de que se hicieron peticiones de examinación directa, los cubanos dijeron a la delegación que "lo consultarían con sus superiores", relató uno de los miembros. "Lo veremos", y nunca volvimos a saber de ellos.

Sin embargo, los cubanos presentaron un video de investigación para sus huéspedes, el cual mostraba a Posada, Santiago Álvarez y otro colaborador que entraban y salían del lujoso Hotel Camino Real en San Salvador y recorrían en auto la ciudad. A su regreso a Estados Unidos, los investigadores discutieron el video durante días. Concluyeron que los cubanos se pudieron haber desecho de Posada con facilidad. En cambio, optaron por hacer su investigación, la cual los llevó a deducir que el valor de Posada como material propagandístico sobrepasaba su potencial para ser una amenaza.

La inteligencia cubana también se volcó hacia la información de sus visitantes de Miami sobre los grupos militantes que operaban en el sur de Florida. Los datos los había recabado su grupo de infiltración, asignado para vigilar a los líderes exiliados y grupos paramilitares. Dos meses después, para desconcierto de los cubanos, el FBI de Miami arrestó y acusó a cinco de sus agentes, a quienes se conoció como *la Red Avispa* en Estados Unidos, y *los Cinco Héroes* en La Habana. A otros se les acorraló y deportó.

El cabecilla del equipo de espionaje, Gerardo Hernández, quien cumple una condena de cadena perpetua, aportó detalles sobre sus operaciones durante la realización de un documental de Saul Landau en 2009. "Yo recopilé la información que me entregaron los otros agentes, aquellos que han conservado su propia identidad, como René González. Él conservó su propio nombre. Robó un avión de

Cuba. Alguien así puede confiar en que se ganará [su] confianza y puede recurrir a una organización. Ése no es tanto mi caso, pues yo ni siquiera tenía una verdadera historia. Así que mi misión era recopilar información que me dieron los otros y enviarla a Cuba."

Los agentes cubanos pudieron adaptarse sin problemas a la vida de los exiliados de Miami y la comunidad los adoptó por completo. El arresto de los cinco, quienes habían realizado operaciones por más de dos años, sorprendió a sus vecinos, amigos y seguidores de confianza en los grupos de militantes exiliados. Sin embargo, los miembros del quinteto de espías mantuvieron la cabeza fría cuando los detuvieron. La inteligencia cubana los había entrenado bien. "Nos pusieron en oficinas separadas a cada uno de nosotros. Me esposaron contra la pared", dijo Hernández. "Yo tuve el 'honor' de que Héctor Pesquera viniera a verme. Él era el director de la rama del FBI para Florida Sur, y era puertorriqueño", dijo el ex espía al recordar su interrogatorio.

Y mi falsa identidad, Manuel Viramonte, también era puertorriqueña. Yo le dije que era de Puerto Rico y él empezó a hacerme preguntas sobre Puerto Rico. Toda clase de preguntas. ¿Quién fue el gobernador en tal o cual año? ¿Dónde vivía? ¿Qué camión lo llevaba a la escuela? ¿Qué ruta tomaba? Y cuando vio que yo podía responder a esas preguntas, se molestó mucho. Dio un puñetazo sobre la mesa y dijo: "Sé que tú eres cubano y te vas a podrir en prisión porque Cuba no hará nada por ti".

Lo que Pesquera dijo sobre Cuba no fue así. En realidad, al enfurecido Fidel se le ocurrió una incesante campaña de relaciones públicas como no se había visto desde su batalla por Elián González. Pronto aparecieron *posters* por toda la isla que exigían justicia para *los Cinco Héroes*. En junio de 2001, a los cinco se les condenó en un salón de la corte en Miami por veintiséis cargos —que iban desde espionaje hasta conspiración para cometer asesinato (en la muerte de dos pasajeros que volaban en dos aviones de los Brothers to the Rescue que fueron derribados en 1996)— y se les sentenció a largas condenas en prisión.

En privado, varios agentes del FBI expresaron sorpresa por los arrestos. "Eran oficiales de bajo nivel", dijo un agente. "Fue una decisión política para construir un caso y ejemplo federal a partir de ellos, y eso costó millones. Se les debió haber deportado o negociado por algo que queramos obtener de los cubanos. Como nuestros fugitivos que viven en La Habana."

En el otoño de 2006, el nuevo equipo de investigadores sobre Posada volvió a juntarse en La Habana con sus homólogos. El expediente de Posada aún estaba en los archiveros, pues los expedientes del FBI nunca se eliminan. Sin embargo, la evidencia y los materiales de apoyo que se habían desechado en 2003 tenían que reponerse para construir el caso. Pero el daño irreversible ya estaba hecho.

A la delegación del Congreso del Sur de Florida se le notificó con anticipacion del viaje, y eso no complació al congresista Lincoln Díaz-Balart. Su jefa de personal, Ana Carbonell, llamó al fiscal estatal en Miami "para quejarse" de que el caso incluso estaba bajo investigación, y advirtió que "la comunidad de Miami no estaría feliz con tal cooperación". Carbonell negó haber hecho la llamada, pero una fuente cercana a Acosta dijo que el ministro de Justicia le había informado "que el asunto estaba más allá de su alcance". La autorización había salido del Departamento de Justicia en Washington, el cual había tomado el control de la investigación de Posada.

Había actividad en todos los frentes, volvió a entrevistarse a testigos de 1997 y se descubrió a denunciantes.

Pero sólo unos días antes de que se iniciara el juicio de inmigración de Posada en El Paso, la jueza de distrito de Estados Unidos Kathleen Cardone anuló el único cargo contra Posada por entrada ilegal en el país. En una fulminante opinión, ella acusó a los fiscales de "fraude, engaño y truculencia" por tratar de convertir un caso de terrorismo en un procedimiento migratorio. Incluso los críticos de su decisión concedieron que la jueza había expuesto algunos argumentos sólidos. "Las tácticas del gobierno en este caso son tan groseras, molestas y extrañas que violan el sentido universal de justicia", concluyó Cardone.

Los abogados de Posada se habían quejado mucho sobre un pésimo intérprete que había dirigido una entrevista con Posada acerca de su carrera como militante. Al citar varios errores en la traducción se ganaron la ira de la jueza. "Ésta no es una práctica aceptable en la interpretación, y causó una severa confusión durante la entrevista", escribió Cardone en su opinión.

Sin embargo, ninguno de los abogados del gobierno mencionó que Posada había aprendido inglés en su juventud y que no necesitaba un traductor, ni que había fungido como traductor durante la operación Irán-Contra para los militares estadounidenses. Yo lo había entrevistado casi siempre en inglés, y lo mismo hicieron Blake y Fleetwood, y en ningún momento Posada indicó que no entendiera algo. Su abogado, Matthew Archamblealut, quien se hizo cargo de su arraigo en El Paso, le habló sólo en inglés.

Absuelto de todos los cargos migratorios en su contra, Luis Posada salió de prisión el 8 de mayo de 2007 como un hombre libre —aunque considerado por el Departamento de Justicia de Estados Unidos como "un criminal peligroso y autor confeso de atentados terroristas"—. Como se encontraba en la lista de personas a las que se les prohibía abordar aviones, a Posada se le condujo de regreso a Miami por carretera. Fue un largo y húmedo viaje en auto, pero él no se quejó.

Un año después, el 14 de agosto de 2008, la corte de apelaciones de Estados Unidos para el Quinto Circuito Judicial en Nueva Orleans anuló el fallo de la jueza Cardone y reinstauró la acusación contra Posada por haber mentido bajo juramento sobre su entrada a Estados Unidos. La corte decidió que, a pesar de ciertos pequeños errores en la traducción, Posada entendía el asunto crucial en el núcleo de los cargos contra él. "Y cuando vino a Estados Unidos el 17 o 18 de marzo, ¿por donde entró?" Posada había respondido: "Matamoros", el lado mexicano de la frontera sobre el río Bravo, frente a Brownsville, Texas. Como los investigadores sabían por un informante que Posada había llegado en bote desde Isla Mujeres, su respuesta constituyó perjurio.

Sin embargo, Cuba vio el fallo de la corte con su característica desconfianza. El *Granma* recalcó que había ocurrido sólo tres días después de que Samuel Lewis Navarro, vicepresidente de Panamá, indicó que iba a buscar la extradición de Posada para que enfrentara juicio por cargos más serios.

La liberación de Posada añadió presión al ministro de Justicia de Estados Unidos Alberto Gonzales para declararlo una amenaza a la seguridad y arrestarlo en acatamiento del Acto Patriota, una legislación que él había creado. Pero Gonzales rehusó de inmediato, lo cual hizo que surgieran preguntas sobre si acaso Estados Unidos tenía una doble postura respecto del terrorismo. José Pertierra, el abogado que Venezuela usó para el asunto, tachó la inercia de la administración Bush de "una guerra a la carta contra el terror", una guerra que distingue entre "terroristas buenos" y "terroristas malos". El subsecretario de Estado bajo la administración de George W. Bush, Roger Noriega, estuvo de acuerdo. "Posada era un verdadero dolor de cabeza", le dijo a Daniel Erickson, al permitir que "la gente sea capaz de decir que estamos protegiendo a un terrorista".

Cuba respondió al montar un gran anuncio espectacular afuera del Aeropuerto Internacional José Martí, el cual mostraba un juego de póquer en el que George W. Bush medio sonreía y medio fruncía el ceño, como el as de espadas. Adolf Hitler era el as de corazones. Dos ases más mostraban a Luis Posada Carriles y Orlando Bosch. Y un juego de palabras decía: "Lleno de ases-inos".

La inteligencia cubana parecía tener una doble opinión sobre Posada. A veces era el nefasto culpable de décadas de ataques contra Cuba. Otras veces se le consideraba un simple mercenario. En una entrevista de julio de 2007 aparecida en el *Granma*, Fabián Escalante, ex jefe de la inteligencia cubana, se inclinó hacia la segunda opinión. "Posada nunca fue líder de nada. Posada es un asesino a sueldo, un terrorista pagado. Es un asesino, un matón como los de las películas estadounidenses, que asesinaría a cualquiera sin sentir emoción alguna, sólo por dinero, por su propio interés." Luego sugirió que Posada era una figura de vital importancia. "Pero es un testigo muy, muy peligroso. [Él] sabe demasiado y constituye un verdadero peligro para quienes lo han usado durante más de cuarenta años."

Al hallarse Fidel Castro incapacitado por el deterioro de su salud, Hugo Chávez tomó la estafeta y arremetió feliz contra el manejo que la administración Bush había tenido del caso y denunció a Posada como al "padre de los terroristas de este continente". Es más, Venezuela invertiría un millón de dólares en una película basada en la vida de Posada, y el propio Chávez se lanzó a una búsqueda de estrellas entre los actores latinoamericanos para encontrar quién interpretara el papel del villano principal.

Desde su lecho de enfermo, Castro secundaba a Chávez, expresando desdén, indignación y deleite ocasional. El *Granma* arremetió contra Estados Unidos y declaró que la liberación de Posada era parte de un perverso plan de la administración Bush. Repitiendo argumentos anteriores, La Habana vinculó las actividades de Posada con el ex presidente George H. W. Bush, padre del presidente, y su carrera en la CIA, y señaló que la gestión de Bush como su director coincidió de manera muy precisa con los días de gloria de Posada y Bosch como militantes.

Una semana después de la liberación de Posada, la Unión de Jóvenes Comunistas del gobierno cubano celebró su propia parodia de juicio —la cual culminó, naturalmente, con un resonante veredicto de culpable—. El veredicto se anunció en la Plataforma Antiimperialista José Martí, justo enfrente de la Sección de Intereses Estadounidenses en La Habana. El enorme escenario de concreto, con una sonorización e iluminación de lo mejor y bordeado por un lado por palmeras metálicas, se había construido en el año 2000, durante el caso de Elián González. Los lugareños lo llaman el Protestódromo.

Un mes después, Cuba intensificó el drama. Fue como un tiro de lanzallamas hacia Washington. El 11 de mayo de 2007, el *Granma* publicó lo que, según garantizaban, eran las conversaciones exactas de catorce llamadas telefónicas entre Luis Posada y su amigo Francisco Pimentel, *Paco*, realizadas entre el 21 de febrero y el 21 de septiembre de 1997, cuando ambos hombres vivían en Venezuela.

Extractos de las llamadas, aunque no las transcripciones enteras, se publicaron en el diario del gobierno, y más tarde en *The Miami Herald*. Cuba declaró que había dado las crónicas telefónicas incriminatorias al FBI cuando agentes del JTTF visitaron La Habana en 1998 y luego en 2006. En un fragmento interesante de abril de 1997, Posada dice a Pimentel que "la primera ya ha estallado en el Hotel Meliá Cohiba y no se atreven a decirlo". El 11 de agosto, Posada llamó a su amigo y le dijo: "Paco, y ahora dos [bombas] más, una que pusimos en el Hotel Sol Palmeras de Varadero, uno de esos nuevos de los españoles, y otra en una discoteca en el centro de La Habana". Otra llamada de Pimentel a Posada sugirió, según dicen, que ellos toman represalias contra empresarios vinculados con Cuba, como "ese homosexual… Óscar de la Renta".

Las transcripciones telefónicas mencionaban a colaboradores de Posada como el doctor Alberto Hernández, quien había sucedido por breve tiempo a Mas Canosa como presidente de la Cuban American National Foundation (CANF) antes de abandonar la organización para ingresar al Cuban Liberty Council; el finado Arnaldo Monzón Plasencia, que había dirigido la CANF en Nueva Jersey y murió en 2000; Nelly Rojas, activista y amiga de Posada, quien lo ayudó a escapar de prisión, y Luis Orlando Rodríguez, ex coronel del ejército estadounidense, entre otros.

En otra llamada, Posada informaba a Pimentel acerca de un médico, *el Jefe Gasparito* (Gaspar Jiménez, a quien capturaron junto con

Posada en Panamá en el año 2000), quien estaba involucrado por completo y fue clave en esto… "Estas acciones tienen que ver conmigo y ahora le aseguro que cuento con el apoyo de mucho dinero." El doctor fue identificado en el artículo del *Granma* como Alberto Hernández, de cuya oficina se decía que era el lugar desde donde se enviaba el dinero para la operación. (Tanto Hernández como Monzón eran amigos de confianza del fallecido Mas Canosa.) Estos fondos financiaron bombas, según decía el artículo, ocho de las cuales explotaron, cuatro fueron desactivadas y dos desarmadas en el Aeropuerto Internacional José Martí.

Las escandalosas transcripciones telefónicas paralizaron a los exiliados, a Washington y a los cubanófilos. Eran, sin duda, incriminatorias y relacionaban a ciertos personajes más o menos obvios con la operación de las bombas. Pero planteaban tantas nuevas preguntas como las que ya habían respondido. Si la inteligencia cubana había sido capaz de capturar a los dos conspiradores, al parecer, gracias a que conocían su ubicación, ¿por qué no retuvo a los hombres o previno ataques futuros? ¿Y por qué publicaron sólo transcripciones editadas y no el audio completo?

Resultó que Posada valía más vivo que muerto para Fidel Castro. "Ellos nunca tendrán mejor propaganda que Luis Posada", dijo el veterano del FBI George Kiszynski. "Él es lo mejor que tienen."

Cuando llegó a Miami la primera oleada de exiliados en 1959, hubo una profunda sensación de pérdida: de país, de instituciones, de posición social. Para remediar lo último, los exiliados más prósperos se construyeron un elegante y privado centro nocturno en SW 92 Avenue. Todo un monumento a la nostalgia, al local se le llamó el Big Five Club en honor a los cinco clubes sociales más importantes de La Habana prerrevolucionaria (Miramar Yacht Club, Velado Tennis Club, Casino Español, Biltmore Yacht and Country Club y Havana Yacht Club). Con los años, el lugar se convirtió en el centro de innumerables galas y actos políticos para la recaudación de fondos para los líderes de los exiliados de Miami.

En noviembre de 2007, el Big Five Club fue la sede de una exposición de arte para recaudar fondos en beneficio de Posada y su compañero de armas, José Dionisio Suárez, cuyo sobrenombre decía mucho de él: *Charco de Sangre*. El evento preocupó sobremanera a las fuerzas del orden público. No sólo era humillante la aparición pública de Posada, sino que Suárez era el asesino convicto de Orlando Letelier y Ronni Moffitt. Él había pasado sólo diez años en prisión cuando el congresista Lincoln Díaz-Balart logró negociar su liberación en 2001. La gala de "arte asesino" mostraba cuarenta cuadros pintados por dos militantes anticastristas.

Los exiliados de Union City, Nueva Jersey, la segunda ciudad con mayor población de exiliados en Estados Unidos, también se unieron a la causa. En diciembre de 2007 se montó una exposición con las pinturas de Posada en Hudson Hall, un centro comunitario costeado con los impuestos en West New York, Nueva Jersey, población adyacente a Union City. El evento también fue para recaudar fondos para las crecientes cuentas legales de Posada y se le presentó en el periódico local *Avance*, propiedad de cubanos, con fotografías que mostraban a Posada con sus pinturas y seguidores.

Pero no todo era color de rosa para el equipo de Posada y él lo sabía. No lejos de su evento de Jersey, los fiscales federales tramaban su arresto, juicio y encarcelamiento desde las sombrías instalaciones del Ministerio de Justicia en Broad Street, en el centro de Newark, Nueva Jersey.

El equipo del Departamento de Justicia que se encargó del caso Posada estaba dirigido por dos fiscales de carrera de su División de Seguridad Nacional: John Van Lonkhuyzen, un hombre cáustico de más de cincuenta años, y su total opuesto, un abogado de voz suave llamado Paul Ahern. Eran un dúo muy adecuado para interpretar los papeles del policía bueno y el policía malo. Para ayudarlos había dos investigadores relativamente nuevos en la JTTF: Omar Vega del FBI y Jorge González del Departamento de Policía de Miami-Dade, ambos nacidos en Cuba.

En enero de 2006, el Departamento de Justicia había convocado a un gran jurado en Newark para investigar los papeles de Posada y sus colaboradores en las detonaciones ocurridas en Cuba en 1997. Investigadores del FBI concluyeron que Posada había introducido explosivos plásticos en Cuba dentro de botellas de champú y suelas de zapatos. Un turista italiano resultó muerto por una de esas bombas el 4 de septiembre de 1997 en el Hotel Copacabana.

A finales de 2006, cuando Ed Nucci y luego David Deitch manejaban la investigación del Departamento de Justicia, este organismo ofreció un trato a Posada: declararse culpable de haber financiado los atentados de 1997 en La Habana y cumplir menos de cinco años en prisión. Si él aceptaba el trato, a sus cinco colaboradores en Union City (Rubén y José Gonzalo, Ángel Alfonso, Abel Hernández y el contador Óscar Rojas) se les ahorraría la acusación. Según Gilberto García, quien representaba a los hombres (la mayoría de ellos mencionados en el tristemente célebre fax de Posada), era un buen trato donde todos ganaban.

En Union City tenían la sensación de que Posada podía ahorrar a sus camaradas y sus familias bastantes penas, pasar poco tiempo en prisión y convertirse en un héroe para muchos. Pero cuando su abogado, García, voló a Miami en septiembre y presentó el trato al equipo legal de Posada, quedó consternado por la reacción. Según García, no había "ningún interés" por un trato que diera a Posada una temporada en prisión. "Eduardo Soto me dijo que 'dejara de meterme en asuntos ajenos', en esos mismos términos", dijo García en referencia al padre del abogado de Posada, Soto Jr. Añadió que el padre, quien había conocido a Posada desde Cuba, era quien estaba "tomando las decisiones".

Por un tiempo pareció probable que Posada se arrepentiría de rechazar el trato. El 19 y 20 de septiembre de 2007, el gran jurado de Newark convocó a tres valiosos testigos para que declararan sobre el flujo de dinero proveniente de los exiliados de Estados Unidos para apoyar golpes militares. Según un abogado de Posada, el gobierno tuvo que obligar a hablar a ciertos personajes conocedores para que proveyeran de testimonios incriminadores. Una testigo que trabajó para Abel Hernández en su popular restaurante Mi Bandera declaró que unos veinte exiliados de Union City habían enviado dinero a Posada en 1997. Según Gilberto García, ese testimonio fue corroborado por un amigo de ella, quien era dueño de la franquicia de Western Union de Union City, desde donde se envió el dinero a Posada. (En febrero de 1998 se vendió la franquicia a Abel Hernández, uno de los hombres mencionados en el fax.)

Los perseguidores insistieron mucho en el papel de la CANF y sus oficiales. Ésta era una gran ironía: la CANF se había transformado en un grupo de exiliados más moderados en 2000. Su postura política se había acercado tanto al centro que la Casa Blanca acabó con ella durante el régimen de Bush por haberse "suavizado". Muchos de los "duros" del grupo que tenían nexos con Posada se habían unido al Consejo por la Libertad de Cuba, el cual se había establecido como el grupo de exiliados favorito de la administración Bush.

Yo también me encontraba bajo una presión considerable. El juez asignado para oír nuestro caso no tenía antecedentes que favorecieran a casos de la Primera Enmienda. En realidad, no tenía antecedentes. El juez Peter Sheridan se había desempeñado como cabildero y abogado del Partido Republicano en Nueva Jersey hasta el año anterior. Entre los fieles al partido, a él se le conocía como conservador en un estado donde el Partido Republicano maneja una línea política de centro moderado. Tanto él como su hermano se habían destacado como recaudadores de fondos para el Partido Republicano estatal.

Aquel nombramiento no le convino a *The New York Times* ni a mí. Sin embargo, para nuestra sorpresa, el juez Sheridan reconoció que el "privilegio periodístico era muy limitado", un importante obstáculo para nosotros. La palabra importante aquí, sin embargo, fue *limitado*, pues en otros asuntos él falló de manera constante en favor del Departamento de Justicia. Tim Julin, abogado del *Times*, y George Freeman, consejero legal residente del periódico, consideraron hacer una apelación al Tercer Circuito Judicial. Tras algunos debates, concluyeron que tenían pocas posibilidades de éxito, pues la decisión del juez se había plasmado de manera demasiado estricta —con reconocimiento al privilegio periodístico— como para poder apelarla. Otro obstáculo para la apelación era la total improbabilidad de que, por causa de ciertos nombramientos recientes, el Tercer Circuito Judicial usara el caso para fallar en contra del privilegio periodístico y debilitar así esta protección fundamental para todos los reporteros y medios de comunicación.

Lo mejor que pudimos hacer fue dejar las cosas para después y esperar a que el gobierno, ante la presión política de Miami, dejara el caso. Pero a lo largo de 2006 y 2007, el Departamento de Justicia fue implacable y no tardó en emitir amenazas y fechas límite. Si yo no entregaba las cintas para el 11 de julio de 2007, me encontraría en desacato y quizá me encarcelarían. Pero eso no acabó ahí. El 23 de julio de 2007 se me indicó que apareciera ante el gran jurado de Newark. Verse involucrado en un caso criminal es la pesadilla de los reporteros. Durante los siguientes seis meses, Julin batalló con el Departamento de Justicia para evitar una situación así. Pero había otro problema. Desde mi perspectiva, la ética periodística profesional me exigía informar al público sobre tal aparición. Para empeorar las cosas, el Departamento de Justicia declaró que sus asuntos conmigo eran estrictamente confidenciales, por lo que prohibían cualquier publicación. El asunto terminó en empate cuando el *Times* rechazó la "mordaza" y los fiscales decidieron no buscar un fallo de la corte para respaldar su petición.

Al mismo tiempo, el Congreso intervino en el asunto de Posada. El 15 de noviembre de 2007, la Cámara de Representantes de Estados Unidos sostuvo una audiencia de todo el día sobre Posada convocada por el representante William Delahunt, quien presidía el Subcomité de Asuntos Exteriores sobre Organizaciones Internacionales, Derechos Humanos y Supervisión de la Cámara de Representantes. En su frase de apertura, Delahunt dijo que había "evidencias concluyentes" de que Posada era responsable del atentado contra Cubana de Aviación en 1976, así como de las detonaciones en el hotel en 1997, y añadió que se encontraba "desconcertado" por la negativa de la administración a perseguirlo.

El abogado de Posada, Arturo Hernández, contradijo la caracterización que se había hecho de su cliente. "El señor Posada Carriles no es un terrorista y nunca lo ha sido", dijo. "Su ambición de toda la vida ha sido llevar democracia y libertad a su tierra natal." Hernández incluso descartó cinco décadas de evidencia por considerar que "se basaban en un dudoso rumor de tercera mano y fuentes no identificadas".

En su testimonio, el escritor independiente Blake Fleetwood dijo que, durante sus entrevistas con Posada y Bosch, ambos hombres "fanfarronearon con orgullo sobre su complicidad en cientos de asesinatos, atentados con bomba y magnicidios". Pronto, Fleetwood se vio confrontado por la bancada republicana del subcomité y el representante Dana Rohrabacher, quien hizo que Fleetwood admitiera que ninguno de los dos militantes había confesado su "participación personal" en el asesinato intencional de civiles inocentes. Rohrabacher, quien obviamente estaba ahí en sustitución de Ileana Ros-Lehtinen, que no se presentó, de manera insistente se refirió al asesinado Letelier como "un agente de Castro". Cuando se le exigió que sustentara su afirmación, él citó un artículo del columnista conservador Robert Novak donde decía —erróneamente, como luego se supo— que Letelier había sido un espía cubano.

Peter Kornbluh, del Archivo de Seguridad Nacional, proyectó una serie de diapositivas con memorandos de la CIA y el FBI que no dejaban duda de que Posada había sido un conspirador clave en el atentado contra Cubana. La testigo más conmovedora fue Roseanne

Nenninger, quien narró con dramatismo cómo perdió a su hermano de diecinueve años en el desafortunado *jet*.

El comité me pidió que testificara como su "historiadora", y los condujera por la historia de Posada desde 1959 hasta el presente y los pusiera en antecedentes sobre la serie de artículos del *Times* de 1998. Yo les revelé que me había enfrentado con un citatorio de un gran jurado federal que investigaba la participación de Posada en los atentados de La Habana en 1997, y señalé que "si el gobierno tenía intenciones serias de perseguir a Posada... podría haberlo hecho desde hace mucho tiempo". En verdad, el gobierno tenía resmas de material para poder llevarlo a juicio sin interferir con las protecciones a la prensa que da la Primera Enmienda.

Entre tanto, el abogado del *Times*, Julin, trató de negociar con el gran jurado para mantenerme lejos del mismo y de la cárcel. No se me obligaría a testificar si me reunía en privado con el Departamento de Justicia y confirmaba las circunstancias de mi entrevista con Posada y el contenido de las cintas. Aquélla no era mi primera opción de solución, pero era la mejor disponible. El 26 y 27 de noviembre de 2007 hice justo eso, y me entrevisté con dos fiscales y dos agentes de la JTTF durante un día gris y lluvioso en el piso once del Ministerio de Justicia de Estados Unidos en Newark.

El citatorio y la posibilidad de que se me obligara a testificar nos motivaron a localizar y repasar las viejas cintas. Con este fin, contratamos a un traductor-transcriptor cubano-estadounidense certificado para que las revisara, un proceso que desenterró varias palabras así como la extraña frase que había resultado inaudible para los transcriptores del *Times*. Los comentarios de Posada en relación con el atentado del hotel resultaron ser más incriminatorios de lo que habíamos pensado.

Dos meses antes se había establecido un nuevo gran jurado en Newark. El anterior había dedicado dieciocho meses al caso de Posada y, según todos los informes, había escuchado a docenas de testigos que vinculaban a Posada con las explosiones de bombas en

Cuba. "Tienen más que suficiente para armar el caso", dijo Gilberto García, el abogado que representaba a los hombres de Union City, cada uno de los cuales había recibido una *carta al sujeto de investigación*. "Ya tienen bastante y no requieren de más". Aunque él estaba del otro lado, dijo que la profundidad del caso del gobierno le había parecido "asombrosa". Aun así, sus clientes no hablaron. "Usted tiene que quitarse el sombrero ante mis muchachos, están listos para mantenerse firmes", dijo García. "Estábamos seguros de que iban a acusarlos el año pasado. Omar Vega [agente de la JTTF] nos dijo en diciembre [de 2007]: 'Es la última oportunidad que ellos tienen de venir y salvarse'," dijo, refiriéndose a los acuerdos de aceptación de culpabilidad que se ofrecieron a los hombres. "Mis muchachos no tienen miedo, no importa lo que piensen de ellos. Ellos les dijeron: '¡Váyanse al diablo!'"

Para finales del año, García dijo que había cambiado de opinión y que estaba más tranquilo. Tras meses de anticipar acusaciones inminentes, ahora decía: "Ellos tienen lo que quieren, pero eso no va a ocurrir antes de la elección [en noviembre de 2008], si es que llega a ocurrir. Creo que alguien de arriba les dijo que no lo hicieran".

A finales de mayo de 2008, el abogado Tom Julin recibió una llamada de John van Lonkhuyzen del Departamento de Justicia, quien le informó sobre una petición de extradición de Italia. "Tengo en mis manos una copia de la petición del fiscal público en la corte de Roma bajo el Tratado de Mutua Asistencia Legal", relató Julin con base en sus notas de la conversación. Incluso añadió que el Departamento de Justicia había solicitado "preparar un interrogatorio para Ann Louis Bardach ante los fiscales romanos" en relación con los artículos que publicó *The New York Times* sobre Posada. Señaló que como un ciudadano italiano había perdido la vida en una de las explosiones en el hotel orquestadas por Posada, Italia realizaba su propia investigación.

El agregado del Departamento de Justicia en Roma había pedido a Van Lonkhuyzen que me avisara que la petición de asistencia judicial estaba por llegar. Bajo el Tratado de Mutua Asistencia Legal con Italia, una vez que se hace una petición, las cortes estadounidenses pueden emitir citatorios para obligar a un testigo a declarar. Van Lonkhuyzen advirtió que si yo no cooperaba, podía iniciarse un proceso judicial en la corte distrital estadounidense para el Distrito Central de California y podía emitirse otro citatorio más para obligarme a testificar.

Varias cosas me sorprendieron de la llamada, pero no el hecho de que hubiera una investigación italiana. Los oficiales cubanos habían negociado con Italia para investigar el asesinato de Di Celmo, y tenían apoyo. Italia es de los países que más invierten en el turismo cubano. La hija de Raúl Castro, Mariela, es esposa de un italiano con intereses comerciales, y las relaciones entre ambos países han sido amigables por largo tiempo. Cayo Largo, un ostentoso rincón en una isla frente a la costa sur de Cuba, tiene varios hoteles que son copropiedad de compañías italianas. En cierta época, el diminuto aeropuerto de la isla realizaba vuelos diarios hasta y desde Milán, tierra del magnate-político Silvio Berlusconi.

A finales de los años noventa, miembros de la JTTF habían propuesto que los italianos encabezaran la investigación, con lo que limitaban el daño político colateral que un juicio de Posada podría causar en Estados Unidos. Pero lo más curioso fue que el agregado italiano notificó esto al Departamento de Justicia más de seis meses antes, el 14 de diciembre de 2007, pero había detenido los trámites por medio año antes de transmitir el mensaje. También fue interesante el momento justo en que empezó la intervención italiana, posiblemente un *deus ex machina* para la administración Bush.

Evidentemente, el ministro de Justicia Michael Mukasey había decidido no presentar cargos antes de noviembre de 2008, si acaso llegaba a hacerlo. No importó que el Departamento de Justicia hubiera gastado millones en su investigación sobre Posada, agotado a varios grandes jurados y enviado *cartas al sujeto de la investigación*, Posada y sus colaboradores. Mukasey resultó ser tan terco como su predecesor en su determinación de no presentar cargos. No era necesario ser adivino para darse cuenta de que 2008 era un año de elecciones. Además, los tres representantes ante el Congreso del Partido Republicano de Miami enfrentaban a adversarios de cierto renombre e influencia. Y los tres habían apoyado incondicionalmente a Luis Posada y Orlando Bosch.

Sin embargo, si se presionaba al ministro de Justicia, él podría dejar el caso en manos de los italianos y ahorrar a los republicanos bastantes vergüenzas. Para 2008, George W. Bush se encontraba muy abajo en las encuestas y tenía cada vez menos amigos. Uno de los pocos que le quedaban era el polémico Berlusconi, que por azares del destino había vuelto a ocupar la silla presidencial en Roma.

El ambiente y los involucrados en el caso de Posada cambiarían drásticamente tras la elección presidencial de 2008. El viejo militante ya no podría contar con el favor de la administración Bush.

En febrero de 2009, Tom Julin volvió a saber de Van Lonkhuyzen en el Departamento de Justicia. Su colega Paul Ahern ya no estaba en el caso, lo cual lo convertía en el tercer fiscal en dejar la investigación desde 2006. No era claro si las renuncias las había motivado el agotamiento o el aburrimiento al no haber tenido un gran jurado mínimamente estable durante tres años. El remplazo de Ahern fue Rebekah Sittner, quien al parecer desempeñaría el papel del "policía bueno" en contraposición al confrontador Van Lonkhuyzen.

Esta vez, Van Lonkhuyzen dijo a Julin que estaba decidido a hacer que se concediera a los italianos su petición y ya había tramitado una orden del juez. Añadió que no creía que Posada saliera airoso de una deportación a Italia.

El arreglo tenía otro beneficio secundario para él. Al convertirse el fiscal romano en el jefe de la investigación, el Departamento de Justicia tendría otro encuentro conmigo, algo así como una última revisión de las estrictas limitaciones que se impusieron a nuestro encuentro de 2007. El *Times* consideró una apelación, pero concluyó que las posibilidades de un resultado favorable eran remotas, pues Posada no había sido una fuente confidencial.

Giancarlo Capaldo, el principal fiscal de Italia, a veces llamado *el Ministro de Justicia italiano*, es un hombre de importantes logros judiciales. Se le ha comparado con el español Baltasar Garzón, el juez que emitió la orden de arraigo para Augusto Pinochet cuando el dictador chileno visitaba Londres en 1999. Un año antes, Capaldo empezó a investigar los veinticinco asesinatos cometidos en Latinoamérica durante la llamada Guerra Sucia. Todas las víctimas tenían doble nacionalidad con Italia. Tras una investigación de seis años, Capaldo había obtenido acusaciones y emitido órdenes de extradición para el ex líder de la Junta Militar de Argentina, Jorge Videla, el ex dictador de Uruguay Juan Bordaberry, el general Enrique Morales Bermúdez de Perú y otros ciento treinta y cinco oficiales militares.

A Van Lonkhuyzen también se le comisionó para reinvestigar el asesinato de Orlando Letelier por la misma época que a Capaldo. Esa averiguación se prolongó hasta la muerte de Pinochet en 2006 y nunca se acusó a nadie. Parecía que la investigación sobre Posada iba a seguir un derrotero similar, aunque es probable que la administración Bush hubiera obstruido el proceso contra los líderes derechistas de la junta.

La reunión con Capaldo, su asistente y un intérprete se llevó a cabo el 1° de abril de 2009 en el centro de Los Ángeles, en el despacho del fiscal de Estados Unidos por el Sur de California. Durante la sesión de dos horas, Van Lonkhuyzen y su equipo reprodujeron fragmentos breves de las cintas, cuya calidad de sonido había sido depurada y mejorada por el laboratorio del FBI. Uno de los extractos era una pregunta que yo repetí a Posada en relación con su campaña de atentados: "Entonces, ¿no tiene usted problema en aceptar su responsabilidad en ello porque la considera una acción de guerra legítima en Cuba [las bombas en el hotel]?"

Mientras que yo, Larry Rohter y los directores del *Times* habíamos sido incapaces de discernir su respuesta a esta interrogante en particular, el laboratorio del FBI lo logró. Yo escuché con cuidado mientras reproducían la cinta para mí. Ahora, la respuesta de Posada era discernible, y sólo era una palabra: "Sí".

A tres meses de la administración de Obama, las ruedas de la justicia empezaron a girar en el caso de Luis Posada Carriles. El 8 de abril de 2009, el guerrero anticastrista de ochenta y un años fue acusado por el Departamento de Justicia de once cargos. Sin embargo, no fueron por cometer actos de terrorismo, sino por crímenes menores como perjurio y por hacer falsas declaraciones durante su proceso de inmigración. Uno fue por mentir sobre cómo había ingresado a Estados Unidos en 2005.

Otro cargo fue perjurio, por lo que Posada había dicho a la corte en relación con sus declaraciones para *The New York Times*. "[Posada] se había involucrado en solicitar a otros individuos que realizaran los mencionados atentados en Cuba", decía la acusación, "como él mismo había dicho a una reportera de identidad conocida por el gran jurado y tal como aparecía escrito en el mencionado artículo de *The New York Times*". En verdad, yo nunca había aparecido ante el gran jurado, pero era claro que los fiscales habían citado mi entrevista con Posada. Sin embargo, el hecho de que se me mencionara en la acusación implicaba que (muy a mi pesar) se me volvería a emplazar cuando su caso fuera a juicio.

Por consiguiente, para obviar esa posibilidad, se necesitaba otra moción presentada por el abogado Tom Julin. Pero el *Times* perdió su movimiento.

En 1987, el gran cineasta cubano Néstor Almendros (QEPD) presentó *Nadie escuchaba*, película aclamada por la crítica, la cual trata sobre los prisioneros políticos en su tierra natal e hizo añicos lo que quedaba de la visión utópica de Cuba. El filme engendraría una buena secuela ambientada en Miami y disipó cualquier ilusión persistente sobre la naturaleza de la política de los exiliados cubanos. En la secuela, Luis Posada y Orlando Bosch serían los antihéroes.

Orlando Bosch quería tomar una larga siesta cada tarde y ya rara vez bebía whisky. Pero aún era un hombre que necesitaba una cruzada, un enemigo y un trago. "Lo mataría", me dijo lleno de pasión en 2006, y se refería, por supuesto, a Fidel Castro. "¿Quién quiere eso más que yo?", dijo con tristeza. "Pero ya no puedo hacer más. He dado el cien por ciento." Bosch fue cordial pero sereno al tocar el tema de Posada y el atentado contra Cubana. "Un día después de mi muerte, el mundo averiguará exactamente qué ocurrió a ese avión", dijo con malicia.

Durante nuestra primera charla, Adriana, la esposa de Bosch, una atractiva mujer de reluciente pelo castaño rojizo, llegó de hacer un mandado y se unió a nuestra conversación. Su hija Karen y los dos hijos pequeños de ella vivían con ellos, mientras que los cuatro hijos mayores del primer matrimonio de Bosch vivían cerca. A veces, Adriana presionaba a su esposo cuando hablaba. "Si habla durante mucho tiempo, se traba", explicó ella. "Aún no termina la terapia para su apoplejía."

Vivir con Bosch nunca fue fácil, ya sea que estuviera en la cárcel o en casa. Siempre un hombre intransigente, durante el año anterior su estado de ánimo se había vuelto cada vez más mercurial, intenso, incluso paranoide. Karen Bosch me dijo que tiene un medio hermano que sufre de esquizofrenia. "Eso se hereda en una familia", explicó, mientras su madre asentía con desánimo. "Mi padre la padece, pero no es tan grave." El deterioro físico de su padre sólo ha empeorado sus cambios maniacos. "Después de su ataque de apoplejía, supimos que había tenido diez pequeños ataques anteriores."

Adriana se veía exhausta y con los ojos llorosos durante mi segunda visita. Bosch había llamado por teléfono a algunos amigos y cuestionó la lealtad de su esposa e hija. "Él estaba mejor antes, pues sus actividades [anticastristas] lo satisfacían", comentó con fastidio.

"Fue su obsesión. Así estaba bien. Ahora es muy difícil", añadió. Bosch era ahora un hombre sin guerra que pelear. Su razón de ser y enemigo de toda la vida, Fidel Castro, se hallaba igualmente débil, por lo que a Bosch sólo le quedaba batallar contra su propia y devota familia. "Es una competencia por ver quién muere primero", lamentó Adriana.

Para la élite de guerrilleros de la guerra contra Castro, o la Ilíada cubana, lo que les trajo las peores humillaciones no fue el campo de batalla, sino la supervivencia y el tiempo. En julio de 2005, el ex jefe de la Disip Orlando García murió en Miami a los setenta y ocho años. En 1991, García había visto su suerte derrumbarse después de que se le acusó en un escándalo de corrupción y tráfico de armas, lo cual abrió una brecha entre él y Carlos Andrés Pérez. García regresó a Miami, y para el año 2000 su salud se desplomó. Una vida de tabaquismo severo lo había dejado con una fibrosis pulmonar incapacitante.

Aunque era ciudadano estadounidense y veterano de la Guerra de Corea, a García se le negaron los beneficios de los veteranos. Alfredo Durán representó a García gratuitamente —pero con éxito— en su demanda contra la Administración de Veteranos. "Todos pensaban que García y CAP eran tan corruptos que eran archimillonarios", dijo Durán, "pero la verdad es que Orlando fue despojado, no tenía nada". Ni siquiera sobrevivió su tesoro de fotografías, diarios y recuerdos que encargó a su hermano Wilfredo. Su hijo Osvaldo recuerda que su padre dijo a su tío que "conservara esos archivos; si alguna vez escribo un libro, ésos son mis fuentes más importantes". Pero en el caos que siguió a la muerte de su hermano, se desechó la caja de papeles de García, entre los que había expedientes irremplazables de la Disip.

Su viuda, Lucy Querales-García, declaró a *El Nuevo Herald* que su esposo "sabía todo [sobre el atentado de Cubana] y que, hasta su último día de vida, se mantuvo informado de lo que se decía sobre el tema en los noticieros. Murmuraba acerca de lo que era verdad y lo que no, pero nunca tuvo la energía de participar en un debate público". Orlando García dijo que intentaría llevarse sus secretos a la tumba, y en su mayor parte así lo hizo. Aunque eludió hábilmente a la prensa, García reveló a sus amigos de confianza, quienes habían ido a despedirse de él, que Posada fue la cabeza del atentado. "Yo voy a morir en tres o cuatro meses", dijo a Antonio Veciana durante una visita. "¿Para qué me tomo esa molestia? ¿Por qué decir ahora algo que lo perjudique?"

Carlos Andrés Pérez se mudó a Miami Beach en 2000, donde, tras una serie de apoplejías, quedó confinado a una silla de ruedas hasta su muerte en diciembre de 2010. Estaba muy amargado por el ascenso al poder de Chávez e igualmente disgustado por la lentitud del gobierno de Estados Unidos para responder a su solicitud de asilo político. La propia historia de CAP con Castro estaba llena de pleitos, treguas, traiciones y enemistad. En 1989, durante una tregua, Castro asistió a la segunda toma de poder de CAP en Caracas. Orlando García, según sus hijos, entregó personalmente la invitación a Castro en La Habana, tras pasar cuatro días en una casa de protocolo en Miramar. Poco después, García, CAP y Castro sostuvieron varias juntas privadas y habían alcanzado cierto acercamiento cordial —destruido por el ascenso de Chávez.

En noviembre de 2000 falleció Rafael Rivas-Vásquez, un hombre que guardó muchos secretos durante sus años en la Disip de 1972 a 1994. Tenía sólo sesenta y dos años cuando sucumbió ante un cáncer de páncreas en su hogar de Miami. Se sabe que, antes de abandonar Caracas, entregó a dos periodistas venezolanos una serie de expedientes que implicaban a Posada y Bosch en el atentado del avión, incluidas las notas de su propia entrevista con Hernán Ricardi. En 2005, los dos periodistas, Alexis Rosas y Ernesto Villegas, de abiertas tendencias izquierdistas, publicaron un libro con base en esos expedientes.

Otros involucrados en la tragedia de Cubana rehicieron su vida sin demasiados problemas. Freddy Lugo conduce un taxi y vive en el barrio obrero de Catia en Caracas. Él sostiene su inocencia y dice que Hernán Ricardo lo embaucó para aceptar ir en el vuelo de Cubana, pues le había prometido una cámara nueva. Evidentemente, Ricardo gozó de buena fortuna tras pasar diez años en prisión por plantar las bombas en el avión. Según *The Miami Herald*, él llegó a trabajar para la DEA.

Algunos veteranos del caso Bosch-Posada han prosperado. En 2002, el entonces gobernador Jeb Bush nombró a Raoul Cantero III, el abogado de Mas Canosa y Orlando Bosch, como juez de la Suprema Corte de Florida, no obstante la nula experiencia de Cantero como juez. Tiempo después, Bush consiguió a Cantero un cargo en la Suprema Corte de Estados Unidos. En agosto de 2008, Cantero abandonó la corte para retomar una lucrativa práctica privada en Miami.

El ex jefe del FBI de Miami Héctor Pesquera consiguió una elegante sinecura como coordinador de Seguridad Fronteriza para el condado de Broward tras salir del buró en 2003. En noviembre de 2008 dejó el cargo (cuando despidieron al comisario de Broward) y obtuvo un cargo como jefe de seguridad en el puerto de Miami. Su hijo, Ed Pesquera, continúa en el buró de Miami, pero lo retiraron de la investigación sobre Posada de la Fuerza Conjunta contra el Terrorismo cuando la reconstruyeron en 2005.

En abril de 2007 la policía venezolana tomó la casa del ex socio y abogado de Posada, Joaquín Chaffardet, quien por casualidad se hallaba fuera del país. Dijeron haber descubierto armas y documentos, pero la esposa de Chaffardet dijo que los agentes plantaron explosivos C-4 y materiales incriminatorios durante su búsqueda de cinco horas. Venezuela acusó a Chaffardet de ser "cómplice" de Posada y cuestionó su testimonio durante la audiencia de Posada en El Paso. Él estuvo presente para el regreso triunfante de Posada a Miami, donde ambos brindaron por su libertad.

Orlando Bosch también sostuvo una reunión con su viejo camarada. Los dos caballos de batalla de las "Guerras contra Cuba" celebraron con una cena en el Big Five Club de Miami. Luis Posada y Orlando Bosch estaban viejos y enfermos, pero eran libres.

Bosch murió en un hospital de Miami en abril de 2011. Tenía ochenta y cuatro años pero no sobrevivió al castigo de toda su vida.

A lo largo de 2008, las apariciones públicas de Posada se volvieron algo casi cotidiano, pues se aparecía en galas, memoriales y eventos para recaudar fondos. El 15 de febrero de 2008, Posada celebró sus ochenta años con sus amigos y familia. Estaba animado y optimista, no obstante la estridente manifestación que organizó el grupo pacifista CodePink en Miami, el cual exigía su arresto. Tampoco parecía preocuparle demasiado la noticia de que la Suprema Corte de Justicia había revocado el perdón que se le había concedido y que sus colaboradores habían reabierto el caso contra él. También hubo una *carta al sujeto de investigación*, que lo prevenía sobre una posible acusación del Departamento de Justicia por su participación en los atentados contra el hotel en Cuba.

En marzo asistió al homenaje póstumo para el virtuoso contrabajista y compositor cubano Cachao, donde se rozó con la crema y nata de Miami. Ese mismo mes apareció en un homenaje al doctor Óscar Elías Biscet, el disidente cubano encarcelado. En el evento, hubo tanto solemnidad como humor. Del lado opuesto de Posada en el recinto, entre el repicar de copas tintineantes, estaban dos de sus benefactores: el congresista Lincoln Díaz-Balart e Ileana Ros-Lehtinen.

El 2 de mayo de 2008, las organizaciones Los Municipios de Cuba en el Exilio y Junta Patriótica Cubana celebraron en el Big Five Club una gala para recaudar fondos en honor de Posada. Aunque se invitó a los tres representantes de Miami ante el Congreso, éstos no asistieron a las festividades, quizá para no llamar la atención de los medios. Sin embargo, unos quinientos exiliados rindieron homenaje a Posada en un banquete a la luz de las velas, en el cual se recaudaron miles de dólares para pagar sus cuentas legales.

Aunque en 2008 y 2009 se organizarían más eventos de este tipo, aquella noche en el Big Five Club fue de las más memorables. A Posada se le vio en excelente forma con un elegante traje azul marino, repartiendo saludos de mano y besos al por mayor. "Le hicieron una cirugía facial y se veía muy distinto, mucho mejor", dijo Carol Williams de *Los Ángeles Times*. "Las cicatrices de la parte inferior de su cara habían desaparecido, y su barbilla y mandíbula inferior estaban más suaves."

"No debemos esperar a que muera Fidel Castro", dijo Posada a la multitud, "[ni] a que Raúl cometa errores... la libertad no es algo por lo que tengamos que rogar. La conquistamos con el agudo filo del machete. Pedimos a Dios que afile nuestros machetes porque se avecinan tiempos difíciles".

El 24 de abril de 2009, dos semanas después de que llegó la acusación del Departamento de Justicia por perjurio y entrada ilegal, a Posada lo agasajaron en Miami. Fue una tranquila tarde de domingo, cuando muchos habrían preferido pasar un rato con su familia o ver un partido de béisbol o futbol. Sin embargo, más de trescientos simpatizantes llenaron el Big Five Club para recaudar fondos para el empedernido militante.

"La gente ha respondido de manera extraordinaria", declaró Nelly Rojas del Comité de Ayuda para Luis Posada Carriles (CALPC) a *El Nuevo Herald*, "pues Posada es un verdadero patriota". Los asistentes pagaron cuarenta dólares por asistir al almuerzo y muchos firmaron cheques por cantidades mucho mayores para contribuir con el pago de sus crecientes cuentas legales.

Osiel González, el antiguo compatriota y compañero de Posada en el grupo paramilitar Alpha 66, sostuvo que el único crimen de Posada era ser "un luchador anticomunista".

Finalmente, el juicio de Posada se inició el 10 de enero de 2011. Era claro, desde un principio y de acuerdo con diversos observadores en la sala del tribunal, que el fiscal del gobierno no estaba en territorio amigo. La jueza Kathleen Cardone, quien previamente había botado el caso sólo para recuperarlo después de que el tribunal de apelaciones había anulado su decisión, no parecía convencida por el caso del Departamento de Justicia.

No ayudó el hecho de que Timothy Reardon III, el quinto fiscal en asumir el puesto, no fue la mejor elección para encabezar la misión. Reardon no es mucho más joven que Posada pero parecía aún más viejo debido a una reciente cirugía de cadera que lo obligó a usar bastón. Fue sacado, evidentemente, del retiro para encabezar el caso Posada después de que Van Lonkhuyzen fue asignado a otro. Aun cuando Reardon es un hombre inteligente, erudito y cortés, tiene una disposición mal dirigida hacia la condescendencia.

Por otra parte, Reardon proviene de la realeza del Partido Demócrata-Kennedy. Su padre, un brahmán de Boston, fue compañero de cuarto en Harvard de Joe Kennedy, el hermano mayor de JFK, y un héroe de guerra asesinado durante la segunda Guerra Mundial. El señor Reardon llegó a ser un importante asesor legal de JFK. Irónicamente, fue el asesor del joven presidente durante la debacle de Bahía de Cochinos, de la cual surgieron amargados reclutas como Luis Posada.

Por otra parte, la jueza Cardone fue una "cita judicial" de George W. Bush en tres ocasiones. Una atractiva mujer, quien además daba clases de *aerobics*, casada con un policía detective de El Paso, Cardone es republicana y conservadora, tal como Arturo Hernández, el abogado de Posada.

Hernández hábilmente seleccionó un jurado formado casi en su totalidad por abogados mexicano-estadounidenses de El Paso. Estaba consciente de que un tribunal es también un teatro, y replanteaba el papel de un actor apasionado y defensor de su cliente. La estrategia de la defensa de Hernández fue que Cuba era un monstruoso y totalitario país regido por un dictador estalinista y que cualquier esfuerzo para desmantelar "el gulag cubano" debería ser aplaudido, no procesado.

El equipo del fiscal consistió en otros dos abogados anglosajones, Jerome Teresinski y Bridget Behling (de la División de Seguridad Nacional, Sección de Lucha contra el Terrorismo del Departamento de Justicia), ninguno de los cuales hablaba español. Su misión era la de convencer al jurado de enviar a Posada, de ochenta y cuatro años (quien con frecuencia parecía estar dormitando en la corte), a prisión por haber cometido perjurio durante sus juntas con oficiales federales de inmigración pero no por crímenes de terrorismo. En otras palabras, mentir a la migra, un crimen que muchos en la ciudad fronteriza de El Paso han cometido, sin duda, en algún momento de su historia familiar.

El proceso de Posada, en el lenguaje del negocio del espectáculo, fue un caso con un mal elenco, una mala locación y con la historia equivocada.

En la época en que fui obligada a comparecer, el 16 de marzo, el jurado y el juez claramente estaban agotados por sus dos meses de prueba.

Por supuesto, siendo reportera, no quería hacer nada con el proceso de una fuente pasada. Pero la división de la lucha contra el terrorismo del Departamento de Justicia invadió a *The New York Times* y a mí con múltiples citatorios judiciales al alto vacío, junto con requerimientos de cintas de entrevistas, notas, documentos —incluso un gran cuadro que Posada me había dado—. El fiscal quería que el jurado leyera la inscripción escrita por Posada (quien en su momento negó haberme conocido): "A mi amiga Ana —que comprende nuestra causa por una Cuba libre—. Luis Posada".

En tanto que Posada no era una fuente confidencial, obligarme a testificar era preocupante. Esto bien pudo servir como una advertencia a la fuente de información, ya que hablar con una periodista representaba peligros imprevistos. Como mínimo, las fuentes pensarían dos veces antes de revelar la verdad si saben que su reportero de confianza pudo también ser amenazado para testificar en contra de ellos; por consiguiente, mi forzada participación era una ofensa a la Primera Enmienda de la Constitución de Estados Unidos, la crucial función de recopilación de noticias del Cuarto Poder, y los valores de libertad de prensa.

Algunos sugirieron que la decisión del Departamento de Justicia de obligarme a testificar fue, en parte, en represalia por la presentación de informes que encontraron comprometedores, como mi escrito sobre la destrucción de evidencia en el FBI de Miami (que Hernández citó en diversas ocasiones con gran éxito durante el juicio). Y por obligarme a comparecer ante el tribunal, fui en gran medida neutralizada como reportera, pues a los testigos no se les permite asistir a los juicios. Ésta era una gran ironía considerando que había estado entre las principales cronistas de la historia de Posada en los últimos quince años.

Mientras los abogados me presentaban como el estandarte de oro del periodismo y exponían mi material de investigación como un arma legal en contra de Posada, su equipo de defensa buscó difamarme. De hecho, fui frecuentemente notificada en 2005, durante la acusación de Posada. Uno de los abogados de Posada me dijo que si el gobierno me obligaba a testificar usaría cualquier arma que sus manos pudieran sostener para atacarme. "Algo así como una crucifixión", bromeó con una carcajada.

Aunque Posada no es un personaje simpático para muchos, conserva un pequeño e influyente grupo de partidarios en Miami. Cuando las series de *The New York Times* aparecieron en 1998, la radio exiliada de Miami informó que mi compañero reportero del *Times* era un espía de Cuba, el *Times* era un frente comunista y yo era "la amante de Fidel Castro".

Una semana después, una radioescucha de Miami dijo haber oído que se refirieron a mí como "una marihuanera tortillera".

Hernández se enredó tanto en el juicio (omitiendo la calumnia sexual), que incluso citó la patraña de "parcialidad" *a un efecto mínimo*, sin importar que había sido detenida y expulsada de Cuba en 2007 porque no gustaron los artículos titulados *"el Comandante"*.

De hecho, el abogado de Posada llamó a Otto Reich, quien se desempeñó como director y jefe de control de giro en la Oficina de Diplomacia Pública de 1983 a 1985 durante la operación Irán-Contra. Reich supervisó a un equipo de expertos de la Operación Especial del Pentágono y fue acusado de conseguir apoyo para las políticas

Reagan-Bush en Centroamérica. La oficina de Reich escribió artículos falsos que circularon en los principales periódicos bajo los nombres de líderes rebeldes de Nicaragua. Incluso contrató escritores que los atacaban, especialmente periodistas y medios de comunicación (Bill Busenberg del *National Public Radio*, entre otros, quien escribió artículos que diferían de las políticas de la administración). Un reporte bipartidista de 1987 de la Oficina del Controlador General de Estados Unidos titulado "Propaganda blanca" concluyó que la oficina de Reich "participaba en actividades prohibidas de propaganda encubierta" y de haber usado ingresos de los contribuyentes para relaciones públicas ilegales y cabildeo. Como resultado, la oficina fue cerrada. En 2003 Reich fue incapaz de ganar la confirmación del Senado para ocupar un puesto en la administración de George W. Bush y obtuvo un nombramiento de receso.

Oficiales —pasados y presentes— del departamento expresaron conmoción y consternación al saber que Reich declararía como testigo en favor de Luis Posada; sin embargo, su testimonio no fue una sorpresa: Reich afirmó que ambos, *The New York Times* y yo, fuimos "infiltrados" hacia Cuba. Pregunté por qué él no me había concedido la entrevista solicitada y él débilmente respondió: "A ella no le gusta la gente anti-Castro".

Si bien ser atacado por Reich es casi una insignia de honor para cualquier reportero, había definitivamente algunos aspectos desagradables para mí acerca del caso. A pesar de haber publicado numerosos trabajos por más de treinta años, estoy acostumbrada a la vieja escuela de periodismo y a mantener mi privacidad —familia, matrimonio, salud y demás—. No soy confesora pública ni observadora de espectáculos en vivo (*reality shows*).

Quizá el punto más bajo llegó en enero de 2011, cuando un experto en sistemas me informó que mi *laptop* había sido minuciosamente interferida (*hackeada*) por una persona "muy especializada" que instaló información para evitar que otras *bandas de seguridad* fueran instaladas en un futuro.

Entonces estaban los costos reales. Las estimaciones para el proceso del Departamento de Justicia se calcularon entre veinticinco y cuarenta millones, y casi la mitad se asignó al equipo legal de alta potencia del acusado, de acuerdo con la versión de varios abogados de Miami. Si bien ambas partes parecían tener una cantidad infinita de recursos financieros, el *Times*, que representaba los medios de comunicación del abogado Tom Julin de la firma Hunton & Williams, no la tenía. Éste fue apenas un gasto bien recibido durante la más severa crisis y transformación del negocio de la comunicación.

Existen otros costos para el cuarto poder. Las instituciones de medios de comunicación ahora se preocupan de que sus reporteros sean convocados para elaborar casos para los fiscales cuyos propios investigadores fallan por flojera o negligencia. Más de un reportero me dijo que ya no conservaban notas ni grabaciones. El mensaje no es ambiguo: destruye tu material o corres el riesgo de ser obligado a testificar en contra de las fuentes de información: ninguna pequeña pérdida para bibliotecarios e historiadores.

Durante mis seis días en el estrado, el jurado escuchó extractos de redacciones en cintas de audio (por casi seis horas) que había hecho durante mi entrevista con Posada (aproximadamente la mitad de las trece horas que gasté con él durante varios días en junio de 1998). Había cintas viejas de Radio Shack —con movimientos de parar y continuar, por respeto a Posada, quien estableció las reglas para la entrevista— que fueron usados por media docena de transcriptores a través de los años antes de ser presentados como evidencia. El gobierno ejecutó su papel favorito; entonces la defensa, escudriñando cada fragmento del juicio, consideró que podía tener un significado ambiguo.

Para los observadores, el jurado parecía sentir simpatía por mí —a menudo sonriendo y amigablemente haciendo contacto visual—. La táctica de Hernández sugería que yo estaba a favor de Castro y parecía frustrado en su afán de buscar impugnar las cintas o a mí misma.

Posada, sin embargo, permanecía amigable conmigo durante el juicio, saludándome durante los recesos diarios. En un punto lo encontré leyendo mi libro, *Sin Fidel*, el cual le autografié —tal como él lo había hecho con sus memorias para mí en 1998—. Me dijo que no estaba especialmente preocupado. Se sentía complacido con el juez y el jurado, y pensaba que el juicio fue bueno para él. Ciertamente, casi todos los días el juez falló en favor de la defensa, no de los fiscales. Aun si él hubiera sido encontrado culpable de uno de los once cargos, Posada dijo que pensaba que el juez le dictaría libertad basada en el "tiempo de servicio".

Le dije que fui obligada a estar de acuerdo con su apreciación.

Después de tres meses de testimonio y docenas de testigos, el jurado deliberó menos de tres horas y lo encontró "inocente" de todos los cargos.

En cuanto a Posada, si acaso iba a enfrentar cargos serios, era más probable que fuera en Roma, no en Miami. Tras cuatro décadas de retrasos y palabrerías, parecía que Washington al fin se había ocupado del caótico asunto de Luis Posada Carriles.

En esos días Posada estuvo haciendo las rondas de medios de comunicación en Miami. Incluso hizo una aparición en CNN en Español, donde rechazó una pregunta relacionada con el atentado a Cubana de Aviación en 1976, "porque esto puede incriminarme", dijo con precaución inusual: "No quiero hablar acera de este tema porque previamente ya se había hablado mucho del mismo durante el juicio".

Días después Posada tuvo otro choque con los medios de comunicación negando una historia del *The Miami Herald* que decía que había renunciado a la violencia. "La lucha armada no tiene sentido", lo citó el periódico. "Los tiempos han cambiado, como todo." Sin embargo, mientras estaba al aire en una importante estación de radio, Posada se refirió a los dos reporteros del *Herald* como "mentirosos".

Esto llevó a un divertido tutorial de medios del escritor del *Herald* Frances Robles. "¡BASURA!, él proclama ahora", escribió Robles. Le informó a la estación de Radio Mambi que se había disgustado por el comentario —mentiras— publicado. "Mi posición sigue siendo la misma." Me parece que a la edad de ochenta y tres años, lo que Posada realmente necesita es un asesor de medios de comunicación. Su larga trayectoria de atacar con la boca (sin juego de palabras) y luego retractarse se está volviendo vieja. Él regresó a finales de los noventa cuando me dijo que había plantado bombas en Cuba y Jorge Mas Canosa de la CANF lo había financiado. La bitácora del Café Fuerte recuerda que cuando Posada apareció en Miami negó una historia escrita por el periodista retirado de *The Herald* Óscar Corral. Y ahora reclama que dos periodistas, los tipos que trajeron el tema Irán-Contra son mentirosos o ineptos tomanotas. Ambos. (Ellos hicieron la entrevista en la oficina del abogado de Posada.) Mis sugerencias: cuenta la historia y adhiérete a ella. Trae una grabadora. Anota "puntos de conversación" y no vaciles. Trata de recordar lo que dijiste ayer.

Pero tales inconsistencias no fueron importantes para la pequeña pero ferviente fe de Posada. El 13 de abril de 2011, Posada fue festejado por seiscientos cubanos exiliados en Miami que pagaron cuarenta dólares cada uno por una cena para costear sus gastos legales. Entre los grupos que organizaron la beneficencia estaba Alfa 66, cuyos miembros honorarios aún abogan por el derrocamiento violento del gobierno cubano.

Posada fue debidamente convocado a hablar y la multitud, ataviada con sus mejores galas, se puso de pie y le aplaudió. Era claro que ni el juicio, ni la edad, ni la enfermedad, incluso la prisión, habían disminuido su entusiasmo.

Los ahí reunidos aplaudieron hasta que él levantó su mano en un gesto de modesta aceptación.

Todo iba bien.

TERCERA PARTE

El reinado de Raúl

Acepten a todo el que quiera ayudarles, pero recuerden,
no confíen en nadie.
FIDEL CASTRO,
17 de abril de 1954,
carta escrita a un compañero desde prisión

CAPÍTULO NUEVE

El relevo

Si de acciones de hermanos políticos se trata, las más impresionantes y famosas del siglo XX fueron las de Jack y Bobby Kennedy. Sin embargo, las más duraderas y efectivas han sido las de Fidel y Raúl Castro. Enfrentaron a los chicos Kennedy después de Eisenhower y luego atormentaron a otros nueve presidentes estadounidenses, a medida que se encaminaban hacia el siglo XXI. Y no se detuvieron hasta implantar su plan de sucesión de Fidel, cuando Raúl ocupó el puesto principal en enero de 2008. En el camino, crearon un sello que era sinónimo de revolución.

Contrariando a los escépticos de Miami y Washington que predecían que Cuba haría implosión si Fidel no permanecía al frente y en el centro, el ascenso de Raúl fue notable sólo por su silenciosa eficiencia. El sereno cambio de guardia sorprendió al mundo, pero no a los Castro. Durante la década anterior, ellos habían preparado hasta los menores detalles de la sucesión.

Aunque se han escrito volúmenes enteros sobre el máximo líder de Cuba, se sabe mucho menos sobre Raúl, quien, cinco años menor, huyó de la celebridad con el mismo celo que su hermano la buscó. En enero de 1994 yo tuve un encuentro poco común con Raúl Castro. A pocos minutos de haber iniciado una entrevista con Fidel en el Palacio de la Revolución, Raúl avanzó con cautela hacia nosotros. Dada su reputación de aquel entonces como un comunista férreo, tardé unos momentos en darme cuenta de quién era. Hombre pequeño y pulcro, Raúl se mostró extrovertido y parlanchín. Pronto me abrazó, con la cara en cada mejilla —al estilo cubano—, con lo cual irritó a su hermano (él y los miembros principales del Buró Político esperaban con impaciencia para reunirse con él mientras él entretenía a una reportera estadounidense). Fidel no se movió ni pronunció palabra, pero fijó los ojos en su hermano como una cobra. Sin temor, Raúl hizo otra broma y rió de su ofrecimiento, tras lo cual volvió a atravesar la habitación para salir.

Yo había aprendido una lección esencial sobre política cubana: Raúl Castro compartía el trono con su hermano. Esto no significa que no tuvieran rencillas, resentimientos o disputas dolorosas e hirientes. Pero tenían una alianza potente y simbiótica de socios permanentes. Aunque no podrían haber sido más diferentes —en personalidad, apariencia o disposición—, sus sorprendentes contrastes hicieron un contrapunto muy útil. Durante casi cinco décadas han formado un dúo formidable e invicto.

En 1964, el periodista Lee Lockwood preguntó a Fidel sobre la lealtad de Raúl Castro. "Fue conocido como su hermano y como un valeroso soldado", señaló Lockwood, "pero no particularmente como líder revolucionario". La respuesta de Castro reveló la naturaleza esquizoide de su relación, pues, sucesivamente, defendió y denigró a su hermano. "Cuando hablo con usted sobre Raúl, olvido por completo que él es mi hermano", comentó al fotoperiodista estadounidense.

Tengo el privilegio de conocerlo mejor que cualquier otra persona. Aunque *es incuestionable que mi presencia lo opaca bastante*, puedo decirle que, desde una perspectiva política, Raúl posee magníficas aptitudes. Pero entonces ¿qué ocurre? Él no toma decisiones, pues sabe que no es correcto hacerlo. Es extraordinariamente respetuoso. Siempre consulta conmigo todos los asuntos importantes... Antes, yo ni siquiera era capaz de entender toda su valía.

El comentario final de Castro fue el más revelador: "Por supuesto, bajo las presentes circunstancias, *la presencia constante de un líder sobresaliente tiende un poco a opacar al resto*".

Desde el comienzo del régimen de Fidel, el joven Raúl gozó de un inmenso poder. Después de todo, él era el comandante en jefe de las Fuerzas Armadas de Cuba, la columna vertebral de la Revolución cubana, y se desempeñó en toda una serie de ostentosas sinecuras, desde primer vicepresidente del país hasta segundo secretario del Partido Comunista. Por el estatus tan especial de su familia, fue el único miembro del equipo gobernante que podía elegir ausentarse de recepciones de Estado, juntas del Buró Político o de los interminables discursos de su hermano. Tales privilegios, junto con una vida personal celosamente resguardada, han hecho de Raúl el hombre misterioso de Cuba.

En diciembre de 2006, con la salud de su hermano cada vez más deteriorada y frágil, Raúl Castro habló ante la Federación de Estudiantes de la Universidad de La Habana y regaló a su audiencia algunas reminiscencias personales. Raúl mostró un relajamiento inusual para hallarse en una situación pública, y reveló un lado que sólo conocían su familia y amigos, pero que rara vez había vislumbrado el mundo exterior.

A los cuatro años, relató, había acompañado a su madre a un viaje desde la finca rural de su familia en Birán para visitar la academia La Salle, una escuela manejada por los Hermanos de Cristo en Santiago. Los dos hermanos mayores de Raúl, Fidel de nueve años y Ramón de once, asistían a esa escuela. Mientras jugaba en el patio con sus hermanos y otros chicos, el niño Raúl decidió que no quería regresar a casa. "Aquello era como el paraíso", recordó. A pesar de que era demasiado joven para ser alumno de esa escuela, convenció a su madre y al director de que le permitieran quedarse ahí con sus hermanos. "No había un salón de clase para mí, [así que] hacía lo que quería", dijo al embelesado público. Sin embargo, cuando anocheció, el pequeño Raúl empezó a extrañar su casa, y no sólo a su mamá, dijo, sino a su "botella". Sin una sola señal de incomodidad, Raúl continuó: "Tenía que beber una [botella] cada noche para poder dormir. Uno de los maestros tuvo que ir a la farmacia para comprarme mi botella".

Raúl recordó después su primer intento de cabalgar a pelo, tras ver que un amigo lo hacía: "Yo me quise montar una vez en un caballo a pelo, como vi que lo hacía un muchacho, y cuando traté de imitarlo fui a dar al suelo con todos mis huesos. Un viejito que me ayudó a levantarme me dijo que 'el que imita fracasa'. Cuando alguien trata de imitar, fracasa". El objeto y significado de la parábola de Raúl fue evidente: él no era Fidel, ni en personalidad ni en estilo. Era un mensaje que él daría sin cesar, durante los siguientes tres años, a sus compatriotas y a todo el mundo: ajusten sus expectativas. Habría un indisputable déficit en carisma, pero para muchos aquello fue un bendito alivio. Raúl sería él mismo, aunque respetuoso de la supremacía y el legado de su hermano. "Fidel es insustituible", dijo Raúl, a lo que añadió para recalcar: "Lo sé, porque lo conozco desde que tengo uso de razón, no siempre con las mejores relaciones. Como él dice, yo soy como soy."

Entonces, Raúl envió la señal inequívoca de que poseía un enfoque operativo diferente del de su hermano. "A veces la gente teme al verbo *disentir*, pero yo digo que, entre más debates y desacuerdos haya, mejores decisiones habrá", dijo a los asombrados estudiantes. Aquél sería uno de varios comentarios que haría durante los siguientes tres años para señalar que había desarrollado todo su potencial y que era un hombre muy distinto de su hermano.

En 2005, tras sus dos caídas en público, Fidel Castro echó a andar el gran plan ante su posible muerte o incapacidad súbitas. "Si algo me ocurre mañana", dijo a su cobiógrafo Ignacio Ramonet, "la Asamblea Nacional seguramente se reunirá y elegirá [a Raúl]. No tenga duda. El Buró Político se juntará y lo elegirá".

El asunto del legado había estado en la mente de Fidel desde mucho tiempo atrás. En 2000, un familiar de un importante oficial del partido me comentó que había un plan de contingencia ante la posibilidad de que ocurriera alguna catástrofe a Fidel Castro. Si él moría o lo atacaba una enfermedad debilitadora, los miembros del Buró Político tendrían que esperar a que Raúl Castro los contactara para indicarles qué hacer y a dónde ir. El plan, según dijo, pretendía aplacar cualquier espíritu improvisador que pudiera desembocar en rebelión.

Castro dijo que una razón para seleccionar a Raúl como su sucesor era ahuyentar del gobierno a facciones de reformadores potenciales. "Como Raúl había estado en las Juventudes Comunistas, ellos lo veían como alguien más radical", dijo. "Yo sabía que tenían miedo, que estaban preocupados. Ése era un factor." El factor decisivo, por supuesto, fue que Raúl era el hombre en quien más confiaba: su inquebrantable y leal brazo derecho desde la niñez.

Aunque Fidel anunció el nombramiento de Raúl como su sucesor en 2002, ya lo tenía decidido desde finales de los sesenta. En verdad, él ha invocado la misma jerga beisbolera al hablar de su hermano por más de cuarenta años. Un cartel cubano de 1968 mostraba un retrato neorrealista de Raúl en su juventud con un sombrero campesino de paja y un letrero en la parte superior que le aseguraba que su equipo de relevo de jóvenes cortadores de caña no lo defraudaría. En letra gruesa color verde amarillento contra un fondo rojo mandarín, el cartel decía: "Comandante Raúl: ¡El relevo no falló!" El *póster* ponía de relieve el gobierno compartido de los hermanos, junto con la advertencia implícita de que la fidelidad hacia Raúl también debía ser inquebrantable.

El anuncio que hizo Fidel acerca de su sucesor en 2002 se consolidó el 31 de julio de 2006, cuando Raúl tomó temporalmente las funciones de su hermano tan enfermo. Los críticos denunciaron pronto la transferencia de poder entre los hermanos, y la citaron como una evidencia instrumental de que los Castro estaban empeñados en imponer una monarquía en Cuba.

Durante la década anterior, el control que Raúl tenía de las fuerzas armadas nunca había estado en duda. Un golpe militar, algo que ciertos exiliados de línea dura (así como la CIA de los años noventa) veían como una posibilidad, nunca se vio venir. Después de 1989, tras un escándalo en el Ministerio del Interior y la destitución de varios altos oficiales, los Castro extirparon con todo cuidado a sospechosos de ser elementos disidentes dentro del Ministerio de las Fuerzas Armadas Revolucionarias (Minfar), el titán gubernamental que maneja las FAR, o el ejército. Para la época de la salida soviética de Cuba en 1990, Raúl había solidificado y ampliado la base de su poder. Y lo que es más importante, logró que el Ministerio del Interior (Minint), sobre el cual consideraba que se había vuelto tramposo y corrupto durante los años ochenta, rindiera cuentas directamente a él. La limpieza del Minint culminó con el nombramiento del general Abelardo Colomé Ibarra, amigo y aliado de confianza de Raúl, como su jefe.

En el interior de las fuerzas armadas, Raúl retiró a varios "históricos" —duros— irritantes y ancianos, a la vez que apuntaló el papel de las FAR como el órgano central y el tomador de decisiones del gobierno. Para 2005, todas las filas de comandantes de las FAR, primeras, segundas y terceras, se comprometieron a ser "raulistas". A los vacilantes y disidentes se les retiró del ejército o se les hizo a un lado. Quienes quedaron al mando, permanecieron bien posicionados y dispuestos a usar la fuerza, de ser necesario.

Hoy, el ejército de Raúl controla al menos 60% de la economía cubana, según un análisis que realizaron economistas de la Universidad Internacional de Florida. Las compañías filiales de las FAR, como GAESA (Grupo Administración Empresarial) y su subsidiaria Gaviota son las protagonistas principales en el siempre próspero negocio del turismo en Cuba. La gaceta *RUSI*, publicación de defensa del Britain's Royal United Services Institute, ha calificado a las Fuerzas Armadas Cubanas como "la institución más estable, mejor manejada y con mayor influencia económica en Cuba".

Aunque Fidel reconoció los talentos y ventajas de su hermano, señaló una notable limitación: "Tiene casi mi edad; los años pasan", comentó a Ramonet. "Es más bien un problema generacional."

Tal observación, empero, pareció vaporizarse cuando la Asamblea Nacional anunció la nueva jerarquía el 24 de febrero de 2008. Como de costumbre, la fecha elegida estaba cargada de simbolismos. Conmemoraba la primera batalla de la Guerra de Independencia de Cuba en 1895. A nadie sorprendió que el firmamento político posfidelista estuviera dirigido por Raúl, de casi setenta y siete años de edad, quien había sido nombrado nuevo presidente del país. Los otros grandes ganadores también eran de tendencias rígidas: hombres de mucho más de setenta —o incluso ochenta— años. En un rico juego de la ironía, el mismo día que a los soldados veteranos de Cuba se les premió por su lealtad, Hollywood otorgó al filme *No Country for Old Men* el Oscar a mejor película. Como miles de sus jóvenes emigraron a "La Yuma" (Estados Unidos en jerga cubana), los viejos generales ascendieron por la cadena alimentaria del mando cubano. Siguiendo los pasos de Fidel, no habría retiros antes de la tumba.

Sin embargo, pronto fue evidente que había diferencias significativas entre los estilos de dirigir de los hermanos. Durante la década anterior, Raúl se había ganado aprobación y popularidad por ser, en general, más considerado y comprensivo que su hermano en relación con la difícil situación de la mayoría de los cubanos. En 1994 yo pregunté a Fidel Castro si había oído cierto chiste popular en Cuba. "¿Cuáles son los triunfos de la Revolución?" La respuesta obligada era: la educación, los servicios de salud y los deportes. "¿Y cuáles fueron los fracasos de la Revolución?", lo cual se respondía con frase clave: "El desayuno, el almuerzo y la cena". Para mi sorpresa, Castro rió. Entonces dijo: "Cuando desayunas, almuerza y cenas demasiado es malo para la salud". El maestro de la manipulación había convertido al instante el hambre en una virtud. En contraste, Raúl demostró a una multitud revuelta y enardecida, durante la Crisis de los Balseros de 1994, cuando miles de personas huyeron de la isla, que él pensaba distinto. "Los frijoles son más importantes que los cañones", dijo, en una rara muestra pública de emoción.

Raúl tampoco compartía el grado de antinorteamericanismo de su hermano. En un brote de furia muy citado, que aparece en una carta de 1955 a su compañera Celia Sánchez, Fidel había escrito sus mayores intenciones. "Yo juré que los estadounidenses pagarían caro por lo que están haciendo aquí. Cuando esta guerra haya terminado, iniciaré una mayor y más larga: una guerra que libraré contra los estadounidenses. Me doy cuenta de que éste es mi verdadero destino". En verdad, Fidel se dio cuenta de su "destino", y definió el nacionalismo cubano como un ámbito sin influencia estadounidense. Mientras su hermano se aferraba con obstinación a su visión aislacionista, Raúl, un estudioso de la globalización económica, había llegado poco a poco y muy a su pesar a ver la reconciliación con Estados Unidos como algo necesario e inevitable.

Poco después de tomar el poder como presidente en funciones en agosto de 2006, Raúl tendió la mano a Estados Unidos, y sugirió que era hora de cambiar la página. Primero, advirtió a Estados Unidos que tenía que abstenerse de "imposiciones y amenazas" en su acercamiento a Cuba, y luego no tardó en asegurar al mundo que "al contrario, siempre hemos estado dispuestos a normalizar las relaciones en un plano de igualdad". Resulta claro que él había ido demasiado lejos: en cuestión de días Fidel atacó la propuesta en su columna y puso de relieve que la última palabra aún era *suya*.

Aun así, los primeros meses del ascenso de Raúl fueron notables por una muy bien recibida serie de movimientos diplomáticos y un clima más receptivo a la reforma. Cuba firmó dos importantes acuerdos de derechos humanos que antes había rechazado. Raúl se entrevistaría con el cardenal Tarsicio Bertone, secretario de Estado del Vaticano y emisario del papa, y preparó el terreno para una futura visita papal. Por supuesto, Fidel se había beneficiado mucho con la histórica misa del papa Juan Pablo II en La Habana en 1998 y de ese modo fue un impulsor de que se repitiera la participación papal.

Desde hacía mucho tiempo, Raúl vivía a gusto bajo la sombra de su hermano. Durante décadas se había contentado con ocupar el segundo cargo de poder, y el resplandor reflejado de su hermano era más que amplio para él. Pero la insistencia de Fidel en permanecer como cogobernante tras su "retiro" pronto se convirtió en una carga para Raúl. El Castro menor había esperado introducir el modelo económico del capitalismo socializado que se había popularizado en China y Vietnam, pero Fidel impidió su implantación.

"Raúl Castro aún no ha tenido una oportunidad para demostrar lo que piensa porque su hermano Fidel está ahí y aún escupe sus opiniones", declaró el popular baladista Pablo Milanés en el *blog* "Cuban Colada" de *The Miami Herald* en 2008, con lo que expresaba una visión muy difundida entre los cubanos. Con la insistente intromisión de su hermano, la luna de miel de Raúl con su nuevo cargo fue breve. Los cubanos están dispuestos a darle el beneficio de la duda y ansiosos por hacerlo el repositorio de sus esperanzas. Pero entonces, cundió la decepción.

Raúl Modesto Castro Ruz, el hijo menor de Ángel Castro y Lina Ruz, nació el 3 de junio de 1931. Su naturaleza juguetona lo convirtió en el consentido de su madre, pero no de su padre, quien se impacientaba con la indisciplina de su hijo. Al principio, Raúl siguió la trayectoria académica de sus hermanos Ramón y Fidel al asistir a la academia La Salle en Santiago, dónde se le apodó *el Pulguita*. A diferencia de Fidel, Raúl era indiferente a la escuela —con excepción de los deportes. "Él se hospedó con nosotros en La Salle cuando tenía como cinco años", recordó Fidel en 2005. "Por aquel entonces, Raúl estaba un poco mimado. A veces, yo tenía que regañarlo, pero Ramón salía en su defensa."

Como hijo favorito y consentido de su madre, Raúl careció de la disciplina de sus hermanos. Todo un pequeño buscapleitos, se valió de su extravagante encanto para eludir la cólera de sus padres. Fidel recordaba en su autobiografía de 2007: "Cuando iba a casa de vacaciones, no oía otra cosa que quejas de nuestros padres. Yo les decía:

'Denme la responsabilidad y yo me encargaré de él'". Tiempo atrás, Fidel se había convertido en el mentor de su hermano. "Le di algunos libros para leer. Él se interesó. Yo desperté su interés por el estudio." Todos los hermanos Castro confirman el vínculo tan cercano que había entre los dos hermanos. "Fidel siempre fue una influencia en Raúl", me dijo su hermana Juanita. "Eran muy apegados, a pesar de la [diferencia de] edad. Siempre han sido muy cercanos."

Raúl no regresó a La Salle, pues lo transfirieron a una pequeña preparatoria militar en Santiago. Él contaba a sus amigos que aquélla era la única escuela a la que le gustaba ir. Durante los primeros años de su adolescencia, se le inscribió, al igual que a Fidel y Ramón, en la Escuela Dolores —manejada por jesuitas— en Santiago, y luego asistió al prestigioso colegio de Belén en La Habana.

Fidel, con su agudo intelecto, rigurosa disciplina y ambiciones titánicas, triunfó en la escuela. Raúl ingresó a ciencias sociales en la Universidad de La Habana, pero fue un estudiante mediocre e infeliz. En el transcurso de su tercer año, en 1952, antes de su egreso, se dio de baja. Durante un periodo, regresó a Birán y trabajó al lado de su padre y su hermano Ramón, quien también había sido un estudiante indiferente. El amigable Ramón, conocido como *Mongo*, tenía dos pasiones que cultivó toda su vida: la agricultura y la caza de faldas, mitigadas con una sana sed de ron. Él dejó la política en manos de sus hermanos.

Mientras asistía a la universidad, Raúl se involucró con el Partido Comunista Cubano. En aquel entonces, el partido desempeñaba un papel pequeño pero activo en la política del país. En marzo de 1953, Raúl asistió a un encuentro de partidos comunistas en Viena, Austria, como delegado de Cuba. A su regreso, fue arrestado por el servicio de inteligencia de Batista durante un breve tiempo. "La policía se quedó con uno de sus diarios", recuerda Jesús Montané, *Chucho*, un antiguo camarada. "Yo fui a verlo mientras estaba en la cárcel y él me contó todas las experiencias de su viaje. Estaba muy entusiasmado." (Por otro lado, Fidel tenía una relación incómoda con los comunistas cubanos, quienes nunca confiaron en sus instintos inconformistas. Al final, el partido decidiría establecer una alianza con Batista.)

"Yo quería viajar y pensé que aquélla sería una buena oportunidad", contó Raúl a Jules Dubois, corresponsal de *The Chicago Tribune* en 1958, cuando peleaba en la sierra. "Yo ofrecí pagar mi propio pasaje si me permitían ir, y aceptaron. Y así me fui... También visité Budapest. Habría ido a China de haber tenido la oportunidad, pues me gusta viajar y quiero conocer el mundo. Pero eso no significa que yo sea comunista."

Fidel ha tomado el crédito por la ideología temprana de su hermano: "Raúl ya se inclinaba bastante hacia la izquierda", dijo Castro en 2005, a lo que añadió en aparente contradicción: "En verdad yo fui quien lo introdujo a las ideas marxista-leninistas". Sin embargo, Raúl fue un comunista dedicado, y así permaneció hasta mediados de los años ochenta, cuando presagió la caída de la Cortina de Hierro.

Aunque, ciertamente, Fidel simpatizaba con el marxismo, convencer a su hermano de identificarse en público con el Partido Socialista Soviético en aquella época habría sido un suicidio político. "Nosotros leemos a Lenin y otros autores socialistas", recalcó Fidel durante su juicio del Moncada en 1952. "Cualquiera que no lo haga es un ignorante." A los veintiséis años, Fidel era arrogante y displicente, pero sus instintos políticos eran impecables. En los momentos oportunos, aconsejó sabiamente a su hermano menor.

El 26 de julio de 1953, Raúl se unió al quijotesco y fatídico asalto a la guarnición militar Moncada, uno de los sitios de alojamiento principales de los soldados de Batista, en la provincia de Oriente. "No se le consideró como uno de los líderes del movimiento", dijo Fidel a Lockwood en 1964. "Fue al Moncada como un simple soldado." Aunque esto difícilmente es cierto, Raúl respetaba a su hermano. Tras su segundo encarcelamiento —veintidós meses en la remota prisión de la Isla de Pinos— su sociedad se volvió inviolable.

Después de su liberación, en mayo de 1955, Fidel, Raúl y sus barbados seguidores —conocidos como "los barbudos"— huyeron a México, donde planearon su regreso para derrocar a Batista. Con el tiempo, Raúl demostró ser un guerrero intrépido y valeroso. Era un tirador soberbio, dotado para la estrategia militar e implacable con los enemigos. Fue Raúl quien conoció primero al entusiasta recluta argentino apodado *el Che* Guevara y lo presentó a su hermano en la Ciudad de México en julio de 1955. "Raúl y el Che eran muy cercanos, aunque a veces discutían", recuerda Fidel. "Pero el Che nunca discutió conmigo, nunca discrepó conmigo; y tampoco Raúl." Según se ha demostrado, estas aseveraciones son falsas, pero a Fidel le convenía sugerir que Raúl era el duro inflexible y que él, Fidel, era el pragmatista, con una cosmología más elástica y realista. "Y en algunos aspectos ellos eran un tanto radicales, por decirlo así —Raúl más que el Che", añadió Fidel, para mesurar.

Los respectivos papeles de héroe y villano que desempeñarían los hermanos comenzaron muy a principios de su colaboración, y parecieron funcionar para ambos. Pero aquel acuerdo favoreció a Fidel, quien se benefició mucho con la disposición de Raúl a ser el impulsor principal o responsable de políticas duras e impopulares que, de hecho, se le habían ocurrido a él. "Todo el mundo dice que Raúl es el malo y Fidel el bueno", me explicó Juanita Castro en 2002. "Pero éstos son los roles que ellos adoptaron al inicio de la Revolución. Esto no es cierto; quizá incluso es al revés."

Pero Fidel tampoco se abstuvo por completo de humillar a su hermano. Durante una junta en 1959, poco después de que Castro tomó el poder, surgió un debate sobre frenar las ejecuciones sumarias de presuntos partidarios de Batista. Raúl Castro y el Che Guevara habían adoptado papeles operativos clave en la purga durante la cual se envió a varios miles de cubanos al paredón. (Los cálculos van de quinientos a cinco mil.) Según un participante de la junta, después de que una mayoría de los revolucionarios recién instalados votaron por establecer un mínimo de derechos legales para los acusados, Raúl objetó.

En su amarga autobiografía *Retrato de familia con Fidel*, el ex fidelista Carlos Franqui, quien desertó en 1968, describió cómo aquella junta acabó por convertirse en una telenovela:

> De repente, Raúl se puso de pie y, sin pedir la palabra, gritó a Fidel: "¡Esto es un montón de mierda!" Todos quedaron en silencio. Fidel, con una mirada amenazadora, se volvió hacia su hermano y le dijo: "Di [a todos] que lo sientes y retráctate de lo que has dicho". Ante esto, Raúl respondió de una manera no menos sorprendente que su primera explosión: rompió en llanto. Fuimos de la tragedia al melodrama". Nadie pronunció palabra. Parecía haber una enorme brecha entre los hermanos Castro. Yo traté de calmar los ánimos al decir que Raúl tan sólo había usado una expresión un tanto fuerte, y más por su tono que por su intención. Raúl suplicó nuestro perdón... En verdad, tengo dos recuerdos de aquella reunión: el improperio de Raúl y su respuesta al telegrama oficial [a detener las ejecuciones]: "Llegó demasiado tarde. Anoche fusilamos a los últimos prisioneros".

De 1955 a 1965, Raúl fue más que un duro; fue el secuaz de su hermano. Durante toda la guerra de guerrillas de la sierra, Raúl no dudó en ejecutar a presuntos informantes —por lo general, campesinos— sin importar los méritos exculpatorios de cada caso. Al igual que Fidel, él pecó de vengativo, supuso lo peor de sus enemigos y no corrió riesgos. Estas elecciones se convirtieron en su credo hasta que se sintió seguro de que la Revolución había derrotado a Batista y a cualquier intento estadounidense de rescatar o reimponer el régimen anterior.

Tras tomar el poder en 1959, Fidel siguió siendo el tutor de su hermano en asuntos grandes y pequeños. Fidel alentó a Raúl a elevar su perfil político, pero a Raúl le aterraba hablar en público. En su juventud, tenía una voz delgada y aguda que amenazaba con desaparecer cada vez que se hallaba frente a un público. "Fidel lo envió con un maestro de la voz para que tomara terapia de lenguaje para mejorar su locución", dijo un general de Santiago que trabajó bajo sus órdenes. Sin embargo, él evitaba dar discursos, y cuando se veía obligado a hacerlo, nunca improvisaba, sino que leía un texto preparado y decididamente breve. "De hecho, no estoy acostumbrado a hacer apariciones frecuentes en público, salvo que sea necesario", dijo Raúl en un discurso en 2006. "Siempre he sido discreto; ése es *mi estilo*... [Y] mi plan es seguir así."

Raúl Castro tuvo una curva de aprendizaje larga y ardua. Llegaría a conocer sus limitaciones, pero también a confiar cada vez más en sus talentos. Por supuesto, sufrió comparaciones con su hermano caudillo-estrella de cine durante las décadas de los sesenta y setenta. "Fidel conocía cada lado de Raúl: el comunista, el seguidor obediente", dice Franqui, "el neurótico que sufre del complejo del hermano menor". Franqui, escritor disidente que a menudo chocaba con Raúl, afirma que una vez el Castro menor le gritó furioso: "¡Nadie ofende a Stalin cuando estoy cerca!"

Pero los veteranos que ven lo mejor y lo peor de los hermanos tienden a concordar con la visión de José Luis Llovio-Menéndez, importante oficial del Ministerio Azucarero, quien renunció en 1982. "Si tuviera que elegir a uno de ellos como mi enemigo", decía Llovio-Menéndez, fallecido en 2002, "preferiría que fuera Raúl, pues Fidel nunca olvida ni perdona. Raúl permite la rehabilitación, además de que puede perdonar y proseguir".

Mientras que Fidel se consideraba el padre de su país, Raúl se contentaba con dirigir las fuerzas armadas y cuidar de la extensa y a menudo dividida familia Castro. A diferencia de Fidel, hombre nada sentimental y obsesionado con la política y las ideas, Raúl gozaba de una vida llena de amigos, intereses externos y lealtades profundas dentro de las FAR. Raúl era el maestro de ceremonias de las bodas y el negociador de los divorcios. Enviaba los regalos de cumpleaños y asistía a las interminables ceremonias de graduación. Es sentimental, voluble y llora con facilidad. "Raúl era el favorito de mi madre y también mi favorito porque era muy tierno", dice Juanita Castro. "Con la familia, él es muy, muy bueno."

Dentro del clan Castro, Raúl siempre fue el hombre clave en las crisis y emergencias intrafamiliares. En 1959, el joven Fidelito Castro sufrió un accidente automovilístico casi fatal y lo llevaron de emergencia al hospital. En aquel tiempo, a su padre lo entrevistaron para el popular noticiario estadounidense *Meet the Press* en un estudio de televisión en La Habana. En cierto punto de la entrevista, el moderador preguntó a Fidel si deseaba irse al hospital para atender a su hijo. El periodista Jack Skelly, quien creció en Banes, Cuba, cerca de la casa de los Díaz-Balart, recuerda que Fidel rechazó la invitación y prosiguió con la entrevista. "Y Fidelito estuvo a punto de morir", dice Skelly, quien corrió al hospital y encontró a Raúl consolando a la esposa de Fidel, Myrta. Por la empatía instintiva de Raúl, el clan Castro le es leal y lo protege, y él ha fungido como el hombre confiable y disponible.

Propenso a la negociación, Raúl forjó la reconciliación entre Myrta Díaz-Balart y Fidel en el año 2000 y, por la misma época, relajó las tensiones entre Fidelito y su padre. Y fue Raúl quien permaneció en contacto cercano con Myrta, agilizó sus diversas visitas a La Habana y se hizo cargo de sus cuidados médicos.

Juanita Castro ha vivido en Miami desde octubre de 1964. Tras la muerte de su madre en 1963, ella dijo a sus hermanos que quería visitar a su hermana menor Enma en la Ciudad de México. Sin embargo, una vez que salió del país, no tardó en denunciar la Revolución que alguna vez había apoyado con ardor y —de manera implícita— a sus hermanos. Ella había estado profundamente acongojada por la confiscación de la propiedad privada y la imposición del socialismo de estilo soviético. En un nivel personal, estaba furiosa con Fidel por las desacreditaciones ocasionales hacia su padre en diversas entrevistas de principios de los sesenta. Durante una prolongadísima entrevista-comida con Lee Lockwood, Fidel se refirió a su padre como un "*latifundista*... que explotaba a los campesinos" y que "practicaba la política por dinero". Durante el almuerzo, Raúl cuestionó las cifras que dio su hermano en relación con la cantidad de tierra que poseía su familia, aunque al final acató lo que dijo.

Así como Raúl se ha convertido en el patriarca de la familia Castro en La Habana, Juanita adoptó un papel similar en Miami. Su cómoda casa en Coral Gables es un santuario para los parientes que van de visita, incluidos los viajes discretos de sus hermanas, así como de sus muchas sobrinas, sobrinos y primos, varios de los cuales se han asentado tranquilamente en Florida. Ella permanece en contacto cercano con todas sus hermanas: Agustina, la menor, y Angelita, la mayor, quienes viven en La Habana, y su hermana Enma, quien ha hecho su vida adulta en México. Juanita es una farmacéutica retirada y una empresaria de éxito. Por irónico que parezca, al igual que miles de sus compatriotas exiliados, ella envía dinero y provisiones médicas a sus familiares, sin importar que se trate de la familia presidencial de Cuba.

En 1955 Raúl regresó a casa, sin Fidel, para visitar a sus padres en Birán tras su liberación de prisión. Al enterarse de la muerte de su padre el año siguiente, Raúl escribió a su madre desde México con dolorosa ternura:

¡Madre querida!

En estos momentos, ¿qué puedo decirte? Sólo que tengo inmensos deseos de verte y que te quiero más que nunca. Pase lo que pase, siempre en el recuerdo tendrás un hijo que te adora eternamente.

Tu Raúl

El mismo día, escribió a Juanita:

Con la muerte de nuestro padre, sé los sufrimientos que estás pasando. El tiempo y el ánimo no me permitieron hacerte unas líneas A última hora es ya imposible, pero te envío esta foto y con ella todo el cariño que por ti he sentido, reiterándotelo una vez más. Llénate de fortaleza y valor ya que los tiempos que se avecinan así lo requieren. ¡Ojalá los pueda ver pronto a todos!

Te quiero siempre,
Tu Raúl

Según Juanita, Raúl estuvo inconsolable tras la muerte de su madre en 1963. "Raúl estaba muy afectado por su muerte. Él había sido su favorito porque era muy cariñoso", me dijo en 2001. Al contrario de lo que dice un mito popular de que Fidel permaneció en su trabajo cuando Lina sufrió un ataque cardiaco en la casa de Juanita en Miramar, en 7th Avenue, los dos hermanos corrieron al lado de Lina. Sin embargo, Raúl se quedó junto al cuerpo de su madre en la casa y se acurrucó con sus familiares en busca de consuelo. Viajó por tren a Birán junto con la familia, y llevó el féretro de su madre. Fidel voló a Oriente y luego, cuando sus hermanos llegaron, se reunió con ellos en la estación de trenes. Presentó sus respetos en casa de su familia en Birán, donde enterraron a su madre, pero partió poco después del funeral.

Al momento del deceso de su madre, Raúl era un joven padre. Pocas semanas después de la victoria de 1959, él se había casado con Vilma Espín Guillois, la hija de una prominente familia de Santiago, la segunda ciudad más grande de Cuba, y su antigua capital. Espín provenía del privilegio, la cultura y una considerable fortuna; su padre, José Espín, era un ejecutivo de la Bacardi Rum Company. "Teníamos una vida fácil", me dijo Vilma en 1994, "pero con principios". En 1955, tras egresar de la universidad, ella trabajó en el Instituto Tecnológico de Massachusetts (MIT, por sus siglas en inglés) como ingeniera química, un empleo alentado por su padre, quien había esperado distraerla de la política revolucionaria. No lo logró.

Espín salió del MIT tras varios meses, según relata Tom Gjelten en su libro *Bacardi and the Long Fight for Cuba*. En su camino de regreso a Cuba, se estableció en la Ciudad de México para conocer al célebre dúo de hermanos revolucionarios. Espín pronto se enamoró de Raúl —quien también estaba perdidamente enamorado— y regresó a La Habana como su compañera de armas. Después, ella se reunió con los Castro en la Sierra Maestra. "En aquel entonces, yo era la cabeza de aquel movimiento clandestino para toda la provincia de Oriente", me dijo en su oficina de la Federación de las Mujeres Cubanas. "El papel de las mujeres era muy importante. Se les torturaba y asesinaba." Colaboradora cercana del mártir revolucionario Frank País, Espín tenía una reputación revolucionaria impecable. Cuando recordó al reverenciado Frank País, cuya fotografía cuelga de la pared que está justo detrás de su escritorio, de manera repentina e inusual Espín rompió en llanto.

Después de la Revolución, ella fundó y presidió la Federación de Mujeres. Y, algo más significativo, ella adoptó el papel no oficial de primera dama de Cuba y mantuvo esa posición hasta su muerte a los setenta y siete años, el 18 de junio de 2007.

La pareja tuvo un hijo, a quien llamó Alejando en honor al *nom de guerre* de Fidel. Alejandro Castro Espín siguió los pasos de su padre en el ejército, ascendió al grado de coronel y posee una vasta cartera de inteligencia que incluye China. Raúl y Vilma también tuvieron tres hijas. Una de ellas, Mariela, se casó con un fotógrafo italiano y ha viajado mucho por toda Europa. Sus otras dos hijas están casadas con altos oficiales. A Déborah, la mayor, se le dio el nombre clave revolucionario de *Vilma*, mientras que a la menor, Nilsa, apodada *Nilsita*, se le dio ese nombre en honor de la querida y difunta hermana de Vilma.

Una revolucionaria delicada, meticulosa y empeñosa, Nilsa Espín había asistido con Raúl a la conferencia de 1953 sobre comunismo en Viena. Al igual que Vilma, Nilsa había solicitado una visa estadounidense para estudiar en el MIT. Pero por su asistencia a la conferencia de Viena se le negó la entrada a Estados Unidos. Nilsa se enamoró y casó con un ideólogo afín, Rafael Rivero Pupo. Mien-

tras que los Espín eran aristócratas de Oriente, Rivero tenía orígenes más humildes.

Cuando Nilsa decidió que quería estudiar en la universidad de
La Sorbona en París, la familia Espín pagó por la educación de Rivero en la prestigiosa institución. Nilsa se convirtió en una guerri-
llera temeraria que adoptó el *nom de guerre* de *Madame Curie*; ella fue
de los fundadores del Movimiento 26 de Julio. Su esposo, también
un revolucionario fanático, fue ascendido al rango de capitán. Después de que los rebeldes tomaron el poder, la pareja encabezó un
programa de "reeducación revolucionaria" que se llevó a cabo en el
Campo Columbia, una antigua guarnición de Batista a la que Castro
llamó Ciudad Libertad.

Rafael Rivero se convirtió en un importante nexo entre los soviéticos y los cubanos. Aunque nunca se informó en público, la especulación entre la clase acomodada de La Habana era que los soviéticos estaban insatisfechos con el desempeño de Rivero durante
la Crisis de los Misiles en Cuba en octubre de 1962.

Aquellos trece días de octubre, en los que las superpotencias del
mundo sobrevolaban el precipicio de la mutua destrucción, dejó
marcado a Fidel Castro de por vida. Él envió una carta al líder soviético Nikita Khrushchev en la que exigía un golpe nuclear contra Estados Unidos si atacaban a Cuba. "Lo digo porque la agresividad de
los imperialistas se ha vuelto en extremo peligrosa", escribió Fidel
durante el drama, bien relatado en *One Minute to Midnight*. "Y si en
verdad realizan una acción tan brutal, ése será el momento de eliminar
el peligro para siempre, en una acción de legítima defensa. Por más
dura y terrible que pueda ser la solución, no hay otra."

Castro se mostró abatido durante meses, cuando Jhrushchov
descartó su advertencia y negoció directamente con el presidente
John F. Kennedy y lo dejó por completo fuera del juego. Es muy
probable que Castro haya encontrado en Rivero un chivo expiatorio
para su inmensa frustración. Haya sido o no por petición de los rusos, como se rumoró, Castro despidió a Rivero en 1965.

Lo que siguió fue surrealista, un momento chejoviano en la historia cubana. Rivero, devastado, se quitó la vida de un tiro en su oficina. Existen dos versiones de lo que ocurrió: Nilsa, quien por costumbre llevaba una ametralladora al hombro, descubrió el cuerpo de Rivero en su oficina de Campo Columbia, y luego también se suicidó. En la versión de Carlos Franqui, el doble suicidio se parece más a la ópera *Tosca:* Nilsa, impulsada por el dolor, corrió a la oficina de Raúl y se disparó enfrente de su cuñado.

Poco después de la Revolución, Raúl y su familia se fueron a vivir a un vasto apartamento, ubicado en un séptimo piso, en Nuevo Vedado, no lejos del histórico cementerio Colón en La Habana. Después se mudaron a una mansión de estilo campestre con grandes terrenos y varios animales de granja, lugar conocido como La Rinconada, no lejos de la casa de la familia de Fidel. Mientras que tanto sus familiares como sus enemigos dan fe de su amor por la familia, Raúl no fue propiamente un marido fiel. Pero, al igual que su hermano Fidel, manejó sus amoríos con cierto grado de cortesía y discreción.

Según un pariente de Celia Sánchez, la pareja política y personal de Fidel hasta su muerte en 1980, Raúl fue el patriarca de una familia paralela. Según dicen, en la década de los sesenta inició un largo romance con una guapa asistente de las FAR, el cual produjo al menos un hijo, llamado Guillermo, a principios de los setenta. Un niño muy blanco y rubio que acabaría por estudiar medicina, según las amistades de Sánchez que lo conocieron en un plano social. También creen que Raúl engendró un segundo hijo menor, aunque no es claro si era de la misma madre que Guillermo o producto de otro desliz.

Raúl tendría otros romances significativos. Uno de ellos fue con una mujer búlgara que vivía en La Habana. Después sostuvo un largo e intenso romance con una enfermera colombiana. Según un coronel de las FAR, muchas élites del gobierno creían que, durante los ochenta, Raúl se involucró con una secretaria del partido en Matanzas, una mujer que gozaría de una importante carrera política. Otra atractiva mujer del Ministerio de Asuntos Comerciales llamó la atención de Raúl en los años noventa. La vida romántica de Raúl no era distinta de la de sus hermanos Fidel y Ramón, o para el caso, de la de su padre, Ángel. Él era un varón cubano de cierta generación para la cual las relaciones extramaritales eran casi de rigor. La diferencia radica en la profunda pasión de Raúl por la paternidad y en la estima que sintió por su esposa.

Para 1980, el matrimonio de Raúl con Vilma se había convertido en una sociedad y amistad familiar. Algunas personas cercanas dicen que ellos vivieron por separado por casi treinta años. Pero durante todos sus deslices, él permaneció respetuoso de Espín y su papel público como primera dama del país. Estuvo a su lado durante las celebraciones y tragedias familiares, y se sentó junto a ella en eventos y recepciones oficiales.

Después de que a Vilma se le diagnosticó cáncer en 2004, Raúl se mostró escrupulosamente atento a sus necesidades. Su fallecimiento en 2007 lo devastó en todos sentidos. Él lloró con abundancia durante su funeral en La Habana y también durante el depósito de sus cenizas en el Mausoleo Segundo Frente Oriental Frank País, en Santiago. Resultó irónico que Fidel, quien había estado demasiado preocupado como para asistir a la boda de Vilma y Raúl, estaba demasiado débil para ir a su funeral.

Con el tiempo, el drama del suicidio de Nilsa y Rivero quedó borrado de la memoria revolucionaria cubana y nunca se le ha mencionado en los libros de historia. El sensacional doble suicidio sacudió a la élite revolucionaria cubana, aunque esta clase de muerte no es una rareza en Cuba, ni antes ni después de la Revolución. En verdad, Cuba tiene el índice más alto de suicidio en Latinoamérica, y está entre los más elevados del mundo. Un factor es la cultura política inclemente, feroz e implacable que hay en el país.

Desde tiempos inmemoriales, el nacionalismo cubano ha combinado la retórica del autosacrificio en eslóganes como "¡Cuba libre o muerte!" Fidel Castro resumió los tropos patrióticos con un sencillo lema revolucionario: "Patria o muerte". La historia de estas invocaciones *kamikazes* y suicidas está muy bien documentada en *To Die in Cuba* de Louis A. Pérez Jr., quien habla del suicidio como el "modo de muerte cubano".

Uno podría pensar que este fenómeno tiene algo que ver con la extrema afición cubana por el café, el ron y las telenovelas. Una proclividad a los excesos puede ser otro factor, pero el suicidio está tan arraigado en la "sensibilidad nacional", según Pérez, que hace mucho que "pasó de ser impensable a irrelevante".

Otro factor fue el alcance de la brutalidad experimentada por segmentos sucesivos de la población a manos de los colonizadores de la isla. Cerca de un tercio de los indígenas que vivían en Cuba cometieron suicidio durante la brutal conquista española de la isla a principios del siglo XVI. Muchos lo hicieron al saltar de los empinados riscos que sobresalen del valle de Yumurí, en Oriente. De manera similar, un asombroso número de esclavos africanos y trabajadores forzados chinos que buscaban escapar de sus bárbaros amos se quitaron la vida, ocasionando "una plaga de suicidios", como lo describió un obispo. El nombre de la tercera ciudad más grande de Cuba, Matanzas, habla por sí solo de las deudas de sangre que se contraían en la isla más grande de las Antillas.

Al igual que lo hicieron indígenas, africanos y chinos antes que ellos, los cubanos consideraron intolerable la subyugación española. El suicidio significaba un escape —muerte con honor—. En la célebre y triste balada *La Bayamesa,* el narrador describe cómo ella incendia por completo su casa en Báyamo antes de rendirse a los españoles. En verdad, docenas de pueblos y ciudades —incluidos Las Tunas, Guáimaro y Banes— fueron incendiados por sus habitantes entre 1896 y 1898.

"La práctica del suicidio es, claro está, la única y definitiva ideología cubana", escribió el autor exiliado Guillermo Cabrera Infante. José Martí, el sutil poeta de la Revolución, avanzó sobre su caballo contra los españoles para una muerte segura, tras haber escrito que la Guerra por la Independencia era "un conflicto que sólo puede terminar en victoria o en la tumba". Mariana Grajales, considerada "La Madre de la Patria", envió a su esposo y a once hijos a luchar por la independencia. Aunque sólo sobrevivieron dos de sus hijos, ella dijo que su único remordimiento era no haber tenido más para entregarlos a su patria.

Tan fuerte es el llamado al suicidio que hace la isla que el gran poeta estadounidense Hart Crane trató de suicidarse en dos ocasiones durante periodos vacacionales ahí. Cuando tenía dieciséis años, tuvo un intento fallido durante una visita a la Isla de Pinos; en 1932, tras una noche de excesos en La Habana, se arrojó al mar desde su bote y se ahogó.

De acuerdo con Pérez, los cubanos aún se quitan la vida en números récord —tanto en su tierra natal como en el exilio—. Los hombres suelen ahorcarse o darse un tiro, y las mujeres, en un giro macabro, a menudo se prenden fuego. Es indiscutible que los fracasos y desilusiones de la Revolución cubana agravaron la desazón que sentían algunos. Entre los suicidas posrevolucionarios más notables estuvieron Osvaldo Dorticós Torrado, el primer presidente de Cuba durante los primeros días de la Revolución, quien se dio un tiro en 1983, y Haydée Santamaría, la heroína del Moncada y una alta oficial del gobierno. Es bien conocido que Santamaría envió un mensaje temerario e irrefutable cuando saltó hacia su muerte el 26 de julio de 1980, durante el vigésimo séptimo aniversario del ataque al Moncada.

Curiosamente, las estadísticas de suicidio son más o menos iguales para los cubanos en el exilio: el ex presidente cubano Carlos Prio Socarrás se disparó en el corazón en Miami en 1977; el novelista Reinaldo Arenas se quitó la vida en Manhattan; el escritor Calvert Casey hizo lo mismo en Roma, y Miguel Ángel Quevedo, el brillante director de *Bohemia*, cometió suicidio en Venezuela. En junio de 2008, Pedro Díaz-Lanz, el intrépido ex fidelista que se convirtió en jefe de la fuerza aérea de la Revolución antes de desertar a Estados Unidos, se dio un tiro en el pecho a los ochenta y un años. Dos de sus hermanos también se quitaron la vida, uno en La Habana y otro en Miami.

En verdad, fue un suicidio lo que lanzó a los hermanos Castro a la prominencia política. Humillado por malos cálculos políticos, el aspirante presidencial Eddy Chibás se disparó durante la transmisión en vivo de su popular programa de radio en 1951. La muerte de Chibás despejó la escena política para un poco conocido líder estudiantil de las regiones más remotas de Oriente. Su nombre era Fidel Castro.

Aunque la plaga del suicidio ha eludido a la familia Castro, no ha ocurrido lo mismo con el alcoholismo. En varios niveles de debilitamiento, ha afligido a los varones de la familia desde su patriarca, don Ángel, pasando por todos sus hijos y hasta varios de sus nietos. A don Ángel se le conoció por ser tan trabajador como bebedor. Ramón, el mayor de los críos de Lina, aún empina el codo afablemente. De los tres hijos, Fidel ha sido el bebedor más controlado, pues tiene periodos en que se entrega a la bebida y otros en los que jura abstenerse, aunque rara vez parece perder el control. De los hermanos, Raúl ha sido el más afectado por el alcohol; lo ha forzado a dedicar una buena parte de su vida adulta a pensar en *no* beber.

De los dos hermanos cogobernantes, Raúl es el más típicamente cubano: dado a los excesos, ríe con fuerza, llora, baila, canta y cuenta chistes bobos a sus amigos. Cuando el presidente de China, Hu Jintao, visitó La Habana en noviembre de 2008 y llevaba millones de dólares en ayuda y acuerdos comerciales, Raúl le cantó una canción tradicional. Fuera del ojo público, él es gregario y espontáneo, y sabe cómo pasarla bien.

"Raúl es normal, en el sentido de ser un tipo común, no como Fidel", dice Gioconda Belli, la novelista nicaragüense y ex sandinista.

"Y tiene muy buen sentido del humor." Belli recuerda a Raúl como un hombre "sencillo" que gozaba de una intensidad emocional y un nivel de bienestar personal aparentemente inaccesibles para Fidel. Al ser Belli una mujer atractiva, sus encantos no pasaron inadvertidos para Fidel, quien la pretendió sin éxito.

En noviembre de 1979, Belli formó parte de la delegación que Nicaragua envió a Argel para celebrar la independencia de la ex colonia francesa. En representación de Fidel, Raúl encabezó la delegación de Cuba, la cual incluía a Gabriel García Márquez y otras luminarias de la izquierda. "Raúl era centrado, astuto y nada mojigato", dice Belli. A diferencia de Fidel, no es regañón ni sentencioso. Sin embargo, es muy versado en política y —en menor grado— en temas culturales. En cierto momento, Belli se unió con Raúl para una larga junta con el general Vo Nguyen Giap, el héroe soldado de la Ofensiva del Tet de Vietnam en 1978, para una discusión sobre la intersección de lo militar con lo político. (Raúl se sintió feliz de regresar a Argel en julio de 2009 de camino a la Cumbre del Movimiento de Países No Alineados en Egipto.) También hablaron sobre "cómo detener los asesinatos de honor en Argel así como sobre el choque de la cultura vieja con la nueva. Y [Raúl] habló mucho sobre sus hijas y esposa".

El hecho de ser el hijo adorado y favorito de su madre hizo que Raúl se sintiera especialmente cómodo en compañía de mujeres. Él es encantador y coqueto —de una manera cariñosa, no amenazadora—. Sus hermanas y tres de sus hijas siempre han expresado elogios; también lo han hecho las dos viudas del Che Guevara. Incluso Alina Fernández, una dura crítica de Fidel, ha rendido homenaje al cuidado y la autenticidad familiar de Raúl.

Pero Raúl también es un hombre de hombres, como lo ha demostrado la lealtad que engendra en sus subordinados. Durante años, fue célebre por las noches y fines de semana que pasaba con amigos cercanos, en los que festejaba, bebía y asistía a peleas de gallos. La empática trayectoria emocional de Raúl y su devoción por la familia van de la mano con su papel como "el reforzador". Brian

Latell, ex analista de la CIA, describe a Raúl como alguien que se debate entre dos personas: Raúl el terrible, responsable de ejecuciones sumarias después de que los rebeldes depusieron a Batista, y Raúl el compasivo, el sentimental hombre de familia.

Fuera de la familia, las personas agraviadas a menudo recurren a Raúl. Cuando los parientes de un célebre preso político buscaron clemencia y visitas a su casa para él, recurrieron a Raúl. Era un asunto delicado y espinoso, pues los hijos del ex oficial convertido en prisionero habían huido del país.

Los familiares del oficial encarcelado recordaron a Raúl los viejos tiempos y las buenas anécdotas, cuando todos vacacionaban juntos. Cuando no se entretenía en visitar a cosmonautas soviéticos, Raúl jugaba felizmente con los hijos de aquellos en la playa como si fueran los propios. Los parientes recalcaron que entendían la vital importancia de la discreción y prometieron a Raúl que no harían ninguna declaración pública ni emprenderían campaña contra el gobierno. Le aseguraron que sólo buscaban paz para su familia.

Raúl estaba conmovido y lo convencieron. Al preso se le concedieron primero salidas semanales a su casa y luego se le liberó de prisión, aunque no se le permitió salir del país. Sus familiares, quienes ahora visita mucho, han cumplido con su palabra —y no han hablado en público del asunto—. No fue la solución más satisfactoria pero, para los estándares cubanos, se le consideró un final feliz.

CAPÍTULO DIEZ

Todos los hombres del rey

La repentina y casi fatal enfermedad soslayó a Fidel Castro en el verano de 2006 desencadenó un brote de intensos pleitos políticos en el interior de cada órgano del gobierno cubano. Los consejos de Estado y de ministros, el ejército, la Asamblea Nacional y, sobre todo, el Buró Político del Partido Comunista se convirtieron en calderas tanto de la negociación tranquila como del regateo agitado. En los restaurantes ubicados en casas privadas, conocidos como "paladares", así como en los autos —menos vulnerables a la vigilancia de la seguridad estatal— las discusiones podían ser febriles. Los tecnócratas más susceptibles de ascender consideraron que la mejor estrategia era aparentar devoción hacia Fidel mientras fortalecían su relación y reputación con Raúl. Quienes no habían seguido una carrera militar empezaron a sentir punzadas de arrepentimiento.

Cuando la jerarquía política de reciente creación y reconfiguración fue anunciada en febrero de 2008, el codiciado segundo puesto en el gobierno se le concedió a José Ramón Machado Ventura. Ex médico de setenta y dos años, a Machado apenas se le conocía fuera de La Habana y la mayoría de los cubanos no lo identificaban. Si se le conocía por algo era por sus grandes habilidades quirúrgicas dentro de la guerrilla, las cuales demostró cuando extrajo una posta de M-1 del pie izquierdo del Che Guevara con una hoja de afeitar.

Por su inquebrantable lealtad y su compromiso revolucionario, a *Machadito*, como lo conocen sus personas cercanas, se le otorgó la vicepresidencia tanto del Consejo de Estado como del Consejo de Ministros. Machado había iniciado su carrera política como uno de los primeros líderes del Partido Comunista Cubano. También fue fundador del Segundo Frente Oriental Frank País durante la Revolución y tenía en gran estima a Vilma Espín, la difunta esposa de Raúl. Durante el funeral de ella, Machado pronunció una emotiva loa donde ensalzaba sus virtudes, mientras Raúl lloraba en silencio. "Ella vive con nosotros dentro", dijo a los dolientes.

A Machado se le consideró como todo un profesional en la solución de problemas, en asuntos tan variados como el cuidado de la salud y las cuotas del azúcar. Había fungido como ministro de Salud de la Revolución hasta 1967, y ayudado a concebir y fundar el sistema de salud de Cuba, alguna vez admirable, hoy desgastado. Como es un político de línea dura, su ascenso preocupó a los reformistas. Otras personas con memoria histórica señalaron que ya había existido otro Machado en la política cubana. El general Gerardo Machado, presidente de Cuba de 1925 a 1933, también había sido un héroe revolucionario que después se hizo de reputación como ladrón de ganado. Su gobierno estuvo marcado por la crueldad y la brutalidad en toda clase de asuntos, desde asesinatos hasta la prohibición de los tambores de conga.

José Ramón Machado tenía un origen curioso para ser comunista. Durante la década de los cincuenta había sido un bautista devoto que asistía al templo todos los domingos. Su conversión al marxismo-leninismo, empero, fue igualmente extrema. "Una ventaja de haber elegido a Machado, que es un año mayor que Raúl, es que la siguiente generación de políticos no lo vería como posible contendiente para la sucesión de Raúl", observa Jorge Domínguez, especialista de la Universidad de Harvard, quien calcula que "el año promedio de nacimiento de esta generación [de nuevos líderes] es 1936". Francisco Hernández, presidente de la Cuban American National Foundation, señala que a Machado se le apodaba *Pedrusquito*, "que es la versión cubana de Pedro Picapiedra, el hombre de las cavernas o un troglodita". Pocos cubanos de menos de cuarenta años habían oído hablar alguna vez de José Ramón Machado, y quizá de eso se trataba.

Los grandes ganadores de la primera jerarquía posfidelista eran los "históricos" —la vieja guardia— promovidos desde el interior del partido o el ejército, algunos de los cuales eran conocidos por sus relaciones personales con los hermanos Castro desde la década de los cincuenta. Un vicepresidente del Consejo de Ministros es José Ramón Fernández, ex comandante y general de brigada nacido en 1925. Otro de ellos es el ministro de Salud José Ramón Balaguer, nacido en 1930.

El general Julio Casas Regueiro, quien había sido el asistente principal de Raúl durante décadas, fue nombrado su remplazo como ministro de Defensa. El general Casas había encabezado la reformación del ejército y había fungido como el equivalente cubano de un presidente ejecutivo en las Minfar, donde transformó su vasto imperio financiero, pues dejó de ser una burocracia enmohecida para convertirse en una lucrativa fábrica de dinero. Según el estudioso de la milicia Frank Mora, originalmente del National War College, Casas realizó una extraordinaria reorganización del ejército tras recortar su presupuesto a la mitad en 1990. Lo logró mediante el recorte de personal, pues pasó de tener una excedida fuerza armada de doscientos mil hombres a una de cincuenta y cinco mil quince años después. Al mismo tiempo, puso a casi un millón de cubanos en disposición como reserva de la milicia popular.

En el Ministerio del Interior, continuaría (como el espía en jefe del país) el general Abelardo Colomé Ibarra, nacido en 1939. Tanto Casas como Colomé habían sido raulistas incondicionales durante toda su vida y fungido como el brazo izquierdo y derecho del Castro menor durante dos décadas. Conocido como *Furry*, Colomé había reforzado la disciplina y lealtad a los Castro en todas las laberínticas burocracias del gobierno. Los cinco hombres rehuyeron la fama y los medios, y tuvieron gran escrúpulo en mantener perfiles personales bajos, un rasgo que los Castro valoraban en extremo.

Otros políticos de línea dura se unieron a Machado, Colomé y Casas como vicepresidentes del Consejo de Estado: Juan Almeida Bosque (nacido en 1927) y Esteban Lazo Hernández (nacido en 1944), un estricto construccionista del Partido Comunista. Almeida y Lazo son afrocubanos, por lo que representan a las dos terceras partes de la población, conformadas por mulatos o negros. Después se les uniría otro afrocubano, Ricardo Cabrisas, nacido en 1937, quien fue nombrado vicepresidente del Consejo de Ministros. A ocho mujeres, casi todas afrocubanas, se les convocó para formar parte de los treinta y un miembros del Consejo de Estado, pero se les consideró más como nombramientos simbólicos. A ninguna de las ocho mujeres se les asignó comisiones de carácter nacional.

Al doctor José M. Miyar Barruecos, conocido por todos como *Chomy*, en un principio se le ratificó como secretario del Consejo de Estado, una sinecura que había ocupado durante más de treinta años. Considerado casi un hermano adoptivo de los Castro, *Chomy*, quien tiene la misma edad de Raúl, se hizo cargo de la computadora personal de Fidel Castro así como de su correo electrónico privado. Todo un fanático de la lente, ha fotografiado a Fidel y su familia durante décadas.

Y por si alguien tiene dudas, Fidel Castro hizo saber que él había presidido las selecciones de la Asamblea Nacional de 2008: "No es que yo exigiera que se me consultase", escribió desde su lecho de enfermo, en una protesta un tanto excesiva. "Fue decisión de Raúl y de los principales líderes del país consultarme."

El anuncio del nuevo orden de los antiguos hacedores de reyes provocó el descontento inmediato de especialistas, centros de estudios y conversadores casuales en Estados Unidos y el resto del mundo. Su molestia deleitó a Fidel.

Los grandes perdedores fueron los políticos de menos de sesenta años, de quienes desconfiaban los "históricos" por ser demasiado inexpertos y poco confiables en asuntos de seguridad nacional. "Raúl quiere ser un Brehznev, no un Gorbachev", dijo Hernández, de la CANF, "y quiere que lo suceda un Andropov y, ciertamente, no un Gorbachev. Estos hombres usarán la represión y la liberalización de manera 'pragmática', conforme lo necesiten, para garantizar la estabilidad interna". Varios críticos, como Jaime Suchlicki de la Universidad de Miami, no tardaron en comparar, desfavorablemente, a Raúl con el reformador de la China posmaoísta Deng Xiaoping.

Entre los perdedores estaba la facción reformista o pragmatista. A Carlos Lage, secretario ejecutivo del Consejo de Ministros, quien favorecía una discreta reforma económica, se le consideraba un candidato oculto para remplazar a Raúl como primer vicepresidente. Los optimistas incluso se atrevieron a soñar que se le daría la presidencia, mientras que Raúl continuaría a cargo del todopoderoso ejército. Aunque Lage conservó inicialmente su puesto como uno de los cinco vicepresidentes del Consejo de Estado, su remplazo por un ortodoxo del partido como Machado señaló malos augurios para aquellos que anhelaban un cambio. Sin embargo, Lage, de cincuenta y siete años, conservó su cargo de alto perfil como secretario ejecutivo del Consejo de Estado, pero sólo por un año más.

Felipe Pérez Roque, de cuarenta y tres años, quien fungió durante ocho años como jefe de personal de Fidel antes de convertirse en canciller en 1999, tampoco mejoró su posición; un mal augurio. Fidelista furioso e incondicional, Roque, al igual que Lage, permaneció en el Consejo de Estado durante otro año. En 2001 fue célebre su toma del micrófono cuando Fidel se desmayó durante un discurso, y gritó: "¡Viva Fidel! ¡Viva Raúl! ¡Viva la Revolución!" Fue una expresión que quizá los hermanos Castro sintieron excesiva o demasiado temprana. Además, la devoción servil de Pérez Roque por Fidel tampoco embonaba bien en la nueva era de Raúl. La incapacidad de Lage y Pérez Roque para asegurarse la promoción o el reconocimiento en el nuevo gobierno de Raúl decepcionó a los diplomáticos extranjeros y a los cubanos con hambre reformadora. Y lo peor aún estaba por llegar.

Los sobrevivientes más duraderos fueron el ministro de Cultura Abel Prieto, un novelista de cincuenta y cinco años con peinado de cola de caballo, a quien se le considera el miembro más liberal del Buró Político, y Ricardo Alarcón, presidente de la Asamblea Nacional y el político más visible de Cuba, aparte de Fidel. Aunque Alarcón permaneció como consejero principal sobre asuntos estadounidenses, a veces tenía una relación espinosa con los Castro. Nacido en 1937 en La Habana, fue parte de la resistencia urbana subterránea, no de las guerras de guerrillas de la sierra. Es un intelectual urbano, habla bien el inglés y no es del completo agrado de los rústicos Castro. Tanto Prieto como Alarcón se las han arreglado para conservar sus respectivos cargos, pero no han logrado ascender ni obtener dispensas especiales. (De hecho, Prieto, que tiene una enfermedad seria, se retiró en 2012.)

Sin embargo, Ramiro Valdés, un año menor que Raúl, continuó con su imparable ascenso por los cielos cubanos. En las primeras semanas posteriores a la enfermedad de Fidel, a Valdés se le asignó el recién creado Ministerio de Información y Comunicaciones, con una vasta cartera de trabajo, la cual abarcaba Internet y todas las transmisiones telefónicas, satelitales y por cable dentro de Cuba.

En su encarnación anterior como fundador y jefe del Ministerio del Interior, el temible Valdés incluso se había atrevido a alegar con Raúl Castro. En 1986 se le expulsó del Buró Político. Valdés sacó provecho de su exilio gubernamental, pues estudió informática así como la naciente tecnología de Internet, a la vez que se mantenía como miembro activo del Partido Comunista. En 1996 se convirtió en presidente del Grupo de la Electrónica, lo cual lo colocó al frente y al centro del próspero mercado de la información. En 2002, Chino Figueredo, general retirado y amigo cercano de Valdés, me aseguró durante una charla, no lejos de la ostentosa casa de Valdés en Atabey, que "Ramiro pudo haber quedado fuera de la vista, pero nunca fuera del poder". (En 2009, tras almorzar en su casa con Valdés, Figueredo se dirigió a su habitación y se dio un tiro en la cabeza.) Domingo Amuchástegui, antiguo oficial de la inteligencia, que vive en Miami, concuerda con esto. "Valdés dedicó quince años a actualizarse y se forjó un nicho", observa Amuchástegui. "Y ahora es el director ejecutivo de Telecom de Cuba."

A pesar de sus batallas campales anteriores con Raúl, Valdés se mantuvo como castrista de sangre azul. Él es uno de los pocos supervivientes del grupo que zarpó en el *Granma* en 1956 y peleó en el Moncada y la sierra (los otros son Fidel y Raúl; Juan Almeida murió en 2009). Se le nombró jefe de seguridad personal de Fidel a principios de los sesenta y fue el arquitecto de la G2, la Policía Política Revolucionaria original, encargada de erradicar a los contrarrevolucionarios.

También dirigió la cruzada cubana conocida como El Nuevo Hombre, en los años sesenta. También llamado UMAP (siglas del orwelliano nombre Unidades Militares de Ayuda a la Producción), el programa de "rehabilitación" culminaba con la reclusión de aquellos a quienes se consideraba "indeseables". La primera redada en masa realizada en La Habana en 1961 fue dirigida por Valdés, quien declaró que la homosexualidad era "contraria a la moralidad revolucionaria". En los años sesenta, "Ramiro Valdés representó, junto con Raúl Castro, la cepa más inflexible, coercitiva y represiva de la Revolución", escribió Llovio-Menéndez. "Un hombre pequeño, de físico desagradable, con una voz seca y penetrante y barba de chivo, a Valdés se le conoció por ser obtuso, pretencioso y amargado." Se rodeaba de funcionarios del Ministerio del Interior que conocían todos los eslóganes y compartían su revanchismo.

Las selecciones de los líderes continuaron con el patrón establecido desde la enfermedad del comandante: vacilaban entre el reatrincheramiento y la apertura. El cambio, disfrazado de continuidad, procedería. Pero todo cambio, cualquiera que fuese, se adheriría a la decisión final de Fidel, tal como lo estableció en 1961: "Dentro de la Revolución, todo. Fuera de la Revolución, nada". Los jueces que determinarían qué estaba "dentro" y qué "fuera" seguirían siendo, como siempre, los hermanos Castro.

La parcialidad de los Castro como jueces quedó demostrada cabalmente un año después, cuando a veinte prominentes políticos cubanos se les despidió de sus empleos de manera sumaria y se les envió a hacer sus maletas. El 2 de marzo de 2009, los anuncios fueron descritos por la mayoría de los comentaristas como una purga o un golpe suave y trajo a la mente la muy citada máxima de Fidel Castro, o más precisamente, una deformación de ella, de que "la Revolución no se comería a sí misma".

Las destituciones más increíbles de esa purga fueron la del canciller Felipe Pérez Roque, quien había servido en su cargo durante casi diez años, y Carlos Lage, el hombre clave de Cuba en asuntos de economía durante las dos décadas anteriores, a quien se le atribuye el rescate de las finanzas del país después de que terminó el patronazgo de la Unión Soviética. También se despidió a Fernando Remírez de Esteñoz, ex jefe de la Sección de Intereses Estadounidenses, quien había guiado a Cuba con destreza durante el caso Elián González y a quien se había ascendido a las filas dirigentes del partido y como encargado de atender los asuntos internacionales.

A Pérez Roque se le remplazó por su propio subordinado, Bruno Rodríguez Parrilla, ex embajador de Cuba en la ONU, mientras que Lage fue sustituido por el general José Amado Ricardo Guerra, un oficial de confianza del ejército y confidente de Raúl Castro.

Otto Rivero Torres, quien había defendido la campaña favorita de Fidel, "La Batalla de las Ideas", fue destituido de su puesto en el Consejo de Ministros. Su relevo no fue otro que Ramiro Valdés. Al veterano ministro de Economía, José Luis Rodríguez García, también le dieron las gracias y lo remplazaron con el joven Marino Murillo Jorge, ministro de Comercio Interior, un favorito de Raúl y Machado Ventura.

Un nombre importante al que se marginó fue José Miguel Miyar Barruecos, a quien retiraron de su puesto como secretario del Consejo de Estado. En este caso, empero, a Miyar Barruecos, quien había encabezado los programas de biotecnología de Cuba, se le reubicó en un cargo nuevo y respetable, como ministro de Ciencia, Tecnología y Medio Ambiente (se retiró en 2012). Su sustituto en el Consejo de Estado fue Homero Acosta Álvarez, un aliado cercano de Raúl y Machado.

Mientras que a la agitación se le consideró la más significativa desde que los Castro habían llegado al poder en 1959, los electrizantes anuncios fueron comunicados de manera informal en la televisión nacional, al final de la hora de noticias de la tarde. Tras los informes del estado del tiempo y los deportes, el conductor del programa tan sólo mencionó los nombres de varias de las víctimas más importantes y sus remplazos, y entonces cambió de tema.

Sin embargo, Fidel Castro aclaró que los cambios no habían sido un asunto trivial. En su columna "Reflexiones" publicada al día siguiente, aseguró a los lectores que se le había consultado acerca de las destituciones. El débil comandante no agradeció a sus colegas por sus años de servicio al país. En cambio, reprendió a Lage y Pérez Roque —quienes habían estado a su servicio las veinticuatro horas del día, siete días a la semana por décadas— por haberse dejado corromper por "las mieles del poder —por lo que no habían conocido sacrificio alguno— [el cual] había despertado en ellos ambiciones que los habían llevado a desempeñar un papel indigno". Tal repudio significaba sólo una cosa: pronto vendrían confesiones y castigos. En verdad, pocas horas después, ambos hombres escribieron sus disculpas de rigor, dirigidas al hombre que los había expulsado.

"Compañero Raúl", escribió Lage, "reconozco y acepto toda la responsabilidad por mis errores. Mi destitución ha sido muy justa. Le aseguro que siempre serviré a la Revolución y siempre permaneceré fiel al Partido Comunista, a Fidel y a usted." Pérez Roque fue más lejos y anunció que dejaría todos sus puestos en el Consejo de Estado, la Asamblea Nacional y el Comité Central del Partido como castigo a sus transgresiones. "Reconozco por completo que cometí errores que serán analizados en una junta [con el departamento político.] Acepto mi total responsabilidad por ellos", escribió Pérez Roque.

Nunca se declaró ni explicó exactamente qué "errores" habían cometido los hombres. Pero sus súbitas expulsiones y confesiones propagandísticas fueron muy similares a las de Carlos Valenciaga, asistente ejecutivo de Fidel, a quien habían despedido en diciembre de 2008; el ex canciller Roberto Robaina, a quien destituyeron en 1999, y Carlos Aldana, quien fue forzado a dimitir a su cargo de alto perfil en el partido en 1992.

Un rostro muy conocido por los cubanos, Valenciaga había anunciado al mundo que Castro había sufrido una seria crisis de salud en 2006. Preparado personalmente por Fidel, el hombre de treinta y cinco años había llegado a lo más alto del firmamento político. Era asistente en el Consejo de Estado y miembro del Comité Central desde 1993. A partir de 1999 había sido jefe de Comunicaciones para Fidel, antes de que se le relegara al Plan Pijama, como se le conoce al retiro forzado de oficiales del gobierno.

Algunos dijeron que Valenciaga se encontraba bajo arraigo domiciliario, acusado de cargos imprecisos de corrupción, como el de regalar a su novia una computadora portátil que era propiedad del Estado. Otros dijeron que había cometido los pecados fundamentales del alardeo o la apropiación del poder. Lo peor es que había hecho una ostentosa fiesta de cumpleaños en septiembre de 2006, mientras Fidel se debatía "entre la vida y la muerte", en palabras de Raúl. Su relevo fue el teniente coronel Rolando Alfonso Borges, un duro malhumorado cuyo cargo hablaba por sí solo: jefe del Departamento de Ideología del Comité Central.

Oficiales cubanos, que hablaron bajo el anonimato, dijeron a *The New York Times* que Pérez Roque y Lage se habían vuelto engreídos y habían comunicado a sus homólogos extranjeros "falsas expectativas sobre cómo cambiaría el país". Su suerte quedó marcada después de que unas cintas grabadas en secreto de ellos, junto con su amigo Fernando Remírez del Secretariado del Partido, confirmaron las dudas de Raúl de que estos hombres no guardaban el suficiente respeto hacia sus superiores.

Según el artículo del *Times*, el trío había estado vigilando la casa de Conrado Hernández, un cubano que había servido como nexo con los empresarios de la región vasca de España. En las cintas, los hombres habían tildado incidentalmente a Machado de ser un "fósil viviente" y un "dinosaurio", e incluso habían contado unos cuantos chistes sobre la salud de Fidel y sobre Raúl. Los oficiales cubanos arguyeron que Hernández, que fue arrestado el 14 de agosto de 2008, había hecho las cintas para entregarlas a la inteligencia española, algo que España negó rotundamente. Jesús Gracia, ex embajador de España en Cuba, dijo que las acusaciones no tenían sentido y añadió que "esta historia sobre grabaciones de cintas es algo típico de los servicios secretos de Raúl".

A los hombres también se les había videograbado en la casa de un primo de Lage, Raúl Castellanos Lage, cardiólogo en el Instituto de Cardiología Vascular. El doctor había mencionado durante una cena que habría sido "un servicio a la patria" dejar morir a Machado cuando se le trató por un problema cardiaco en su hospital. "La nación nunca habría estado mejor", soltó Castellanos, a quien también se le encarceló y acusó de traición. Resultó que más o menos una docena de oficiales —todos nombrados por Fidel— habían estado bajo vigilancia durante más de un año antes de que se les destituyera. Después, nueve horas con las indiscreciones de las víctimas grabadas en cinta fueron mostradas a veteranos selectos del partido. Evidentemente, el círculo cercano de Raúl necesitaba justificar la purga tan súbita que había diezmado las altas esferas de Cuba, y que había hecho su mejor esfuerzo por apresar a algunas de las estrellas más brillantes por hacer bromas que se tomaron a mal.

La agitación de 2009 recordó una purga anterior de mediados de la década de los sesenta, conocida como *La Dolce Vita*. El escándalo de *La Dolce Vita* (La Dulce Vida), como lo llamó Fidel en honor de la popular película de Fellini, se cobró las carreras de más de cien oficiales del gobierno, muchos de los cuales fueron enviados a campos de las UMAP para cortar caña todo el día.

Tanto en la purga de 2009 como en la de 1966, los cargos fueron por corrupción no especificada; el verdadero crimen, empero, fue albergar la ambición personal y perder demasiado tiempo bajo los reflectores.

Pero había otro elemento que traía recuerdos del pasado: Ramiro Valdés había sido el arquitecto de *La Dolce Vita*, y es probable que, por medio de su Ministerio de Información, haya tenido que ver en las investigaciones de quienes fueron despedidos en 2009. Después de todo, Valdés había recuperado por completo el favor de Raúl y había viajado a Rusia con él justo un mes antes. También se benefició de las expulsiones —se hizo de otra cartera de trabajo, así como de un asiento en el Consejo de Ministros.

Los cubanólogos —a menudo más hábiles que los kremlinólogos— pronto notaron que las cabezas que rodaron pertenecían a fidelistas y no a raulistas, y que el conflicto interior consolidó por completo el poder de Raúl dentro de las fuerzas armadas. "Son los militares, los generales, quienes ahora son quizá más poderosos que Machado Ventura", dijo el disidente Óscar Espinosa Chepe a Will Weissert, reportero de AP.

Los seleccionados para remplazar a los oficiales en desgracia tenían varios rasgos en común. La mayoría eran militares o tenían algún tipo de alianza con los militares, y tendían a ser de edad más avanzada —varios de ellos tenían más de setenta años—. La mayoría, al igual que los Castro, venían de la provincia de Oriente, no de La Habana. Y todos ellos tendían a eludir el protagonismo o eran lo bastante grises como para no eclipsar a ninguno de los Castro.

Un inversionista extranjero, que se encontraba en La Habana en aquella época, señaló que "los militares nunca confiaban en los civiles". Señaló que la presencia policiaca durante la semana de la agitación gubernamental fue gigantesca. "Había policías detrás de cada árbol", dijo, a lo que añadió: "Y ésos eran los visibles. Había muchos otros invisibles".

Muchos de los oficiales enviados a la Siberia cubana eran más jóvenes y tendían a ser de ideología reformista, aunque no todos. Eran tecnócratas, pragmatistas o intelectuales, y *todos* estaban asociados con Fidel. "Usted sabe que hay dos Castro", dijo Raúl Castro a la presidenta de Chile, Michelle Bachelet, durante una visita en 2009. "No somos iguales."

El académico de Harvard Jorge Domínguez, quien por coincidencia estuvo en La Habana durante el conflicto, dijo: "Hay muchas cosas raras... pero si he de resaltar una entre varias, es que Raúl Castro al fin tiene su gobierno".

Cuando el humo se disipó y el polvo se asentó, muchos se preguntaron cómo habían sobrevivido Ricardo Alarcón, de la Asamblea Nacional, y especialmente Abel Prieto, del Ministerio de Cultura. Tres meses después, Francisco Soberón, a quien se atribuye la fundación de la Unión de Jóvenes Comunistas y los Comités para la Defensa de la Revolución, también quedó fuera: el presidente del Banco Central "renunció" a todas sus responsabilidades, incluido su puesto en el Consejo de Estado y en el Comité Central del partido. El mensaje era claro: nadie debía sentirse seguro.

Los temas de discusión que captaron los reporteros y visitantes en La Habana sugerían que los despidos tan sólo eran la misión que tenía Raúl de ajustar finamente el gobierno para hacerlo más efectivo, con una "estructura más compacta y funcional". Es cierto que Raúl tenía la intención de salvaguardar las instituciones del país: había confiado el ejército, el partido y los consejos de Estado y de Ministros a hombres a quienes conocía desde los años cincuenta o sesenta. A su vez, ellos protegerían a la dinastía de los Castro.

Después de todo, es muy posible que el coronel Alejandro Castro Espín, hijo de Raúl, estuviera interesado en suceder a su padre, la misma cosa que también harían el coronel Luis Alberto Rodríguez López-Callejas, esposo de Déborah, o incluso, entre los más jóvenes, Raúl Guillermo Rodríguez Castro, nieto de Raúl, quien nació en 1984.

Extrañamente, por haber orquestado una purga gubernamental tan burda, Cuba estaba preocupada por la reacción de Estados Unidos. Según Jorge Domínguez, "el Ministerio del Exterior recalcaba que no había cambios, y en particular, que no había cambios a su buena disposición para responder a cualquier cosa que propusiera Washington… Yo quedé realmente asombrado con lo cerca que se calibran las expectativas en relación con las políticas estadounidenses".

"Es obvio que esto era una purga", dice el experto en temas militares Frank Mora, "pero una que se concentró en el equipo económico, con excepción de Remírez, Pérez Roque y Lage, quienes fueron castigados por atraer demasiada atención hacia su persona, tanto dentro como fuera de Cuba".

Aunque muchos de los infractores entrarían en el Plan Pijama —es decir, que permanecerían en casa y no se presentarían a trabajar—, Mora señala que "se les podía rehabilitar". Menciona casos como el de Ramiro Valdés, Fidelito Castro y Marcos Portal. Sin embargo, la diferencia es que los dos últimos son miembros de la familia Castro y Valdés es un comandante, con títulos y privilegios que no poseía el actual grupo de expulsados. "Esto es el raulismo", concluye Mora. "Es Raúl siendo Raúl."

Aliado con Valdés para preservar el *statu quo*, está Machado Ventura. Ambos hombres han sido personajes principales en el Partido Comunista y comparten tanto sinergia como historia personal con Raúl Castro. Con hombres como Casas, Colomé, Machado y Valdés como guardianes del fuerte, Raúl Castro no tendría que preocuparse por una traición. Raúl ha aprendido que en un sistema de súplica de favores y adulación, siempre hay preocupaciones sobre en quién confiar. En ocasiones, lo han malentendido de manera deplorable. A finales de los ochenta y principios de los noventa, Raúl vio cómo algunos de sus tenientes de más confianza —un general de cuatro estrellas y un comandante, así como su propio secretario personal— lo abandonaban a él y a la Revolución. El sistema le había fallado.

En 1991, el coronel Jesús Renzoli, secretario de Raúl por más de veinte años, huyó a Estados Unidos. Renzoli no sólo había gozado de un contacto continuo con Fidel y Raúl Castro, sino que fue jefe del Segundo Secretariado del partido de 1983 a 1990. Notable experto en Rusia, estuvo a cargo de la misión militar cubana en la URSS desde 1990 hasta su salida, y sirvió brevemente como embajador en la Unión Soviética. Como traductor al ruso de Raúl y Fidel, Renzoli estuvo al tanto de todas sus conversaciones con los soviéticos.

Acompañado de su familia, Renzoli condujo por toda la frontera occidental desde Rusia hasta Finlandia, y luego se fue directo a la embajada estadounidense en Helsinki. De inmediato, se le envió a Estados Unidos, donde lo interrogó el finado Dan Lynch, célebre experto en Cuba de la CIA, a quien le pareció una fuente impecable. Durante varios años, Renzoli tuvo problemas para obtener su residencia en Estados Unidos, y en cierta época trabajó en Home Depot. Pero en 1995 Renzoli, hombre de considerable astucia e intelecto, inició una segunda carrera en el Banco Mundial.

Hubo —antes y después de Renzoli— otras deserciones importantes. El general Rafael del Pino Díaz, subjefe de personal del Ministerio de Defensa de Cuba y ex jefe de la Fuerza Aérea Cubana, es aún el desertor de mayor rango del país. En mayo de 1987, el general Del Pino, con su familia a bordo, condujo un pequeño avión de entrenamiento rumbo a la Estación Aérea de la Marina en Key West. El coronel Filiberto Castiñeiras (quien huyó en 1993) y Domingo Amuchástegui (en 1994), ambos del Ministerio del Interior, también fueron desertores de alto rango. De manera similar, Alcibíades Hidalgo Basulto, ex embajador de Cuba ante las Naciones Unidas y jefe de personal de Raúl Castro, llegó en 2002, con mucho que mostrar.

Según Edward González, analista de la Corporación RAND, quien entrevistó a Renzoli en junio de 1994, hubo dos factores que motivaron la deserción del principal experto cubano sobre Rusia. Uno fue el miedo de Renzoli de que Cuba no sobreviviera a la pérdida de su patrocinador ruso, junto con el subsidio de cuatro mil millones de dólares a la isla. El impacto recortaría la economía cubana en más de una tercera parte. Y sin la implantación de reformas importantes —movimientos que Fidel Castro resistiría—, Renzoli creyó que la economía cubana estaba acabada.

Pero no era el único que pensaba así. Durante una junta del Buró Político en 1987, Renzoli informó que Fidel había rechazado con vehemencia una sugerencia hecha por Raúl y el general Abelardo Colomé de permitir una válvula de escape para la disensión política. Para 1990, la política de Raúl Castro se había visto moderada por el realismo. "Renzoli dijo que a Raúl lo había asombrado el fenomenal impacto que el movimiento Solidaridad había tenido en Polonia durante los años ochenta", recuerda González. Tanto así, que se reunió con el general Wojcech Jaruzelski, el último presidente comunista del país, para discutir sus temores de que ninguna institución en Polonia pudiera salvar su sistema socialista, pues el grado de control estatal se estaba desintegrando. (Cuando se desató una guerra de anuncios espectaculares entre Cuba y Estados Unidos en 2006, uno de los mensajes que se mostraban en la pancarta electrónica que estaba sobre la Sección de Intereses Estadounidenses en La Habana era una cita de Lech Walesa, ex presidente polaco y fundador de Solidaridad: "Sólo en las sociedades totalitarias los gobiernos hablan y hablan a su pueblo sin escucharlo nunca".)

Pero Fidel no compartía ninguno de los intereses de su hermano en las reformas. En lo que a él concernía, la *perestroika* (reforma) y la *glasnost* (apertura) habían derrumbado a la Unión Soviética. "Fidel cree profundamente que, si pierdes el control, lo pierdes todo", afirma Amuchástegui. Aun así, con la economía cubana desmoronándose como una galleta rancia, Fidel delegó muchos de los problemas financieros del país a su hermano. Las Fuerzas Armadas Revolucionarias (FAR) se hicieron cargo de muchos de los asuntos cotidianos en Cuba. Bajo Raúl las FAR crearon, y aún manejan, los populares mercados agrícolas. Sin embargo, su principal fuente de ingresos es el turismo, el cual manejan las FAR por medio de sus subsidiarias, GAESA y Gaviota, ambas repletas de miembros de la familia Castro.

Desde hacía bastante tiempo, Raúl se había impresionado con lo que él ha llamado "el modelo chino", o "la solución de Vietnam". Él viajó a China en noviembre de 1997 "para saber más sobre la experiencia china en construcción económica", relata Amuchástegui, quien dice que él mismo dejó Cuba porque se desilusionó del fidelismo, aunque no del socialismo. Durante su visita, Raúl "pasó muchas horas en conversación con Zhu [Rongji], arquitecto de las reformas económicas de China bajo el régimen de Jiang Zemin". Raúl estaba tan impresionado con el programa chino, que invitó a Cuba al consejero principal de Zhu. En La Habana, el gurú de Zhu asombró a toda una serie de altos oficiales del gobierno y el ejército durante varios días de juntas. Sin embargo, según Amuchástegui, al final los aspirantes a reformadores se toparon con un problema: "Hubo una persona que rehusó firmar: Fidel Castro".

La idea había sido apoyar una actividad empresarial limitada y reformas para favorecer el mercado, a la vez que apuntalar los monopolios del ejército. Renzoli presenció más de un pleito entre los hermanos por causa de estos temas. "Eran peleas muy fuertes y prolongadas que hacían llorar a Raúl", dijo a González. El escritor Norberto Fuentes, quien desertó en 1994, también fue testigo: "Sus discusiones eran algo digno de verse".

De acuerdo con González, Renzoli recalca que, a pesar de sus diversos pleitos y discusiones, "Raúl era del todo leal a Fidel". A su vez, Fidel nunca dudó del compromiso de su hermano con él. Renzoli también apaciguó el rumor insistente y mordaz de que Raúl era homosexual. En la década de los cincuenta, los enemigos del Castro menor lo apodaron *la China Roja* por tener cierto toque afeminado y oriental en sus rasgos, además del pelo largo. Durante los sesenta, las caricaturas de los periódicos de Miami representaban a Raúl como si usara lápiz labial y ropa de mujer. Renzoli desmintió esa idea, y afirmó que su ex jefe era decididamente heterosexual.

A Renzoli también lo habían afectado la ansiedad y la conmoción nacional en relación con el caso Ochoa-De la Guardia de 1989, un escándalo que sacudió a la sociedad cubana. Se juzgó a once altos oficiales del Ministerio del Interior, y se les sentenció por narcotráfico y corrupción. Hay pocas dudas de que los cargos por narcotráfico tenían cierto fundamento (el zar colombiano de la droga Pablo Escobar había estado en Cuba en febrero de 1989 para tratar de comprar tierras a cambio de misiles aéreos), pero no eran el único delito. Algunos analistas políticos sintieron que el crimen más grave del general Arnaldo Ochoa, a quien Renzoli admiraba mucho, había sido abogar por la reforma.

Domingo Amuchástegui disiente. "No me sorprendió en lo absoluto. Yo estuve dos años con Ochoa en Angola. Adoraba a Ochoa cuando rondaba los veinte años y entonces habría dado mi vida por él. Pero ellos habían perdido todo aquello que defendían. Ochoa y *Tony* [Antonio de la Guardia] operaban como delincuentes que se creían intocables."

Tras un juicio falso de estilo soviético, el cual fue televisado, cuatro importantes militares fueron ejecutados, incluido el recién condecorado Ochoa, cuyas credenciales revolucionarias se remontaban hasta la sierra, así como el carismático Antonio de la Guardia. A otros siete se les encarceló durante largo tiempo, entre ellos Patricio de la Guardia, hermano gemelo de Antonio, así como la mano derecha de confianza de Castro, general José Abrantes, quien dirigía el Ministerio del Interior.

En el juicio, Raúl Castro apareció en vivo en televisión y dio un emotivo discurso que duró alrededor de tres horas, algo inédito en él. Algunos pensaron que estaba ebrio, otros dijeron que estaba exhausto y unos pocos dijeron que tenía ambas cosas. Todos concordaron en que todo el asunto había sido una experiencia terrible y devastadora para él. A partir de entonces, la cobertura de los juicios se editó antes de mostrarse en la televisión cubana, y Raúl no volvió a hablar del asunto en público.

En un extraño giro, los hijos del finado fugitivo estadounidense Robert Vesco sostuvieron que fue su padre "quien atacó" a Tony de la Guardia. Vesco había hecho la asombrosa transición de gran apostador y financiero en Wall Street para Richard Nixon durante los sesenta a asesor económico de Fidel Castro en los ochenta. De manera similar, la hija de De la Guardia declaró que había sido su padre quien había advertido a Castro acerca de los indeseables nexos de Vesco con las drogas y el lavado de dinero.

En 2008, un ex agente de la contrainteligencia cubana llamado Ernesto Borges Pérez (quien fue sentenciado en 1998 a treinta años de prisión por revelar secretos a Estados Unidos) dio una entrevista desde la cárcel para Radio Martí. Borges dijo que Vesco se había involucrado en el tráfico de drogas con el capo colombiano Carlos Lehder, pero bajo las órdenes de Fidel Castro. Entre 1983 y 1984, Vesco había comerciado con narcóticos desde Nicaragua y después había lavado dinero para el gobierno cubano, declaró Borges. Un ex asociado de Vesco confirma que, en cierta ocasión, Vesco rescató a Lehder en barco en su casa de Norman's Cay en Las Bahamas, justo cuando los jefes de policía estadounidenses y los agentes de la DEA llegaban para arrestar al narcotraficante.

En 1996, Castro puso un abrupto fin a su hospitalidad con el magnate fugitivo, cuyos fondos casi se habían agotado; muchos de ellos, en rentas a sus anfitriones. A Vesco se le acusó de intento de fraude a Labiofam, la compañía cubana de biotecnología, y se le sentenció a trece años en prisión. Pasó una buena parte de su condena en una cárcel del extremo oriental de la isla.

Liberado en 2005, Vesco vivió en condiciones muy precarias mientras batallaba con una pésima salud. Fumador empedernido durante toda su vida, Vesco murió de cáncer pulmonar el 23 de noviembre de 2007, a la edad de setenta y un años, según *The New York Times*. Su amante cubana, que se convertiría en su esposa, Lidia Alfonso Llaguer, videograbó sus últimos días en el hospital. Lo enterraron en una fosa sin nombre en el famoso cementerio Colón en la zona de El Vedado, La Habana. Al final, Vesco se convirtió en una fábula de la moralidad cubana, un estafador a quien sus anfitriones no necesitaban más. Peor aún, era un hombre que sabía demasiado.

El 12 de marzo de 1998, poco después de la medianoche, un auto Lada de fabricación rusa perdió el control en la sección de Miramar en La Habana y mató a su conductor. El hombre del volante, único ocupante del vehículo, era Manuel Piñeiro Losada. Mejor conocido como *Barba Roja* por el tono zanahoria de su rala barba, Piñeiro había sido el jefe de espías de Cuba por más de treinta años y confidente de Castro desde los días de la sierra. Piñeiro había estado al frente del Ministerio del Interior, y después del Departamento Americano del partido, la rama de la inteligencia cubana encargada de exportar y fomentar la Revolución.

Los cubanos tienen diversas predilecciones, una de las cuales es la pasión por la conspiración. Por consiguiente, a pesar de las explicaciones perfectamente coherentes del choque —Piñeiro bebía en exceso y padecía de diabetes, además de ser un pésimo conductor—, el molino de rumores pronto concluyó que, claro, el accidente de Piñeiro no había sido tal.

Según ese razonamiento, él se había llevado a la tumba treinta y cinco años de secretos, complots e intrigas; la información privilegiada del escándalo de De la Guardia; el desastre de Vesco y la identidad de los agentes cubanos en todo el mundo. Entonces, Jorge Masetti, un espía de *Barba Roja*, huyó al exilio y escribió unas memorias que trazaban perspectivas tentadoras sobre el turbio submundo de Piñeiro en las décadas de 1970 y 1980, creado a instancias de Fidel Castro.

Masetti describió la vida en los campos de entrenamiento cubanos y los programas de adoctrinamiento para los aspirantes a guerrilleros. Al egresar, recorrió Angola, Perú, México, Costa Rica, Argentina, el Congo, Colombia y Chile, y trató de derrocar "regímenes imperialistas" mientras plantaba las semillas de paraísos socialistas.

Mientras estuvo en Managua conoció al gallardo jefe de la inteligencia cubana, el coronel Tony de la Guardia, quien consiguió armas a los sandinistas y luchó a su lado. Masetti se enamoró de la bellísima hija de De la Guardia, Ileana, y dejó a su esposa y sus cuatro hijos para desposarla.

El encanto de Masetti con los Castro culminó con el encarcelamiento de De la Guardia junto con el general Ochoa. Convencidos de que sobrevivirían al cooperar con los fiscales del gobierno, los hermanos De la Guardia habían indicado a su familia no recurrir a abogados externos ni a los medios para así evitar atraer la atención hacia su problema. Según Masetti, "el propio Fidel visitó a Tony en su celda durante tres horas y le pidió no nombrar a ninguno de sus superiores durante el juicio". Todo tenía que "quedar en familia". Pero, para conmoción de la sociedad cubana, cuatro oficiales fueron ejecutados por un pelotón de fusilamiento y los demás recibieron largas sentencias en prisión. "Fue una versión revolucionaria de *Alicia en el País de las Maravillas*", escribió Masetti satírico. "Primero el veredicto y después el juicio."

Algunos sostienen que Raúl Castro fue la fuerza impulsora del juicio y las ejecuciones, ansioso por consolidar el poder del Minint bajo su mando y el del ejército. Pero la mayoría de los expertos concuerdan con el biógrafo de Fidel, el desaparecido Tad Szulc, en que las ejecuciones "no se habrían realizado sin que [Fidel] Castro tomara la decisión". Sin embargo, Raúl desempeñó una vez más el papel del policía malo, mientras que Fidel, *el Mago*, dirigía tras bambalinas el juicio y las ejecuciones. A diferencia de Fidel, a quien no traiciona la emoción, Raúl se mostró muy afectado durante meses por el calamitoso drama.

Hoy, Raúl Castro no es el comunista "burócrata"o de los duros del partido que alguna vez fue.

Durante los últimos veinte años, Raúl ha pasado de ser el refuerzo de su hermano a una especie de reformador socialista. Su transformación no provino del instinto ni de la virtud, sino más bien de un imperativo darwiniano de supervivencia —para Cuba y para él mismo—. "En la década de 1980, Fidel y Raúl discutían sobre la *perestroika* y los problemas económicos del país", dice Norberto Fuentes. "Raúl estaba, y aún está, a favor de la *perestroika* y, hasta cierto punto, cree en la *glasnost*".

Más que nadie, Raúl Castro sabe cuán cerca estuvo su gobierno de extinguirse —no por amenazas externas, sino tan sólo por malos cálculos económicos, ineficiencia, corrupción y dependencia—. Una prolongada crisis económica se suscitó en Cuba tras la pérdida de su patrocinador ruso en 1990. Fidel llama a esa época "El Periodo Especial", para describir el súbito desplome en el estándar de vida después de que los soviéticos dejaron de financiar la isla. Fue una época en que los cubanos adelgazaron de manera notable (se dice que algunos en verdad se comieron a sus perros), y todos los barrios de la isla se vieron plagados por los temidos apagones, durante los cuales ciudades enteras quedaban en la oscuridad.

En 1994, tras cuatro años sin su subsidio soviético anual, Cuba se había quedado sin dinero. En el verano, cuarenta mil cubanos desesperados huyeron a Estados Unidos en precarias balsas. El 5 de agosto de 1994, durante la parte más álgida de la Crisis de los Balseros, miles de ciudadanos enojados descendieron al Malecón, que rodea La Habana, y arrojaron piedras. "El Maleconazo", como se le llamó a aquella fecha, fue de las protestas más significativas de la isla desde 1959, y condujo al mayor éxodo desde la partida del barco *Mariel* en 1980.

Las protestas habían empezado después de que las autoridades cubanas intervinieran en el secuestro de un transbordador marino para evitar que zarpara hacia Estados Unidos. Para sofocar la creciente crisis, el propio Fidel asistió al Malecón y llegó en su *jeep*. Él aseguró a la multitud que a ningún ciudadano se le impediría marcharse si así lo decidía. Como prueba fehaciente de su carisma, unido a un miedo a las represalias, la furiosa plebe de repente empezó a gritar: "¡Viva Fidel!"

Al mismo tiempo, una empresa europea esperaba impaciente que Cuba pagara su muy atrasada cuenta. La compañía, que proveía a la isla de una buena parte de su petróleo, mucho de él a crédito, empezó a perder la paciencia. "Decidimos que ya no habría más entregas, a menos que pagaran sus cuentas anteriores", recuerda un alto ejecutivo, al observar que las principales compañías petroleras como Exxon y Mobil ya habían abandonado Cuba y cancelado sus entregas.

No pasó mucho tiempo antes de que el ejecutivo recibiera una llamada telefónica de un alto oficial del Buró Político. "Nos suplicó que los abasteciéramos. Teníamos un buque petrolero con unos setenta mil galones de petróleo en el puerto de La Habana, pero les habíamos dicho que ya no habría más crédito", dice el ejecutivo. "Me dijo que el propio Fidel estaba en el Malecón supervisando a los balseros. Había un pánico general en todo el país. Al final, accedimos —nos percatamos de que era su última oportunidad— y permitimos que nuestro buque los abasteciera."

El buque atracó en Matanzas para eludir el éxodo de botes que partían de La Habana. Luego, el ejecutivo esperó en una casa de protocolo en Miramar y dio a los cubanos hasta el fin de semana para hacer el pago. "Les advertimos: 'Si no hay cheque, no hay más entregas'", dijo. Para el domingo en la tarde, no había llegado el cheque. El ejecutivo empacó sus maletas y notificó a sus socios que el pago no se había efectuado y que tendrían que poner fin a sus negocios con Cuba. A las cuatro de la tarde, pocos minutos antes de que el empresario debiera partir, miró afuera y vio que se detenía un auto del gobierno. El ministro de Finanzas, Carlos Lage, bajó del auto, se apresuró hacia la casa y entregó personalmente el cheque, con lo cual rescató a la isla de una inminente oscuridad.

Mientras que 1994 fue el nadir de la crisis económica de Cuba, difícilmente fue su final. El país sobrevivió a lo peor, pero aún tiene problemas para pagar sus cuentas. Y mientras los dividendos no empiecen a reflejarse en la vida cotidiana, Cuba seguirá perdiendo a sus jóvenes, quienes se han cansado de ver meras promesas de reformas. Al mismo tiempo, los cubanos ya tienen menos hijos —la población actual de Cuba está en decremento—. Más de la mitad de los once millones y medio de cubanos tiene menos de cuarenta años, ocho millones de los cuales nacieron después de la Revolución de 1959. Y están hambrientos de cambio y oportunidades. Mientras que 51% de la población del país está conformada por mulatos, 11% que se definen como negros tienden a poseer un nivel de vida más bajo. Aunque los negros alguna vez fueron los más incondicionales y confiables de la Revolución, muchos de ellos se han sumado a las filas de los disidentes.

Los varones de menos de cuarenta años constituyen la mayoría de quienes han huido de Cuba, y éstos incluyen a cien mil cubanos que salieron de la isla rumbo a Estados Unidos entre 2005 y 2011. (Los cálculos sobre aquellos que han muerto al intentar cruzar entre 1959 y mediados de los noventa van de los dieciséis mil a los setenta y siete mil.) Las fatalidades aún ocurren, pero los números se han reducido en la última década, pues las operaciones de contrabando humano se han vuelto más sofisticadas y emplean botes más rápidos y mejor construidos.

Algunos de los jóvenes más famosos y talentosos de Cuba se han unido al éxodo, incluida la personalidad televisiva Carlos Otero, quien huyó junto con toda su familia en 2007 durante un viaje a Canadá y muy pronto firmó un contrato con la televisión de Miami. De manera similar, partieron rumbo al norte el músico popular Isaac Delgado, el dotado pianista Alfredo Rodríguez y la actriz Susana Pérez, además de veintenas de músicos, bailarines, atletas y artistas que habían salido de gira. En marzo de 2008, siete miembros de la selección cubana de futbol desertaron tras una junta en Tampa, y dos meses después, los siguió la nueva estrella del beisbol de diecinueve años, Dayan Viciedo, quien cruzó a Estados Unidos vía México. Yurisel Laborde, medallista olímpica de bronce en judo y media docena de bailarines de ballet también huyeron.

En abril de 2008, la estrella de reggae Elvis Manuel y cuatro compañeros de viaje se ahogaron cuando su balsa zozobró ante un clima tormentoso a medio camino entre La Habana y Key West. La tragedia no detuvo a la estrella televisiva Yamil Jaled, quien apareció en Miami en agosto de 2008. A ellos se suma el alarmante número de médicos cubanos que son enviados al extranjero como embajadores de buena voluntad y nunca vuelven. La pérdida de tantos cubanos tan brillantes ha creado una fuga de cerebros que podría tener un impacto en el país por décadas, quizá por una generación.

Incluso algunos de los hijos privilegiados del círculo cercano de Raúl han huido. El general de división Leonardo Andollo fue nombrado segundo al mando del personal general de las FAR en 2001 y es un socio de confianza de Raúl. En 1994, Ernesto, el hijo del general, de veinte años y campeón de *kickboxing*, se unió al ejército de jóvenes cubanos que huyeron del país para buscar mejores oportunidades en Miami. Fue una deserción escandalosa para el gobierno y una vergüenza abrasadora para la familia. Durante varios años, el general Andollo rehusó hablar con su hijo.

En 1997 se negoció una reconciliación entre el padre y el hijo con la aprobación de Raúl Castro. Ernesto visitó a la familia en La Habana y regresó a Miami —su visa la tramitó Raúl—. La hermana de Ernesto, Déborah Andollo, campeona mundial de buceo, me dijo en 1998 que la imagen de Raúl como un burócrata sin sentido del humor era absurda. "Él no es así en lo absoluto", dijo, y lo describió como un hombre aficionado tanto a las bromas pesadas como a los chistes bobos. Su madre, que estaba sentada junto a nosotras, asentía con la cabeza.

Pero el general Andollo no es el único hombre de confianza de Raúl que ha soportado una deserción familiar. Al hijo de Andollo pronto se le unió en Miami nada menos que el hijo y tocayo de Ramiro Valdés, *Ramirito*. Es más, casi 12 hijos y nietos de Castro han optado por vivir en el sur de Florida o España, incluidos los dos hijos de Agustina. Por varios años, Fidel se negó a conceder a su hermana menor una visa para visitarlos, lo cual fue motivo de enfado para Juanita en aquel entonces. "Mi hermana quiere venir a visitar a sus dos hijos, que han estado aquí durante cinco años", me dijo ella en 2002. "Y ella es una mujer que en verdad ama a sus hijos. Mi hermana tiene que esperar un permiso especial para que se le permita viajar aquí." Al final, la visa se le concedió, y Agustina pasó seis semanas en el sur de Florida.

Entre otros desertores de alcurnia dentro de las élites gobernantes se encuentran Annabelle Rodríguez, la hija del desaparecido Carlos Rafael Rodríguez, el intelectual comunista cubano que formó parte del círculo cercano de Castro y el gobierno hasta su muerte en 1997. Rodríguez vive en Madrid, donde edita *Cuba Encuentro*, una vivaz gaceta de la disidencia exiliada. Su hermana, Dania Rodríguez García-Buchaca, está casada con el general Julio Casas Regueiro, el brazo derecho de Raúl, quien murió en 2011.

En verdad, un prisma muy útil a través del cual podemos ver la Revolución cubana es el de la familia dividida. Una de las pérdidas más importantes de la Revolución ha sido la familia cubana. Desde el clan Castro/Díaz-Balart hasta los familiares de Elián González o Luis Posada hasta el último balsero que ha logrado llegar a Key West, todos han experimentado una devastadora separación y pérdida. Los desconcertados observadores de la política cubana a menudo preguntan por qué este tipo de conflicto ha sido tan difícil de resolver. La respuesta, en parte, yace en la desmembrada familia cubana.

No todos han desertado con éxito. En 1981, Carmen Vallejo, la hija del renombrado médico convertido en revolucionario René Vallejo, intentó desertar durante un viaje que hizo a Finlandia por razones médicas. Vallejo llegó a Suecia por transbordador marino pero, para su horror, el gobierno socialista de Olof Palme la puso de vuelta con los cubanos. Desde entonces, a ella y su familia se les ha impedido viajar y se les trata como parias. Su madre, que fue secretaria y traductora de Fidel, perdió su empleo, al igual que el esposo de Vallejo. Entre toda una serie de humillaciones, en su casa aparecieron grafitis que decían "gusanos", que en jerga cubana significa "contrarrevolucionarios".

De manera similar, *Juan Juan* Almeida, un extrovertido abogado e hijo del afamado comandante Juan Almeida (quien murió en 2009), fue encarcelado en Villa Marista, el temido cuartel general de Seguridad Estatal, muchas veces desde 2003 hasta 2010 cuando se le concedió una visa para salir.

La doctora Hilda Molina, una renombrada neurocirujana, corrió con un destino similar. En una ocasión que cuestionó la eficacia del sistema de salud de Cuba, a principios de los noventa, se convirtió en persona *non grata*. El hijo de Molina huyó a Argentina en 1994, pero a ella se le prohibió ir a verlo o incluso visitar a sus nietos. A pesar de que se organizó una campaña internacional en su beneficio, el gobierno le negó una visa y pretextó que la educación y los talentos de Molina eran un patrimonio nacional. Por criticar al Estado en público, ella, Almeida y Carmen Vallejo cruzaron la línea invisible. Y en la Cuba de Castro, eso es imperdonable. (En junio de 2009 a Molina se le concedió una visa para visitar a su madre enferma de noventa años, una merced atribuida a la intercesión del presidente Kirchner de Argentina.)

Por otro lado, los hijos de Ramón Castro han pasado un tiempo considerable en el sur de Florida visitando a otros miembros de la familia Castro, quienes viven ahí en paz. Los familiares pueden ir y venir con una condición: que no digan algo que pueda avergonzar a su familia o país.

El mismo tabú ha ocurrido a cualquier exiliado que pretenda visitar o regresar a su tierra natal. Cada año, una cantidad pequeña pero significativa de exiliados regresan a vivir a Cuba, personas a las que podríamos llamar "balseros de reversa". La mayoría de ellos regresa porque sus expectativas fueron poco realistas o quizá porque la vida en Estados Unidos les pareció abrumadoramente difícil. En Cuba la vida está severamente restringida, pero los aspectos básicos de la alimentación, la salud y la educación están asegurados. En Estados Unidos tienen que trabajar. Entre quienes han regresado se encuentran dos tías ancianas del difunto líder del exilio Jorge Mas Canosa, quien luchó durante años para sacarlas de Cuba. Tras un breve periodo en Estados Unidos, las dos tías decidieron que el ajetreo y el bullicio de Miami no eran para ellas y regresaron a su hogar, a la orilla del mar, en el centro de Cuba.

El tráfico humano entre Miami y La Habana, naturalmente, da de qué hablar. Quién es o no es un espía es un tema que nunca está lejos de cualquier conversación a ambos lados de los estrechos de Florida. Desde las cejas arqueadas de los habaneros hasta los petulantes de las estaciones de radio de la Calle Ocho, la desconfianza y la sospecha siempre han sido el perfume mismo de las capitales cubanas gemelas.

En la primavera de 2003, cuando el gobierno cubano acorraló y arrestó a setenta y cinco disidentes y escritores, los cubanófilos se alborotaron por la curiosa omisión de uno de los disidentes más famosos del país, Elizardo Sánchez Santa Cruz. La razón pronto se reveló:

la inteligencia cubana le había preparado una humillación aún más deliciosa que la prisión. En agosto de 2003, dos escritores aliados con la inteligencia del gobierno publicaron un librillo titulado *El Camaján*, palabra que da nombre a un tipo de camaleón pero que se suele emplear para referirse a un oportunista o a una persona no confiable. El libro describía a Sánchez como un informante de Seguridad Estatal.

Sánchez, quien entonces tenía cincuenta y nueve años y se describía como un "socialista demócrata", y que encabeza la Comisión Cubana de Derechos Humanos y Reconciliación Nacional, parecía tan conmocionado como todos los demás. Al negar la acusación, dijo: "Pueden creer al régimen totalitario o pueden creerme a mí". Hay razones para creerle, y una de las más importantes son los muchos años que había pasado tras las rejas en Cuba. Desde su liberación en 1991, su casa, teléfono y contactos han estado bajo una constante vigilancia.

Como los cargos tan incendiarios de *El Camaján* se toparon con el escepticismo, el gobierno cubano publicó más evidencia de la supuesta colaboración de Sánchez con él: una videocinta de 1998 de un coronel del Ministerio del Interior que da un abrazo a Sánchez y le coloca una medalla. Sánchez admitió que había caído en una trampa quizá por haber bebido demasiados cocteles o por insensatez, y ofreció una posible explicación: él se había reunido con oficiales del gobierno para facilitar su trabajo en derechos humanos. La mayoría de los reformadores siguieron trabajando con Sánchez. Vladimiro Roca Antúnez es un disidente muy conocido, hijo del fundador del Partido Comunista Blas Roca. Lo liberaron de prisión como una condición para el viaje que el ex presidente Jimmy Carter realizó a La Habana en 2002. "En el peor de los casos, Elizardo era un agente del gobierno", razona Roca. "Pero en ese caso, es obvio que él no hizo el trabajo que el gobierno le pidió. Si no, no le hubieran hecho lo que le hicieron." Aunque esto difícilmente es un voto de confianza abrumador, en vista de todas las traiciones e intrigas diarias que impregnan a la sociedad de La Habana y Miami, siempre habrá dudas.

No importa qué haya ocurrido en realidad, pero el libro tuvo justo el impacto que los fraguadores del Ministerio del Interior tenían en mente. Creó un nivel más profundo de desconfianza y sospecha entre los disidentes y los cubanos comunes. Éste es el corrosivo legado que sobrevivirá a los fracasos y éxitos de Fidel y Raúl Castro.

Con cada año que pasa, la Revolución, una vez celebrada por un millón de jubilosos cubanos que bailaban en la calle, se ha convertido más en una serie de cálculos sombríos que una celebración. En 2009 tuvo casi un aire fúnebre, pues los jefes de Estado llegaban a visitar al debilitado Fidel, quien se encontraba demasiado enfermo para saludarlos. Las calles estaban inusualmente llenas de policías y el acoso a presuntos disidentes era frecuente.

Es casi seguro que Cuba no es el primer Estado autoritario en involucrarse en el juego de la desinformación artificiosa, pero sus oficiales son todos unos maestros. Incapaces de hacer desaparecer a la disidencia, estos regímenes buscan invariablemente desacreditarla. El movimiento del *apartheid* de Sudáfrica y los ancianos estalinistas de Alemania Oriental eran inigualables en este arte. En verdad, el aparato de la inteligencia cubana está inspirado en la Stasi, el nefasto órgano de seguridad de Alemania Oriental.

El espionaje y el engaño tienen una historia curiosa en Cuba. Incluso antes del régimen del dictador Fulgencio Batista, a los informantes se les llamaba "chivatos" o "soplones", y aún hoy se les conoce con esos términos. El gobierno de Castro ajustó esa tradición con los Comités para la Defensa de la Revolución (CDR), grupos de vigilantes locales, especializados en vecinos que informan sobre otros vecinos. Por lo regular, las faltas involucran infracciones menores, como comercio en el mercado negro, y las acusaciones suelen ser motivadas por la envidia. Desde la pérdida del patrocinador soviético de Cuba, el sistema de los CDR ha perdido parte de su influencia, pero casi todos los cubanos —incluidos los oficiales— realizan algún tipo de actividad clandestina para sobrevivir.

Sin embargo, ser informante es una actividad muy común en la sociedad cubana posrevolucionaria. Durante un viaje a La Habana en 1995, visité a un santero que era popular entre la inteligencia cubana. Los santeros son los sacerdotes de la santería, una religión afrocubana muy practicada en el país, y así como son sus símiles católicos en el confesionario, se espera que guarden las confidencias. Yo mencioné mi tarde con el santero en una cena en Miami una semana después. "¡Oh, sí, lo conozco muy bien!", me dijo un cubano que acababa de llegar. Su madre, una oficial del Ministerio del Interior, "interrogaba" al santero cada viernes.

Sin embargo, Fidel se ha mostrado indignado por los métodos de vigilancia que practican otros gobiernos, en especial Estados Unidos. En una columna publicada en julio de 2009, arremetió contra la reciente aprobación de la Ley de Vigilancia de la Inteligencia Extranjera (FISA), la cual proporcionaba inmunidad a las empresas de telecomunicación que habían participado en el programa de intervención telefónica. "Algo que ofende la sensibilidad de la gente, en cualquier sistema social, es la falta de respeto a la privacidad", escribe Castro.

Por su parte, Castro permitió la vigilancia no sólo de oficiales extranjeros, sino de los propios líderes y diplomáticos de Cuba. Juan Manuel Reyes Alonso, quien desertó del Minint en 2000, salió de las filas del M8, que vigilaba a los ministerios del gobierno, en especial a células de jóvenes demasiado ambiciosos. Otro órgano de vigilancia, llamado Control Interno, Número Uno, autoriza la grabación en audio y video de los oficiales principales de Cuba. Esta operación la conocen los oficiales del gobierno, y su objetivo es inculcar la autocensura. Sin embargo, se sabe de oficiales que no se han preocupado demasiado por esto y lo han pagado caro.

Entre las mayores presas de Control Interno estuvo el joven y gregario canciller Roberto Robaina, quien fue enviado a "rehabilitación" en 1999 y luego se le excluyó del gobierno.

Los detalles de la espectacular caída de Robaina no se hicieron públicos hasta mayo de 2002, cuando se transmitió una videocinta a ochenta mil miembros fieles del partido. En ella, Raúl Castro decía que había advertido a Robaina: "No voy a permitir que personas como usted se burlen de esta Revolución al poco tiempo de que hayamos desaparecido los de la vieja guardia".

El crimen de Robaina fue doble: él había aconsejado a su homólogo español, el canciller Abel Matutes, sobre la mejor manera de sacar a colación el espinoso tema de los derechos humanos con Fidel Castro. Su segundo pecado fue haber tenido demasiadas ambiciones políticas. En la videocinta, Raúl Castro dice que había citado a Robaina en su oficina y le leyó la transcripción de una conversación telefónica que éste había tenido con Matutes: "Lució como una estrella. Dejó muy buena impresión", dijo Robaina sobre su encuentro con Fidel. Matutes respondió: "La conversación que tendré con usted también será muy buena. Usted siempre ha sido mi candidato". Esas simples palabras condenarían a Robaina. "¿De qué maldita 'candidatura' están hablando, Robaina?", preguntó Raúl al ministro del Exterior, quien había sido elegido por Fidel tan sólo cinco años antes. "¿De qué diablos habla usted con ese hombre? ¿A quién le informó usted de eso? ¿No es eso una deslealtad? Uno habla con el enemigo, Robaina, pero uno nunca lo aconseja."

Robaina sabía lo que le esperaba cuando Raúl le recordó el triste último acto en la carrera de Carlos Aldana. En 1992, Aldana había sido un favorito de Castro, la cabeza de los departamentos de Ideología y Relaciones Internacionales del Partido Comunista. De manera invariable, se hablaba de Aldana como el tercer hombre más poderoso en el gobierno. "Aldana tenía ambiciones de convertirse en el [Mijaíl] Gorbachov de Cuba", recordó Raúl Castro a Robaina, y mencionó al último presidente soviético, a quien los Castro culpan por la caída de la URSS. "Yo sabía —y un día lo comenté [con Aldana]— que si alguna vez Cuba llegaba a producir a un Gorbachev, lo colgaríamos de una guácima." Raúl prosiguió, y narró a Robaina cómo Aldana había "palidecido... Después, lo hice venir a mi oficina y lo sacudí. Él se desmoronó. Lloró y reveló todo". A Robaina le fue mucho mejor que a Aldana, quien pasó un prolongado periodo de desgracia y de Plan Pijama antes de que, según se sabe, se le permitiera trabajar como maestro escolar. Tras su detención en un campo de rehabilitación militar en las afueras de La Habana, a Robaina lo enviaron a limpiar el Parque Almendares y a otros proyectos de embellecimiento. Al final, se acercó a la principal actividad que adoptan los cubanos que salen de prisión: la pintura.

Los disidentes, claro está, son blancos prioritarios de la vigilancia del gobierno. Quizá la revelación más inquietante sobre los apresurados juicios de setenta y cinco disidentes realizados en mayo de 2004 fue el descubrimiento de que doce de los miembros más dedicados de las filas eran, en realidad, informantes de Seguridad Estatal. La escritora Martha Beatriz Roque fue enviada a prisión con base en la declaración de su voluble asistente, a quien ella confió incluso la clave de acceso a su computadora. Otros disidentes se enteraron de que los camareros que los atendían mientras comían con diplomáticos visitantes eran agentes del Minint. Incluso sus visitas a la residencia del diplomático principal de la Sección de Intereses Estadounidenses eran vigiladas muy de cerca. "Hoy puedo decir al mundo que en realidad soy una agente, la agente *Tania*", anunció una jubilosa Ophelia Cojasso, quien durante cuatro años fungió como presidenta de un grupo conocido como Partido de Oposición Derechos Humanos.

Quizá el doble agente más notable haya sido Néstor Baguer, el persuasivo presidente de la Agencia de Prensa Independiente de Cuba. Un octogenario de apariencia amable y con gusto por usar boinas, Baguer era descendiente de una familia aristocrática y terrateniente. También fue uno de los informantes más cotizados de Cuba. Como el agente *Octavio*, Baguer proporcionó información sobre sus compañeros periodistas durante años. En el documental de Helen Smith ¿*La verdad?*, Baguer lamentó que volverse contra sus amigos fue "la parte más difícil", pero que el deber revolucionario era primero. De cualquier modo, añadió sobre sus presas: "No son periodistas, son terroristas de la información". Baguer falleció en 2004 a la edad de ochenta y cuatro años, no mucho después de haber recibido honores del Estado por sus décadas de traición.

Algunas personas en Washington no se explican por qué un estratega tan astuto como Fidel Castro revelaría la identidad de una docena de agentes, una pérdida significativa en cualquier aparato de seguridad. Evidentemente, Castro no podía resistirse al alardeo. Muchos de los informantes habían sido visitantes bienvenidos en la oficina y la residencia de James Cason, el jefe de la Sección de Intereses Estadounidenses. De 2002 a 2005, Cason apoyó con entusiasmo la actividad disidente, a instancias de la administración Bush.

"Hay un dicho aquí de que en Cuba no puede haber una conspiración contra el gobierno", dice Lucia Newman, quien fue jefa de la oficina de CNN en La Habana en 2003, "pues para poder conspirar, se requiere de al menos dos personas. Y si tienes a más de una, no sabes en quién confiar".

Vicki Huddleston, jefa de la Sección de Intereses Estadounidenses en La Habana de 1999 a 2002, recuerda una visita a la casa de Raúl Rivero, ex defensor de la Revolución convertido en disidente. "Cuando salía de la casa de Rivero", recuerda Huddleston, "vi que unos agentes estatales retiraban una antena del techo de su auto, estacionado afuera de la casa". (Rivero estuvo entre los sentenciados a veinte años por sus escritos en 2004, pero obtuvo la libertad tras una campaña internacional para liberarlo.) En otra visita a un disidente en Camagüey, se le dijo a Huddleston al llegar que a la familia ya la habían visitado agentes de Seguridad Estatal. En 2008, cinco años después de salir de La Habana, su esposo, Bob Huddleston, encontró un pequeño micrófono o aparato de rastreo en su bolsita de cosméticos.

En mayo de 2008, la televisión cubana transmitió una "exclusiva" noticiosa con base en una operación encubierta muy bien elaborada.

Los frutos de la vigilancia revelaron que disidentes como Martha Beatriz Roque y Laura Pollan, de "Las Damas de Blanco", habían recibido pagos regulares en efectivo por parte de grupos exiliados de Miami. Se dijo que Roque había recibido mil quinientos dólares al mes, enviados a Cuba por nada menos que el jefe de Intereses Estadounidenses Michael Parmly.

No era la primera vez que Castro televisaba los trofeos de las proezas del espionaje cubano. En junio de 1987, el mayor Florentino Aspillaga Lombard, un gentil caballero de cuarenta años que dirigía la inteligencia cubana en Praga, salió de su oficina y se reunió con su novia adolescente. Ambos condujeron doscientas cincuenta millas, cruzaron la frontera hasta Austria y no se detuvieron hasta llegar a la embajada estadounidense en Viena. Instalado a salvo en el majestuoso edificio de la era de los Habsburgo que alberga la embajada, Aspillaga dijo al oficial a cargo que quería desertar.

El jefe de la estación de la CIA James Olson, quien después se convertiría en jefe de contrainteligencia de la agencia, recuerda el día con vividez. "Era una hermosa mañana de domingo y yo estaba en casa con mi familia", dice, cuando uno de los soldados de la embajada llamó y le informó sobre el visitante o desertor. "Viena era la capital de los desertores del mundo", comenta Olson, y añade que "muchos de los desertores son de bajo nivel y no especialmente importantes". Olson salió de su casa para encontrarse con el desertor. "Vi a un caballero de aspecto latino con una chica adolescente, a quien creí su hija, quienes estaban sentados en la recepción". Un oficial de la embajada le entregó dos pasaportes cubanos.

Su primera conversación con Aspillaga fue desfavorable. Como Olson no habla español, trató de abordar a su nervioso visitante en inglés, francés y alemán, sin éxito. Sin embargo, Aspillaga hablaba un poco de ruso y pronto comunicó a Olson que él era un hombre de considerable importancia y que estaba cada vez más impaciente. "Me indicó que me acercara y luego me susurró al oído", dice Olson. "Empezó a darme una lista de nombres de oficiales de caso de la CIA —agentes encubiertos—. Y eso captó mi atención muy rápido."

Olson se dio cuenta de que hablaba con uno de los espías principales del órgano de inteligencia cubana conocido como DGI (Dirección General de Inteligencia). De inmediato mandó traer a un agente hispanohablante a la embajada y se encargó de que a Aspillaga y su novia se les alojara en una casa de seguridad cerca de ahí.

Aspillaga era el polo opuesto de Jesús Renzoli, quien desertaría cinco años después. Aspillaga había abandonado a su esposa y familia en Viena y, según Olson, estaba desprovisto de "cualquier elemento ideológico". "Era un tipo totalmente abierto a negociar."

En verdad, Aspillaga negoció un buen trato: se le condujo a Estados Unidos y se le concedió rápidamente la ciudadanía y un generoso paquete de restablecimiento de dinero, educación y seguridad, junto con el acostumbrado plan de restablecimiento para desertores. Pero valió la pena por completo.

"Cuando obtuvimos los resultados de los interrogatorios", dice Olson, "aquello fue una terapia de choque, la llamada de atención más terrible que uno puede tener". En los siguientes meses, Aspillaga dijo a sus homólogos de la CIA que "cada agente cubano reclutado por la agencia durante los veinte años anteriores había sido un espía doble: fingía lealtad a Estados Unidos mientras trabajaba en secreto para La Habana", según lo narra Tim Weiner en su historia de la CIA *Legacy of Ashes*.

"Para ser sinceros, aquello fue devastador", dice Olson. "Fidel Castro controlaba nuestro programa entero. Habíamos estado tan desesperados por tener fuentes en el interior de la isla que habíamos aceptado trabajar con traficantes de segunda, todos los cuales eran dobles agentes y no nos dieron casi nada entre 1960 y 1987. Yo me avergüenzo de ello." Weiner sintetizó la debacle: "La agencia acabó por percatarse —de manera lenta y bastante reticente— de que, durante décadas, todo su registro contra el servicio cubano no había tenido un solo acierto".

Hubo varias razones para este fracaso tan colosal. Una fue que el departamento de contrainteligencia de la CIA se había visto "diezmado por Jim Angleton", dice Olson en referencia al paranoide ex jefe de la CIA, quien socavó su autoridad y credibilidad. "Si hubiéramos reclutado a un solo oficial sólido de la DGI, habríamos ido sobre ellos", dice Olson. Una segunda razón fue que la sección latinoamericana de la agencia a menudo hizo su propia contrainteligencia, y se inclinó a justificar sus cualidades y a no aceptar problemas.

La debacle fue la razón de que la agencia creara el Sistema de Validación de Recursos (AVS, por sus siglas en inglés) a principios de los noventa, el cual vigila a todos los espías. Pero era demasiado tarde para el Despacho de Cuba de la agencia. En verdad, durante casi cincuenta años, la inteligencia de la CIA en la isla había sido insignificante. "En realidad no hemos tenido nada y a nadie desde entonces", dice un ex oficial del Departamento de Estado. "Es por eso que la CIA se ha equivocado en prácticamente todo."

El tercer problema, explica Olson, fue Philip Agee, el renegado ex espía de la CIA, quien trabajó para la DGI. "Aspillaga nos dijo que Agee estaba en su nómina y había trabajado muy bien para ellos." Fue Agee quien se acercó a un inexperto oficial de la CIA en la Ciudad de México y le pidió expedientes confidenciales, so pretexto de que era por solicitud del inspector general de la CIA. "Y consiguió alguna información", dice Olson. "Eso te dice cuán buena era la DGI a finales de los ochenta." Agee, quien manejaba una agencia de viajes cubana y era afecto a los sombreros panamá, murió en La Habana en 2008.

Cuando los cubanos se enteraron de que habían perdido a Aspillaga, convirtieron su pérdida en una fiesta de propaganda triunfalista. Semanas después, empezaron a transmitir un documental televisivo en siete partes que hacía alarde de su arsenal de inteligencia. En la serie se mostraba material visual de sus investigaciones sobre agentes estadounidenses que entraban y salían de "zulos", locaciones secretas pero comunes para entregar materiales clandestinos a sus símiles cubanos.

"Uno de sus agentes envió una carta burlona en escritura secreta a su supervisor estadounidense, donde decía que él siempre había sido 'doble', cuánto amaba la Revolución y todo eso", recuerda Olson.

También apareció una escandalosa exclusiva en la revista *Bohemia*, la cual presentaba entrevistas y fotos con los supuestos agentes estadounidenses, que eran, en realidad, dobles agentes. De manera similar, *Moncada*, la gaceta del Minint, presentó una extensa cobertura de las varias conquistas y decepciones de Cuba. Incluso el Museo de la Seguridad del Estado en la Quinta Avenida de La Habana montó una exposición especial sobre los trofeos y frutos del magistral servicio de espionaje de Cuba.

"En las guerras de espionaje, ellos ganaban por cien a uno", dice Saul Landau, "justo hasta Ana Belén Montes", ex analista principal de la Agencia de Inteligencia de la Defensa, quien había espiado para Cuba de 1985 a septiembre de 2001. En Estados Unidos, por supuesto, causó gran revuelo el caso de los cinco cubanos miembros de una red a quienes se sorprendió espiando a grupos de exiliados y se les sentenció a condenas largas. Sin embargo, el caso de Walter Kendall Myers, de setenta y dos años, miembro retirado del Departamento de Estado, y su esposa Gwendolyn, de setenta y uno, arrestados en junio de 2009 y acusados de haber espiado para Cuba durante treinta años, fue tomado como algo muy grave. Al igual que los cinco cubanos y Belén, los afables y gregarios Myers trabajaron *pro bono*, motivados, claro está, por simpatía política.

"Los agentes cubanos eran muy duros, dedicados y disciplinados", dice Olson, quien hoy es profesor de la Universidad A&M de Texas. "Yo colocaría a la DGI y a la Stasi como los mejores servicios de inteligencia contra los cuales he trabajado. Aunque los entrenaba la KGB, en este caso los alumnos superaron al maestro. Lo que hicieron los cubanos fue una obra maestra, uno de los mayores logros en la historia de la inteligencia. Nos timaron por más de veinticinco años."

Los hermanos Castro tenían un motivo para transmitir de manera periódica los logros de su espionaje. Tenían un mensaje para ciudadanos y visitantes: cuídate de lo que dices; es posible que saquemos información de ti. Un oficial de seguridad cubano, Delfín Fernández, quien desertó en 1991, afirma que se vigila a diplomáticos, empresarios e incluso a estrellas de cine extranjeras con sofisticados aparatos para escuchar y cámaras escondidas. Fernández dice que él mismo ha espiado a Jack Nicholson, Leonardo di Caprio y a las supermodelos Naomi Campbell y Kate Moss.

El reclutamiento del servicio de seguridad estatal cubano es agresivo, y lo sé de primera mano. En 2000 hice una de mis numerosas visitas a la Sección de Intereses Cubanos en Washington. Estas visitas y súplicas son de rigor para los reporteros que necesitan visas de prensa para cubrir Cuba. En resumen, es un ritual de iniciación, y se ha sabido que a los periodistas estadounidenses les piden hacer toda clase de cosas, casi como cantar *La Marsellesa* de cabeza.

En esta ocasión, el oficial que encontré fue un hombre amigable e ingenioso de edad madura, a quien llamaré *Benito*. Él me recibió en el *lobby* del edificio de la Sección de Intereses, una antigua y majestuosa mansión de 16th Street NW que ya ha visto mejores días. Pero en lugar de conducirme a su oficina en el piso de arriba, *Benito* me pidió que lo siguiera, me condujo por un intrincado camino, bajamos una hilera de escalones, salimos por la puerta trasera hasta al patio posterior y de nuevo al lado norte de la gran casa, donde hay unos botes de basura alineados. Recuerdo que, mientras lo seguía, miré hacia los postes telefónicos y me pregunté sobre la entramada maraña de cables que había sobre nosotros. De repente, me miró y me preguntó: "Ana Luisa, ¿te gustaría venir y trabajar para nosotros?"

Un vago aturdimiento cayó sobre mí. Quizá lo había malentendido, pensé. Luego me oí decir: "No en esta vida". Las palabras salieron de mi boca más rápido de lo que pensé que el cerebro podía llegar a funcionar. El genial cubano se detuvo un momento, no mostró reacción alguna, prosiguió su marcha y volvió a conducirme adentro. Yo salí de la mansión con una sensación de aturdimiento generalizado. Desde entonces, me pregunto a cuántos más habrán propuesto eso en aquel patio lateral. Y cuántos habrán respondido afirmativamente.

Yo tardé en revelar que en una ocasión había dado una charla sobre mi libro *Cuba Confidential* en la CIA. Me habían invitado a hablar ante su Departamento de Cuba y otros oficiales de políticas con Cuba de la Agencia de Seguridad Nacional, el Departamento de Estado y los militares como parte de la serie de charlas que organiza la agencia con autores sobre política exterior. Mientras me retiraba, uno de los expertos en Cuba me dijo que él "estaría encantado" de hablar conmigo cuando visitara Cuba. En aquella ocasión, eso me pareció lógico, pues estaba en la Agencia Central de Inteligencia, después de todo. Por supuesto, la Sección de Intereses Estadounidenses en La Habana también funge como los ojos y oídos de la comunidad de inteligencia. Hasta la elección de Barack Obama, ambas naciones tachaban a la Sección de Intereses del otro de ser un nido de espías.

Cuando los años de los hermanos Fidel y Raúl Castro se hayan ido, es posible que Cuba atraviese por un proceso similar al de Alemania Oriental, donde los expedientes de ciudadanos ordinarios recolectados por la Stasi se filtraron como explosiones de tiempo retardado. "Ellos tenían un poco de información sobre todo el mundo y así funcionaba aquello", dice Jorge Tabio, quien salió de La Habana en 2000. "Quizá hiciste algo que no les gustó y ellos lo anotaron en tu expediente. Cuando una persona hace algo que no les gusta, ellos tienen algo contra ella." En cuyo caso pueden detenerla para que cumpla con la voluntad del Estado.

Algunos de los expedientes del Minint, al igual que los de la Stasi, seguramente contienen desinformación maliciosa proporcionada por personas que buscan venganzas personales o por quienes se complacen en producir pequeñas molestias.

Todo esto hace suponer que la reconciliación entre los cubanos en la era poscastrista será my difícil.

CAPÍTULO ONCE

La Calle Ocho vista desde Foggy Bottom

Aunque se sabe que los combatientes en ambos lados de la guerra de Cuba en verdad matan a sus opositores, el método preferido es el asesinato político. Y aunque los cubanos eran expertos en esto, sus enemigos en Estados Unidos no se quedaban atrás. Las auditorías confirmatorias de 2005 para que John R. Bolton fuera embajador de Estados Unidos ante las Naciones Unidas ilustraron muy bien cómo se libraban esas batallas.

En 2001, George W. Bush nombró a Bolton subsecretario para el control de armas y seguridad internacional en el Departamento de Estado, también conocido como Foggy Bottom por el barrio donde se ubica así como por su burocracia intrínseca. El nombramiento de Bolton había sido arreglado por el vicepresidente Dick Cheney pese a la objeción del secretario de Estado Colin Powell y de los encargados de la política exterior. Cheney tenía sus razones. Durante el disputado recuento de votos del año 2000 en Florida, Bolton desempeñó un importante papel de apoyo para la planilla de Bush y Cheney. Unos funcionarios que hacían el recuento de boletas en el sur de Florida dijeron que recordaban que Bolton los había amenazado, y resumieron eso en una frase extremadamente ingeniosa: "Estoy con el equipo de Bush y Cheney, y estoy aquí para detener el conteo". Posteriormente, Cheney dijo ante un público en el American Enterprise Institute, un centro de estudios de tendencias conservadoras en Washington, que Bolton merecía "cualquier cosa que quisiera" en la nueva administración.

Sin embargo, Bolton demostró ser un poco como su mensaje sobre la naturaleza de Cuba: arriesgado y pillo. En marzo de 2002, el general retirado del ejército estadounidense Barry McCaffrey sostuvo doce horas de charlas con Fidel y Raúl Castro, y se retiró convencido de que Cuba no era un problema de seguridad nacional. "No representa amenaza alguna para Estados Unidos", dijo McCaffrey, quien había servido como el *zar* antidrogas del presidente Clinton. "En verdad, veo buena evidencia de lo contrario. En verdad, creo que Cuba es una isla de resistencia al tráfico de drogas… y no creo que albergue a organizaciones terroristas." Las perspectivas de McCaffrey fueron secundadas por el general retirado de los *marines* Charles Wilhelm, ex comandante en jefe del Comando Sur de Estados Unidos, y el general de los *marines* Jack Sheehan, ex comandante en jefe del Comando Atlántico de Estados Unidos. Los tres generales, todos veteranos de Vietnam, abogaban por llevar la política estadounidense hacia Cuba por el camino del compromiso y enfocarse en establecer contactos entre sus respectivas instituciones militares, así como en una cooperación más profunda en narcóticos y contraterrorismo.

A Bolton no le gustó esto. En mayo de 2002, él declaró en el American Enterprise Institute que la administración creía que Cuba desarrollaba materiales biológicos letales y exportaba la tecnología a los enemigos de Estados Unidos. Por lo tanto, a Cuba se le incluiría en la lista de "más allá del eje del mal", junto a Siria, Corea del Norte y Libia. Sólo había un problema: no había datos confiables que lo sustentaran. La CIA había determinado que, a diferencia de Corea del Norte, Cuba no representaba una amenaza. (Curiosamente, en 2008 la administración Bush excluyó a Corea del Norte de la lista de terrorismo del Departamento de Estado, a pesar del arsenal de armas nucleares.)

Según Richard Clarke, quien fue nombrado coordinador nacional de contraterrorismo en 1998, una revisión que se llevó a cabo a finales de los noventa concluyó que el país insular no era un peligro para Estados Unidos. Cuba se mantuvo en la lista de promotores del terrorismo, dice, tan sólo por consideraciones políticas internas.

Sin embargo, las vistas confirmatorias de Bolton revelaron que quienes tuvieran la temeridad de cuestionar la nueva evidencia —aparentemente fabricada—, se encontrarían en la mira de Bolton. Entre ellos se encontraba Fulton Armstrong, oficial de inteligencia nacional para Latinoamérica en el Consejo de Inteligencia Nacional (NIC, por sus siglas en inglés), ubicado en las oficinas generales de la CIA en Langley. El NIC representa a toda la comunidad de la inteligencia, incluida la NSA, la CIA y la DIA, así como la Unidad de Inteligencia e Investigación del Departamento de Estado y toda la inteligencia militar. La larga carrera de Armstrong incluía sus servicios como director de Asuntos Interamericanos en el Consejo de Seguridad Nacional, antes de tomar el puesto dirigente en la inteligencia latinoamericana. "A Fulton se le conocía por su profundo oficio analítico: ver las debilidades y fortalezas de toda la evidencia por medio de un proceso muy riguroso", señaló un oficial de la CIA.

La perspectiva de Armstrong era que Bolton tenía derecho a sus propias opiniones personales, pero que no podía afirmar que éstas se correspondieran con los hallazgos de la comunidad de la inteligencia. En realidad, el NIC había concluido lo contrario: que la investigación sobre armas biológicas en Cuba no representa una amenaza contra Estados Unidos.

En algo que pareció ser una falta al protocolo de la Agencia de Seguridad Nacional, Bolton insistió en ver resúmenes ultrasecretos de la NSA de transcripciones sin editar de conversaciones de líderes latinoamericanos con oficiales estadounidenses. Los críticos de Bolton lo acusaron de querer conocer la identidad de ciertos individuos, como Armstrong, con el propósito de avergonzarlos.

En la lista de enemigos también estaba el analista de armas biológicas del Departamento de Estado Christian Westermann, quien debatió con Bolton sobre su investigación acerca de una supuesta guerra biológica de Cuba. Durante las vistas, Westermann testificó que tras haber enviado a la CIA un correo electrónico donde proponía correcciones al discurso de Bolton, éste lo reprendió.

Descontentos con las conclusiones del equipo de Armstrong, Bolton y Otto Reich (también nombrado por Bush y político de línea dura con Cuba) hicieron campaña para que se retirara a Armstrong de su puesto. Se hicieron insinuaciones de que era "suave" con Cuba e incluso desleal a los intereses estadounidenses. Sin embargo, según una fuente de la CIA, el secretario de Estado Colin Powell y el subdirector de la CIA John McLaughlin "hicieron todo" para proteger a Armstrong y Westermann. Armstrong solicitó y obtuvo una asignación en el extranjero y se retiró de la CIA en 2008.

Al percatarse de que Bolton no sería confirmado por el Congreso, George W. Bush le consiguió un nombramiento en periodo de receso (como también lo había hecho con Reich), con lo cual sorteó la aprobación del Congreso. Cuando su nombramiento de un año terminó en 2006 y Bolton fue incapaz de asegurarse los votos de confirmación, renunció.

El caso del especialista en temas militares Alberto Coll fue igual de revelador. Coll había sido asistente del subsecretario de Defensa durante la administración de George H. W. Bush y docente de la Escuela Naval de Estados Unidos. Pero en 2005 una campaña difamatoria que lo acusaba de espionaje y una demanda criminal de motivaciones políticas perjudicaron su carrera.

La mayor parte de su vida Coll había sido un republicano conservador y un anticastrista de línea dura. Cuando tenía seis años vio cómo se llevaban a su padre de casa para cumplir una condena de nueve años en prisión por su oposición a Castro. A los doce años el joven Coll huyó de Cuba en un avión con motor de turbohélice. No volvería a ver a su familia en diez años. Aunque no hablaba inglés cuando llegó, acabó por obtener una beca completa en Princeton, concluir una licenciatura en derecho en la Universidad de Virginia y dar cátedra en la Universidad de Georgetown, antes de convertirse en un alto oficial del Pentágono.

Apuesto y elocuente, Coll fue una estrella en ascenso en el medio de la Defensa. En 1987, el difunto líder exiliado Jorge Mas Canosa trató de reclutarlo como director ejecutivo de la Cuban American National Foundation (Fundación Nacional Cubano-Estadounidense) en Washington.

Pero una década después Coll hizo algo imperdonable: había llegado a creer que el embargo estadounidense contra Cuba era una política destinada al fracaso. Una vez que hizo públicas sus perspectivas, sus enemigos decidieron que marginarlo no sería suficiente; tenían que destruirlo. Según amigos de Coll, sus adversarios ahora estaban bien establecidos en el equipo de Bush encargado de la política hacia Cuba, el cual se dice que incluía a Bolton y Reich; Dan Fisk, asistente del subsecretario de Estado para Asuntos del Hemisferio Occidental, y el congresista Lincoln Díaz-Balart.

La oportunidad llegó en enero de 2004. Seis meses antes, Celia, la hija de dieciocho años de Coll, había muerto en un accidente automovilístico, una pérdida que lo devastó. Por la misma época, su propio padre había caído enfermo de muerte. Un colega del Departamento de Estado dice que Coll se veía "casi catatónico". Otro recuerda que Coll le había dicho: "El color se ha ido de mi vida".

Quizá en busca de consuelo, Coll decidió visitar Cuba, lo cual se le permitía hacer de manera legal para realizar investigaciones o visitar a parientes. Él anotó en su visa que visitaría a una tía, y así lo hizo. Pero también tuvo una aventura con una ex novia de su niñez y no anotó esa cita en su visa. Era la clase de omisión inofensiva que hacían rutinariamente miles de cubanos después de que la administración Bush instituyó severas restricciones en los viajes.

El desliz se descubrió, creyó Coll, por medio de intervenciones telefónicas que le hizo el Departamento de Justicia a instancias de los "duros" de la administración. "¿Quién ordenó la persecución de inteligencia contra Alberto Coll?", preguntó de manera retórica un oficial de la CIA. "No fue por orden de la agencia [CIA]. Parece haber provenido de la administración." Sin duda, Coll había sido imprudente, si consideramos que él tenía una asignación de seguridad nacional. Sus enemigos insistieron en que un romance con cualquier persona de ciudadanía cubana tenía que ser una táctica de reclutamiento de la inteligencia cubana. Los amigos de Coll, empero, señalaron que la susodicha amiga de la niñez había estudiado artes y tenía un singular desinterés por la política.

Algo que desconocen la mayoría de los estadounidenses es que las investigaciones relacionadas con Cuba son permisibles según el Acto Patriota porque ese país permanece en la lista de promotores estatales del terrorismo. Por ende, el FBI bien podría haber puesto a Coll bajo vigilancia. Las llamadas hechas a los departamentos de Estado y Justicia que buscaban comentarios sobre el caso Coll no fueron atendidas. Sin embargo, Lee Vilker, el fiscal del Ministerio de Justicia de Estados Unidos en Rhode Island, donde Coll vivía y trabajaba, señaló que la vigilancia también habría sido posible, "en teoría", por medio de la Ley de Vigilancia Exterior de 1977.

Lo que se sabe es que, durante 2004, agentes del FBI entrevistaron a muchos amigos y asociados de Coll y solicitaron a una agencia de viajes de Cambridge, Massachusetts, todos los registros de viaje. Con cuentas legales que superaban los diez mil dólares y la expectativa de un juicio prolongado, Coll se declaró culpable de hacer una declaración falsa en una forma federal. Enfrentó cinco años en prisión y una multa de doscientos cincuenta mil dólares.

Con la esperanza de que Coll recibiera los mayores castigos, sus enemigos lanzaron una campaña mediática en Miami una semana antes de su sentencia. El 20 de mayo de 2005, Carlos Saladrigas, un hombre de negocios y ex miembro del "Exilio Histórico", recibió una llamada que le informó que a Coll lo habían "arrestado por ser un espía para Cuba". Saladrigas se enteró de que otros prominentes líderes exiliados, así como reporteros, habían recibido la misma llamada telefónica.

Aunque la historia era totalmente falsa, múltiples versiones de ella pronto aparecieron en los medios de Miami. TV America, un popular canal de televisión en español por cable, dedicó tres noches de su programación a la historia de Coll, la cual sugería que él era un espía. La satanización continuó en las páginas de *El Nuevo Herald,* donde una "fuente del Congreso" opinó que "esto es más que un viaje a Cuba", y luego comparó el caso de Coll con el de Ana Belén Montes, la oficial de la Agencia de Inteligencia de la Defensa quien fue hallada culpable de espionaje en 2002. Coll me dijo que él estaba seguro de que la fuente era el congresista Lincoln Díaz-Balart, quien había proclamado que había otros agentes de alto valor en el nivel de Belén Montes. Si alguien como Coll se oponía al embargo estadounidense, según iba el razonamiento, entonces de seguro era un espía.

Jaime Suchlicki, director del Instituto para Estudios Cubanos y Cubano-Estadounidenses (ICCAS, por sus siglas en inglés) de la Universidad de Miami, se adelantó a ratificar las sospechas del congresista y añadió que él "no descartaría que Coll estuviese colaborando con el gobierno cubano". Las perspectivas de Suchlicki rara vez se han contrapuesto a las de los congresistas exiliados de Miami, quienes han obtenido millones de dólares en fondos de la Agencia de Estados Unidos para el Desarrollo Internacional (USAID, por sus siglas en inglés). El ICCAS, a su vez, generalmente ha aprobado su política de aislamiento de Cuba.

El Nuevo Herald también publicó un comentario de Ernesto Betancourt (desaparecido), ex director de Radio Martí, quien pareció reprender a la fallecida hija de Coll por sus planes para pasar un año de estudio en la Universidad de La Habana. Otros dijeron que quien les había informado sobre Coll fue Frank Calzón, director del Centre for a Free Cuba (Centro para una Cuba Libre), otro destinatario principal de los dineros de la USAID. Calzón rehusó comentar el asunto.

El caso de Coll fue un interesante contrapunto al caso de Jorge G. Castañeda, ex secretario de Relaciones Exteriores de México y conocido intelectual. En febrero de 2008, *El Universal* de México publicó un artículo donde el ex jefe de la inteligencia mexicana acusaba a Castañeda de haber sido agente cubano de 1979 a 1984. Castañeda, que había sido de izquierda en su juventud, negó vehementemente la acusación y señaló, con precisión, que al jefe de inteligencia se le había acusado de ser parte de una red de robo de vehículos. Sin embargo, la historia de Castañeda apenas alteró el firmamento de Miami. La diferencia en el trato se debió al hecho de que Castañeda se había inclinado poco a poco hacia la posición de centro derecha en el debate sobre Cuba desde finales de los años noventa, y se había hecho de reputación anticastrista con su crítica contra el gobierno cubano. En su caso, no importó si la acusación era cierta o no.

Al juez Ronald Lagueux no lo impresionaron los ataques contra Coll ni el caso del Estado. En junio de 2005, Lagueux impuso las penas mínimas permitidas por la ley: una multa de cinco mil dólares y un año de libertad condicional. Desde su banca, habló sobre la "carrera distinguida y estelar de Coll" y declaró su deseo de que Coll "fuera capaz de retomar su carrera de varias maneras a pesar de esta sentencia". De manera similar, la barra de abogados de Virginia rehusó revocar su licencia de abogado y aplicó su sanción mínima de suspensión de una hora, impuesta entre la medianoche y la una de la madrugada.

Los enemigos de Coll habían esperado demandarlo por algo mucho más grave que una falta durante un viaje. Pero, incapaces de encontrar evidencia alguna de espionaje, se tuvieron que conformar con una campaña difamatoria. A pesar del cargo tan pequeño, el caso de Coll sirvió para un propósito más importante para ellos: que otros escarmentaran en cabeza ajena. Si a un ex oficial del Departamento de Defensa se le podía sojuzgar, los exiliados de clase obrera de Hialeah, Florida, y Union City, Nueva Jersey, que se colaran a Cuba para visitar a parientes no tendrían ninguna posibilidad.

"Nosotros reconocimos que éste no era el crimen del siglo y por ello recomendamos el castigo más leve posible", dijo Vilker, el fiscal federal nombrado para llevar el caso. "Esto es algo que nunca hacemos."

El penoso caso de Coll volvió a las noticias en agosto de 2008, cuando Chris Simmons, un teniente coronel y ex empleado de la Agencia de Inteligencia de la Defensa, se presentó en la televisión de Miami, en el programa en español *A mano limpia,* y prometió "nombrar nombres" de espías cubanos.

Simmons mencionó, por casualidad, a los especialistas en Cuba Gillian Gunn y Marifeli Pérez-Stable sin evidencias ni cargos específicos y tan sólo recicló las acusaciones contra Coll. Aunque Simmons dijo ser un experto en contrainteligencia de Cuba, fue incapaz de hablar en español en el programa y requirió de un intérprete en *off.* También fanfarroneó sobre un libro que esperaba escribir sobre el tema. Simmons incluso hizo una segunda visita al programa, durante la cual ofreció más nombres. La segunda vez, los académicos Lisandro Pérez y Julia Sweig, y la activista de la reconciliación familiar Silvia Wilhelm, se vieron añadidos a la siempre creciente lista de traidores de Simmons. Wilhelm respondió en diciembre de 2008 al emprender una demanda por difamación maliciosa contra Simmons, quien resolvió la disputa extrajudicialmente en 2009.

Phillip Peters, del Lexington Institute, un grupo de investigación libertaria, tachó a Simmons de ser un "artista de la calumnia" en su *blog* "The Cuba Triangle" y criticó lo engañoso de su metodología. "Simmons señaló que Coll había estudiado en la Universidad de Virginia, la misma *alma mater* de la espía convicta Ana Belén Montes", escribió Peters, "lo cual establece un 'patrón de ciertas universidades que están asociadas con la inteligencia cubana'. Según mis cálculos, hay actualmente veinte mil trescientos cincuenta y seis alumnos inscritos en la Universidad de Virginia. Será mejor que empiece a actuar, coronel".

Simmons era un protagonista natural dentro de esa especie de cámara de ecos de difamaciones fortuitas, chismes y asuntos no oficiales y no atribuidos que existe en Miami. También parece haber sido la fuente de un libro llamado *Enemies (Enemigos)* del escritor de *The Washington Times* Bill Gertz, el cual se refiere a Coll como un "obvio espía".

Como ahora Coll era un convicto, perdió su cargo de seguridad, lo cual saboteó con efectividad cualquier carrera militar futura, a menos que se le otorgara un perdón presidencial. Aún insatisfechos, los enemigos de Coll hicieron una campaña para cancelar los documentales sobre asuntos internacionales que él condujo en el History Channel y presionaron al Naval War College para que lo expulsara. (Por fortuna para Coll, tiempo después le ofrecieron un puesto en el Colegio de Derecho de la Universidad DePaul, como director de su Programa de Estudios Legales Europeos.)

Al fin, la guerra de Cuba había producido a su propio Capitán Dreyfus.

En junio de 2004, en preparación para la temporada de elecciones, la administración Bush anunció una nueva política endurecida contra Cuba. Promovida por un equipo de experimentados políticos de línea dura y emitida como una orden ejecutiva, esta política puso fin a la mayoría de los viajes educativos a Cuba, recortó las remesas a los familiares en la isla a sólo trescientos dólares cada tres meses y limitó las visitas familiares para los exiliados a una vez cada tres años. Ni la enfermedad, la muerte o los funerales eran motivos de excepción, y sólo se permitían las visitas a padres o hijos. Las tías, tíos y primos ya no se consideraban como "familia".

En busca del máximo aislamiento de Cuba, la administración también paró la mayoría de las visitas culturales y religiosas. Las restricciones impuestas a la isla fueron aún más duras que las que se impusieron a Corea del Norte, Irán, Birmania/Myanmar o Sudán. Algo muy ilustrativo de esto fue la negación de visas a tres científicos cubanos que esperaban asistir a una conferencia estadounidense sobre arrecifes de coral en el verano de 2008. Una vocera de la Oficina de Asuntos del Hemisferio Occidental del Departamento de

Estado explicó a *The Miami Herald* que "según el Acto Patriota, las aplicaciones de visas para cubanos, que pertenecen a un país promotor del terrorismo, están sujetas a procedimientos de revisión especiales, lo cual significa que, por lo general, tardarán más".

Esa política se derivó de un informe de quinientas páginas de la Comisión para la Asistencia de una Cuba Libre de la administración, la cual luchaba por un cambio de régimen en Cuba. Creada en el otoño de 2003, la comisión buscaba atender varias preocupaciones. Una era que el apoyo al embargo y sus promotores se había debilitado. Algunos de los autores del informe esperaban que las políticas intervencionistas de antes de la guerra que se implantaron en Irak pudieran aplicarse en Cuba, quizá con el mismo resultado.

La línea dura que seguía la administración Bush con Cuba planteó una molesta serie de problemas para los creadores de políticas de la Secretaría de Estado. En 2008, días antes de que los tanques chinos rodaran hacia el Tíbet y asesinaran a monjes y civiles, el Departamento de Estado retiró a China de su lista de violadores de los derechos humanos. Sin embargo, Cuba permaneció en la lista. El desarrollo de los eventos recordaba la afirmación que Lawrence Wilkerson, ex jefe de personal de Colin Powell, hizo en 2004 de que la relación de Estados Unidos con Cuba era la "política más tonta sobre la faz de la Tierra. Es una locura".

Hubo varias explicaciones de que se conservara una política contraproducente durante casi medio siglo. Aunque a la mayoría de los exiliados los motivaba una auténtica pasión e ideología, junto con preocupaciones por los derechos humanos, también había una industria casera anticastrista que se beneficiaba en gran medida del antagonismo prolongado. Los ocho años de la presidencia de Bush fueron la gallina de los huevos de oro para un grupillo de empresarios con ideología de línea dura y sus organizaciones.

Tan sólo en 2008, la Agencia Estadounidense para el Desarrollo Internacional repartió la generosísima cantidad de cuarenta y cinco millones de dólares del erario entre grupos que pretendidamente fomentaban la democracia en Cuba, como el Center for a Free Cuba (Centro para una Cuba Libre) y el International Republican Institute (Instituto Internacional Republicano). En marzo de 2008, Felipe Sixto, asistente especial del presidente Bush y contacto principal de la Casa Blanca con los líderes de exiliados, renunció al acusársele de haber malversado casi seiscientos mil dólares del dinero entregado por la USAID. El robo tuvo lugar cuando Sixto era jefe de personal en el Center for a Free Cuba (CFC) y trabajaba para la Casa Blanca. El asunto, que incluyó un contrato falso para radio de onda corta, fue comunicado al Departamento de Justicia por Frank Calzón, quien dirigía el CFC. En diciembre de 2008, Sixto se declaró culpable de robar a un programa de financiamiento federal y reembolsó el dinero al CFC.

Éste fue sólo uno de varios grupos de exiliados con peculiares procedimientos de contabilidad. Según un informe recopilado en 2008 por la Cuban American National Foundation (CANF), de 1996 a 2006 sólo 17% de los sesenta y cinco millones de dólares de los fondos de la USAID para "ayuda directa en la isla" llegaron a Cuba.

En cambio, los destinatarios de recursos provenientes del erario federal, quienes pretendían "democratizar" a Cuba, gastaban 83% de dichos fondos en sus propios salarios, viajes y gastos administrativos y de documentación, según la CANF, el mayor grupo de exiliados en Estados Unidos. "La asediada oposición de Cuba se encuentra con muy poco apoyo material de Estados Unidos", concluye el informe de la CANF, "como resultado de la malversación de decenas de millones de dólares de fondos estadounidenses".

Tras desatarse el escándalo de Sixto, la USAID detuvo temporalmente algunos de sus fondos de 2008 para programas en Cuba, mientras investigaba la malversación en el CFC y gastos sospechosos con tarjeta de crédito en el Grupo de Apoyo a la Democracia, asentado en Miami. Pero, en un giro surrealista, de acuerdo con un informe de 2008 de la Contraloría General de Estados Unidos (GAO, por sus siglas en inglés), la USAID renovó los pagos de los fondos congelados a ambos grupos antes de que se concluyera la investigación. La cantidad total para el Grupo de Apoyo entre 2000 y 2008 llegó a 10.9 millones de dólares, según la GAO, mientras que 7.2 millones se entregaron al Center for a Free Cuba entre 2005 y 2008.

En realidad, la USAID había gastado ochenta y tres millones de dólares en grupos anticastristas entre 1996 y 2008, lo cual inspiró al gobierno cubano a llamar a sus beneficiaros los "mercenarios del imperio". Otro informe de la GAO descubrió que los beneficiarios gastaban sumas inusitadas de dinero en artículos como suéteres de casimir, chocolates Godiva y otros sospechosos artículos de lujo para disidentes en La Habana. Además, sólo 5% de los apoyos entre 1995 y 2005 se otorgaron con base en la licitación acostumbrada.

Respondiendo a los sombríos reportes, en abril de 2011 el senador John Kerry congeló veinte millones de los programas de ayuda de Estados Unidos a Cuba.

La situación era igualmente desalentadora en Radio Martí y Televisión Martí. La Agencia Internacional de Difusión Radiofónica y Televisiva invierte alrededor de treinta y cinco millones de dólares en fondos pagados por el erario para Radio y Televisión Martí, la cual hace transmisiones en español para Cuba. Desde 1983, se han gastado en "las Martí" quinientos millones de dólares.

Entre 2006 y 2008, la GAO descubrió toda clase de negocios truculentos en "las Martí". Consideradas en Miami como "botellas" —sinecuras otorgadas por favoritismos políticos—, las estaciones han operado desde hace mucho tiempo como canastas de regalo para la élite política de Miami. Durante cierto tiempo, los líderes de los representantes del Congreso de Miami Ileana Ros-Lehtinen y los hermanos Lincoln y Mario Díaz-Balart, quienes apoyan el financiamiento de las estaciones, tuvieron sus propios programas en Radio Martí.

Como el gobierno de Cuba bloquea las transmisiones de ambas estaciones, el Congreso aprobó diez millones de dólares en 2006 para comprar a TV Martí su propio avión desde el cual emitir su señal. El equipo de Bush también asignó un avión militar C-130 para que volara alrededor de Cuba y transmitiera Radio y TV Martí, con un gasto adicional de dieciocho millones de dólares. Sin embargo, la audiencia había disminuido desde que la programación de las Martí se había vuelto más escandalosa a partir de 1996, cuando se mudaron de Washington a Miami. Es obvio que a los cubanos les interesan las noticias sin censura de todo el mundo y de su país, pero en casa ya tienen todas las arengas que necesitan.

El informe de la GAO de 2007 descubrió que "las Martís" habían dedicado más de un millón de dólares en contratos para TV Azteca y Radio Mambí de Miami —la segunda, renombrada por su extensa bancada de petulantes comunicadores anticastristas, para mejorar la transmisión, con lo cual eludieron los procedimientos de licitación federal—. Algo aún más truculento, y quizá contrapuesto al carácter de "las Martí", es que ambas estaciones realizaban la programación de las estaciones de manera local.

La preferencia de Radio Martí por las diatribas incitó al grupo de disidentes cubanos Agenda for Transition a escribir al Departamento de Estado en 2009 y pedir "cambios urgentes". Vladimiro Roca, vocero del grupo, se quejó de que la programación se había vuelto cada vez más centrada en Miami, al grado de que el público apagaba sus radios por puro aburrimiento. "Es tan mala y poco interesante para los cubanos que nadie la escucha", dice Roca. "Ochenta por ciento de la programación de la estación es sobre la agenda local en Miami." El grupo de Roca sugirió "que la estación regresara a sus oficinas centrales en Washington, que es donde debe estar y de donde nunca debió haber salido".

Un informe de la GAO emitido en febrero de 2009 fue aún más allá y concluyó que sólo 2% de los cubanos escuchaban o miraban a "las Martí". Determinó que las estaciones se manejaban con poca transparencia y que la contratación de "talentos" sugería favoritismos, y difícilmente pasó la prueba de fuego.

El congresista William Delahunt, quien solicitó el informe, señaló que en 2007 un ejecutivo de TV Martí había sido sentenciado a veintisiete meses de prisión por aceptar cien mil dólares en sobornos. La GAO también señaló que el director de la Oficina de Difusión sobre Cuba (OBC, por sus siglas en inglés) había contratado a su sobrino como jefe de personal de la misma. Al evaluar la reducción del público de TV Martí, Delahunt describió a la transmisora como "una estación de televisión en busca de audiencia".

Un patrón similar de desperdicio, exceso y agenda política se encontró en la Oficina de Control de Activos Extranjeros (OFAC, por sus siglas en inglés), una división del Departamento del Tesoro. La misión principal de la OFAC es endurecer las sanciones contra países que alojan a terroristas. Pero un informe gubernamental descubrió que 61% de las investigaciones de la oficina, que se remontaban al año 2000, se habían destinado a sólo un objetivo: Cuba. Entre 2000 y 2005, los castigos de la OFAC por violar el embargo cubano representaron más de 70% de todas las penalizaciones que impuso la oficina. En el último año de la administración Clinton, la OFAC abrió ciento ochenta y ocho casos relacionados con Cuba. La administración Bush triplicó esa cifra en su primer año, e impuso sanciones a setecientos ochenta y ocho involucrados.

En 2004, una auditoría del Congreso reveló que se habían gastado impuestos destinados a la guerra contra el terrorismo en rastrear a viajeros no autorizados a Cuba. La OFAC reconoció en la auditoría que sólo dedicaba cuatro empleados a buscar los fondos de Osama bin Laden y Saddam Hussein, mientras que contaba con veinte investigadores de tiempo completo para cazar a presuntos violadores del embargo. Los contribuyentes estadounidenses también intervinieron la demanda de la OFAC en contra de una abuela de setenta y cinco años de San Diego que hizo un viaje en bicicleta por Cuba, un maestro de Indiana que repartía biblias y un hijo de misioneros que viajó a la isla para esparcir las cenizas de sus padres en el sitio de la iglesia que habían fundado cincuenta años antes.

Curiosamente, los informantes de estos "crímenes" a menudo eran otros exiliados. En una permutación típica de Cuba, algunos exiliados que buscaban libertad en Estados Unidos habían traído consigo una cultura de la sospecha y la denuncia. En un grado relativo, un segmento de los exiliados de línea dura logró aplicar en Miami una variante del sistema de denuncia de informantes. En los peores casos, los informantes han emulado a los CDR de Cuba al denunciar a vecinos o enemigos con la policía, la OFAC o el sistema de aduanas de Estados Unidos.

Las restrictivas políticas de Bush fueron un triunfo para los congresistas Mario y Lincoln Díaz-Balart, e Ileana Ros-Lehtinen. Lincoln Díaz-Balart sugirió en la televisión de Miami en 2004 que el asesinato de Castro quizá no era una mala idea. Ros-Lehtinen fue más allá. En un documental de producción británica sobre Castro, ella declaró: "Yo acojo la oportunidad de que alguien asesine a Fidel Castro o a cualquier líder que oprima al pueblo". No era el lenguaje diplomático que suele usar la reputada miembro de la minoría en el Comité de Asuntos Exteriores de la Cámara de Representantes.

Pero los políticos del sur de Florida suelen operar con reglas diferentes, más cercanas a los estándares y la ética política de Latinoamérica. Un ejemplo típico lo dio el destino del Centro Norte-Sur. Ese centro de políticas públicas, dirigido por Ambler H. Moss Jr., se enfocaba en asuntos de Latinoamérica y el Caribe, y se le consideraba una joya en la corona de la Universidad de Miami. Aunque la universidad ha tenido un largo historial de interferencia política en la academia —empezando con su alojo de la estación anticastrista de la CIA JM/WAVE—, el Centro Norte-Sur era una pequeña meca para un grupo de librepensadores de orientaciones políticas muy diversas.

El centro incluía a varios profesores que declararon, en diversas publicaciones, que el embargo estadounidense contra Cuba era miope e ineficaz. Uno de sus miembros docentes era Max Castro, quien también escribió encendidas columnas en *The Miami Herald* en las cuales satirizaba la política de Estados Unidos hacia Cuba. Esto no agradó a los Díaz-Balart, quienes en 2003 emprendieron acciones. Según varios profesores de la Universidad de Miami, los hermanos no vieron por qué debía apoyarse con fondos federales a un centro que se oponía a las metas de su política hacia Cuba. A pesar del apoyo para el centro por parte del senador demócrata Bob Graham, los hermanos tan sólo decidieron, según se dice, retirarle los fondos. Al preguntarle por qué buscaría desmantelar una prestigiosa instalación educativa, el congresista Mario Díaz-Balart dijo: "Tres razones: Max Castro, Max Castro y Max Castro".

La venganza no terminó ahí. El director de artes y ciencias de la Universidad de Miami, junto con el comité de selección docente, recomendaron entonces a Castro para otro puesto en Estudios Latinoamericanos. De manera misteriosa, ese puesto docente pronto fue eliminado. No mucho después, *The Miami Herald* canceló la columna de Castro. Otra prueba de la influencia de los Díaz-Balart fue que al edificio de la escuela de derecho de la Universidad de Florida se le dio el nombre de Rafael Díaz-Balart en honor del padre y el abuelo de los congresistas, ambos ministros en el gobierno de Batista. Una sección de Le Jeune Boulevard en Coral Gables también fue nombrada en su honor.

Aunque la endurecida política de George W. Bush apaciguó a la vieja guardia de Miami, conocida como "el exilio histórico", también fue ridiculizada por numerosos aliados de Estados Unidos. Asimismo molestó en Cuba a los disidentes a los que pretendía apoyar. "Este nuevo paquete de medidas una vez más cambió el centro de atención hacia una confrontación entre el gobierno cubano y Estados Unidos", dice Osvaldo Payá, quien encabezó el estimado Proyecto Varela, una organización popular que busca reformas electorales y económicas. "Otra vez es Cuba contra Estados Unidos. Quienes encabezaron esto [el informe de la Comisión de Cuba] vieron por sus propias necesidades, más que las de Cuba y el movimiento de oposición pacífica."

Una de las muchas personas afectadas por las restricciones en los viajes fue Carlos Lazo, un cubano-estadounidense que es veterano de combate de la Guardia Nacional del Ejército. El sargento

Lazo, quien tiene dos hijos en Cuba, pasó un año en Irak como médico de combate y se hizo notar durante el sitio de Fallujah.

En junio de 2004, durante su primer periodo de descanso y recuperación de Irak, Lazo voló a Miami con la esperanza de visitar a sus hijos adolescentes. Aun cuando llegó días antes de que entraran en vigor las nuevas restricciones de Bush, se le prohibió hacer el viaje. Él regresó a Irak para otra misión sin saber si sobreviviría para volver a ver a sus hijos. A su regreso, supo que tendría que esperar hasta 2006. "La administración que había confiado en mí para pelear contra Irak no confiaba en mí para visitar a mis hijos en Cuba", dice Lazo.

Frustrado, Lazo viajó a Washington para entrevistarse con los líderes del Congreso en el Capitolio. Estaba bastante interesado en hablar con los legisladores cubano-estadounidenses, pues pensó que apoyarían su petición. Pero sólo el senador Mel Martínez de Florida y el diputado Bob Menendez, el congresista demócrata de Nueva Jersey, estuvieron dispuestos a hablar.

Los congresistas Lincoln y Mario Díaz-Balart se negaron a hablar con el sargento y enviaron a miembros del personal del Congreso para mantenerlo a raya. Su colega Ileana Ros-Lehtinen fue igualmente hospitalaria. "Yo traté de hablar con Ileana, pero ella no quiso hablar conmigo", dijo Lazo al columnista del *Herald* Jim DeFede.

Para julio de 2008, la política de Estados Unidos hacia Cuba empezó a adquirir claros tintes de locura cuando el diputado Lincoln Díaz-Balart se enteró de que catorce miembros de las Pequeñas Ligas de béisbol de Vermont y New Hampshire planeaban viajar a La Habana. Los preadolescentes buscaban jugar con jóvenes cubanos en La Habana. La planeación del viaje había sido difícil y ardua, según su entrenador Ted Levin, quien dijo que "pasaron veinte meses y tres rechazos antes de que la OFAC aprobara el viaje". En ese momento, Díaz-Balart exigió una junta de emergencia con Bisa Williams, coordinadora de la Oficina de Asuntos Cubanos del Departamento de Estado, y Barbara Hammerle, subdirectora de la

OFAC. El propósito era claro, escribió Díaz-Balart: "La muy preocupante concesión de un permiso por parte del Departamento del Tesoro y la OFAC para viajar a Cuba en agosto".

Pero el intransigente congresista, acostumbrado a hacer las cosas a su manera como asesor de George W. Bush en políticas sobre Cuba, se enfrentó a media docena de legisladores furiosos de Nueva Inglaterra. El asistente del gobernador de Vermont Brian Dubie, y sus dos senadores, Patrick Leahy y Bernard Sanders, apoyaron el viaje con toda determinación, al igual que los senadores de New Hampshire Judd Gregg y John Sununu, ambos republicanos. Leahy dijo que le horrorizaba "la sola idea de que el gobierno dijera a los estadounidenses comunes, y con más razón a los pequeños besibolistas, a dónde y cuándo podían viajar. Si el presidente puede ir a China con dinero del erario, a estos chicos se les debería permitir ir en un viaje pagado de manera privada a Cuba para jugar un poco de béisbol". Díaz-Balart respondió con el argumento de que "un evento deportivo no es una manera apropiada de responder a la continua tortura de prisioneros políticos", a lo que Leahy respondió: "Él debería elegir a alguien de su mismo tamaño".

Como por un milagro —o quizá por la vergüenza que significó la aparición de la petición de los pequeños beisbolistas en la columna de Al Kamen en *The Washington Post*— la OFAC no les retiró los permisos.

Para mediados de 2008, Raúl Castro había revelado una serie de reformas —desde el relajamiento de las restricciones en las granjas privadas hasta un mayor acceso a Internet y a instalaciones turísticas—. Dichas iniciativas de Raúl habían recibido comentarios generalmente positivos dentro de Cuba y en el exterior. La administración Bush, empero, recibió las reformas de 2008 con su típico desdén y las calificó de "mínimas e insuficientes". Incluso al nuevo programa de Cuba para la propiedad del hogar, quizá la piedra angular del capitalismo, se le tildó de insignificante.

"Son una mera apariencia", lamentó Dan Fisk, director general para Asuntos del Hemisferio Occidental del Consejo Nacional de Seguridad, quien subrayó a los reporteros la supertiranía de los Castro. Sin embargo, Fisk y los demás políticos de línea dura contra Cuba reconocieron que la situación cambiaba rápido, a medida que los aliados de Estados Unidos volcaban su atención hacia Castro y sus nacientes reformas. "Nosotros esperaríamos que la comunidad internacional, y lo digo en el sentido amplio, reconozca que éste no es un cambio verdadero; no es un cambio fundamental en la naturaleza del sistema", dijo Fisk con desdén.

En abril de 2008, una reunión informativa de rutina del Departamento de Estado se convirtió en un drama de propaganda política y luego en una comedia. Presionado por la respuesta de la administración Bush a Raúl Castro, el vocero Sean McCormack trató de limitar la conversación. Varios reporteros lo presionaron para que diera más detalles: "¿Acaso se tienen que convertir de una vez en una democracia de estilo estadounidense para que ustedes estén contentos?", preguntó un reportero. "¿No les reconocen méritos por los cambios crecientes?", gritó otro periodista. La entrevista pasó de animada a surrealista y devino un miniforo telescópico sobre cincuenta años de política estadounidense hacia Cuba.

McCormack: "No se hacen méritos por pasar el poder de un dictador a otro... bueno, estamos buscando algo. Y hasta ahora no tenemos nada".

Pregunta: "¿Entonces no cree usted que sean posibles las reformas?"

McCormack: "¿A qué equivale eso?... Ahora se tiene una situación en la que un pequeño grupo de personas que han estado en el poder durante varias décadas determinan la dirección de ese país, lo que ocurre con él, si la gente puede o no expresar su opinión con libertad en la plaza principal de la ciudad, algo que no pueden hacer. Hoy, la situación no es cualitativamente distinta de la que había hace diez o veinte años".

Pregunta: "Pero entonces ¿habla usted de Cuba o de China?"

Pregunta: "¿O de Arabia Saudita?"

En ese punto de la sesión toda la sala se echó a reír. McCormack, bastante incómodo, musitó: "Muy bien", para exhortar a la audiencia a un receso.

En mayo de 2008, George W. Bush, cuyo índice de aprobación había caído más bajo que el de cualquier presidente estadounidense desde el inicio de las encuestas, intervino: "Cuba no será una tierra de libertad si la libertad de expresión se castiga y la libertad de palabra sólo puede tener lugar en susurros y oraciones silenciosas". Fue una buena opinión, pero expresada para un solo país: Cuba. Entonces, Bush emprendió una acción sin precedentes al hablar directamente, en una videoconferencia, con disidentes, con lo que garantizó que el nivel de hostilidad entre ambos países se mantuviera estratosféricamente elevado.

La interlocutora de la videoconferencia de Bush fue Martha Beatriz Roque, probablemente la crítica más elocuente de Castro, y como tal, una favorita de la administración. La disidente dijo a la Radio Pública Nacional que no había dormido en toda la noche para preparar su intervención. Pero lo que dijo no agradó a la Casa Blanca. Para su disgusto, ella sugirió al presidente aligerar las restricciones en viajes familiares y remesas a Cuba.

Aquél no era propiamente el mensaje que los duros querían oír. Los líderes políticos de Miami habían empezado a temer que las crecientes reformas de Raúl pudieran, en verdad, alterar la situación para todos los involucrados, incluidos ellos mismos. Para asegurarse de que no ocurriera el cambio, los legisladores de Miami se las arreglaron para promulgar leyes que perjudicaran a las agencias de viaje y aerolíneas que viajaran a Cuba. Firmada por el gobernador Charlie Crist, la Ley de Vendedores de Viajes exigió a las agencias de viajes que pagaran hasta doscientos setenta y cinco mil dólares para financiar investigaciones que harían ellos mismos sobre irregularidades potenciales en relación con los vuelos a Cuba. Si entraban en vigor, las cuotas estipuladas acabarían con los vuelos de algunas aerolíneas.

El congresista David Rivera recibió la legislación como un "programa antiterrorista". Una desconcertada María Teresa Aral, de ABC Charters, dijo: "¿Les vas a dar dinero para que tú investigues?" Un juez de Florida, igualmente apabullado, detuvo la revisión pendiente de la legislación y, en abril de 2009, un juez federal borró de los libros la nueva ley. Ocho meses antes, otro juez federal anuló una segunda iniciativa de Rivera que había prohibido a los académicos que trabajaban en Florida que usaran fondos privados para viajar a Cuba.

Los políticos fanáticos tuvieron más éxito con otro proyecto: prohibir un libro para niños llamado *A Visit to Cuba*, junto con su edición en español, *Vamos a Cuba*, en las escuelas primarias de Miami. Ese delgado volumen ilustrado era parte de una serie dedicada a mostrar a los niños cómo viven sus semejantes en otras partes del mundo —incluidos países gobernados por gobiernos autoritarios—. Todos los libros fueron aprobados por el Consejo Escolar del condado de Miami-Dade —excepto el de Cuba—. Al notar que a los niños cubanos se les representaba con una sonrisa en el rostro y no llorando por la escasez de alimentos, el consejo votó por prohibir el volumen. El asunto pronto llegó a las cortes y se gastaron millones de dólares en honorarios legales. No importó que el distrito escolar de Miami estuviera ahogado en deudas y tuviera que cerrar aulas y despedir a maestros. Por fin, los duros habían encontrado una cruzada, y la estaban llevando hasta la Suprema Corte sin importar el costo.

En el soleado estado de Florida, el fraude electoral precedió el drama de los recuentos del año 2000. En algunos de los condados se remontaba a los primeros días del estado como tal, en 1845. En el siglo XXI, el estado aloja a varias culturas políticas. Panhandle, Tallahassee y Jacksonville tienen más en común con el sur, en especial con Georgia y Alabama. Los condados del extremo sur a menudo adoptan tradiciones electorales y políticas de Latinoamérica. Por lo tanto, la truculenta actividad electoral tiende a ser diferente en esas dos regiones. En los condados sureños, sobre todo Miami-Dade, el fraude de los votos a distancia es perenne.

El gobernador Charlie Crist llegó a su puesto en 2007 como un amigable republicano de centro que prometía reformar el sistema electoral del estado. Durante las elecciones de 2000 y 2004, las volubles máquinas de pantalla táctil aportaban todo menos recibos. Crist prometió arreglarlas y luego se retractó. Los admirables primeros esfuerzos de Crist se volvieron cada vez más lentos cuando se interesó por el puesto de vicepresidente del Partido Republicano, y luego se detuvieron por completo cuando se convirtió en jefe de campaña de John McCain en el estado.

Crist prohibió las máquinas de pantalla táctil pero, de paso, también obtuvo la ventaja en las elecciones primarias en Florida. Lo último causó bastante desagrado en el Partido Demócrata, lo cual culminó en una costosa y dolorosa guerra de acusaciones entre Hillary Clinton y Barack Obama.

Más contenciosa resultó la política de reos del estado. Hasta 2007, a los criminales que habían cumplido su sentencia se les prohibía de por vida que votaran (a menos que obtuvieran una vista de clemencia), incluso por infracciones pequeñas como posesión de marihuana o vandalismo. En 2000, seiscientos mil ex convictos fueron incapaces de votar, cifra que aumentó a un millón en 2008, según la Unión Estadounidense para las Libertades Civiles (ACLU, por sus siglas en inglés). De los ex reos de Florida 60% son afroestadounidenses, y a 85% de éstos se les encarceló por crímenes relacionados con el consumo personal de drogas.

A varios de ellos se les incluyó en las listas de "purga de reos" creadas por la ex secretaria de estado de Florida Katherine Harris, y su igualmente astuta sucesora Glenda Hood. Sin embargo, muchos de los incluidos en las listas nunca habían cometido un crimen. Para su crédito, Crist cambió la ley para apoyar la reincorporación de los derechos electorales para la mayoría de los delitos no violentos. Pero de acuerdo con la ACLU, que emprendió una demanda contra el estado en relación con el asunto, a los ex convictos nunca se les reconoció su condición. Como resultado, a unos noventa y seis mil votantes potenciales, inclinados muy posiblemente hacia la columna demócrata, se les prohibió votar en 2008.

Consciente de las peculiaridades del terreno político de Florida, los demócratas desplegaron un pequeño ejército para combatir en noviembre de 2008. En busca de los veintisiete votos electorales del estado, la campaña de Barack Obama envió a trescientos cincuenta miembros de su personal al estado; al final, obtuvieron setecientos mil votos más que los republicanos. Tan sólo en Miami se montaron once oficinas de campo. "Los demócratas están mostrando un nivel de disciplina republicano este año e incluso respetan los lineamientos", dijo el columnista de Miami Jim DeFede durante la campaña. "Tienen montones de dinero y los están aprovechando."

Desde la gestión del gobernador Jeb Bush, los demócratas han pasado tiempos difíciles en Florida. En 2005, la legislatura de Bush, controlada por los republicanos, limitó el horario de la primera ronda de votaciones a ocho horas entre semana y ocho el fin de semana. En 2008, la primera ronda de votaciones empezó el 20 de octubre y estuvo inusitadamente nutrida, pues muchos tuvieron que esperar en cola hasta por tres o cuatro horas. A pesar de las peticiones de los oficiales electorales de ampliar el tiempo para votar, el gobernador Crist arguyó que eso estaba fuera de su ámbito electoral. Los demócratas respondieron que Jeb Bush había cambiado los horarios de votación en 2002. Una semana antes del día de las elecciones, el gobernador Crist cambió de parecer, quizá tras revisar sus propios y decrecientes índices de aprobación. Las encuestas se mantuvieron abiertas —y ocupadas— durante doce horas todos los días, con horas adicionales los fines de semana. Sería la mayor asistencia en la historia del estado.

La pieza más delicada del rompecabezas político de Florida era el voto cubano, también conocido como el "tercer riel". Hay más o menos un millón de votantes hispanos registrados en Florida, de los cuales la mitad son cubano-estadounidenses. Antaño un sólido distrito electoral para el Partido Republicano, el voto de los exiliados aún se mantiene fuerte, pero ha habido notables cambios y deserciones desde el año 2000.

Aunque la mayoría de los exiliados son anticastristas empedernidos, por lo general, la amargura de la primera ola que salió de Cuba entre 1959 y 1965 no la comparten las generaciones más recientes de inmigrantes. Más de la mitad de los cubano-estadounidenses llegaron a Estados Unidos después del éxodo del puente marítimo de Mariel en 1980. De este grupo, 75% tienen familiares en Cuba. Según varias encuestas realizadas por la Universidad Internacional de Florida, el *Sun-Sentinel* de South Florida y Bendixen & Associates, los miembros de este grupo tienden a considerarse básicamente como refugiados económicos, no políticos. Para ellos, lo más importante es la familia y después vienen los asuntos de libertad personal. Para ellos era prioritaria la libertad para viajar y la capacidad de enviar remesas ilimitadas a sus familiares.

En 2004, la impopularidad de la política de viajes de Bush costó al Partido Republicano que entre 17% y 20% de los exiliados votaran por candidatos independientes o demócratas, o se abstuvieran por completo de votar. Por consiguiente, el electorado demócrata e independiente en los condados de Dade y Broward se llenó de votantes hispanos primerizos. Damián Fernández, rector de la Universidad del Estado de Nueva York en Purchase, ve el cambio en las planillas de votantes como una luz preventiva que tuvieron los republicanos en 2008. "Creo que la política más sensata para cualquiera", dice Fernández, "es ser duro en el gobierno y suave con el pueblo. Dejar que las familias viajen, que la gente envíe dinero y que la gente se conecte". Andrés Gómez, de la Universidad de Miami, describe el cambio entre los exiliados como "la política de la pasión que cede el paso a la política de la razón".

En 2008, los representantes republicanos de Miami ante el Congreso enfrentaron serias dificultades por primera vez. El semanario alternativo *Miami New Times* se entusiasmó tanto con las encuestas sobre las tendencias electorales que, con alegría —pero equivocadamente—, anunció en su encabezado un reportaje especial llamado "End of the Díaz-Balart Dynasty" ("El final de la dinastía de los Díaz-Balart"). En realidad, la carrera por el Congreso en Miami se había vuelto más cerrada; los contendientes demócratas abogaban por poner fin a las restricciones en los viajes y las remesas para los cubano-estadounidenses. Dicho programa, por supuesto, era toda una herejía tanto para los Díaz-Balart como para Ileana Ros-Lehtinen. Y como los Díaz-Balart son ex sobrinos de Fidel Castro, así como hijos y nietos de conocidos políticos cubanos, en sus filas hay muy poca distinción entre lo personal y lo político.

A medida que la competencia por el Congreso se tornó más estrecha, los involucrados hicieron uso de todas las armas disponibles en su enorme arsenal. Como el trío político y sus aliados controlan muchas de las palancas de poder en Miami, su influencia se dejó sentir en los mercados de los medios, el orden público e incluso en las cortes. También influyó en la beneficencia del Comité Nacional del Congreso Republicano, el cual dio millones de dólares para las elecciones, al igual que lo hizo el US-Cuba Democracy PAC, grupo de cabilderos dedicado a preservar el embargo. Desde 2004, el PAC ha repartido un estimado de doce millones y medio de dólares y la mayor parte fue para los republicanos. Pero otros destinatarios favorecidos fueron los congresistas demócratas por Florida Debbie Wasserman Schultz y Kendrick Meek, los cuales han dado un apoyo tibio y tardío a sus compañeros demócratas. Al líder de la mayoría en el Senado, Harry Reid, así como a Joe Lieberman, también les ha ido bastante bien con el dinero del US-Cuba Democracy PAC.

Algunas de las encuestas veraniegas daban a Raul Martínez, el pintoresco ex alcalde de Hialeah, un enclave de clase obrera al norte de Miami, el triunfo en una cerrada batalla contra Lincoln Díaz-Balart por el Distrito Veintiuno del Congreso. El robusto e imponente Martínez había cumplido eficazmente a sus electores durante sus veinticuatro años como alcalde de Hialeah. Los demócratas quedaron fascinados cuando Martínez ganó la aprobación de *The Miami Herald*.

Por el Distrito Veinticinco se enfrentaron Mario Díaz-Balart, hermano menor de Lincoln, y Joe García, jefe del Partido Demócrata de Miami y ex director ejecutivo de la CANF, de cuarenta y cuatro años de edad. En 2002, como presidente del Comité de Redistritación de la Cámara de Representantes en Florida, Díaz-Balart se había adjudicado su propio distrito, en lo que sólo puede describirse como uno de los grandes triunfos de la manipulación de distritos electorales en la historia reciente. Luego, se postuló para la representación y la ganó. Seis años después, el distrito había cambiado, pues se mudaron los votantes republicanos y llegaron votantes hispanos no cubanos, quienes tienden a votar por los demócratas. Aun así, Díaz-Ballart era el representante en funciones, y lo respaldaban fondos muy generosos y las ventajas propias de su cargo.

Al principio se consideró que Joe García enfrentaría un reto muy difícil, pero resultó ser un candidato talentoso, diestro para la recaudación de fondos e infatigable en sus giras de campaña. Él dejó claro que no iba a permitir que se cuestionara su *cubanidad*. "No me van a *descubanizar*", advirtió el elocuente orador, cuyo mentor había sido el desaparecido Jorge Mas Canosa. Mientras que Martínez tenía la organización de las masas, el nombre y el reconocimiento, García recibía la generosidad de muchos empresarios exiliados, antes fieles a los republicanos, a quienes les inquietaba que Cuba pronto se convirtiera en un gran negocio.

Ileana Ros-Lehtinen nunca tuvo a un adversario muy difícil. Se enfrentó a Annette Taddeo, una empresaria colombiana-estadounidense. Taddeo era una opositora atractiva, pero una neófita política. Ros-Lehtinen ha representado al Distrito Dieciocho desde 1989, la gestión más larga de los tres, y ha sido la más efectiva en proveer de servicios a su electorado. Sin embargo, Taddeo inició su campaña con un apoyo de 31% y la terminó con 42% del voto.

A los políticos exiliados de Florida les gustan los deportes sanguinarios, y nadie que llegue a las rondas finales de los gladiadores será un santo. Así, las contiendas por el Congreso asombraron incluso a cubanófilos experimentados, quienes las compararon con peleas a muerte. "La última vez que los Díaz-Balart fueron retirados del poder, eso costó una revolución y acabamos por tener a Fidel Castro", advirtió Joe García una semana antes de la elección. "Tendrán que expulsarlos de aquí."

Los demócratas no olvidarían que, sólo diez años antes, la elección de alcalde en Miami se había visto afectada por toda una serie de irregularidades. Una de tales violaciones involucró a un tal Manuel Yip, quien había "votado" por el republicano Xavier Suárez. En verdad, era la cuarta vez que Yip había "votado" desde su muerte. Pero la mayor parte del fraude que ha azotado a Florida se ha centrado en los votos a distancia. En la elección de alcalde de 1998, se descubrió que más o menos cinco mil votos a distancia eran fraudulentos. Algunas personas no sabían que habían votado, otras no vivían en el país y (claro, como se trata de Miami) algunos estaban muertos. Además, muchas de las boletas tenían al mismo testigo. Un verdulero ambulante de Miami había sido testigo de setenta votos a distancia. Y a algunos de los ciudadanos más pobres de Miami se les había pagado diez dólares para que votaran por Suárez.

Con toda razón, los demócratas estaban conscientes de que los republicanos podrían repetir algunos de sus movimientos tradicionales. No quedaron del todo decepcionados. A finales de octubre, no mucho después de que los votos a distancia llegaron al correo, un caballero que se hizo llamar *Juan* llegó en Hialeah a los hogares de varios partidarios de Raúl Martínez. *Juan* ofreció a los votantes ayuda para llenar sus boletas y luego les prometió entregarlas en la oficina electoral. Algunas personas llamaban por teléfono y decían que ellos habían enviado a *Juan* y que trabajaban para Martínez. En verdad, ni *Juan* ni quienes lo habían enviado trabajaban para Martínez ni el Partido Demócrata; y nadie supo qué pasó con las boletas.

The Miami Herald rastreó el número telefónico que se dio a los residentes embaucados, y resultó ser el de un consultor que trabajaba para Lincoln Díaz-Balart, quien afirmó repetida y falazmente durante una sola conversación telefónica que trabajaba para el rival demócrata de Díaz-Balart. Tres votantes dijeron al *Herald* que su contacto inicial provino de una mujer que llamó por teléfono, cuyo número pertenecía a Sasha Tirador, quien supervisó una operación bancaria por teléfono para David Custin, consultor político contratado por los hermanos Díaz-Balart.

Un votante desorientado mencionó a Jeff García, el líder de campaña de Raúl Martínez, quien pudo videograbar a *Juan*, su auto y su placa de identificación. Otro misterioso visitante llamado *Ángel*, quien decía ser de la oficina del supervisor electoral de Miami-Dade, también fue grabado en video. Acorralado por un trabajador voluntario de Raúl Martínez, *Ángel* dijo que lo había contratado la oficina de Díaz-Balart. Entonces, el astuto Jeff García entregó declaraciones juradas de los votantes estafados a la Secretaría de Justicia del Estado y recordó a los reporteros que dar una falsa identidad por teléfono es una violación a la ley federal.

César González, vocero de Lincoln Díaz-Balart, me dijo que el cargo por fraude era "una acusación ridícula que provenía de una campaña desesperada". El equipo de Martínez pensaba distinto y consultó al abogado de Miami Michael Band, ex funcionario de la Secretaría de Justicia. La gente de Martínez también se aseguró de que la historia de *Juan* apareciera en los noticiarios de la televisión local. Sin embargo, quienes conocen cómo funcionan las cosas en Miami no estaban en suspenso. A la fiscal de Justicia de Miami-Dade, Kathy Fernández Rundle, nunca se le ha conocido por ser proactiva en la investigación de casos que puedan provocar la ira de las élites políticas o empresariales de Miami.

Hubo otros factores que auguraban un mal futuro a los republicanos. Por cualquier concepto, se les negó todo debate con sus oponentes y se les excluyó de diversos medios, en especial de ciertas estaciones de radio de crucial importancia. Entretanto, la mayoría de los estadounidenses no eran conscientes de que la batalla por Florida se libraba en un universo paralelo, y una buena parte de ella, por vía de los medios en lengua española.

Radio Mambí, que dice ser el principal mercado radiofónico en español del sur de Florida, no permitió que los demócratas aparecieran o se anunciaran en sus programas, según dicen miembros del personal del partido y candidatos. Un oficial de campaña de Obama, quien pidió el anonimato, describió a Radio Mambí como una máquina de ataque contra los candidatos, la cual operó como "un infomercial de todo el día y todos los días de McCain y Díaz-Balart". Dijo también que la influyente estación televisiva Univision tenía una "decidida tendencia republicana".

Radio Mambí está dirigida por el hacedor de reyes de la Calle Ocho Armando Pérez Roura, ex defensor de Fulgencio Batista hasta su expulsión en 1959. Pérez Roura siguió gozando de una larga carrera radiofónica bajo Fidel Castro, y no salió de Cuba hasta 1968. Ya en Miami, se reinventó como un hombre con un micrófono y la misión de identificar a quienes no eran lo bastante anticastristas. Cualquiera que aspirara al poder en Miami consideraba su programa como una parada de rigor. Un poder así parece tener sus recompensas. Cuando al hijo de Pérez Roura lo arrestaron por vender grandes cantidades de narcóticos en 2004, tal como lo habían hecho ya en 1984, los cargos en su contra fueron reducidos y luego eliminados, todo de manera misteriosa, por la secretaria de Justicia del estado Fernández Rundle, quien es una invitada frecuente en el programa de Pérez Roura.

A lo largo de los años, Pérez Roura ha recibido con hospitalidad a algunos de los personajes más notables del firmamento exiliado. A políticos en desgracia —e incluso terroristas convictos— a menudo se les escucha en Mambí, la cual se autonombra *La Grande*. Durante la campaña, Pérez Roura entrevistó a John McCain y ofreció tiempo aire ilimitado a los Díaz-Balart y a Ileana Ros-Lehtinen. Otros invitados a su programa ridiculizaban a los contrincantes demócratas, y sugirieron que su elección equivaldría a una plaga de comunismo, suave con los comunistas y los terroristas musulmanes. Casi a diario, Pérez Roura llamó al candidato presidencial demócrata "Barack *Hoooo-sein* Obama", complaciéndose en extraer las sílabas de su nombre intermedio.

Pérez Roura contó con el virtuosismo de la célebre Ninoska Pérez-Castellón, quien conduce un programa matutino junto con él, tiene uno sola en la tarde y otro más en la televisión de Miami. "Son tres programas diarios en los que ella hace labor en mi contra", lamentó Martínez durante la campaña. "Ella es una atacante de tiempo completo de Raúl Martínez y dirá cualquier cosa para ayudar a los Díaz-Balart." Su colega demócrata Joe García estaba resentido de que la Comisión Federal de Comunicaciones no hubiera tomado cartas en el asunto. "Ninoska me ataca las veinticuatro horas del día, todos los días", dice García, "y yo me he quejado con Univisión [la empresa madre de Mambí]".

En el otro extremo del cuadrante radiofónico, dos conductores exiliados disidentes y partidarios del diálogo, Max Lesnik y Francisco Aruca, se enteraron de que sus respectivas estaciones cancelarían sus programas. A ambos conductores de izquierda se les dijo que se les remplazaría con programas deportivos. Los dos personajes, quienes se complacen en provocar mediante burlas a los líderes de Miami, declararon que era la presión política, y no el *rating*, lo que condujo a su despido.

Pero el tiro de gracia de la temporada electoral se dio por vía de la televisión. Un *spot* de Díaz-Balart empezaba con una fotografía de ficha policial de Raúl Martínez mientras la palabra CULPABLE atravesaba la pantalla. Lo que el mensaje no decía a los telespectadores era que la declaración de culpabilidad de Martínez había sido revocada por apelación. El público tampoco se enteró de que los cargos por extorsión que se le hicieron en 1990 habían sido levantados por un fiscal federal en funciones llamado Dexter Lehtinen. Resulta que Lehtinen es el esposo de Ileana Ros-Lehtinen, quien entró y tomó el asiento en el Congreso que, según se pensó, Martínez había dejado asegurado.

Raúl Martínez respondió en especie con sus propios anuncios de ataque. En uno, acusaba a Díaz-Balart de aceptar dinero de un político puertorriqueño con cargos penales, así como de emplear un "esquema de pagar para participar", lo cual negó Díaz-Balart. Los anuncios de Díaz-Balart buscaban, de manera improbable, ligar a Joe García con la caída de Enron. "Uno aún puede decir grandes mentiras en Miami", dice García. "Y salirse con la suya. Es una ciudad donde las instituciones básicas se han derrumbado." Mario Díaz-Balart no respondió a llamadas que pedían una explicación.

Joe García contestó al apuntar hacia el talón de Aquiles de los Díaz-Balart: Fidel Castro. Su *spot* más memorable empezaba con música circense de organillo y un letrero rojo que decía "ADVERTENCIA: cualquier parecido entre los siguientes personajes es… un asunto de familia". La siguiente imagen mostraba una escena en la que Fidel Castro gesticulaba con furia, y abajo un texto con letras rojas que decía: "El dictador cubano Fidel Castro". A continuación aparecía Mario Díaz-Balart con casi los mismos gestos y abajo un texto que decía: "El diputado federal Mario-Díaz Balart". La tercera imagen era el rostro ceñudo de Lincoln Díaz-Balart, hermano de Mario. Las escenas se repetían: Fidel, Mario, Lincoln. Luego aparecía el mensaje: "Este noviembre... acabemos con el circo familiar. Vote en contra de los sobrinos de Fidel".

Era un anuncio inteligente que divirtió y edificó a los espectadores, pero no dio el resultado esperado. García perdió con 47% contra 53% de Mario Díaz-Balart. Los ataques contra Raúl Martínez fueron aún más letales, y redujeron su anterior ventaja a una derrota de 58% contra 42%.

En los distritos electorales de Miami-Dade, siempre rebosantes de cafeína, la conspiración perfumó el aire durante el verano y hasta la noche de las elecciones. Más de un miembro del equipo de Obama me dijo que los espías republicanos hacían llamadas de propaganda para incitar a la gente a llamar a los poderosos programas de entrevistas en español y acusar a Obama de ser comunista o marxista.

Un tema popular en la radio de Miami eran los antecedentes de Obama como "organizador comunitario", lo cual se equiparaba a dirigir un CDR, uno de los grupos de vigilancia de barrio en Cuba, conocidos por sus actividades de informantes. Joe Centorino, de la Fiscalía de Justicia del estado, me dice que no le sorprende que ocurran cosas así en Miami-Dade. "Pero ¿cuál es el crimen aquí?", responde. "Recuerde que no todos los trucos sucios son ilegales."

Obama supo que tendría un marcado ascenso en la Miami cubana por diversas razones. En primer lugar estaba su disposición a negociar con Cuba, con sólo unas cuantas precondiciones. En segundo, él era un demócrata en un territorio republicano. El tercero era su tez, la cual suelen señalar al tocarse el antebrazo con dos dedos. Algunos lo llaman *el Negro*, otros hacen alusión a *la Nube Negra*. Hubo mucho nerviosismo entre los demócratas en relación con las insinuaciones raciales, pero el encuestador Sergio Bendixen predijo que, en "la comunidad", el racismo no era un elemento tan fuerte como se creía.

John McCain prometió que si lo elegían continuaría con la política de Bush de aislar a Cuba. El senador de Arizona se había convertido en un anticastrista de línea dura de la noche a la mañana. En 2000, él había dicho que apoyaría la normalización de las relaciones con Cuba, aunque los Castro permanecieran en el poder. "Estaría dispuesto a hacer lo mismo que hicimos con Vietnam", dijo McCain.

En concordancia con su nueva filosofía, McCain seleccionó a un equipo de cubano-estadounidenses de línea dura para que lo asesoraran en asuntos latinoamericanos, incluidos Adolfo Franco, ex administrador asistente de la problemática Agencia Estadounidense para el Desarrollo Internacional, y Otto Reich. En agosto de 2008, se nombró a Lincoln Díaz-Balart para ser tanto el asesor de McCain para la región como su vocero.

La campaña de McCain acertó al suponer que se ganaría a las mayorías del "exilio histórico", constituidas en buena medida por unos trescientos mil exiliados ancianos y blancos, al recitarles toda una serie de mantras anticastristas. Aun así, llevaba la carga de un candidato con nulos índices de aprobación, cuyo partido estaba destinado a una aplastante derrota en el Senado y la Cámara de Representantes. Además, incluso los exiliados de línea dura tienden a ser progresistas sociales que apoyan la educación bilingüe, una mayor inversión en la seguridad social y los servicios de salud, y menos controles migratorios. La elección que hizo McCain de Sarah Palin para la vicepresidencia, al ser una conservadora de la derecha cristiana que favorece la enseñanza de la abstinencia y el creacionismo, no agradó a la mayoría de los cubanos. Por si fuera poco, la Guerra de Irak, defendida por el dúo McCain-Palin, era tan impopular en la Calle Ocho como lo era en Times Square.

Para reforzar su campaña, el equipo de McCain usó la antigua relación de Barack Obama con Bill Ayers, el terrorista de la organización Weather Underground convertido en profesor universitario, descrito de manera invariable como un "terrorista incorregible". Obama había conocido a Ayers unos veinticinco años después de que a Ayers se le acusó, mas no se le declaró culpable, por sus actividades con los Weather. A medida que la elección se acercaba a sus últimas semanas, la conexión entre Obama y Ayers se convirtió en el núcleo de la campaña de McCain y Palin. Sarah Palin mencionó a Ayers en prácticamente todas sus apariciones y McCain lo trajo a colación en el último debate presidencial.

Pero resultó que McCain tenía su propio problema con un "amigo terrorista". Durante la gira de campaña de Palin por Florida, en la cual ella no dejó de mencionar al "amigo terrorista" de Obama, ella se abstuvo, conspicuamente, de pasar por Miami. Los cínicos locales dijeron que no había sido por accidente el que Palin no se presentara en la ciudad más populosa del estado, donde la definición de *terrorismo* puede ser bastante elástica.

A fines de julio, mientras hacía campaña para McCain en Miami, el senador Joe Lieberman se reunió con la esposa del terrorista asesino convicto Eduardo Arocena y prometió buscar el perdón presidencial en su representación. Arocena es el fundador del grupo exiliado paramilitar Omega 7, renombrado por una serie de explosiones y asesinatos cometidos entre 1975 y 1983. A Arocena se le sentenció por cuarenta y dos cargos relacionados con la conspiración, uso de explosivos, portación de armas de fuego y destrucción de propiedad gubernamental extranjera dentro de Estados Unidos. Él cumple una cadena perpetua obligatoria en una prisión federal de Indiana.

Entre los objetivos de Arocena estaban el Madison Square Garden y el Aeropuerto Internacional John F. Kennedy en Nueva York, donde Omega 7 había plantado un portafolios explosivo destinado a un vuelo de TWA con destino a Los Ángeles, en protesta por los viajes a Cuba que realiza la aerolínea. El avión habría estallado si la bomba no se hubiese caído a la pista antes de que la cargaran. Otros blancos fueron el Avery Fisher Hall de Nueva York, donde unas bombas hicieron estrellar las ventanas de tres pisos; la oficina de boletos de Aeroflot, la línea aérea soviética, y la Misión Cubana en las Naciones Unidas. Hubo un intento de asesinato del embajador cubano ante la ONU, Raúl Roa García. Arocena también fue condenado por el asesinato de un diplomático cubano en Nueva York y por la muerte, en 1979, de Eulalio José Negrín, quien había defendido la diplomacia con Cuba. A Negrín se le acribilló con ametralladora mientras descendía de su auto en Union City, Nueva Jersey, frente a su hijo de trece años.

Sin embargo, Lieberman, de quien se decía en aquel entonces que sería la elección de McCain para vicepresidente, y después, para secretario de Estado, fue sorprendido en una grabación (que puede verse en YouTube) donde prometía a Miriam Arocena que buscaría el perdón para su marido. "Yo la traeré [la petición de perdón] de vuelta. La traeré de vuelta", dijo Lieberman a Arocena justo antes de hablar ante un grupo durante un evento de McCain. "Pienso en ustedes como si fueran mi familia... Haré todo lo que pueda."

Otro abierto defensor del perdón para Arocena fue Roberto Marín Pérez, quien hizo campaña por McCain y realizó un *spot* radiofónico para el candidato. Él y su esposa, la conductora de radio Ninoska Pérez-Castellón, directora ejecutiva del Cuban Liberty Council (Consejo para la Libertad Cubana), estaban entre los partidarios más dedicados de McCain. Pérez-Castellón no tardó en señalar que el consejo "no apoya a candidatos", debido a su condición no lucrativa, pero que sus directores y miembros eran libres de apoyar una campaña a título personal. Fue una distinción que se les negó a Raúl Martínez, Joe García y Annette Taddeo.

El 23 de mayo de 2008, Barack Obama pronunció un discurso ante la Cuban American National Foundation en el Teatro Jackie Gleason de Miami Beach. "John McCain ha recorrido el país y ha hablado sobre lo mucho que deseo entrevistarme con Raúl Castro, como si yo buscara una reunión social", dijo Obama a la multitud. "Eso nunca fue lo que dije, y John McCain lo sabe. Tras ocho años de políticas desastrosas de George Bush, es hora de buscar la diplomacia directa, con amigos y enemigos por igual, y sin precondiciones." "El hito aquí", dice Damián Fernández, rector del Purchase College, "es que fue el primer discurso abierto sobre política hacia Cuba en Miami".

El resultado presidencial, por supuesto, fue el máximo hito. Barack Obama se ganó a Florida, por una parte, por atraer 38% del voto cubano-estadounidense, con lo que sobrepasó el patrón oro logrado por Bill Clinton, quien obtuvo 30% del voto exiliado. Obama incluso captó a alrededor de 10% de los votantes republicanos. Los encuestadores de ambas campañas quedaron impresionados en particular de que Obama ganara cerca de la mitad del voto cubano-estadounidense con menos de cuarenta y cuatro años. "Es la primera señal que he visto de un cambio en el electorado cubano-estadounidense", dice Darío Moreno, quien realizó encuestas para los candidatos republicanos.

"De inmediato, permitiré los viajes familiares y las remesas irrestrictas a la isla", prometió Barack Obama en la gira de campaña. Con tal fin, reunió a un equipo político conformado por experimentados veteranos de las "guerras de Cuba" que favorecían el inicio de un acercamiento con La Habana.

"El cambio", como lo prometió Obama, o al menos eso dijo, llegaba a Miami.

CAPÍTULO DOCE

El último turno

En octubre de 2008, Raúl Castro concedió su primera y única entrevista (hasta 2012) como presidente de Cuba —y una de las poquísimas que ha dado en su vida—. El afortunado interlocutor no estaba entre la docena de reporteros acreditados y establecidos en La Habana. Tampoco era un periodista que hubiera cubierto el área de Miami y La Habana ni uno de los cientos de representantes de las organizaciones mediáticas y la academia que han llenado solicitudes con el ministro del Exterior. El primer interlocutor de Raúl Castro fue el actor y director Sean Penn, quien se involucra periódicamente en la política.

Penn acababa de abordar un jet militar venezolano desde Margarita, la pintoresca isla cercana a Caracas, tras pasar dos días con un sociable Hugo Chávez. Con Penn estaban el escritor Christopher Hitchens y el historiador Douglas Brinkley, a quienes la estrella de cine había invitado a acompañarlo, al parecer, para dar un toque de seriedad a sus esfuerzos. Los tres esperaban que su suerte se repitiera con Raúl Castro y, según Penn, se les había prometido que así sería.

Pero los dioses, en la forma de Fidel, quien orquestó el evento, eligieron sólo a la estrella de cine. Penn había conocido al comandante en 2005, y muy pronto simpatizaron entre ellos. Es más, Penn había formado una rápida amistad con Chávez, sobre quien suele decir: "Quizá no es un buen hombre, pero bien podría ser un gran hombre". Ahora Penn estaba "ansioso por una entrevista con [Raúl] el nuevo presidente", según la narración del viaje que publicó en *The Nation*.

Por lo general, los periodistas que han obtenido entrevistas con Fidel esperan meses, años o más, incluida yo. Ése no fue el caso de Penn, empero, quien dijo que había hecho una llamada telefónica y le concedieron su petición al día siguiente. Los Castro no habían calculado mal: Penn fue tan accesible y caritativo como Oliver Stone en sus positivos documentales sobre Fidel.

Raúl Castro fue un anfitrión agraciado y amigable, pero dejó claro, por medio de su traductor, que la entrevista no fue su idea. "Fidel me llamó hace unos momentos", dijo a Penn. "Quiere que lo llame cuando hayamos terminado de hablar. Quiere saber sobre todo lo que hablamos. Nunca me gustó la idea de dar entrevistas. Uno dice muchas cosas, pero cuando se publican, aparecen acorta- das y condensadas. Las ideas pierden su significado."

Raúl disfrutó de la entrevista y charló durante siete horas con su invitado. Dijo, a manera de broma, que ahora podía competir con su hermano en locuacidad. "Quizá ahora piense: '¡Oh, el hermano habla tanto como Fidel!' Pero no suelo ser así."

Raúl contó una anécdota que, sin duda, su hermano habría pre- ferido que no contara.

¿Sabe usted?, una vez Fidel recibió aquí, en su sala, a una delegación de China: varios diplomáticos y un intérprete joven. Creo que era la pri- mera vez que el intérprete estaba con un jefe de Estado. Todos habían tenido un largo viaje y sufrían el *jet lag*. Por supuesto, Fidel sabía esto, pero aun así habló durante horas. Pronto, a uno de ellos que estaba [sentado] cerca del extremo de la mesa se le empezaron a cerrar los ojos. Luego a otro y a otro. Pero Fidel no dejó de hablar. Pronto, to- dos ellos, incluido el del rango más alto, a quien Fidel se dirigía al ha- blar, se quedaron profundamente dormidos en sus sillas. De modo que Fidel dirigió su mirada hacia el único que estaba despierto, el joven intérprete, y lo tuvo conversando con él hasta el amanecer.

Raúl reveló un punto sustantivo a la estrella de cine: que estaba abierto a un encuentro con el presidente electo Barack Obama en un "lugar neutral" —fuera de Estados Unidos o Cuba—. Raúl advirtió que Obama tendría que eludir intentos de asesinato en su marcha a la Casa Blanca, pero que si llegaba a la Oficina Oval, estaba abierto a discusiones. "Quizá podríamos reunirnos en Guantánamo", insinuó para introducir su característico humor irreverente. "Y al final de la reunión, podríamos dar al presidente un regalo… la bandera estadounidense que ondea sobre la bahía de Guantánamo".

La evolución de Raúl de marxista-leninista a cauto pragmatista debía sus orígenes a la caída del comunismo soviético. Pero, a los dos años de su gestión, las cosas se complicaron por lo que Fidel describió como la caída del capitalismo, pues los mercados globales se desplomaban de manera impredecible desde Washington hasta Beijing y Moscú. En casa, Raúl confrontaba los detritos de casi medio siglo de fracaso económico en Cuba.

Otro problema urgente era el crimen. Desde el Periodo Especial, el eufemismo empleado para describir la época de agudas dificultades que se sufrieron al inicio de la retirada rusa de 1990, los cubanos en problemas se habían acostumbrado a robar lo que necesitaban, o en algunos casos, lo que tan sólo querían. Desde el año 2000 ha habido un notable incremento de crímenes violentos, algo en extremo alarmante para un país al que durante mucho tiempo se le había considerado entre los más seguros. En febrero de 2009, a un sacerdote de cincuenta y nueve años, muy querido por su trabajo con los presos e indigentes, se le halló asesinado a puñaladas. Cinco meses después otro sacerdote, de setenta y cuatro años, también fue encontrado muerto. Los residentes de La Habana han denunciado robos en casas habitación, en los cuales han vaciado los lugares, además de llevarse materiales de construcción, como tuberías extraídas de las paredes.

Para muchos cubanos, el Periodo Especial está en su vigésimo segundo año. Es cierto, la economía turística de la isla llegó a su punto máximo de desempeño en 2011, con 2.7 millones de visitantes, lo que generó más de tres mil millones de dólares en ganancias. Sin embargo, la mayoría de los cubanos no han sentido de manera significativa los beneficios.

Empezando a finales de 2007, algo raro y valiente ocurrió en Cuba: ciudadanos ordinarios tomaron la ley en sus manos en series de protestas ultrarrápidas. Tras el reporte de la violación de una mujer, estudiantes de la Universidad de Oriente en Santiago organizaron una huelga de brazos caídos en septiembre de ese año. Según un profesor, el director de la escuela fue detenido por los alumnos. Ya se habían organizado manifestaciones anteriores en el campus para protestar contra el crimen, además de una petición firmada por unos cinco mil estudiantes. Otras protestas denunciaban la carencia de alimentos de calidad, papel, libros y computadoras en las clases y toda una plétora de habitaciones en malas condiciones.

Pero consciente de que protestas estudiantiles como éstas habían conducido a la Revolución cubana de 1959, el gobierno resistió el impulso de reprimir las manifestaciones por la vía militar. En cambio, envió a representantes a reunirse con los estudiantes y accedió a varias de sus demandas, en especial la seguridad en el campus y el despido del director.

Sin embargo, cuando unos estudiantes en Cienfuegos pronto organizaron una serie de protestas que buscaba mayores libertades civiles, no recibieron el suave trato que habían tenido los de Santiago. Se arrestó a cinco manifestantes estudiantiles, tal como se había hecho con otros disidentes universitarios en toda la isla. Orlando Gutiérrez, quien dirige el Directorio Democrático Cubano, asentado en Miami, el cual observa a los grupos de disidentes en el interior de Cuba, informa que, tiempo después, a ocho de los líderes estudiantiles de Santiago se les expulsó de la universidad.

"El gobierno teme a los estudiantes", dice un ex diplomático cubano que vive en La Habana. "Y les preocupa que eso haya ocurrido justo en Santiago, en Oriente [punto de origen de muchas rebeliones], y no en otro lugar. Les preocupan los estudiantes y también las facciones reformistas de las FAR, incluidas aquellas a las que se ha expulsado o 'retirado' del ejército."

En enero de 2008, el jefe de la Asamblea Nacional, Ricardo Alarcón, se vio confrontado por estudiantes en una exclusiva escuela de computación. Una videocinta que circuló de manera muy amplia y se grabó en secreto muestra a un Alarcón defensivo y mal preparado a quien llueven quejas sobre las elecciones unipartidistas de Cuba, la falta de oportunidades laborales y la prohibición para viajar fuera de Cuba. Los estudiantes se quejaban de que muchos bienes básicos —incluidos los artículos de tocador y la ropa— se venden en moneda de cambio dirigida a los turistas y extranjeros, lo cual hace inaccesibles algunos bienes a los empleados del Estado, a quienes se paga en pesos cubanos, que valen mucho menos.

Los estudiantes también estaban molestos porque las leyes les prohibían entrar en hoteles manejados por el Estado y el limitado acceso a Internet y a los viajes al extranjero. "¿Por qué la gente de Cuba no puede ir a hoteles u hospedarse en otras partes del mundo?", preguntó Eliécer Ávila, estudiante adolescente. Alarcón evadió las preguntas sobre Internet y dijo que viajar era un "privilegio", no un derecho. Cuando él tenía su edad, antes de la Revolución, según dijo, a él no se le permitía entrar a los lujosos centros nocturnos o a las playas exclusivas de Cuba. "Nunca puse un pie en el Tropicana, ni en Varadero [el centro turístico de la playa]", refutó, evidentemente, sin entender el problema. "¿Saben por qué? ¡Porque mi padre no tenía el dinero para pagar eso!"

En abril de 2008, tuvo lugar una huelga de brazos caídos en un parque cercano a la Plaza de la Revolución por parte de diez mujeres del grupo disidente Las Damas de Blanco (Ladies in White), quienes, como su nombre lo dice, siempre visten de blanco. El grupo realiza marchas silenciosas por la Quinta Avenida de La Habana, partiendo de la histórica iglesia de Santa Rita de Casia para protestar por el encarcelamiento de familiares suyos (a los disidentes se les acorraló en lo que se conoce como la Primavera Negra de 2003, cuando se encarceló a setenta y cinco escritores y activistas). "Estamos aquí para exigir la liberación de nuestros esposos y no nos iremos hasta que los liberen o nos arresten. Ya hemos esperado bastante; queremos hablar con el nuevo presidente", dijo Laura Pollan, vocera del grupo (que murió en 2011). Ese tipo de protestas públicas son raras. En poco tiempo, las mujeres fueron retiradas por la policía y escoltadas de regreso a sus casas.

También fue notable un concierto no autorizado de Carlos Varela. Al respetado cantante de nueva trova se le conoce por sus muy poco disimuladas canciones de protesta, tales como "Guillermo Tell", interpretada como una parábola muy poco halagadora sobre Fidel. Por componer ese tipo de baladas, a Varela se le han negado con frecuencia permisos para presentarse, no obstante su inmensa popularidad. A pesar de no tener permiso, una enorme multitud asistió al lugar de su presentación en La Habana, y el anuncio del concierto se hizo de boca en boca. No mucho después de iniciado el recital de Varela, la multitud empezó a gritar: "¡Libertad!" Algunos de sus seguidores llevaban brazaletes blancos impresos con una palabra: CAMBIO, un fenómeno que se inició en 2006.

El gobierno se enteró y publicó un artículo en el sitio en Internet de *Granma*, donde advertía que "no habrá espacio para la subversión en Cuba". Cumplió su amenaza e incrementó el acoso a disidentes y su arresto. Jaime Suchlicki, de la Universidad de Miami, advirtió sobre probables "protestas como las de la plaza de Tian'anmen" para las cuales Estados Unidos debía estar preparado. Pero los cubanófilos descubrieron que el análisis había sido una vergonzosa malinterpretación, y señalaron que la mayoría de los cubanos insatisfechos tendían a huir, no a pelear. "Sí van a ocurrir protestas como las de Tian'anmen", dijo un diplomático de la sección de intereses en Cuba. "Pero será en el Tíbet, no en La Habana."

En agosto de 2007, Raúl Castro emitió un decreto de doscientas páginas en el que ordenaba que las tres mil compañías manejadas por el Estado implantaran un nuevo sistema llamado "perfeccionamiento empresarial". Sería un nuevo sistema de mercado semilibre que usaba el estilo de manejo del sector privado y aplicaba esas prácticas a las empresas estatales. La meta era atacar la ineficiencia y la corrupción endémicas de la burocracia del país al ejercer un control más localizado sobre los directores y trabajadores. Y algo más importante, el nuevo sistema estipulaba que los salarios y el pago se basarían en méritos y logros, y no tan sólo en asistir a laborar y mover papeles de un lado a otro (o, como ocurre con más frecuencia, en *no* asistir). En lo conceptual, al menos, era revolucionario, un sistema que Fidel antes habría tachado de contrarrevolucionario.

En junio de 2008, un gran titular cubrió la parte superior del periódico estatal *Trabajadores*, el cual definía el credo de Raúl Castro para su nuevo gobierno: "La clave está en el *perfeccionamiento empresarial*": perfeccionar el sistema de compañías del Estado. El encabezado era el aviso explosivo de Raúl de que se pondría en funcionamiento un nuevo modelo de empresa, no muy distinto del de las Fuerzas Armadas. Al hablar ante la Asamblea Nacional, sacó a colación la necesidad de una reforma, e incluso bromeó sobre el lamentable estado de la economía cubana: "No podemos esperar que dos más dos sean cinco. Dos más dos son cuatro", dijo para preparar su frase clave. "En realidad, a veces, dentro del socialismo, dos más dos son tres".

La economía sufrió una paliza imprevista durante el verano de 2008, cuando cuatro huracanes letales —*Fay, Gustav, Hanna* e *Ike* (que fueron de las categorías dos a la cuatro)— azotaron gran parte de Cuba. Vientos ciclónicos de hasta doscientas millas por hora aterrorizaron la isla y dejaron a medio millón de personas sin alojo o escuela y a un tercio de la población sin electricidad. Gran parte de los plantíos de azúcar, cítricos y tabaco fueron destruidos, con daños calculados en diez mil millones de dólares. Entre los lugares más afectados estuvo la provincia occidental de Pinar del Río, la punta este de Baracoa, así como la pequeña isla de la Juventud, al suroeste del país, donde Fidel Castro comparó el daño de *Gustav* con el de una "explosión nuclear". Sin embargo, fue notorio que Raúl se ausentó del escenario. A diferencia de su hermano, quien habría estado en las líneas frontales para alzar la moral, Raúl no apareció hasta varias semanas después, cuando hizo un rápido viaje a la devastada isla de la Juventud.

Mucha de la buena voluntad y el capital que Raúl había adquirido se perdió por su falta de participación tras las catastróficas tormentas. Las dudas y desacuerdos se han acumulado de manera regular, muchos de ellos en respuesta a sus decepcionantes nombramientos. Confrontado por la flácida economía de Cuba, se volcó de manera instintiva hacia las diversas capas de su burocracia en lugar de crear nuevas iniciativas. En las recepciones públicas y conferencias de prensa, a menudo se vió torpe, mal preparado y con una tendencia a los equívocos lingüísticos. Poco del encanto personal de Raúl —tan evidente en su vida privada— sobrevivía bajo la luz de los reflectores. En verdad, estar al frente y al centro como figura pública parecía incomodarlo.

Antes del azote de las tormentas, Cuba había incumplido en el pago de su deuda de crédito comercial con Japón y había visto cómo el precio de su materia prima principal, el níquel, se desplomaba a ocho dólares por libra (había alcanzado un máximo de veinticinco). Los huracanes, que han sido de los peores en la historia de la isla, fueron el tiro de gracia de lo que William LeoGrande, de la American University, llama "una perfecta tormenta económica".

Los disidentes Martha Beatriz Roque y Vladimiro Roca entregaron una carta urgente a George W. Bush en la Sección de Intereses Estadounidenses de La Habana, en la que pedían que las restricciones en los viajes y las remesas se suspendieran durante "al menos dos meses" para aliviar algunas de las dificultades derivadas de las tormentas. La petición tocó la fibra de la mayoría de los exiliados, pero no las de los representantes titulares de Miami ante el Congreso.

Ellos cerraron filas alrededor de un plan de la administración Bush que permitía que la ayuda se enviara *sólo* por medio de grupos de apoyo autorizados, no por medio de las agencias de apoyo del gobierno cubano.

Como lo había hecho desde 1959, Cuba rechazó cualquier apoyo estadounidense condicionado. De nuevo, el orgullo superó a la necesidad. De cualquier modo, Cuba pudo arreglárselas con la ayuda irrestricta de Venezuela, China, Brasil y su revigorizada aliada Rusia.

Los rusos actuaron con rapidez y generosidad al enviar provisiones a la lastimada isla. Sus motivos, empero, no eran del todo altruistas. Los putinistas de Moscú, molestos por la expansión de la OTAN y el conflicto con la República de Georgia, estaban ansiosos de tener un socio militar y un puesto de avanzada en el Occidente. "Cuba siempre ha tenido una ubicación geoestratégica muy importante", recalcó el vicepresidente del Comité de Asuntos Internacionales de la Duma Estatal. "Si Estados Unidos instala sistemas de misiles antibalístico cerca de nuestras fronteras, Rusia también puede desplegar sus sistemas en los Estados que accedan a ello." Pero había otro atractivo para los rusos: restablecer *Lourdes*. El antiguo sitio de recolección de inteligencia soviético y puesto de espionaje en La Habana, de pintoresco nombre, había sido cerrado desde finales de 2001 tras las amenazas de los fríos guerreros de la administración Bush. Era el mayor sitio ruso de inteligencia de señales en el extranjero, ubicado estratégicamente para escuchar con facilidad voces militares y civiles, así como transmisiones de datos enviados vía satélite. China había puesto el ojo en el sitio, lo cual afianzó su relación con Cuba en los años posteriores al retiro ruso.

A finales de septiembre de 2008, Hugo Chávez viajó a La Habana para una breve sesión de tutoría con Fidel Castro, encaminada a conversaciones de alto nivel en Rusia y China, en las que, al parecer, *Lourdes* estaba en la agenda. En el aeropuerto José Martí se encontró con Raúl, veterano conocedor de ambas potencias comunistas, pero fue de Fidel de quien más dependió Chávez. "Castro ha sido un maestro para mí", dijo Chávez a Hitchens, Brinkley y Penn. "No en ideología, sino en estrategia". A su regreso de Caracas cinco días después, Chávez volvió a la *suite* de hospital de Fidel para poner al tanto a su mentor sobre el progreso de su viaje.

Poco después, por cautela hacia Washington, Cuba dijo que había decidido no permitir la instalación de misiles rusos en su territorio. Al menos por el momento. El presidente ruso Dmitri Medvédev visitó La Habana a finales del año y la alfombra roja volvió a desplegarse para el antiguo patrocinador de Cuba. Se anunció una serie de inversiones en Cuba, desde turismo hasta minería y energía.

A pesar de las catástrofes naturales y una economía que funcionaba casi a un nivel de subsistencia, el ascenso de Raúl Castro al poder coincidió con un momento geológico propicio: el descubrimiento de petróleo en las aguas septentrionales de Cuba. Según el Servicio Geológico de Estados Unidos, la cuenca norte de Cuba —en las profundas aguas del Golfo de México— tiene entre cuatro mil seiscientos millones y nueve mil trescientos millones de barriles, así como un billón de pies cúbicos de gas natural. Descubiertos por Repsol YPF, la compañía petrolera española, en julio de 2004, se ha determinado que cinco de los campos petroleros son de alta calidad. Cuba actuó rápido para dividir el área de setenta y cuatro mil millas cuadradas en cincuenta y cinco bloques de exploración y luego invitó a conglomerados extranjeros a invertir.

Entre quienes firmaron acuerdos con la CUPET, la compañía petrolera manejada por el Estado cubano, están Repsol; Petrobras de Brasil; PDVSA de Venezuela (que también se ha comprometido a modernizar las refinerías y los pozos petroleros terrestres); la ONGC Videsh de la India; Nordsk Hydro de Noruega; Petrovietnam, el cártel estatal de energía de Vietnam; Petronas, la empresa estatal de Malasia, y la Sherritt International Corporation de Canadá. En el lugar también hay inversiones en común de Rusia y China. Pero, para mediados de 2009, Cuba ya había vendido veintiuno de sus cincuenta y nueve bloques de derechos submarinos porque las compañías seguían temerosas de hacer negocios con un país ahogado en deudas. A dos compañías canadienses, la Sherritt International y Pebercan, Inc., les deben más de quinientos millones de dólares. En marzo de 2011, la brasileña Petrobras anunció que retiraba su contrato de arrendamiento de un bloque cercano al mar de Cuba, argumentando resultados poco prometedores.

Sin embargo, en el futuro, Cuba podría potencialmente estar en la envidiable posición de tener sus propias reservas de petróleo y gas natural, así como vastos campos de caña de azúcar con capacidad para producir etanol. Y cuando su petróleo siga brotando, Cuba teóricamente podría dejar de ser un importador mendigo para convertirse en autosuficiente en cuestiones de energía. En teoría, en un periodo de cinco años, la isla podría convertirse en un exportador que ganaría hasta cinco mil millones de dólares al año por su petróleo y etanol. "Si se les pone a prueba, y después de un periodo de desarrollo de entre tres y cinco años, estas reservas podrían producir alrededor de trescientos mil barriles de petróleo al día", dice Jorge Piñón, ex director de Amoco Oil en Latinoamérica. Mientras tanto, Raúl goza de la benevolencia del zar petrolero Hugo Chávez, quien gustoso provee a la isla de más de cien mil barriles al día en términos no muy distintos de los de Santa Claus.

Los optimistas y manipuladores como Chávez sugirieron que el descubrimiento de petróleo por parte de Cuba garantizaba su pertenencia al exclusivo grupo de los monopolistas del petróleo. "Cuba podría unirse a la OPEP [Organización de Países Exportadores de Petróleo]", vociferó Chávez. Piñón ofrece una perspectiva más matizada: "Mi visión es que, por ahora, el potencial petrolero de Cuba es más un valor de estrategia política que de un equilibrio económico con beneficio de pagos", dice. "Construiría un futuro gobierno cubano libre de cualquier influencia venezolana." En otras palabras, cuando se extraiga petróleo Cuba podría ser libre de independizarse de Chávez, si así lo decidieran en La Habana.

Desde el comienzo del lento deterioro de Fidel en julio de 2006, el robusto medio cultural de Cuba se ha visto plagado de pleitos entre partidarios y agendas en conflicto. Ciclos alternados de apertura y represión han sido el pan de cada día de la cultura cubana, tanto de la que maneja el Estado como de la restante. En diciembre de 2007 se exhibió en La Habana la película ganadora del Óscar *The Lives of Others* (*La vida de los otros*). El filme, que explora la naturaleza abrasadora y los costos del espionaje, no recibió publicidad por adelantado. Sin embargo, más de mil cubanos se formaron durante horas en las filas para asistir a las dos proyecciones. Algunos miembros del público salieron en tropel y, en conversaciones murmuradas, señalaban las agudas similitudes entre la Stasi de la Alemania Oriental y los servicios de seguridad estatales de Cuba. Lo más notable es el propio hecho de que se haya exhibido la película.

Mientras que los activistas de los derechos humanos aplaudieron las proyecciones sorpresa, lamentaron otros sucesos. Desde principios de 2007, algunos de los políticos más duros y polémicos de los años sesenta y setenta aparecieron en la televisión estatal. Encabezaba la lista Luis Pavón Tamayo, jefe del Consejo Cultural Nacional de 1971 a 1976. Al trabajar muy de cerca con el jefe del Ministerio del Interior Ramiro Valdés, Pavón encabezó la campaña para expulsar y marginar a los escritores y artistas a quienes no se consideraba lo bastante revolucionarios. Prácticamente todos los homosexuales entraron en la lista de Pavón, con lo que se aseguraron de que no se les publicara o produjera por una década o más.

Casi de inmediato, la inteligencia abierta y bien organizada de La Habana entró en acción. Escritores como César López, el novelista Pedro Juan Gutiérrez, Reina María Rodríguez y el cineasta Senel Paz reaccionaron y usaron Internet para protestar y comunicarse unos con otros y con el Estado. "Éste es un intento por revivir el periodo más oscuro para la cultura cubana", dice el prestigioso escritor Reynaldo González. Antón Arrufat, el afamado director de teatro, relató su historia a la agencia Reuters: "Perdí mi empleo y me enviaron a trabajar al sótano de una biblioteca durante nueve años, atando con cuerda paquetes de libros. No se me permitió publicar durante catorce años". El escritor Miguel Barnet, un miembro de la Asamblea Nacional a quien no se le conocía por ser arriesgado estar a la vista, también se unió a la protesta.

Impulsada por Internet, la *nomenklatura* de La Habana entró en una conversación catártica, y a veces caótica, la cual se llevó a cabo, en gran medida, en la página del Ministerio de Cultura (www.cubarte.cult.cu). Incluso Eliades Acosta, el delegado cultural del Comité Central del partido, intervino para exponer la necesidad de democratizar la sociedad y aminorar los temores de los ciudadanos a expresarse. "Fue asombroso en una infinidad de niveles", observa el escritor Achy Obejas, quien estudia la cultura en La Habana. "La gente pedía que se le publicara en *Granma*, de manera que los cubanos de a pie pudieran leerla."

Las críticas a Pavón fueron tan prontas y furiosas que el gobierno cerró Cubarte por tres días. Se castigó a algunas personas. El artículo de Eliades Acosta fue borrado del *website*, y tiempo después se le borró de la lista de organizadores de la siguiente elección para la Asamblea Nacional, donde él había tenido una curul durante mucho tiempo.

Miembros de la Unión Nacional de Escritores y Artistas Cubanos (UNEAC) exigieron una entrevista con el ministro de Cultura, el también novelista Abel Prieto, así como con los directores de la televisión cubana (ICRT). Unos cuatrocientos jóvenes cubanos protestaron afuera de la Casa de las Américas, la organización gubernamental que fomenta las artes en América Latina, pues se quejaban de que se les había excluido de la entrevista. Sin embargo, el resultado los sorprendió gratamente.

Tras la junta, la UNEAC lanzó un comunicado en el cual la ICRT reconocía que había sido "un error" transmitir programas que presentaran a vilipendiadas figuras del pasado oscuro de Cuba. El dramaturgo Arrufat pidió más, incluidos investigaciones y cálculos sobre los días más oscuros de la Revolución. "Ahora debe abrirse un debate sobre el periodo de la gestión de Pavón", declaró Arrufat a la agencia EFE, "lo cual aún no se hace".

Después, ese mismo año, varios intelectuales prominentes aparecieron en el programa de la televisión estatal *Diálogo abierto*. "Nos hemos acostumbrado a no debatir", dijo Alfredo Guevara, ex director del Festival de Cine de La Habana y amigo de confianza de los dos hermanos Castro desde sus días de estudiantes. "Respondemos a Fidel con silencio", dijo llanamente, y agregó que para que empezara el diálogo, "Raúl tenía que venir". El gobierno no aceptó una derrota, pero a Luis Pavón no se le volvió a ver en televisión. Fue una victoria que impulsó a los intelectuales y disidentes a seguir ejerciendo presión.

En la siguiente Bienal de Artes de La Habana, la artista de *performance* Tania Bruguera hizo justo eso: invitar a cubanos comunes al escenario para tomar el micrófono y decir lo que tenían en la mente. Varios manifestaron su infelicidad por los límites estatales a la libertad. La artista dejó en el piso cámaras disponibles para los miembros del público, quienes procedieron a documentar el evento. No fue sorpresa que los oficiales de la bienal se pusieran furiosos.

Rafael Hernández, director de *Temas*, una revista cultural de La Habana, dijo que su país estaba en una encrucijada. La sociedad, la inteligencia e incluso algunos miembros del gobierno se encontraban hambrientos de cambio, según dijo, y contemplaban nuevos paradigmas de socialismo. Los líderes del partido y el ejército, empero, eran otra historia. "Nuestro gran problema es que estamos perdiendo a nuestra juventud", dice Hernández. "Se van en números récord. Y esto es grave."

A pesar de la escasez de computadoras y el limitado acceso a Internet, la "blogósfera" está viva en Cuba y a menudo se las arregla para comunicar noticias dentro y fuera de la isla. Es más, el país ha engendrado a varios *blogueros* notables, quienes escriben en el límite de lo permitido. Yoani Sánchez, una mujer bajita y de cabello oscuro, ha escrito desde 2006 un *blog* llamado "Generación Y". (El nombre del *blog* es un homenaje a los miles de nombres de supuesto origen cubano que empiezan con la letra "Y", como Yociel, Yanisleidi, Yoandri, Yusimí —nombres híbridos que reflejan la influencia de los antiguos patrocinadores rusos del país durante los años setenta y ochenta—. Con un número de visitantes calculado en un millón mensual —la mayoría desde fuera de Cuba—, el *blog* de Sánchez es un diario de las dificultades cotidianas de la vida en La Habana, desde la escasez de alimentos hasta un tío disidente encarcelado durante la Primavera Negra de Cuba en 2003. "La Internet es un área gris a la cual el gobierno cubano aún no sabe cómo regular", dice Sánchez a *Business Week*. Tras escribir la entrada de su *blog* desde su computadora personal, Sánchez lo guarda en una memoria, y luego lo lleva a un café Internet y carga su contenido a www.desdecuba.com, que contiene una revista en línea y los *blogs* de otros cinco disidentes.

Sánchez no teme a la confrontación. En cierto momento exigió la renuncia de Fidel Castro y sugirió que lo que Cuba necesitaba era un líder que fuera "un ama de casa pragmática". En un foro público, discutió con Mariela Castro, la hija de Raúl, sobre las limitadas libertades personales. Consciente de los riesgos que corre, ella espera que el gobierno se reforme, no por virtud, sino porque no tiene opción.

En marzo de 2008 el gobierno bloqueó el acceso a su *blog*, una táctica a la que recurre periódicamente (ETECSA, producto de la asociación de Cuba con Telecom Italia, es el único proveedor de internet y telefonía). Cuando Sánchez fue capaz de regresar a Internet, escribió con verdaderas ganas: "Así, los censores anónimos de nuestro desnutrido ciberespacio han tratado de encerrarme en un cuarto, apagar las luces y no dejar entrar a mis amigos". Unos pocos meses después, la revista *Time* la incluyó en su lista de las "Cien personas más influyentes".

No mucho después, Fidel Castro habló en relación con la *bloguera* disidente y señaló que "sus afirmaciones [de Sánchez] se divulgan de inmediato para y por los medios· masivos imperialistas". Sin llamarla por su nombre, reprendió a los escritores que "se dan a la tarea de perjudicar" al Estado. Despotricó vehementemente contra la industria de la prensa, que había entregado un premio periodístico a Sánchez, al cual tildó, en su pintoresco estilo, de ser un trofeo de "la prensa neocolonial de la antigua metrópoli española que los concede". Sánchez no se retractó. "Las revoluciones no duran medio siglo", escribió en un texto sobre el quincuagésimo aniversario de la Revolución. "Siempre caducan y tratan de eternizarse... No existe algo que logre levantarlas de la tumba y devolverlas a la vida. Dejémosla descansar en paz."

Ya habrá después otros revolucionarios cibernéticos que sin duda hallarán maneras de publicar sus mensajes en línea. El gobierno lo sabe. "En la calle, en el trabajo y en los barrios hay cierta flexibilidad en cuanto a la represión y la expresión", dijo a *The Miami Herald* Ahmed Rodríguez, reportero independiente. Rodríguez, quien dirige una agencia de noticias llamada Youth Without Censorship (Juventud Sin Censura), continuó: "La gente ha perdido un poco de su miedo, pero no todo". Él admitió que había ocurrido un cambio tras el llamado de Raúl Castro a que hubiera más debate. Citó como evidencia el hecho de que la televisión cubana había transmitido las asombrosas escenas en que el rey Juan Carlos de España censuró al presidente venezolano Hugo Chávez en 2007. "Ahí, en Cubavisión, se veía claramente al rey diciéndole a Chávez que se callara. En el pasado, nunca se nos habría permitido ver eso."

Junto con los escritores y artistas, los músicos —incluso grupos prohibidos— han empezado a descargar sus creaciones en las computadoras de hoteles o cafés Internet manejados por el Estado. Pero aún son conscientes de que estas libertades podrían desaparecer en cualquier momento con Ramiro Valdés a la cabeza del Ministerio de Información y Comunicaciones. "Ramiro ha vuelto a ser muy poderoso. Y muy temido", dijo un ex diplomático que insistió en hablar a algunas calles de distancia de su casa de Vedado. Tras el anuncio del nombramiento de Valdés en 2007, los cubanos se han vuelto más cautos en relación con sus comunicaciones telefónicas y de Internet, y algunos han abandonado el uso de la red salvo para mensajes mundanos. En una conferencia en 2008, Valdés dijo que trataría de aplicar el modelo de censura chino, y describió Internet como "el potro salvaje de las nuevas tecnologías al que se puede y debe controlar".

Es indudable que a Valdés y sus colegas "históricos" les molestó la proyección de *The Lives of Others* y la posterior transmisión televisiva del documental sobre béisbol *Fuera de liga*. El filme presentaba a la leyenda del béisbol cubano Orlando Hernández, *el Duque*, quien huyó a Estados Unidos en 1997 tras habérsele prohibido jugar en Cuba. En el pasado, Hernández había sido la garra misma del querido y triunfante equipo cubano Los Industriales. En Estados Unidos, de inmediato se convirtió en un lanzador estrella de los Yankees de Nueva York y duró nueve temporadas en las Grandes Ligas. "No soy un traidor", dijo un emotivo Hernández ante las cámaras. "Soy un Industrial."

Entre 2008 y 2011 se anunciaron varias reformas significativas y fundamentales. Pronto, los cubanos podrían ser dueños y tener las escrituras de sus casas por primera vez desde la Revolución. Antes, las casas y apartamentos sólo podían intercambiarse en lo que se conoce como "sistema de permutas", un complejo esquema de trueque que permitía a los cubanos intercambiar sus casas entre sí. Aunque ha sido un sistema susceptible a la corrupción, ha perdurado y se ha adaptado al socialismo cubano. Lo manejan los "corredores", agentes de bienes raíces que suelen trabajar por propinas. Aunque, por ley, el dinero no debe cambiar de manos, por lo regular lo hace.

Raúl Castro anunció que le gustaría ver que los ciudadanos comunes —90% de quienes tienen las escrituras de su casa— fueran los propietarios, con los beneficios que eso conlleva. "Proporcionaría una fuente de ingreso gravable para el gobierno, y su efecto en la empobrecida plebe sería igual de profundo", escribió David Adams en *The St. Petersburg Times*. Y eso por no mencionar el orgullo de la propiedad.

Los límites a los salarios estatales, por lo regular de diez dólares al mes, también se eliminaron, lo cual ofrecía ciertos incentivos a los trabajadores. Las computadoras, reproductores de DVD y juegos de Nintendo se volvieron artículos para venta. Por primera vez, a los cubanos comunes se les dio acceso a los teléfonos celulares y se les permitió comprar arroceras, alarmas para auto, máquinas de video, hornos de microondas, televisiones de pantalla grande, equipos de televisión, tostadoras y sistemas de aire acondicionado. Muchos de estos aparatos habían sido prohibidos a principios de los noventa, cuando la economía cubana se desplomó y no había energía suficiente para echarlos a andar.

Raúl y sus hombres también prometieron revisar el anticuado sistema de transporte del país, e invirtieron dos mil millones de dólares en nuevos caminos, infraestructura, puentes y la autopista, la carretera principal que atraviesa Cuba. Aparte de los omnipresentes "cacharros" —las carcachas devoradoras de gasolina estadounidenses de los años cincuenta—, la mayoría de los cubanos dependen del transporte público. Durante décadas, eso implicaba esperar en las esquinas unos camiones *escupediesel* de dieciocho ruedas fabricados en Rusia, conocidos como "camellos", los cuales podían llevar hasta cuatrocientos pasajeros, la mayoría de ellos de pie o colgados de sus ventanas. En 2008 aparecieron en La Habana unos tres mil camiones nuevos importados de China, los cuales remplazaron a la mayoría de los camellos. El servicio de taxis privados se autorizó en 2009.

En el ramo alimentario, Raúl dijo que la incapacidad de la isla para producir sus propios alimentos era "un asunto de seguridad nacional". Mientras que Cuba importa 80% de sus alimentos, millones de acres de sus tierras cultivables permanecen ociosos. En 2007, el país gastó más de mil quinientos millones de dólares en alimentos importados; en 2008, unos dos mil quinientos millones, y más en 2009. Casi quinientos millones de dólares de sus importaciones provenían de Estados Unidos, el cual, irónicamente y a pesar del embargo, es el quinto socio comercial de Cuba. Para remediar la crisis alimentaria de Cuba, ahora se permite que cada agricultor cultive hasta noventa y nueve acres de tierras del gobierno y conserven sus ganancias.

El equipo de Raúl Castro también ha atacado uno de los problemas más espinosos de la isla: la prohibición para sus ciudadanos de entrar a los hoteles y las instalaciones turísticas, una antigua fuente de enojo, sobre todo entre los negros. Hoy, los cubanos tienen acceso a los hoteles y pueden rentar autos. Claro que son pocos los cubanos que se pueden permitir esos lujos. Aunque alrededor de dos tercios de la población tienen acceso al dólar —por vía de sus familiares en el extranjero y el mercado negro—, para ellos un fin de semana en un hotel de la playa de Varadero es como pagar un viaje a la Luna. Sin embargo, un almuerzo en un hotel con un día en una bellísima playa turística no es algo tan remoto. Es más, el derecho de acceder a tales lujos —por más lejos que esté de su alcance— tiene profundas repercusiones psicológicas y simbólicas.

El asunto de los hoteles había sido problemático. Cuando Fidel Castro reinició la economía turística de la isla a principios de los años noventa, al principio se permitió la entrada de los cubanos en los hoteles. No mucho después, Estados Unidos acusó a Cuba de tráfico de sexo y prostitución, y lo segundo era muy agudo. En parte a manera de respuesta, el gobierno prohibió la entrada de nacionales a las instalaciones turísticas, con lo cual fomentó una indignación persistente y creciente entre los cubanos. Los críticos de tal política la llamaron acertadamente "segregación turística". "Yo construí hoteles y luego no pude siquiera acercarme a ellos", se quejó con

Reuters un albañil de treinta y dos años. "Ahora tampoco puedo ir porque son caros, pero al menos no me lo prohíben." Las prostitutas jóvenes de Cuba —o "jineteras"— están de vuelta, y en bandada, y pueden ofrecer sus servicios en los hoteles con menos interferencia del gobierno.

En los primeros días de diciembre de 1958, Ginger Rogers y George Raft abrieron el nuevo y divinamente decadente Hotel Riviera, de catorce millones de dólares, propiedad de Meyer Lansky, con un lleno total. Dos semanas después, Fidel, Raúl y sus barbudos entraron a La Habana con la promesa de acabar con las apuestas, la mafia y el pecado, y los remplazaron con un sano marxismo tropical.

Cincuenta años después, aquello había regresado más o menos como antes, salvo por las apuestas, con la salvedad de que era el ejército cubano, y no la mafia, quien manejaba las cosas. Pero resulta que revivir el turismo no era como pasear por la playa. Jane Bussey, directora de la revista *Latin Trade*, señala que, desde hace mucho tiempo, los vecinos caribeños de la isla se han beneficiado del embargo estadounidense y de los múltiples acuerdos comerciales que excluyen a Cuba. "Ellos decían en privado: '¡Gracias, Fidel!'", afirma Bussey, "porque el aislamiento de Cuba les ha hecho ganar más dólares en turismo". Deseoso de captar más del mercado lucrativo, el ejército está reforzando el sector turístico del país para hacerlo más competitivo con otras puertas de entrada al Caribe.

Las modestas aunque apreciadas reformas de Raúl y sus hombres han ido más allá del turismo. El gobierno relajó un poco el control de los medios y expandió la cobertura televisiva para incluir a cadenas extranjeras como Telesur, Discovery Channel, Televisión Española y Venezuelan TV. Los cubanos ahora miran toda una variedad de programas estadounidenses, incluidos *The Sopranos (Los Soprano), Grey's Anatomy* y bastante de CNN (aunque en 2010 CNN en Español se bloqueó, supuestamente por controlar y censurar las noticias mundiales).

Al tan a menudo caprichoso sistema de justicia también se le hizo un ajuste. En 2008, Raúl Castro conmutó todas las penas de muerte, con excepción de tres, por treinta años en prisión, e inició discusiones para abolir la pena de muerte en el país. Entre 2010 y 2011, ciento quince presos políticos fueron liberados y la mayoría de ellos enviados a España. Hay siempre, empero, de sesenta a cien presos políticos, a quienes suele arrestárseles bajo cargos muy endebles.

Wayne Smith, jefe de la Sección de Intereses Estadounidenses en La Habana durante la administración Carter, visita Cuba varias veces al año. Durante 2008 y 2011 observó cambios tangibles en la isla y dijo haber percibido "un optimismo moderado pero general". Otros han sido más cautos al evaluar la profundidad de las reformas. Philip Peters, del Lexington Institute, señala que "estas medidas no abordan los graves problemas del crecimiento, los nuevos empleos y la recuperación del poder de compra que afecta a casi todos los cubanos".

Sin embargo, se trata de movimientos significativos para una cultura política que teme al cambio. "Los cambios ya están ocurriendo", dice un oficial del Partido Comunista Cubano, y añade una condición: "No esperen ver anuncios en *Granma*. Eso nunca va a ocurrir". En otras palabras, él parece decir que Raúl necesita operar fuera del radar —sin publicidad—, al menos mientras su hermano aún esté vivo.

En verdad, el debilitado Fidel siguió interviniendo para reprochar las urgentes reformas que se recomendaban. En una columna en 2008 a la que tituló "No hagan concesiones a la ideología endémica", Castro advirtió que la gente "debe ser muy cuidadosa con todo lo que se dice para no jugar el juego de la ideología enemiga". Además, echó la culpa a los rusos de la economía moribunda de Cuba. "El Periodo Especial fue la consecuencia inevitable de la desaparición de la URSS, la cual perdió la batalla ideológica y nos condujo a una etapa de resistencia heroica de la cual aún no salimos por completo." Después, Castro advirtió con gran seriedad a sus sucesores que "meditaran bien lo que dicen, lo que afirman, de modo que no hagan concesiones vergonzosas". Una segunda columna del decaído líder reprendía a los aspirantes a reformadores: "Ir en reversa no es ir hacia delante".

Un paso que resonó como un salto de vuelta al futuro llegó con el anuncio de que el Partido Comunista se reuniría en abril de 2011 para celebrar su primer congreso desde 1997. El sorpresivo anuncio marcó dos cambios: al partido se le daría paridad con el ejército, y los duros, que dominaban el partido, apartarían del camino a los moderados. Es más, a varios "históricos", que tienen el rango de general, se les ascendió dentro del Buró Político y se les dieron comisiones expandidas; entre ellos están Ramiro Valdés, Ulises Rosales del Toro y el general Álvaro López Miera, viceministro de Defensa, junto con Salvador Valdés Mesa, presidente de la Federación de Trabajadores Cubanos, y Leopoldo Cintra-Frías.

A cinco años de la larga agonía de Fidel Castro, fue claro que Raúl no gobernaría por medio de la fuerza de personalidad como lo había hecho su hermano, sino mediante las instituciones dominantes del país: las fuerzas armadas y el Partido Comunista. El hecho de que el pragmatismo sustituiría al carisma fue evidente en el primer discurso importante de Raúl, el 26 de julio de 2008 en Santiago, para marcar el quincuagésimo quinto aniversario de la Revolución. Con una duración de tan sólo cuarenta y cinco minutos, el discurso fue un homenaje seco y preciso a los logros de su hermano, así como una breve letanía de los proyectos de infraestructura que tenía planeados para el futuro. Nada demasiado conmovedor e inspirador. El discurso fue revisado por Fidel, como Raúl mismo lo confirmó. Y por si acaso alguien olvidara que Cuba aún es una copresidencia, justo a espaldas del pequeño Raúl había una inmensa pancarta de su hermano y mentor, sonriente, con el puño alzado, irradiando a la concurrencia con la máxima intensidad que tiene Fidel.

"El pueblo cubano no necesita más carisma", arguyó Lissette Bustamante, una periodista que viajó en el séquito de Fidel Castro por cinco años hasta que se exilió en Madrid en 1992. "Los cubanos están saturados de carisma. Hace mucho tiempo que se sobrepasó su ración." Sin aspiración alguna a ser "comunistas" o "socialistas", los cubanos, tan carentes de bienes materiales, hoy son descaradamente "consumistas", dice ella.

El novelista y político conservador peruano Mario Vargas Llosa vio que ocurrían cambios en Cuba, pero a pasos lentos y extremadamente controlados. "La muerte de Fidel va a traer un cambio psicológico", dice el escritor. "Aunque tímidamente, Raúl Castro y su equipo están introduciendo reformas, pues él sabe que si Cuba ha de sobrevivir, debe evolucionar."

Pero los raulistas ven su futuro de otra manera. La conservación y la seguridad del gobierno vendrían primero y como lo principal. A los presuntos disidentes se les vigilaría con rigor y se les arrestaría periódicamente. Se tolerarían las quejas en privado, pero la disensión pública sería bajo el riesgo de cada quien. Nadie sabía esto mejor que el disidente afrocubano Jorge Luis García Pérez, conocido como *Antúnez*, quien había pasado diecisiete años en prisión antes de obtener su libertad en 2007. El 4 de julio de 2008 fue arrestado por decimoquinta vez desde su liberación —un promedio de un arresto al mes—. Ese mismo fin de semana, alrededor de doscientos disidentes fueron capturados en toda la isla para evitar que asistieran a la fiesta anual del 4 de julio en la residencia del jefe de la Sección de Intereses Estadounidenses. "La estrategia de Raúl Castro es crear un espejismo de cambio ante la comunidad internacional para enmascarar el hecho de que los actos de represión van en aumento", dijo Antúnez al *Herald*. "Ellos te arrestan hoy y te sueltan mañana para esconder el sentido que hay detrás de esta ola de represión. Yo la llamaría una 'ola ligera'. Es distinta y no sabemos qué alcances llegue a tener."

En agosto de 2008, el arresto de Gorki Águila, el provocador vocalista del grupo de *rock punk* Porno Para Ricardo, generó una pronta condena. Tras un juicio de un día, al cantante anarquista de protesta se le liberó con una advertencia y una multa de seiscientos pesos, unos veintiocho dólares. En una entrevista para *El País*, Águila atribuyó su liberación al hecho de que la seguridad estatal "no esperaba que yo tuviera tanto apoyo". Águila dijo que ahora se prepara para grabar una canción sobre Raúl, adaptada de otra que había escrito sobre Fidel. Tal vez vaya a llamarse *El Comandante II*. Águila comparó su liberación de prisión con una serie de muñecas rusas de madera. "Sales de una pequeña cárcel, entras en otra un poquito más grande, y así sucesivamente. Ahora estoy en una más grande, pero siempre existe el riesgo de que caiga dentro de la muñeca más pequeña". Así fue, y lo volvieron a arrestar a principios de 2009.

Cuando el Partido Comunista finalmente tuvo su tan anunciado Sexto Congreso en abril de 2011 (el cual había sido pospuesto dos veces en 2009 y 2010), los radicales ganaron más nombramientos. Mientras Fidel Castro se hacía a un lado como primer ministro del partido, cediendo la corona a Raúl, era el hombre de ochenta años Machado Ventura quien ganaba la segunda vacante (técnicamente electo por unanimidad por los mil delegados asistentes).

Fidel es Fidel y no necesita ocupar ningún puesto formal; él tiene para siempre una posición sobresaliente en la historia, dijo Raúl, quien aplaudió el "ejemplo" que dio su hermano al pedir no ser reelegido. Raúl llegó a los límites del mandato por decreto por primera vez en la historia de la Revolución —que él señaló que "me incluiría"—. Ningún funcionario de alto nivel serviría más de dos periodos de cinco años. Por supuesto, eso permitiría a Raúl servir hasta sus ochenta y nueve años de edad.

La única sorpresa en el Congreso —el primero celebrado en catorce años— fue la aparición de Fidel en su día final. Castro, de ochenta y cuatro años, fue llevado a su asiento por dos ayudantes. Se sentó junto a Raúl durante las dos horas de sesión pero no se dirigió a los delegados.

Raúl dio por terminada la sesión con un conmovedor discurso respecto a la necesidad de "cambiar todo lo que deba ser cambiado". Sin embargo, los observadores señalaron que ningún cambio significativo fue aprobado. De las más de trescientas guías, sólo dos aparecieron en los titulares. La primera —aclamada por mucho tiempo por los residentes— fue legalizar la compra-venta de propiedad privada por ciudadanos. Menos popular fue la propuesta de eliminar la libreta de raciones —la cual provee las necesidades básicas mínimas de la mayoría de los cubanos—. Junto con la propuesta de Raúl de despedir a un millón de trabajadores, era aún más clara la austeridad para los ciudadanos más desvalidos.

Uno de los yernos de Raúl, el guapo coronel Luis Alberto Rodríguez López-Callejas (casado con Déborah, pero separado por mucho tiempo, después de divergencias matrimoniales), fue elegido para el nuevo Comité Central de ciento quince miembros. Las mujeres hicieron algunos avances en el comité, incrementando sus filas de 13% a alrededor de 40%, en tanto los afroamericanos aumentaron sus números de 10 a 31 por ciento.

Sin embargo, había una pequeña renovación en los quince miembros del Buró Político, los cuales firmemente permanecían en el dominio de los generales de las FAR y aquellos históricos, como Machado, Valdés, Colomé y otros. El mayor encabezado fue el anuncio de que el más antiguo ministro de Cultura de Cuba, el amigable Abel Prieto, había perdido no sólo su trabajo, sino que también había sido eliminado del Buró Político del partido, así como del Comité Central. Prieto, que está enfermo, dijo sentirse contento de volver a escribir libros; otros llamaron "una purga" a su despido. Quién sabe.

Los Castro son la familia real dinástica de Cuba. Repartidos por todos los ministerios y carteras del gobierno hay una serie de familiares —tíos, sobrinas y primos— a quienes las clases acomodadas conocen bien, pero no el cubano común. La hija de Raúl, Mariela Castro Espín, que nació en 1962, ha tomado el papel de su difunta madre como la primera dama no oficial de Cuba. Poco después de la muerte de Vilma, ella tomó el lugar de su madre como cabeza de la Federación de Mujeres de Cuba y como vocera de la familia.

Defensora apasionada de los derechos de los homosexuales y transexuales, ella dirige el Centro Nacional de Educación Sexual

(Cenesex). Alguna vez la rebelde de la familia, Mariela se inclina hacia el liberalismo progresivo y ha elegido un estilo de vida decididamente bohemio. Está casada con un fotógrafo italiano con quien tiene dos hijos; también tiene un hijo de una relación anterior con un chileno con quien no se casó. Tiene la perspectiva de una intelectual que ha viajado mucho y vivido en el extranjero.

Un lugar preponderante en su ambiciosa agenda lo ocupa la legalización del matrimonio entre personas del mismo sexo y la inclusión de la operación de cambio de sexo para transexuales en el sistema cubano del cuidado de la salud. Sus críticos señalan que el sistema apenas cubre las necesidades básicas y mínimas.

Sus prioridades, como por ejemplo los derechos de los homosexuales, la han puesto en conflictos ocasionales con los "históricos" y con la Iglesia católica de Cuba. En junio de 2008, *Palabra Nueva*, la gaceta mensual de la Arquidiócesis de La Habana, publicó un editorial en respuesta al trabajo de Mariela: "Respeto para el individuo homosexual, sí", concluye. "Promoción de la homosexualidad, no." Pero la influencia de Mariela Castro es innegable: "Yo creo que el matrimonio entre lesbianas y homosexuales puede aprobarse sin problemas y eso no causaría un terremoto en Cuba ni nada por el estilo", dijo Abel Prieto, ministro de Cultura, para asombro de sus superiores en 2008.

Su entusiasmo por los derechos de los gays y otras reformas pudieron haberle costado su empleo —tres años más tarde—. Pero los comentarios de Prieto habrían precipitado un terremoto a principios de los sesenta, cuando a miles de homosexuales se les encerró en centros de detención y cárceles. Un pensamiento así representa un mar de cambio para Cuba tanto en lo político como en lo cultural.

Y en verdad, la boda homosexual celebrada en 2007 en el patio del Cenesex —con todo y velo, anillo y besos— entre dos mujeres jóvenes de diecinueve y veintiocho años nunca podría haber ocurrido sin la intervención de Mariela Castro. Tampoco se habría exhibido el drama de temática gay ganador del Óscar *Brokeback Mountain*

(*Secreto en la montaña*) sin su intercesión. En 2008, ella convocó a una conferencia de un día de duración llamada Día Internacional contra la Homofobia, y dio un fiero discurso sobre la materia. No mucho después, el Ministerio de Salud autorizó la operación de cambio de sexo, financiada por el Estado, para veintiocho cubanos. Y en mayo de 2001, Mariela Castro y el Cenesex organizaron una marcha sin precedentes, en la Calle 23 en La Habana, para "celebrar la diversidad sexual" y luchar contra la homofobia.

La valiente hija de Raúl está dispuesta a hablar sobre otros asuntos. Ella ha exigido la eliminación de las odiosas y onerosas restricciones para viajar y emigrar que se imponen a los cubanos. "Creo que debemos conceder el permiso a todos aquellos que se quieran ir", dijo a *La Vanguardia*, un periódico catalán. A los cubanos se les permite tramitar visas y salir de la isla pero, como ella misma admitió, el proceso es una desalentadora serie de obstáculos que incluye "una gran cantidad de dificultades".

La hermana mayor de Mariela, Déborah, mantiene un perfil más bajo y trabaja como asesora del ministro de Educación. El hijo de Déborah y Luis Alberto, Raúl Guillermo Rodríguez Castro, que nació en 1984, empero, tiene a su cargo una función de singular importancia: la seguridad personal de su abuelo, el presidente.

Raúl siempre ha entendido que él es una figura de transición que muy probablemente guiará a su país por otros cinco años, hasta los inicios de su novena década de vida. "Él avanza muy lento", dice Domingo Amuchástegui, ex oficial de inteligencia que trabajó con los dos hermanos Castro. "Iría más rápido si cierta persona saliera de escena. Ha sido un interinato compartido. Y, como de costumbre, tienen diferencias sobre cada asunto en particular."

La misión de Raúl, dice el experto en defensa Frank Mora, "es la supervivencia del régimen" y hacer que Cuba "sea menos un país de caudillos y más un país de instituciones, aunque sean instituciones no democráticas, manejadas por tecnócratas raulistas". De estas instituciones, el ejército de Raúl, las FAR, se mantendrá como el órgano central del gobierno y el prototipo para otros asuntos. Se trata de la supercompañía de la Cuba actual.

Sin embargo, las preocupaciones de Fidel Castro sobre "un problema generacional" en el liderazgo de Cuba fueron premonitorias y demasiado acertadas. Raúl Castro ya ha elegido y preparado el lugar de su tumba —fuera de Santiago, donde se esparcieron las cenizas de su esposa—. En el Mausoleo Segundo Frente Oriental Frank País, el nombre de Raúl ya está repujado en una placa junto al de Vilma, montado sobre un inmenso pedrusco, rodeado por verdes palmeras reales y las montañas de Micara.

En cierto punto de la próxima década, muchos de los colaboradores octo y septuagenarios de Fidel y Raúl habrán muerto o se habrán retirado. Su hermética mentalidad del gobierno quizá se habrá ido con ellos. Una nueva serie de líderes, hombres en su mayoría, aunque también algunas mujeres, con una edad promedio de cincuenta años, quienes ya han tomado sus lugares en los ministerios del gobierno y el ejército, los remplazarán. Estos reformadores relativamente jóvenes son nacionalistas comprometidos; casi todos son devotos socialistas y raulistas, hasta que eso se convierta en una desventaja. Pero muy pocos son fidelistas.

Dignos de observarse entre los tecnócratas son Marino Murillo, de cincuenta y dos años, ministro de Economía, y Miguel Díaz-Canel Bermúdez, ambos miembros del Buró Político. Marcos Portal, ex ministro de Industrias Básicas, ha resurgido tras un prometedor debut político seguido de un súbito tropiezo en 2004. *Granma* cita la "autosuficiencia de Portal y su desdén por el consejo de otros colegas experimentados" como el problema.

Daniel Erikson, del Inter-American Dialogue, señala que Portal se rehabilitó y ahora se le considera un experto que conoce los proyectos empresariales de Cuba por dentro y por fuera. Esto podría convertirlo en una figura de importancia en el futuro si acaso Raúl da preponderancia a los directores sobre los ideólogos. Portal también es de la familia. La esposa de Portal es Tania Fraga Castro, hija de Ángela Castro (desaparecida), la hermana mayor de los hermanos Castro; Fraga Castro es una oficial de alto rango en el Ministerio de Salud.

Aunque algunos se han beneficiado del nepotismo, a otros los ha perjudicado. Esto suele ser como un paseo en montaña rusa: primero una plétora de privilegios a la cual sigue una caída devastadora, y a veces una resurrección. Los asesinatos de honor, en sentido metafórico, forman parte de la cultura política de la Revolución. Una vez que un miembro de la familia cae en desgracia, toda la familia se deshonra, en diversos grados. La familia de Carlos Lage había estado especialmente bien colocada en el gobierno. Su hermano, el científico Agustín Lage, jefe del prestigioso Centro de Inmunología Molecular, había sido un protagonista principal en el programa de biotecnología de Cuba. Hasta la vergonzosa expulsión de su padre, los hijos de Lage, César hijo y Carlos Lage Codorniu, parecían estar destinados al estrellato político. Carlos Lage hijo fue presidente de la Federación de Estudiantes Universitarios (FEU) en 2007, el codiciado puesto que alguna vez garantizó una estupenda carrera política.

Fidel Castro intentó, sin éxito, que lo eligieran presidente de la FEU cuando era líder estudiantil en la Universidad de La Habana. Desde la Revolución, Fidel asesoró asiduamente a futuros presidentes de la FEU, varios de quienes han ingresado en su círculo cercano: Carlos Lage fue presidente de la FEU en 1975, un cargo que también desempeñaron Carlos Valenciaga, quien luego se convertiría en el secretario personal de Fidel, y Felipe Pérez Roque, quien salió de la FEU para convertirse igualmente en secretario de Fidel y acabó por ser nombrado ministro de Relaciones Exteriores.

Pero Raúl Castro, un antiintelectual que abandonó la universidad en su segundo año, nunca atribuyó gran valor a la FEU. Lo que fue el trampolín hacia el poder bajo el régimen de Fidel se convirtió en el beso de la muerte en la era de Raúl. En verdad, fue Raúl quien despidió a Robaina, Valenciaga, Lage y Pérez Roque (todos, salvo Robaina, fueron presidentes de la FEU) y los envió directo al olvido político cubano.

Curiosamente, ninguno de los hijos de Fidel parece destinado a tener una carrera política importante. Y ninguno de sus hijos ha pertenecido a las fuerzas armadas del país. Herederos de las inclinaciones intelectuales de su padre, los hijos de Fidel han favorecido profesiones en las áreas médica y científica. Según diversos testimonios, los hijos de Fidel se llevan bien con los de Raúl aunque no son especialmente cercanos. Una excepción es la relación tan cercana entre el popular Antonio, el hijo de Fidel que dirige la liga de béisbol, y su primo Alejandro.

El factor del legado es el más fuerte en el clan de Raúl Castro, a cuyos miembros podemos encontrar en casi todos los ministerios. El yerno de Raúl, coronel Luis Alberto Rodríguez López-Callejas, esposo de Déborah, es presidente ejecutivo de GAESA, el brazo empresarial del ejército. La influencia y prestigio de Rodríguez, cuyo padre era general de división y ahora dirige el Centro de Estudios de la Información de la Defensa, no pueden soslayarse. "Hay oficiales de mayor rango en el ejército, pero pocos tienen una influencia que siquiera se acerque a la suya", dijo Frank Mora, un experto en Cuba del Pentágono. "Él es el empresario del ejército." Su hijo, Raúl Guillermo Rodríguez Castro (jefe de la seguridad de su abuelo), es también considerado digno de observación, por ser el nieto favorito de Raúl.

Otro importante protagonista es el hijo de Raúl, Alejandro Raúl Castro Espín, coronel en el Minint con una cartera política de vital importancia. El joven Castro dirige la recolección de inteligencia y también funge como contacto y principal encargado de las relaciones con China. Es un político consumado, aunque con el mismo estilo de bajo perfil de su padre. Es muy posible que, en el futuro, él vaya a desempeñar un cargo más público. Él ocupa una posición mucho más estratégica que su primo, Fidel, un médico de sesenta y tres años que es asesor científico del Consejo de Estado.

Cada día de Año Nuevo, una caravana de *jeeps* y camionetas adornados con estandartes sale de Santiago de Cuba y recrea la marcha triunfal de ocho días por toda la isla que hizo Castro en 1959. En 2009, para celebrar el quincuagésimo aniversario de la Revolución, se anunció que la Caravana de la Victoria haría un magno festejo. Pero al estar Castro confinado en su *suite* de convalecencia, las festividades se redujeron a una conmemoración más discreta.

En sustitución de Fidel estaba su primogénito, del mismo nombre. Cuando era un niño de nueve años, muy rubio y fotogénico, Fidelito estuvo al lado de su padre durante el histórico viaje que culminó en el Campo Columbia, las guarniciones militares de La Habana. Padre e hijo tienen un marcado parecido físico, pero en temperamento Fidelito se parece más a su madre. Al igual que Myrta Díaz-Balart, él carece de pasión o gusto por la política. Sin embargo, le fascinó repetir la experiencia de la caravana y la llamó "el día más feliz de mi vida". Aun así, las diferencias de medio siglo eran notables. En 1959, la caravana estuvo rodeada de hordas de cubanos jubilosos, lo cual no ocurrió en 2009. A diferencia de lo que ocurrió con su padre, la aparición de Fidelito no producía la misma electricidad con las pequeñas pero amables multitudes que salían a verlo, más que nada por curiosidad. En 1959, Castro había asegurado a las multitudes que lo ovacionaban: "Ésta no es una dictadura", y prometido que "el día en que el pueblo no nos quiera, nos iremos".

Con el ascenso al poder del presidente Obama, el embargo estadounidense sobre Cuba comenzó a desaparecer. La diplomacia de megáfono que había definido mucha de la política entre Estados Unidos y Cuba, con su exigencia de "cambio de régimen", tan sólo cesó.

Si el senador John McCain hubiera ganado las elecciones en 2008, la confrontación entre Estados Unidos y Cuba, una superpotencia y una isla del Caribe, respectivamente, bien pudo haberse conservado, congelada en las realidades de la Guerra Fría de la década de los sesenta. En cambio, las visiones de los exiliados de línea dura han tenido una audiencia menos hospitalaria en la Oficina Oval de

Obama. El Consejo para la Libertad Cubana, el fiero grupo exiliado de derecha dura, ya no arregla el escenario en la Casa Blanca el día de la Independencia cubana. Lo sustituyen la CANF y el Cuba Study Group (Grupo de Estudios Cubanos), una organización de exiliados dirigida por empresarios pragmáticos cubano-estadounidenses.

Al congresista Lincoln Díaz-Balart, quien como *quarterback* de George W. Bush dictaba prácticamente toda la política y el personal en relación con Cuba, también se le ha retirado. En su lugar están otros dos legisladores cubano-estadounidenses: el senador Bob Menendez y el diputado Albio Sires, ambos de Nueva Jersey, no de Miami, y ambos demócratas. Ninguno de los dos legisladores de Jersey apoya el fin del embargo, pero han accedido a reducir las restricciones para viajar impuestas a los cubano-estadounidenses y a tranquilizar la diplomacia con la isla. Sin embargo, Menendez casi arruina las cosas en marzo de 2009 cuando retuvo cuentas de autobús por mil millones de dólares porque llevaban diversas provisiones para Cuba. Aunque Menendez logró limitar los cambios en los viajes a Cuba y la política agraria con la isla por cierto tiempo, hubo costos. "Es posible que Menendez derrochara mucho capital con Obama en un asunto trivial", dijo el ex consejero del Consejo Nacional de Seguridad para Cuba Richard Nuccio.

Por primera vez desde 1960, los duros tienen que competir con otros exiliados e intereses que exigen viajes irrestrictos a Cuba y quieren que desaparezca el embargo. Lo último aún es un asunto prioritario. Como ya se dijo, la Ley Helms-Burton de 1996 eliminó la prerrogativa presidencial de terminar con el embargo con una firma —y la transfirió al Congreso—. La ley también impide que Estados Unidos retire el embargo *si* cualquiera de los hermanos Castro continúa en el poder. Aunque el equipo de Obama no es capaz ni propenso a retirarlo por completo, puede alentar a sus aliados en el Congreso para que comiencen el proceso de derogación de la Ley Helms-Burton, esa monstruosa legislación que está plagada de toda clase de trucos y prohibiciones de interés especial.

Muchos de los exiliados que alguna vez exigieron su aplicación hoy quieren acabar con ella —una ironía demasiado rica como para que alguien no la note.

A diferencia de lo que dicen el mito popular y el malentendido público, el presidente sí cuenta con una amplia serie de instrumentos que le permitirán recalibrar la política con Cuba. De acuerdo con la encuesta realizada en 2009 por la Brookings Institution, la cual mostraba que una inédita mayoría de cubano-estadounidenses (55%) se oponían a la continuación del embargo, y que 79% lo veían de manera crítica, la administración contará con bastante apoyo para actuar.

El equipo de Obama eliminó muchas de las restricciones para viajar a Cuba, primero para los cubano-estadounidenses, luego para los grupos culturales y educativos, y quizá para el público en general en su segundo mandato. También retiró muy pronto el "embargo de comunicaciones" sobre Cuba, con lo cual eliminó los límites en la programación de la televisión, radio e Internet, así como en la venta de computadoras. En calma, alentó a la Organización de Estados Americanos y otros organismos del hemisferio a invitar a Cuba a reingresar a ellos.

En el futuro, la administración considerará devolver el estatus de embajadas formales a las "secciones de intereses" de ambos países en sus respectivas capitales, o quizá decida nombrar un enviado especial a Cuba. Expandirá acuerdos militares preexistentes, sobre todo los relacionados con narcóticos, y si el ambiente prevaleciente es favorable, borrará tranquilamente a Cuba de la lista de promotores del terrorismo del Departamento de Estado.

Es casi seguro que Obama obligará a Radio y Televisión Martí a profesionalizar su contenido y sus prácticas de licitación. Es posible que la administración elija incorporar a las derrochadoras estaciones como parte de Voice of America para vigilarlas más de cerca. Aunque la USAID y el Departamento de Estado habían solicitado otros veinte millones de dólares para financiar programas en relación con Cuba para 2011, el equipo de Obama dominaba significativamente en el programa desde el arresto del contratista de USAID Alan Gross en 2009 por introducir ilegalmente a Cuba tecnología informática. Fue sentenciado a quince años, aunque los escépticos creen que no es más que una moneda de cambio, o la respuesta a la detención de los cinco cubanos de Estados Unidos. Lo tomará con calma y revisará con más cuidado tanto los programas como los destinatarios. El nuevo escrutinio de Washington se hizo evidente en mayo de 2009, cuando la administración recortó el presupuesto de "las Martí", con lo cual forzó a las estaciones a reducir sus costos y personal.

La base de la marina de Estados Unidos en la Bahía de Guantánamo, en el extremo oriental de la isla, aún es una carta pendiente en la mesa de juegos tanto para Washington como para La Habana. Tras tomar su cargo, Obama prometió cerrar dicha prisión, la cual retiene a presuntos terroristas. Pero el problema de fondo, de un siglo de antigüedad, tiene que ver con la propia base, establecida en 1903. Durante cincuenta y dos años, los Castro, en protesta por el ataque contra la soberanía cubana, no ha cambiado un solo cheque de la renta de Guantánamo —unos cuatro mil dólares al año—. "Empezaremos a insistir en el cierre de la base con mayor determinación", dijo Raúl Castro poco después de que Obama tomó posesión de su cargo. En el pasado, señaló, "moderamos un poco nuestras demandas de cerrar la base para no desalentar la campaña (global) que exigía la clausura del campo de prisioneros". Al final, Raúl recordó al mundo que "el territorio [debe] ser devuelto a su propietario legal: el pueblo cubano". Apuntó su propio análisis estratégico como consuelo a Estados Unidos: "La base no tiene un valor militar [para los estadounidenses]. Desde un punto de vista militar, es una verdadera ratonera".

Una serie de factores dan un buen augurio a algunos cambios drásticos. Las compañías petroleras, las empresas agrícolas y la Cámara de Comercio estadounidenses han intensificado sus negociaciones con el presidente y el Congreso, y argumentan que Estados Unidos ya no puede permitirse su juego de hostilidad con Cuba.

Insistirán en el hecho de que la isla esmeralda, a tan sólo noventa millas al sur de Key West, Florida, hoy es productora de petróleo y energía. Citarán estudios que concluyen que el levantamiento del embargo generará ganancias anuales de entre cinco mil y trece mil millones de dólares para Estados Unidos. Como edulcorante para los amargados "duros", señalarán el cálculo de dos mil millones de dólares en crecimiento anual para la economía de Florida, junto con decenas de miles de nuevos empleos. Argüirán que, con cada día que pasa, Estados Unidos se vuelve cada vez más insignificante para la economía, la política y el futuro del país más extenso del Caribe.

Para demostrarlo, mencionarán ciertos hechos históricos innegables. Uno será tan agradable como cierto: que tras un pleito de medio siglo con una isla tropical, la mayor superpotencia de la historia muy probablemente se irá con las manos vacías.

Fidel Castro, quien festejará su cumpleaños ochenta y seis en agosto de 2012, juró que nunca se rendiría y cumplió. "Estoy revestido de calma asiática y dispuesto a reeditar la famosa Guerra de los Cien Años ¡y a ganarla!", advirtió en una carta cincuenta y siete años antes. Y vaya si lo hizo… hasta el final.

Lista de acrónimos

GOBIERNO CUBANO

ACG: General de Cuerpo de Ejército.

CDR: Comités de Defensa de la Revolución.

CEID: Centro de Estudios de Información de la Defensa.

CEN: Comité Ejecutivo Nacional.

Cenesex: Centro Nacional de Educación Sexual.

Cimeq: Centro de Investigaciones Médico Quirúrgicas.

Cimex: Comercio Interior y Mercado Exterior (el mayor conglomerado comercial de Cuba, compuesto por ochenta compañías y
creado en 1989).

Cupet: Cuba Petróleo (la compañía petrolera estatal).

DGI: Dirección General de Inteligencia (división del Minint).

Etecsa: Empresa de Telecomunicaciones de Cuba.

FEU: Federación de Estudiantes Universitarios.

GAESA: Grupo de Administración Empresarial (división del Minfar).

ICAIC: Instituto Cubano de Arte e Industria Cinematográfica.

ICRT: Instituto Cubano de Radio y Televisión.

Labiofam: Laboratorios Biológico Farmacéuticos.

Minfar o FAR: Fuerzas Armadas Revolucionarias.

Minint: Ministerio del Interior (inteligencia).

Minrex: Ministerio de Relaciones Exteriores.

PCC: Partido Comunista de Cuba.

UMAP: Unidades Militares para Ayuda a la Producción.

Uneac: Unión de Escritores y Artistas de Cuba.

VENEZUELA

Digepol: Dirección General de Policía (inteligencia venezolana hasta 1974).

Disip: Directorado de Servicios de Inteligencia y Prevención (inteligencia venezolana después de 1974).

ICICA: Investigaciones Comerciales e Industriales, Compañía Anónima (la agencia de seguridad de Luis Posada Carriles).

PDVSA: Petróleos de Venezuela, S. A. (la compañía petrolera estatal de Venezuela).

ESTADOS UNIDOS

CANF: Cuban American National Foundation (Fundación Nacional Cubano-Americana).

DHS: Department of Homeland Security (Departamento de Seguridad Nacional).

DOJ: Department of Justice (Departamento de Justicia).

FISA: Foreign Intelligence Surveillance Act (Ley de Vigilancia de la Inteligencia Extranjera).

GAO: U. S. Government Accountability Office (Contraloría General de Estados Unidos).

JTTF: Joint Terrorism Task Force (Fuerza Conjunta contra el Terrorismo para el Sur de Florida).

MDPD: Miami-Dade Police Departament (Departamento de Policía de Miami-Dade).

OFAC: U. S. Treasury Department's Office of Foreign Assets Control (Oficina de Control de Activos Extranjeros del Departamento del Tesoro de Estados Unidos).

GRUPOS DE EXILIADOS MILITANTES

Alpha 66.

CORU: Coordinadora de Organizaciones Revolucionarias Unidas

El Poder Cubano.

MIRR: Movimiento Insurreccional de Recuperación Revolucionaria

Omega 7.

Espías, conspiradores, políticos y la ley

MILITANTES Y COLABORADORES

Abreu, Ernesto; Rubén Darío López-Castro, y José Pujol: se declaró culpable de obstrucción de la justicia en 2007 por negarse a testificar contra Posada.

Arocena, Eduardo: cumple cadena perpetua por cuarenta y dos cargos relacionados con los atentados que realizó el grupo Omega 7 entre 1975 y 1983.

Bosch, Orlando (1926-2011), alias *Señor Paniagua, Carlos Sucre, Pedro Peña:* fundador de la CORU en 1976, murió en Miami.

Castro, Frank: miembro fundador de la CORU, vive en la República Dominicana.

Cornillot Llano, Héctor: miembro de la CORU; colaborador de Bosch; sentenciado en 1972 por el atentado con bomba en las oficinas de Air Canada en Miami Beach; liberado en 2001, cumplió 23 años.

González, Osiel: colaborador de Posada en el fallido intento de asesinato contra Castro en Ecuador en 1972; secretario general de Alpha 66.

Hernández, Valentín: miembro de la CORU; asesinó a Luciano Nieves en 1975; fugitivo hasta su captura en 1977; liberado en 2006; vive en Fort Myers, Florida.

Hernández Nodarse, Rafael: veterano de Bahía de Cochinos; magnate de las comunicaciones establecido en Honduras; amigo y benefactor de Posada.

Jiménez, Gaspar: capturado junto con Posada en 2000; hallado culpable del intento de asesinato contra Fidel Castro en Panamá; indultado en 2004; perdón revocado por Panamá en 2008.

Llama, José Antonio: ex director de la CANF, después convertido en denunciante de su propia empresa; absuelto.

Lugo, Freddy: empleado de Posada; hallado culpable de plantar explosivos en el atentado de Cubana de Aviación en 1976; sentenciado en 1986, encarcelado de 1976 a 1993; cumplió dieciséis años de prisión.

Mitat, Osvaldo, y Santiago Álvarez: colaboradores de Posada durante mucho tiempo; se declararon culpables de posesión ilegal de pasaportes falsos y armas de fuego en 2006.

Monzón Plasencia, Arnaldo: director ejecutivo de la CANF en Nueva Jersey, encargado de operaciones encubiertas; murió en 2000.

Novo, Guillermo: sentenciado por el asesinato en el caso Letelier/Moffitt; hallado culpable del intento de asesinato contra Fidel Castro en Panamá; indultado en 2004; perdón revocado por Panamá en 2008.

Novo, Ignacio (1938-2004): espía de las organizaciones CORU y Cóndor; implicado en el caso Letelier/Moffitt.

Paz Romero, Virgilio: miembro de la CORU; sentenciado por su participación en el caso Letelier/Moffitt; liberado en 2001 tras cumplir diez años en prisión; vive en Miami.

Pimentel, Francisco (*Paco*): empresario cubano exiliado y colaborador de Posada.

Posada Carriles, Luis (1928), alias *Comisario Basilio, Bambi, el Solo, Lupo, Ramón Medina, Juan José Rivas López, Louis McCloud.*

Remón, Pedro: capturado con Posada en 2000; hallado culpable del intento de asesinato contra Fidel Castro en Panamá; indultado en 2004; perdón revocado por Panamá en 2008.

Ricardo, Hernán: empleado de Posada; hallado culpable de instalar explosivos en el atentado de Cubana de Aviación en 1976, sentenciado en 1986; encarcelado de 1976 a 1993; cumplió dieciséis años; liberado en 1993.

Sargén, Andrés Nazario: ex jefe de Alpha 66; murió en 2004

Suárez Esquivel, José Dionisio, alias *el Charco de Sangre:* miembro de la CORU; sentenciado por su participación en el caso Letelier/ Moffitt; liberado en 2001 tras cumplir ocho años en prisión; vive en Miami.

Veciana, Antonio: cofundador de Alpha 66 con Eloy Gutiérrez Menoyo; renunció a la militancia en 1990.

POLÍTICOS

Batista, Fulgencio (1901-1973): presidente de Cuba de 1933 al 1° de enero de 1959.

Bush, George H. W. : director de la CIA, 1975-1977; presidente de Estados Unidos, 1988-1992.

Bush, George W.: presidente de Estados Unidos, 2000-2008.

Bush, Jeb: gobernador de Florida, 1998-2007; líder del Partido Republicano en Florida; socio comercial de Armando Codina; asociado comercial del fugitivo Miguel Recarey.

Bush, Prescott: padre de George H. W. Bush; senador por Connecticut; accionista de la West Indies Sugar Company.

Castro Ruz, Fidel: presidente de Cuba, 1959-2008.

Castro Ruz, Raúl: presidente de Cuba a partir de 2008.

Chávez, Hugo: ex coronel del ejército en la guerra de guerrillas; presidente de Venezuela a partir de 1998.

Díaz-Balart, Lincoln: congresista de Miami (Distrito 21), elegido desde 1992 hasta 2010.

Díaz-Balart, Mario: congresista de Miami (Distrito 25), elegido en 2002.

Kennedy, John F.: presidente de Estados Unidos, 1960-1963

Kennedy, Robert: procurador general de Estados Unidos, 1960-1964.

Moscoso, Mireya: presidenta de Panamá, 1999-2004; indultó a Posada y sus colaboradores en 2004; perdón revocado por el gobierno de Torrijos en 2008.

Pérez, Carlos Andrés: (1922-2010), también conocido como CAP: presidente de Venezuela, 1974-1979 y 1983-1993; ministro del Interior a principios de los años setenta.

Pinochet, Augusto (1915-2006): presidente de Chile, 1973-1990.

Reich, Otto: embajador de Estados Unidos en Venezuela, 1986-1989; implicado en el caso Irán-Contra.

Ros-Lehtinen, Ileana: congresista de Miami (Distrito 18), elegida en 1989.

Torrijos, Martín Erasto: presidente de Panamá, 2004-2009.

Vaky Viron Peter: embajador estadounidense en Venezuela, 1976.

ESPÍAS

Chaffardet, Joaquín: oficial de la DISIP hasta 1974; después, socio comercial y abogado de Posada; vive en Miami.

Contreras, Manuel: jefe de la Dina (la policía secreta de Chile) durante el gobierno de Pinochet; encabezó la Operación Cóndor y la Guerra Sucia; cumple veinticinco sentencias por un total de doscientos ochenta y nueve años en prisión por secuestro, desaparición forzada y asesinato.

Escalante, Fabián: ex jefe de inteligencia de Cuba.

Fernández, Erasto: jefe de la Digepol venezolana; reclutó a Posada en 1971.

García, Orlando: jefe de la Disip en 2000; responsable de la seguridad personal de CAP.

Goss, Porter: espía de la CIA, 1959-1972; director de la CIA, 2004-2006

Gregg, Donald: ex miembro de la CIA, consejero sobre seguridad nacional de George H. W. Bush, contacto principal en la operación Irán-Contra.

Hunt, E. Howard (1916-2007): espía de la CIA en Latinoamérica y Cuba a principios de los años setenta; ladrón en los "Robos de Watergate".

Morales Navarrete, Ricardo, *el Mono:* oficial de la Disip, miembro importante de la CIA; informante del FBI; asesinado en 1982 en Miami.

North, Oliver L.: miembro del Consejo de Seguridad Nacional que dirigió la misión Irán-Contra.

Phillips, David Atlee (1922-1988): oficial de la CIA por veinticinco años; jefe de operaciones cubanas, 1968-1969; después, jefe de la División para el Hemisferio Occidental de la CIA.

Rivas-Vásquez, Rafael (1937-2000): analista de la Disip, 1972-1994; jefe de l misma desde 1989.

Rodríguez, Félix: ex compañero de Posada en Bahía de Cochinos; dirigió la operación secreta Irán-Contra en El Salvador.

LA LEY

Abbott, William: juez de inmigración estadounidense durante el caso Posada en 2005.

Acosta, Alexander: fiscal federal para el distrito Sur de Florida, 2005-2009.

Ahern, Paul: fiscal del Departamento de Justicia contra Posada, 2007-2008.

Behling, Bridget: fiscal del Departamento de Justicia contra Posada, 2010-2011.

Cantero, Raoul: abogado de Orlando Bosch y Jorge Mas Canosa; nombrado miembro de la Suprema Corte de Florida por Jeb Bush; retomó la práctica privada en 2008.

Cardone, Kathleen: jueza federal titular durante el caso Posada en El Paso, Texas.

Coffey, Kendall: ex fiscal federal de Estados Unidos; representó a Santiago Álvarez.

Deitch, David: fiscal del Departamento de Justicia contra Posada, 2006-2007.

Soto, Eduardo: abogado de Posada.

Teresinski, Jerome: fiscal del Departamento de Justicia contra Posada, 2010-2011.

Vega, Omar y Jorge González: miembros de la Fuerza Conjunta contra el Terrorismo del FBI en Miami, 2005-2012.

Línea del tiempo[*]

10 de marzo de 1952	El general Fulgencio Batista organiza un golpe militar y se adueña de la presidencia de Cuba.
26 de julio de 1953	Fidel Castro dirige a 134 seguidores en un ataque fallido contra la guarnición militar Moncada en Santiago. Mueren setenta. A Fidel y Raúl los sentencian a 15 años, pero los liberan en mayo de 1955 gracias a una amnistía concedida a los presos políticos.
1° de enero de 1959	Las fuerzas de Fidel Castro derrotan a las de Batista en el Este. Batista huye a República Dominicana y luego a Portugal.

* Fuentes: Associated Press, la BBC, Reuters, PBS, el *Miami Herald* y el *Nuevo Herald*, entre otras.

17 de mayo de 1959	El gobierno cubano promulga la Ley de la Reforma Agraria, la cual limita la posesión de tierras a mil acres.
17 de marzo de 1960	El presidente estadounidense Eisenhower ordena en secreto al director de la CIA, Allen Dulles, que entrene a exiliados cubanos para una invasión a Cuba.
5 de julio de 1960	Se nacionalizan todas las propiedades estadounidenses de negocios y comercio en Cuba.
19 de octubre de 1960	Estados Unidos impone un embargo económico sobre Cuba y prohíbe todas las exportaciones, excepto alimentos y medicamentos.
16 de abril de 1961	Castro define la Revolución cubana como socialista.
17 de abril de 1961	Mil trescientos exiliados cubanos, apoyados por Estados Unidos, invaden Cuba en Bahía de Cochinos. Dos días después, Castro proclama la victoria.

Enero de 1962

Cuba es suspendida de la OEA (Organización de Estados Americanos).

26 de septiembre de 1962

El Congreso de Estados Unidos aprueba una resolución conjunta que da derecho al presidente de hacer una intervención militar en Cuba si peligran intereses estadounidenses.

2 de octubre de 1962

El gobierno estadounidense endurece el embargo. Se cierran los puertos a todas las naciones que permitan que sus barcos lleven armas a Cuba (y otras restricciones).

18-29 de octubre de 1962

Crisis de los Misiles en Cuba; el presidente Kennedy anuncia que hay sitios de misiles nucleares en Cuba y ordena un bloqueo naval contra la isla.

28 de octubre de 1962

Radio Moscú anuncia que la Unión Soviética ha aceptado una propuesta de solución y accedió a retirar sus misiles de Cuba. Se difunde la carta del primer ministro Jrushchov al presidente Kennedy.

8 de febrero de 1963	La administración Kennedy endurece aún más el embargo y declara ilegales la mayoría de los viajes a Cuba para los ciudadanos estadounidenses. Todos los activos de propiedad cubana en Estados Unidos se congelan, incluidos unos 33 millones de dólares en bancos estadounidenses.
Octubre de 1965	Más de 3 000 cubanos parten en balsa rumbo a Estados Unidos tras el anuncio de Castro de que, quienes lo deseen, pueden irse a Estados Unidos desde el puerto de Camarioca.
6 de noviembre de 1965	Cuba y Estados Unidos acuerdan ofrecer un puente aéreo para los cubanos que quieran irse a Estados Unidos, con lo que se inicia el Programa de Vuelos de la Libertad, que permite a 250 mil cubanos emigrar a Estados Unidos para 1971.
2 de noviembre de 1966	El presidente Johnson firma la Ley de Ajuste Cubano, que facilita la residencia

	legal estadounidense a los cubanos que hayan llegado a Estados Unidos.
8 de septiembre de 1969	Cuba expulsa al corresponsal de Associated Press Fenton Wheeler. En respuesta, Washington prohíbe las agencias de noticias cubanas en Estados Unidos, salvo las que son propiedad de las Naciones Unidas.
15 de febrero de 1973	Estados Unidos y Cuba firman un acuerdo contra el secuestro, el único formal entre ambos países, pero Cuba lo revoca cuatro años después.
10 de julio de 1974	El embargo se suaviza para permitir la importación de regalos de bajo valor. Además, el Departamento del Tesoro de Estados Unidos aligera las restricciones para viajar.
28 de septiembre de 1974	Los senadores Jacob Javits (republicano por Nueva York) y Claiborne Pell (demócrata por Rhode Island) viajan a La Habana para

reunirse con Castro; la primera visita a Cuba que hacen oficiales elegidos del gobierno estadounidense desde el rompimiento de las relaciones diplomáticas en 1961.

Noviembre de 1974

El subsecretario de Estado William Rogers y el asistente del secretario de Estado Lawrence Eagleburger sostienen conversaciones secretas de normalización con oficiales cubanos en Washington y Nueva York. Las conversaciones ponen fin a la intervención de Cuba en la revolución marxista de Angola.

18 de marzo de 1977

El gobierno estadounidense retira la prohibición de viajar a Cuba y permite que los ciudadanos estadounidenses gasten 100 dólares en bienes cubanos durante sus visitas.

Abril y mayo de 1977

Estados Unidos y Cuba firman acuerdos sobre derechos pesqueros y límites marítimos. También acuerdan abrir cada cual una "sección de intereses" en la capital del otro.

9 de enero de 1978

El Departamento del Tesoro de Estados Unidos permite que los residentes en este país envíen a sus familiares en Cuba hasta 500 dólares en un periodo de tres meses.

Noviembre-diciembre de 1978

El Comité de los 75, un grupo de exiliados, es elegido para negociar con el gobierno cubano. Cuba libera a 3 600 presos políticos.

Abril de 1980

Éxodo del *Mariel;* una flotilla de refugiados (que llegan a los 125 000 en un periodo de cinco meses) inicia el exilio en Estados Unidos.

1⁰ de diciembre de 1981

El presidente Reagan autoriza en secreto que la CIA apoye operaciones contra insurgentes de izquierda en Centroamérica.

9 de abril de 1982

El gobierno estadounidense suspende los vuelos chárter entre Miami y La Habana.

Diez días después, reinstaura la prohibición de viajar.

24 de mayo de 1983

El subsecretario de Estado Thomas Enders se entrevista con Ramón Sánchez Parodi, jefe de la Sección de Intereses Cubanos, para pedirle que Cuba reciba de vuelta a casi 800 *marielitos* encarcelados.

20 de mayo de 1985

El Congreso de Estados Unidos aprueba la normativa de creación de Radio Martí para transmitir noticias a Cuba. Inmediatamente el gobierno cubano interfiere la señal.

19 de noviembre de 1987

Estados Unidos y Cuba finalizan las negociaciones para un nuevo pacto de inmigración, retomando un acuerdo de 1984 en el cual Cuba aceptaría el regreso de los *marielitos*.

26 de enero de 1990

La televisión cubana empieza a trasmitir CNN World Report, un noticiario semanal de la cadena cnn. Cuba es uno de los primero países en transmitir el programa.

23 de marzo de 1990	Estados Unidos emite su primera transmisión de prueba de TV Martí. Después de transmitirse a Cuba durante tres horas, es bloqueada por el gobierno cubano.
Diciembre de 1991	La caída de la Unión Soviética pone fin a un apoyo para Cuba calculado en 5 000 millones de dólares anuales.
15 de octubre de 1992	El Congreso aprueba la Ley para la Democracia Cubana, patrocinada por el representante Robert Torricelli (demócrata por Nueva Jersey) en la Cámara de Representantes y por el senador Bob Graham (demócrata por Florida) en el senado estadounidense. La legislación, conocida como la "Ley Torricelli", prohíbe que las compañías subsidiarias de Estados Unidos establecidas en el extranjero comercien con Cuba y prohíben que los ciudadanos estadounidenses viajen a Cuba, entre otras prohibiciones.

6 de noviembre de 1993 — Cuba anuncia que permitirá empresas abiertas a la inversión privada limitada.

Julio-septiembre de 1994 — Tras el anuncio de Castro de que abrirá su política migratoria, empieza un nuevo éxodo. Unos 35 000 cubanos "balseros" parten rumbo a Estados Unidos. Esto termina cuando la administración Clinton reconoce que la migración legal a Estados Unidos será de un mínimo de 20 000 personas cada año.

5 de octubre de 1995 — El presidente Clinton anuncia medidas para expandir contratos de persona a persona entre Estados Unidos y Cuba y para permitir que las ONG estadounidenses financien proyectos en Cuba.

Febrero de 1996 — Aviones MiG cubanos derriban, en espacio aéreo internacional, dos aviones civiles pertenecientes al grupo Hermanos al Rescate, establecido en Miami; mueren cuatro personas. El presidente Clinton suspende los vuelos chárter a La Habana y logra que el Congreso apruebe una legislación para emplear una porción de los 100 millones de dólares en activos cubanos congelados en Estados Unidos para compensar a las familias de las víctimas.

12 de marzo de 1996

Clinton aprueba la Ley para la Libertad y la Solidaridad Democrática Cubana, también conocida como "Ley Helms-Burton". Ese monstruo legislativo reglamenta el embargo estadounidense e impone penas a las compañías extranjeras que hagan negocios con Cuba; permite que los ciudadanos estadounidenses demanden a los inversionistas extranjeros que hagan uso de propiedades estadounidenses expropiadas por el gobierno cubano, y niega la entrada a dichos inversionistas a Estados Unidos. La legislación también prohíbe las importaciones de azúcar a Estados Unidos de cualquier país que compre azúcar o melaza de Cuba, y reduce las contribuciones estadounidenses al Banco Mundial y otras instituciones financieras si hacen préstamos a Cuba.

12 de marzo de 1996   Clinton aprueba la Ley para la Libertad y la Solidaridad Democrática Cubana, también conocida como "Ley Helms-Burton". Ese monstruo legislativo reglamenta el embargo estadounidense e impone penas a las compañías extranjeras que hagan negocios con Cuba; permite que los ciudadanos estadounidenses demanden a los inversionistas extranjeros que hagan uso de propiedades estadounidenses expropiadas por el gobierno cubano, y niega la entrada a dichos inversionistas a Estados Unidos. La legislación también prohíbe las importaciones de azúcar a Estados Unidos de cualquier país que compre azúcar o melaza de Cuba, y reduce las contribuciones estadounidenses al Banco Mundial y otras instituciones financieras si hacen préstamos a Cuba.

16 de julio de 1996

El presidente Clinton suspende el refuerzo a las provisiones específicas del Título III de la Ley Helms-Burton, la cual permite que se abran demandas en las cortes estadounidenses contra inversionistas extranjeros que lucren con propiedades confiscadas y reclamadas por Estados Unidos. Por consiguiente, la suspensión continúa cada seis meses.

13 de noviembre de 1996

Los gobiernos de Inglaterra, Alemania y Holanda se manifestaron durante la asamblea general de la ONU en contra de Estados Unidos debido a la ley Helms-Burton en la votación anual sobre el embargo a Cuba.

12 de febrero de 1997

La administración Clinton aprueba licencias para que las organizaciones noticiosas estadounidenses abran oficinas en Cuba.

21-25 de enero de 1998

El papa Juan Pablo II visita Cuba.

20 de marzo de 1998

La administración Clinton anuncia nuevas mediadas

que permiten vuelos directos entre La Habana y Miami, y que los cubano-estadounidenses envíen hasta 300 dólares cada tres meses a sus familiares en la isla por medio de agentes autorizados.

12 de noviembre de 1998

Treinta años después de su expulsión de Cuba, la Associated Press, el servicio de noticias más antiguo del mundo, recibe la aprobación para reabrir su oficina en La Habana.

25 de noviembre de 1999-junio de 2000

En el Día de Acción de Gracias, Elián González, de seis años de edad, es hallado en los Estrechos de Florida asido a una cámara de llanta. Durante seis meses, las relaciones entre EU y Cuba enfrentan una amarga lucha respecto a enviar o no a Elián de vuelta con su padre en Cuba.

12 de diciembre de 2000

Oficiales estadounidenses y cubanos inician otra ronda de conversaciones sobre asuntos migratorios.

23 de junio de 2001

Castro se desmaya durante un discurso televisado, lo cual genera especulaciones en torno a su salud y sucesor.

2000-2008

El presidente George W. Bush forma un grupo especializado en Cuba para dar a la política estadounidense un giro de mayor confrontación, para lo cual endurece considerablemente las restricciones sobre Cuba.

20 de octubre de 2004

Castro cae durante un discurso y se fractura una rótula y un brazo.

31 de julio de 2006

El gobierno cubano anuncia que Fidel Castro ha caído gravemente enfermo y Raúl Castro asume el poder "temporalmente".

24 de febrero de 2008

Raúl Castro toma posesión oficial de la presidencia de la Asamblea Nacional de manos de su hermano.

17 de abril de 2009

El presidente Barack Obama anuncia "un nuevo comienzo con Cuba".

3 de junio de 2009	La OEA retira la suspensión de 47 años que excluía a Cuba.
18-21 de abril de 2011	Cuba lleva a cabo el 6° Congreso del Partido Comunista Cubano, el primero en 14 años, y anuncia el ascenso histórico de generales de la armada a los más altos rangos en el gobierno cubano, así como pequeñas y moderadas reformas económicas.
19 de abril de 2011	Raúl Castro se convierte formalmente en presidente del Partido Comunista de Cuba. Fidel se retira de manera oficial.
13 de agosto de 2011	Fidel Castro festeja su cumpleaños número ochenta y cinco.
26 de abril de 2012	Hugo Chávez regresa a Venezuela, de nuevo, tras casi un año de tratamientos y operaciones por su cáncer en Cuba. Él afirmó confiar en Cristo para que dicho procedimiento médico tenga supremo éxito.
3 de junio de 2012	Raúl Castro festeja su cumpleaños número ochenta y uno.

El equipo de Raúl

Raúl Castro, como presidente de Cuba, es tanto jefe de Estado como cabeza del gobierno. Sus funciones incluyen ser presidente del Consejo de Estado, presidente del Consejo de Ministros, líder de las Fuerzas Armadas y primer secretario del Partido Comunista.

Bajo Raúl Castro, las Fuerzas Armadas (Minfar) y el Partido Comunista Cubano, en especial su Buró Político y su secretariado, son las instituciones más influyentes del país. La Asamblea Nacional desempeña un papel menor.

Consejo de Estado

Pdte. del Consejo de Edo.	Gral. de Ejército Raúl M. Castro Ruz
Primer Vicepdte. del Consejo de Edo.	José Ramón Machado Ventura
Vicepdte.	Gladys Bejerano Portela
Vicepdte.	ACG* Abelardo Colomé Ibarra
Vicepdte.	Juan Esteban Lazo Hernández
Vicepdte.	ACG Ramiro Valdés Menéndez
Min. Srio. del Consejo de Edo.	Homero Acosta Álvarez

Consejo de Ministros

Pdte. del Consejo de Ministros	Gral. de Ejército Raúl M. Castro Ruz
Primer Vicepdte.	José Ramón Machado Ventura

* ACG = General de Cuerpo de Ejército.

Vicepdte.	Ramiro Valdés Menéndez, comandante de la Revolución
Vicepdte.	Gral. de Div. Ulises Rosales del Toro
Vicepdte.	Ricardo Cabrisas Ruiz
Vicepdte.	Miguel Díaz-Canel
Vicepdte.	Adel Izquierdo Rodríguez
Vicepdte.	Marino Alberto Murillo Jorge
Vicepdte.	ACG Antonio Enrique Lusson Battle
Srio. del Comité Ejec. del Consejo de Ministros	ACG José Amado Ricardo Guerra

Fuerzas Armadas Revolucionarias

Gral. de Ejército	Raúl Castro Ruz
Ministro de las FAR	ACG Leopoldo Cintra Frías
Ministro del Interior	ACG Abelardo Colomé Ibarra
Primer viceministro de las FAR	ACG Álvaro López Miera
Viceministro y jefe del Edo. Mayor	ACG Leonardo Antollo
Viceministro de las FAR	ACG Ramón Espinosa Martín
Viceministro de las FAR	ACG Joaquín Quinta Solá

Miembros del Buró Político
del Partido Comunista Cubano (PCC)
(hasta el 1º de mayo de 2012)

Pdte. Raúl Castro Ruz
Primer secretario del Comité Central del Partido Comunista

José Ramón Machado Ventura
Primer vicepresidente de los Consejos de Estado y de Ministros

ACG Abelardo Colomé Ibarra
Ministro del Interior

Comandante de la Revolución Ramiro Valdés García
Ministro de Información y Comunicaciones

Tte. Gral. Leopoldo Cintra Frías
Primer viceministro de las FAR

Juan Esteban Lazo Hernández
Viceministro de las FAR

Ricardo Alarcón
Presidente de la Asamblea Nacional

ACG Ramón Espinosa Martín
Viceministro de las FAR

ACG Álvaro López Miera
Viceministro de las FAR

ACG Miguel Díaz-Canel
Vicepresidente del Consejo de Ministros

Salvador Valdés Mesa
Secretario general de la Federación
de Trabajadores Cubanos

Marino Murillo Jorge
Vicepresidente de la Comisión de Economía

Adel Izquierdo Rodríguez
Ministro de Economía

Mercedes López Acea
Primera secretaria del PCC en La Habana

Secretariado del Comité Central

Encabezada por José Ramón Machado Ventura
Esteban Lazo Hernández
Abelardo Álvarez Gil
Víctor Gaute López
Olga Lidia Tapia Iglesias
José Ramón Balaguer
Misael Enamorado Dager

Fuentes y bibliografía

Algunas entrevistas están fechadas cuando guardan alguna importancia histórica o política. Con la mayoría de los sujetos o fuentes, las entrevistas se realizaron a lo largo de varios años.

PRIMERA PARTE

Entrevistas

Adams, David, Miami.

Aguilar León, Luis, Miami, 13 y 14 de diciembre de 2000.

Almeida, Consuelo

Almeida, Juan Juan

Armstrong, Fulton, Washington, D. C.

Báez, Sonia, La Habana.

Benes, Bernardo, Miami.

Bolívar, Natalia, La Habana.

Brown, Jerry, La Habana y Santa Clara, Cuba, agosto de 2000.

Cabrera Infante, Guillermo, Londres, agosto de 1996.

Castro, Fidel, La Habana, 16 de octubre de 1993, 3 y 4 de enero de 1994, 26 de julio de 2000.

Castro, Juanita, Miami, 11 de diciembre de 2000, 18 de abril de 2002.

Castro Ruz, Raúl, encuentros en La Habana el 3 de enero de 1994, 14 de agosto de 2000.

Clemons, Steven, Washington.

Conte, Efraim, Miami.

Conte Agüero, Luis, Miami.

Davidow, Jeffrey, embajador.

Delahunt, William, representante, Washington.

Devine, Jack, ex jefe para Latinoamérica de la CIA, Nueva York, 17 de septiembre de 2000.

Díaz-Balart, Rafael, Miami, 8 de octubre de 2001.

Erikson, Daniel.

Espín, Vilma, La Habana, 22 de diciembre de 1993, 2 de enero de 1994.

Estaron, Heine.

Falcoff, Mark.

Fuchs, Michael.

García-Navarro, Lourdes.

Gardiner, Sam, coronel, Washington.

González, Edward.

Walker Gordon, Barbara, Washington, 3 de marzo de 2002.

Guevara, Alfredo, La Habana, 3 de enero de 1994, 22 de julio de 2000.

Hare, Paul, embajador.

Huddleston, Vicki, embajadora.

Jones, Kirby.

Landau, Saul.

Lew, Salvador, Miami.

Lesnik, Max.

Llorente, Amado, sacerdote, 25 de enero de 2001.

Lockwood, Lee, 16 de enero de 2001.

Moreno, Rosario, Miami.

Morgenstern, Leon, doctor.

Obejas, Achy.

Olson, Jim, ex jefe de contrainteligencia de la CIA.

Peters, Phil.

Phillips, Kevin.

Rodríguez Feo, José, La Habana.

Rogers, William D., ex subsecretario de Estado para Asuntos Interamericanos, 2000-2005.

Ryan, John.

Saladrigas, Carlos.

Sánchez, Justo

Sarnoff, Conchita, agosto de 2006.

Skelly Lord, Marjorie, Miami, 4 de noviembre de 2001.

Small, Michael, embajador.

Stone, Oliver, Santa Mónica, California.

Sweig, Julia.

Szulc, Tad, Washington, 2001.

Tabio, Jorge, La Habana.

Thompson, Ginger.

Walker, Isabelle.

Películas

Comandante, documental de Oliver Stone (dir.), 2003.

Fidel, documental de Estela Bravo (dir.), 2001.

Looking for Fidel, documental de Oliver Stone (dir), 2004.

Documentos/informes

Sesión informativa *Daily Press*, 18 de diciembre de 2007, Tom Casey, vocero suplente, "Castro's Comments", Washington, D. C.

Gonzalez, Edward, "Cuba: Clearing Perilous Waters", RAND, 1996.

Joyce, Mark, "Brother in Arms: Transitioning from One Castro to Another in Cuba", *RUSI Journal*, octubre de 2007.

McCormack, Sean, sesión informativa del Departamento de Estado, 4 de diciembre de 2006.

Morgenstern, Leon, "Malignant Diverticulitis Diverticular Disease: Management of the Difficult Surgical Case", Williams & Wilkins, 1998.

Morgenstern, Leon, Robert Weiner y Stephen L. Michel, "Malignant Diverticulitis: A Clinical Entity", 19 de enero de 1979.

Morgenstern, Leon, Tatsuo Yamakawa, Meir Ben-Shoshan y Harvey Lippman, "Anastomotic Leakage after Low Colonic Anastomosis", *American Journal of Surgery*, 19 de julio de 1971.

Libros

Bardach, Ann Louise, *Cuba Confidential: Love and Vengeance in Miami and Havana*, Nueva York, Random House Vintage, 2002.

Bardach, Ann Louise, y Luis Conte Agüero, *The Prison Letters of Fidel Castro*, Nueva York, Avalon, 2006.

Blanco, Katiuska, *Todo el tiempo de los cedros: paisaje familiar de Fidel Castro Ruz*, La Habana, Casa Editorial, abril de 2003.

Bonachea, Ronaldo E. y Nelson P. Valdés, *Revolutionary Struggle: Vol. 1 of the Selected Works of Fidel Castro*, Boston, The Massachusetts Institute of Technology, 1972.

Cabrera Infante, Guillermo, *Mea Cuba*, Plaza & Janés, 1992.

Castro, Fidel, e Ignacio Ramonet, *Fidel Castro: Biografía a dos voces*, Nueva York, Random House Mondadori, 2006.

Coltman, Leycester, *The Real Fidel Castro*, New Haven, Yale University Press, 2003.

Conte Agüero, Luis, *Cartas del presidio*, La Habana, Lex, 1959.

Cova, Antonio Rafael de la, *The Moncada Attack: Birth of the Cuban Revolution*, Columbia, SC, University of South Carolina Press, 2007.

DePalma, Anthony, *The Man Who Invented Fidel: Castro, Cuba, and Herbert L. Matthews of The New York Times*, Nueva York, Public Affairs, 2009.

Erikson, Daniel, *The Cuba Wars*, Nueva York, Bloomsbury Press, 2009.

Fernández, Alina, *Castro's Daughter: An Exile's Memoir of Cuba*, Nueva York, St. Martin's Press, 1997.

Fidel y la religión: conversaciones con Frei Betto sobre el marxismo y la teología de la liberación, La Habana, Si-Mar, 1994.

Franqui, Carlos, *Diary of the Cuban Revolution*, Nueva York, Viking Press, 1980.

Franqui, Carlos, *Family Portrait with Fidel*, Alfred MacAdam (trad.), Nueva York, Random House, 1984.

Geyer, Georgie Anne, *Guerrilla Prince: The Untold Story of Fidel Castro*, Kansas City, Andrews & McMeel, 1993.

Gjelten, Tom, *Bacardi and the Long Fight for Cuba*, Nueva York, Viking, 2008.

González, Edward, *Cuba Under Castro: The Limits of Charisma*, Boston, Houghton Mifflin, 1974.

González, Edward, y David Ronfeldt, *Castro, Cuba, and the World*, Los Ángeles, RAND, 1986.

Gott, Richard, *Cuba: A New History*, New Haven, Yale University Press, 2004.

Kushner, Rachel, *Telex from Cuba*, Nueva York, Scribner, 2008.

Lockwood, Lee, *Castro's Cuba, Cuba's Fidel*, Nueva York, Macmillan, 1967.

Matthews, Herbert, *Revolution in Cuba: An Essay in Understanding*, Nueva York, Scribner's, 1995.

Miná, Gianni, *An Encounter with Fidel*, Melbourne, Ocean Press, 1991.

Montaner, Carlos Alberto, *Los cubanos: historia de Cuba en una lección*, Miami, Brickell Communications Group, 2006.

Pérez, Louis A., Jr., *Cuba in the American Imagination*, Chapel Hill, University of North Carolina Press, 2008.

Phillips, Kevin, *American Dynasty*, Nueva York, Viking, 2004.

Quirk, Robert E., *Fidel Castro*, Nueva York, W. W. Norton & Company, 1993.

Ros, Enrique, *Fidel Castro y el gatillo alegre: sus años universitarios*, Miami, Universal, 2003.

Skierka, Volker, *Fidel Castro: A Biography*, Maine, Polity Press, 2004.

Symmes, Patrick, *The Boys from Dolores*, Nueva York, Pantheon, 2007.

Szuluc, Tad, *Fidel: A Critical Portrait*, Nueva York, Avon Books, 1986.

Thomas, Hugh, *Cuba or the Pursuit of Freedom*, Nueva York, Da Capo, 1998.

Thomas, Hugh, *The Cuban Revolution*, Nueva York, Harper & Row, 1971.

Artículos

Abend, Lisa, "Idalmis Menendez–Insight from Fidel Castro's Former Daughter-in-Law", *The Miami Herald*, 20 de diciembre de 2006.

Anderson, Jon Lee, "Fidel's Heir", *The New Yorker*, 23 de junio de 2008.

Castro Ruz, Fidel, "Reflexiones", por el comandante en jefe o camarada Fidel, *Granma*, 2007-2011.

Martínez, Yolanda, "Temen por salud de Fidel", *Reforma*, 13 de agosto de 2007.

Menéndez, Ana, "Dictating May Be Good for Your Health", *The Miami Herald*, 25 de abril de 2007.

Ojito, Mirta, "Cuba Reaps Goodwill from Doctor Diplomacy", *The Miami Herald*, 17 de agosto de 2008.

Reyes, Gerardo, "Acusan de fraude a ex nuera de Fidel Castro", *El Nuevo Herald*, 15 de julio de 2008.

SEGUNDA PARTE

Entrevistas

Albo, Lázaro, Miami, 17 de agosto de 2006

Alemán, Ángel Alfonso, Nueva Jersey, San Juan, Puerto Rico, 27 de abril de 1998

Álvarez, Antonio Jorge, Washington, Miami, 5, 13 y 24 de mayo de 1998

Álvarez, Bernardo, embajador de Venezuela en Estados Unidos, Washington, D. C., agosto de 2006.

Archambleault, Matthew, 18 de julio de 2007, 21-39 de agosto de 2005

Bamford, James, 17 de diciembre de 2001

Barcella Jr., E. Lawrence, fiscal federal suplente en el caso Letelier, 24 de julio de 2007

Bohning, Don, Miami

Bosch, Adriana, Miami, 13 de marzo y 24 de mayo de 2006

Bosch, Karen, Miami, 24 de mayo de 2006

Bosch, Orlando, Miami, 13 de marzo y 24 de mayo de 2006

Carbonell, Ana, jefa de personal de Lincoln Díaz-Balart, 1° de mayo de 2008

Chaffardet, Joaquín, El Paso, Texas, 1° de septiembre de 2005

Coffey, Kendall, abogado, Miami

Cornick, Carter, 22 de julio de 2007

Delahunt, William, representante, Washington

Devine, Jack, Nueva York, 17 de septiembre de 2000

Díaz, D. C., Miami

Díaz, Gustavo

Dinges, John

Durán, Alfredo, Miami

Encinosa, Enrique, Miami, 3 de marzo de 2002

Fleetwood, Blake, Washington

Freeman, George, abogado de *The New York Times*

Fonzi, Gaeton, Miami

García, Gilberto, 28 de agosto y 13 de septiembre de 2007

García Jr., Orlando, Miami, 20 de julio de 2006

García, Osvaldo, Betheseda, Maryland, 22 de julio de 2006

García, Rolando, Betheseda, Maryland, 22 de julio de 2006

Gelbard, Robert, Washington, D. C.

Gonzáles Fermín, Arnaldo, isla Margarita, Venezuela, 8-11 de mayo de 1998

González, María, Miami, 27 de junio y 11 de octubre de 2001

González, Osiel, Miami, 18 de agosto de 2006

Gutiérrez Solana, José Alfredo, Union City, NJ, mayo de 1998

Hunt, E. Howard, Miami, 1° de junio de 1998

Julin, Tom, Hunton & Williams

Kiszynski, George, Miami

Kornbluh, Peter

Martínez Malo, Mario, Miami, 1° de junio de 1998

Masvidal, Raúl, 25 de noviembre y 6 de diciembre de 1994, 30 de mayo de 1998

Milián, Alberto, Miami, 11 de abril de 2002

Moreno, Gustavo, 2 de junio de 1998

Nenninger, Roseanne, El Paso, Texas, y Nueva York, 2005

Orihuela, Judy, oficial de prensa para la oficina del FBI en Miami

Pereira, Miguel, fiscal federal, San Juan, Puerto Rico, 26 de abril de 1998

Pertierra, José, abogado de Venezuela

Pesquera, Héctor, agente especial del FBI en funciones, Puerto Rico, 28 de abril de 1998

Pesquera, Ricardo, abogado, San Juan, Puerto Rico, 27 de abril de 1998

Pimentel, Paco, ciudad de Nueva York, junio de 1998

Posada Carriles, Luis, 15-18 de junio de 1988, Aruba, 1° de septiembre de 2005, El Paso Texas

Propper, Eugene M., fiscal federal en el caso Letelier, 22 de julio de 2007

Ramdwar, Dennis, jefe de la policía de Trinidad y Tabago, 1° y 15 de agosto de 2006

Rivera, Rich, Union City, NJ

Rodríguez, Luis, Miami

Rodríguez-Madrid, Manuel, coronel, isla Margarita, Venezuela, 5 de mayo de 1998

Rogers, William D., ex subsecretario de Estado para Asuntos Interamericanos

Romaní, Salvador, Miami, 18 de agosto de 2006

Sánchez, Néstor, ex miembro de la CIA, Departamento de Defensa, 26 de abril de 1998

Sebastian, David, asistente legal de Posada, Miami, 2005-2007

Soto, Eduardo, abogado, Miami, 2005-2007

Smith, Wayne, Washington, D. C.

Sturgis, Frank, Miami, 20 de marzo de 1993

Thornburgh, Richard, Washington, D. C.

Veciana, Antonio, Miami, 14 de julio de 2006

Volsky, George

Weaver, Jay

Documentos/informes

"Additional Defendants Plead Guily to Obstruction of Justice in U. S. Investigation of Luis Posada Carriles", Departamento de Justicia, 13 de diciembre de 2007.

"Castro Weighs in Posada Case", traducción oficial cubana del discurso de Fidel, 26 de julio de 1998.

Comité de Asuntos Exteriores, Cámara de Representantes de Estados Unidos, *Staff Report, Congressional Hearings: House of Representatives Holds Hearing on Department of Justice Oversight*, testigos: secretario de Justicia Alberto R. Gonzales, representante Bill Delahunt (demócrata por Massachusetts), 10 de mayo de 2007

"Examples of Controversial Pardons by Previous Presidents", informe preparado por el Personal Minoritario, el Comité sobre Reformas del Gobierno y la Cámara de Representantes de Estados Unidos, 20 de abril de 2001.

Exclusion Proceedings for Orlando Bosch Avila, Departamento de Justicia de Estados Unidos y oficina del asistente del secretario de Justica, Washington, D. C., 23 de enero de 1989.

Fax de Luis Posada desde El Salvador, firmado por "Solo", agosto de 1997, proporcionado por A. L. Bardach.

Memorando del FBI de J. Edgar Hoover al Departamento de Estado en relación con información de George Bush, 29 de noviembre de 1963.

Notas manuscritas (tres páginas) de Luis Posada Carriles, entregadas a A. L. Bardach el 18 de junio de 1998.

Documentos del Comité Selecto de la Cámara de Representantes sobre Asesinatos extraídos del *Archivo de Documentos de la Seguridad Nacional*.

Cable del Secretario de Estado Henry Kissinger, título: "US Position on Investigation' of Cubana Airlines Crash", octubre de 1976.

Memorando de la CIA y el FBI sobre Luis Posada Carriles, 9 de junio de 2005.

CIA, actividades anticastristas, Luis Posada, 18 de junio de 1995.

CIA, actividades anticastristas, Luis Posada, 16 de agosto de 1995.

CIA, documentos sobre Roland Otero, 14 de octubre de 1977.

Hoja de firmas de la CIA relacionada con Luis Posada, 26 de septiembre de 1970.

Informe de contacto externo de la DEA, 25 de enero de 1978.

Deposición de Otto Reich ante el Comité Selecto del Senado por asistencia militar secreta a Irán y a la oposición nicaragüense, 15 de julio de 1987.

"Documents Linked to Cuban Exile Luis Posada Highlighted Targets for Terrorism", editado por Peter Kornbluh, 14 de mayo de 2007.

Entrevista del FBI a Orlando Bosch el 22 de agosto de 1963, en referencia al atentado con bomba del MIRR a un ingenio azucarero cubano.

"Public Diplomacy and Covert Propaganda: The Declassified Record of Ambassador Otto J. Reich", editado por Thomas Blanton, www.gwu.edu./~nsarchiv/NSAEBB, 2 de marzo de 2001.

Informe de los comités del Congreso que investigan el Caso Irán-Contra, extracto, 13 de noviembre de 1987.

Revisión (1996) de los archivos sobre Luis Posada, 22 de junio de 1978.

Notas de revisión (1997) sobre las actividades anticastristas de Luis Posada, 28 de junio de 1978.

Intervención del Departamento de Estado y la Comunidad de Inteligencia en actividades internas relacionadas con el Caso Irán-Contra, 7 de septiembre de 1998.

Memorando del Departamento de Estado enviado por Melvyn Levitsky para Donald P. Gregg, con el título "Responses by Vice President Bush to Telegrams Regarding Orlando Bosch", 8 de junio de 1998.

Entrevista de Orlando Bosch y Luis Posada con Blake Fleetwood, prisión de San Juan de los Moros, Venezuela, marzo de 1977.

Entrevista con Luis Posada durante su reclusión en Caracas, 17 de junio de 1978.

Entrevista con el general Orlando García Vázquez, 12 de junio de 1978.

Entrevista de Orlando Bosch con Andrés Oppenheimer, 18 de octubre de 1991.

Entrevista de Jorge Mas Canosa con Andrés Oppenheimer, 20 de septiembre de 1991.

Entrevista con Luis Posada Carriles, Oficina del Consejo Independiente, realizada por el FBI en Honduras, 3 de febrero de 1992.

Entrevista de Gerardo Hernández con Saúl Landau, Penitenciaría de Estados Unidos, Victorville, California, 1° de abril de 2009.

Carta al HSCA de Robert L. Keach en relación con Luis Posada y otros personajes, 20 de diciembre de 1977.

Entrevista con informante acerca de Orlando Bosch y Luis Posada, 31 de mayo de 1978.

Personal Minoritario, Comité sobre Reformas del Gobierno, Cámara de Representantes de Estados Unidos, 20 de abril de 2001.

Resumen periódico de archivos sobre Luis Posada y Cesario Diosdado, 3 de marzo de 1978.

Transcripción de la entrevista de Peter R. Bernal con Antonio Calatayud, *Tony*, "Entrevista con Tony Calatayud", WRLN-TV, 9 de agosto de 1998.

Informe de la Contraloría General de Estados Unidos, "White Propaganda".

Transcripción de la Corte Distrital de Estados Unidos para la Corte Distrital de Puerto Rico, *United States of America v. Ángel Manuel Alfonso et al.,* 30 de octubre de 1997.

Transcripción de la Corte Distrital de Estados Unidos para la Corte Distrital de Puerto Rico, *United States of America v. Ángel Manuel Alfonso et al.,* 29 de abril de 1998.

Contraloría General de Estados Unidos, "Report to Congressional Requesters, State Departments's Administration of Certain Public Diplomacy Contracts", octubre de 1987.

Libros

Alonso, Julio Lara, *La verdad irrebatible sobre el crimen de Barbados,* La Habana, Editora Política, 1986.

Bamford, James, *Body of Secrets: Anatomy of the Ultra-Secret National Security Agency,* Nueva York, Doubleday, 2001.

Bohning, Don, *The Castro Obsession: US Covert Operations Against Cuba 1959-1965,* Washington, Potomac Books, 2005.

Bosch, Adriana D., *Orlando Bosch: el hombre que yo conozco,* Miami, SIBI, 1988.

Branch, Taylor, y Eugene M. Propper, *Labyrinth,* Nueva York, Viking Press, 1982.

Corn, David, *Blond Ghost: Ted Shackley and the CIA's Crusades,* Nueva York, Simon & Schuster, 1994.

Didion, Joan, *Miami,* Nueva York, Pocket Books, 1987.

Dinges, John, *The Condor Years: How Pinochet and His Allies Brought Terrorism to Three Continents,* Nueva York, The News Press, 2004.

Dinges, John, y Saul Landau, *Assassination on Embassy Row,* Nueva York, Pantheon, 1980.

Fonzi, Gaeton, *The Last Investigation,* Nueva York, Thunder's Mouth Press, 1993.

Gómez Estrada, Alejandro, *¡La bestia roja de Cuba!,* ed. del autor, 1990.

Herrera, Alicia, *¡Pusimos la bomba... y qué!,* Caracas, 1981.

Hunt, E. Howard, *Give Us This Day: The Inside Story of the CIA and the Bay of Pigs Invasion,* Nueva York, Arlington House, 1973.

Mallin, Jay Sr., y Bob Smith, *Betrayal in April,* Virginia, Ancient Mariners Press LLC, 2000.

Matthews, Herbert, *Revolution in Cuba: An Essay in Understanding,* Nueva York, Scribner's, 1975.

Pérez Roura, Armando, *Tome nota*, ed. de autor, 1995.

Phillips, David Atlee, *The Night Watch: 25 Years of Peculiar Service*, Nueva York, Atheneum, 1977.

Phillips, Kevin, *American Dynasty*, Nueva York, Viking, 2004.

Posada Carriles, Luis, *Los caminos del guerrero*, ed. del autor, 1994.

Rosas, Alexis, y Ernesto Villegas, *El terrorista de los Bush*, Caracas, 2005.

Thomas, Evan, *The Very Best Men. The Four Who Dared: The Early Years of the* CLA, Nueva York, Simon & Schuster, 1995.

Torres, María de los Ángeles, *In the Land of Mirrors: Cuban Exile Politics in the United States*, Ann Arbor, University of Michigan Press, 1999.

Artículos

Alfonso, Pablo, "Orlando Bosch Denies Blame", *The Miami Herald*, 13 de septiembre de 1997.

Allard, Jean-Guy, "¡Aquí están las pruebas!", *Granma Internacional*, 29 de mayo de 2007.

_____, "Posada Knows Too Much", *Granma*, 14 de junio de 2007.

Alter, Jonathan, "Clinton's New Life", *Newsweek*, 8 de abril de 2002.

Anderson, Curt, "Pipe, Bomb Found on Truck Belonging to Witness in Posada Case", Associated Press, 17 de enero de 2007.

Anderson, James, "In Barbados, Castro Honors Victims of '76 Bombing", *The Miami Herald*, 2 de agosto de 1998.

Anderson, Sarah, y Luis Landau, "Autumn of the Autocrat", IPS *Fellow Covert Action Quarterly*, núm. 64, primavera de 1998.

Bachelet, Pablo, "US House Hearing Focuses on Posada", *The Miami Herald*, 16 de noviembre de 2007.

Bardach, Ann Louise, "Our Man's in Miami", *The Washington Post*, 17 de abril de 2005.

_____, "Scavenger Hunt: E. Howard Hunt Talks", *Slate*, 6 de octubre de 2004.

Bardach, Ann Louise, "Twilight of the Assassins", *Atlantic*, noviembre de 2006.

_____, "Why the FBI Is Coming After Me", *The Washington Post*, 12 de noviembre de 2006.

Bardach, Ann Louise, y Larry Rohter, "A Bomber's Tale", *The New York Times*, 12 y 13 de julio de 1998.

_____, "A Cuban Exile Details Horrendous Matter of Bombing", *The New York Times*, 13 de julio de 1998.

_____, "Cuban Exile Leader Accused in Plot on Castro, *The New York Times*, 26 de agosto de 1998.

_____, "Life in the Shadows, Trying to Bring Down Castro", *The New York Times*, 13 y 14 de julio de 1998.

_____, "A Plot on Castro Spotlights Exiles", *The New York Times*, 14 de julio de 1998.

Barry, John, "CIA's Man at the Bay of Pigs", *The Miami Herald*, 16 de julio de 1998.

Bonilla, Efrén, "El presidente dice que el ex embajador Charles Ford el que le hizo [sic] la solicitud", *Tiempo*, 30 de agosto de 2008.

Branch, Karen, "Help Bosch, Shun Ties to Castro", *The Miami Herald*, 30 de junio de 1998.

Bussey, Jane, "The Remaking of Venezuela's Justice System", *The Miami Herald*, 2 de marzo de 1998.

Caldwell, Alicia A., "2 Plead Guilty in Cuban Militant Case", Associated Press, 17 de noviembre de 2007.

Campbel, Duncan, "Bush's Decision to Bring Back Otto Reich Exposes the Hypocrisy of the War Against Terror", *The Guardian*, 8 de febrero de 2002.

Cancio Isla, Wilfredo, "Diario cubano divulga supuestas llamadas de Posada sobre bombas", *El Nuevo Herald*, 12 de mayo de 2007.

Cawthorne, Andrew, "Cuba Puts Elderly Exiles on Trial for 'Invasion'", Reuters, 21 de septiembre de 2000.

Chardy, Alfonso, "Indictment Against Posada Reinstated", *The Miami Herald*, 15 de agosto de 2008.

Chardy, Alfonso, "Militant Cuban Exile Honored", *The Miami Herald*, 2 de mayo de 2008.

Chardy, Alfonso y Jay Weaver, "FBI's Cuba Trio Draws Rebuke", *The Miami Herald*, 4 de mayo de 2007.

Chardy, Alfonso, Óscar Corral, y Jay Weaver, "FBI, Cuba Cooperating on Posada", *The Miami Herald*, 3 de mayo de 2007.

Corral, Óscar, y Alfonso Chardy, "Flashback: Posada Speaks to Herald", *The Miami Herald*, 17 de mayo de 2005.

Dillon, Sam, "Cuban Exile Waging 'War' under New Identity", *The Miami Herald*, 21 de octubre de 1986.

Ducassi, Jay, y Ana Veciana Suárez, "Miami Votes to Let Bosch Have His Day", *The Miami Herald*, 25 de marzo de 1983.

Epstein Nieves, Gail, "Bosch's Alleged Role in Havana Bombing", *The Miami Herald*, 13 de abril de 2001.

Fleetwood, Blake, "I am Going to Declare War", *The New Times*, 13 de mayo de 1977.

Garvin, Glenn, y Frances Robles, "Panama Suspect Has Ties to Dade", *The Miami Herald*, 21 de noviembre de 2000.

Gaynor, Tim, "Castro Talks of Murde Plot at Panama Summit", Reuters, 17 de noviembre de 2000.

Gemoules, Jack, "County's New Boss: Avino", *The Miami Herald*, 3 de junio de 1988.

James, Ian, "Castro Foe Denies Financial Backing", *The New York Times*, 14 de julio de 1998.

Kimery, Anthony L., "In the Company of Friends: George Bush and the CIA", *Covert Action*, núm. 41, verano de 1992.

Kleinnecht, William, y Juan Forero, "Cuba Implicates NJ Businessman", *Star Ledger,* Nueva Jersey, 8 de noviembre de 1998.

Kwitney, Jonathan, "The Mexican Connection", *Barrons*, 19 de septiembre de 1998.

Lacey, Marc, "Political Memo: Resurrecting Ghosts of Pardons Past", *The New York Times*, 4 de marzo de 2001.

Landau, Saul, "Investigate Posada's Statements", *The Miami Herald*, 3 de agosto de 1998.

McBride, Joseph, "George Bush, CIA Operative", *Nation*, 16 de julio de 1988.

_____, "Where Was George", 13-20 de agosto de 1988.

Marquis, Christopher, "Foundation Flexes Clout in Fighting Off Allegations", *The Miami Herald*, 31 de julio de 1998.

Pertierra, José, "Posada Carriles: Extradite or Prosecute", *Counter-Punch*, 19 de mayo de 2006.

Powell, Robert Andrew, "A CANF-Do Attitude", *The New York Times*, 23 de mayo de 1996.

Reyes, Gerardo, "Bosch's 'Mix': Ingredient for Trouble?", *The Miami Herald*, 12 de junio de 1993.

Rice, John, "Castro Steals Show with Death Plot", Associated Press, 18 de noviembre de 2000.

Robles, Frances, "Cuba: US Funneled Money to Dissidents", *The Miami Herald*, 19 de mayo de 2008.

Robles, Frances, "Exiles Deny Plot on Castro", *The Miami Herald*, 15 de diciembre de 2000.

Romero, Simon, y Damien Cave, "Venezuela Will Push U.S. to Hand Over Man Tied to Plane Bombing", *The New York Times*, 23 de enero de 2009.

Rusell, Dick, "Little Havana's Reign of Terror", *The New Times*, 29 de octubre de 1976.

Weaver, Jay, "Weapons Surrender Lightens Jail Time", *The Miami Herald*, 7 de junio de 2007.

Williams, Carrol J., "Pressure Grows to Prosecute Cuban Exile: Dismisal of Charge Against Admited Terrorist Stirs Outrage", *Los Angeles Times*, 10 de mayo de 2007.

Wilson, Catherine, "Convicted Terrorist Bosch Sent Bombs to Cuba", Associated Press, 12 de abril de 2001.

Zeitlin, Janine, "Cuban Painters and Fugitives: Luis Posada Carriles and José Dionisio Suárez Esquivel Show Their Stuff and Tell Their Stories", *The New Times,* 1° de noviembre de 2007.

"Anti-Castro Exile Renounces Terrorism", Associated Press, 24 de julio de 2001.

"CANF and Luis Posada Carriles", *The Miami Herald,* 16 de julio de 1998.

"CANF Leaders Subpoenaed in Castro Assassination Plot", *The Miami Herald,* 3 de diciembre de 1997.

"Cuba Accuses Salvador of Harboring Potential Killer", Reuters, 18 de noviembre de 2000.

"Cuban Exile Group Holds Memorial for Victims of 1976 Plane Bombing", *The Miami Herald,* 7 de octubre de 1996.

"Cuban Exile Lawyer Accuses Castro of Framing His Client", Dow Jones Newswire, 14 de diciembre de 2000.

"Cuban Exile Says He Lied About Link to Bombings", *The New York Times,* 4 de agosto de 1998.

"Cuban Exile Says He Lied About Financial Support", *The New York Times,* 4 de agosto de 1998.

"Cuba Publishes Book on Anti-Castro Activist Posada Carriles", EFE, 22 de noviembre de 2007.

"El Club Big Five de Miami tiene dos nuevos socios", *El Duende,* 29 de mayo de 2007.

"Felony Charges Take a Powder", *The New Times,* 15 de julio de 2004.

"Judge Tosses Indictment of Cuban Militant Luis Posada Carriles", *Fox News,* 8 de mayo de 2007.

"Panama: Exile Says Aim Was Castro Hit", *The Miami Herald,* 13 de enero de 2001.

"Recaudarán fondos para defensa legal de Posada Carriles", *El Nuevo Herald,* 24 de abril de 2009.

"Univision Says Exile Group Was Present During Bomber Interview", Bloomberg News Service, 15 de julio de 1998.

TERCERA PARTE

Entrevistas

Alvarado, Jonathan Benjamin

Almeida, Juan

Amuchástegui, Domingo

Andollo, Déborah, Tarara, Cuba, 24 de enero de 1997

Ansara, Merri

Arnavat, Gustavo

Band, Michael

Belli, Gioconda

Bussey, Jane

Bustamante, Lissette

Calzón, Frank

Cárdenas, José de, USAID, 5 de enero de 2009

Castell, Tony, La Habana

Castro, Juanita, 11 de diciembre de 2000, 18 de abril de 2002

Castro, Max

Castro Ruz, Fidel, La Habana, 16 de octubre de 1993, 3 y 4 de enero de 1994

Castro Ruz, Raúl, 3 de enero de 1994, 14 de agosto de 2000

Centorino, Joe, fiscal asistente de Miami

Clemons, Steven

Coffey, Kendal, 3 de marzo de 2002

Colvin, Jake

Coll, Alberto, junio de 2005

Conte, Efraim

Conte Agüero, Luis

Couturier, Darrel

Davidson, Jeffrey, embajador

Devine, Jack

Díaz-Balart, Rafael, 8 de octubre de 2001

Domínguez, Jorge

Erikson, Daniel

Espín, Vilma, La Habana, 22 de diciembre de 1993, 2 de enero de 1994

Fernández, Alina

Fernández, Damián, Miami

Figueredo, Chino, La Habana

Ford, Jess, investigador de la GAO, TV y Radio Martí

Fuentes, Norberto, Miami

García, Jeffrey

García, Joe, Miami

Gelbard, Robert, Washington, D. C.

Giongliania, Paul, Asuntos Públicos, CIA

Gómez, Andrés

Gonzales Casals, Alberto, Washington, D. C.

González, César, vocero de Lincoln Díaz-Balart, 20 de octubre de 2008

González, Pedro, Miami

Gootnick, David, investigador de la GAO, USAID, Cuba

García, Jesús, embajador

Guardia, Graciela de la, La Habana, 8 de octubre de 1995, 4 de enero de 1998

Guardia, Ileana de la, Miami, octubre de 1995

Guardia, Mario de la, La Habana, 8 de octubre de 1995

Guardia, Patricio de la, La Habana, 20 de octubre de 1997, julio de 2000

Guevara, Alfredo, La Habana, 3 de enero de 1994, 22 de julio de 2000

Gutiérrez, Orlando

Hernández, Francisco, *Pepe*,

Hernández, Rafael, director de *Temas*, Estocolmo, Suecia

Huddleston, Vicki, embajadora

Jones, Kirby

Leswik, Tom Julin Max, Maryland

Lew, Salvador

Llovio Menéndez, José Luis, Nueva York, Miami, 1994-2000

Lockwood, Lee, 16 de enero de 2001

Manitzas, Frank

Martínez, Raúl

Milián, Marcial, oficial político de la Sección de Intereses Estado-unidenses, 26 de mayo

Millerwise, Molly, Departamento de la Tesorería de la OFAC

Míyar, Alejandro

Montaner, Carlos Alberto

Mora, Frank

Moreno, Rosario, Miami

Nixon, Donald, Tustin, California, 1996, La Habana, 1995

Pérez-Stable, Marifeli

Peters, Phil

Piñón, Jorge

Palmer, Portia, USAID, 5 de enero de 2009

Quevedo, Aníbal, La Habana

Rocha, Manuel, Sección de Intereses Estadounidenses, La Habana, 2 de octubre de 1995

Saladrigas, Carlos

Sánchez, Justo

Sigelbaum, Portia

Simon, Howard, ACLU

Skelly, Jack

Smith, Wayne

Sweig, Julia

Szulc, Tad

Valdés, Nelson

Vásquez Díaz, René, Estocolmo, Suecia

Vesco, Barbara, Winter Gardens, Florida, 1995

Vesco, Dan, Nueva York, 9 de octubre de 1995

Vesco, Dawn, 1995

Vesco, Patricia, Winter Gardens, Florida, 1995

Vilker, Lee, fiscal federal en el caso Coll, 1995

Walker Gordon, Barbara

Weiner, Tim

Whitaker, Kevin, Departamento de Estado

Williams, Carol

Documentos/informes

Amuchástegui, Domingo, "FAR: Mastering Reforms", *Cuba in Transition*, vol. 10, Association for the Study of Cuban Economy, 2000

GAO (Oficina de Responsabilidad del Gobierno de Estados Unidos), "Continued Efforts to Strengthen USAID's Oversight of US Democracy Assistance for Cuba", noviembre de 2008.

GAO, "US Democracy Assistance for Cuba Needs Better Management and Oversight", noviembre de 2006.

Cuba, Discurso de Raúl Castro ante la Asamblea Nacional (texto), BBC Worldwide Monitoring, julio de 2008.

"The Cuban Rafter Phenomenon: A Unique Sea Exodus", Universidad de Miami, 2004.

"Focus on Cuba", informe de personal, Cuban Transition Project, núm. 46, 11 de agosto de 2006.

Gonzalez, Edward, "Cuba: Clearing Perilous Waters", Los Ángeles, RAND, 1996.

Joyce, Mark, "Brother in Arms, Transitioning from One Castro to Another in Cuba", *RUSI Journal*, octubre de 2007.

Mora, Frank O., "Cuba's Ministry of Interior: The FAR's Fifth Army", *Bulletin of Latin American Research,* vol. 26, núm. 2, 2007.

_____, "Generations in the FAR General Officer Corps: Backgrounds, Experiences and Interests", *Cuban Affairs Quarterly Electronic Journal*, abril de 2006.

_____, "Young Blood: Continuity and Change Within the Revolutionary Armed Forces", *Cuban Affairs Quarterly Electronic Journal*, abril de 2006.

Departamento de Estado de Estados Unidos, Sesión Informativa Diaria de Sean McCormack, 18 de abril de 2008.

Werlau, Maria, "Fidel Castro, Inc.: A Global Conglomerate", *Cuba in Transition*, ASCE, 2006.

Werlau, Maria, y Armando Lago, "The Cuba Project", *Free Society Archive*, 2008.

Películas/videos

Charlie Rose, entrevista con el subsecretario de Estado John D. Negroponte, 25 de abril de 2008.

"Cuban State Council Announces Cabinet Reshuffle", BBC/Cubavisión TV, 2 de marzo de 2009.

¿La verdad?, documental de Helen Smyth (dir.), 2006.

Looking for Fidel, documental de Oliver Stone, 2003.

638 Ways to Kill Castro, documental de Dollan Cannell (dir.), 2006.

Shoot Down, Cristina Khuly (dir.), 2007.

Libros

Anderson, Jon Lee, *Che Guevara: A Revolutionary Life*, Nueva York, Grove Press, 1997.

Bardach, Ann Louise (coed.), *The Prison Letters of Fidel Castro*, Nueva York, Avalon, 2006.

_____, *Cuba Confidential: Love and Vengeance in Miami and Havana*, Nueva York, Vintage, 2002.

Blanco, Katiuska, *Todo el tiempo de los cedros: paisaje familiar de Fidel Castro Ruz*, La Habana, Casa Editorial, abril de 2003.

Castro, Fidel, e Ignacio Ramonet, *Fidel Castro: biografía a dos voces*, Nueva York, Random House Mondadori, 2006.

Dobbs, Michael, *One Minute to Midnight: Kennedy, Khrushev, and Castro on the Brink of Nuclear War*, Nueva York, Knopf, 2008.

Fernández, Alina, *Castro's Daughter: An Exile's Memoir of Cuba*, Nueva York, St. Martin's Press, 1997.

Franklin, Jane, *Cuba and the United States: A Chronological History*, Melbourne, Ocean Press, 1997.

Franqui, Carlos, *Diary of the Cuban Revolution*, Nueva York, Viking Press, 1980.

Franqui, Carlos, *Family Portrait with Fidel,* Alfred MacAdam (trad.), Nueva York, Random House, 1984.

Fuentes, Norberto, *Dulces guerreros cubanos,* Seix-Barral, España, 1999.

Gjelten, Tom, *Bacardi and the Long Fight for Cuba,* Nueva York, Viking, 2008.

Gonzalez, Edward, *Cuba under Castro: The Limits of Charisma,* Boston, Houghton Mifflin, 1974.

Gonzalez, Edward, y David Ronfeldt, *Castro, Cuba, and the World,* Los Ángeles, RAND, 1986.

Guillermo, Alma, *Dancing with Cuba,* Nueva York, Pantheon, 2004.

Latell, Brian, *After Fidel,* Nueva York, Palgrave, 2005.

Llovio Menéndez, José Luis, *Insider: My Hidden Life as a Revolutionary in Cuba,* Edith Grossman (trad.), Nueva York, Bantam Books, 1988.

Lockwood, Lee, *Castro's Cuba, Cuba's Fidel,* Nueva York, Macmillan, 1967.

Mallin, Jay Sr., *History of the Cuban Armed Forces,* Reston, VA, Ancient Mariners Press, 2000.

Pérez-Stable, Marifeli, *The Cuban Revolution: Origins, Course, and Legacy,* Nueva York, Oxford University Press, 1993.

Masetti, Jorge, *In the Pirate's Den: My Life as a Secret Agent for Castro,* San Francisco, Encounter Books, 1993.

Oppenheimer, Andrés, *Castro's Final Hour,* Nueva York, Touchstone, 1992.

Pérez, Louis A. Jr., *On Becoming Cuban: Identity, Nationality & Culture,* University of North Carolina Press, 1999.

_____, *To Die in Cuba: Suicide and Society,* Chapel Hill, University of North Carolina Press, 2005.

Smith, Wayne S., *The Closest of Enemies: A Personal and Diplomatic History of the Castro Years,* Canadá, Penguin Books, 1987.

Sublette, Ned, *Cuba and Its Music: From the First Drums to the Mambo,* Chicago Review Press, 2004.

Szuluc, Tad, *Fidel: A Critical Portrait,* Nueva York, Avon Books, 1986.

Tattlin, Isadora, *Cuba Diaries: An American Housewife in Havana*, Nueva York, Alonquin, 2003.

Weiner, Tim, *Legacy of Ashes*, Nueva York, Anchor/Doubleday, 2007.

Zito, Míriam, *Asalto*, La Habana, Casa Editorial, abril de 1998.

Artículos

Adams, David, "Democrats Move Boldly in S. Florida", *The St. Petersburg Times,* 7 de mayo de 2008.

_____, "Where No Homes Sell, Ever", *The St. Petersburg Times*, 4 de junio de 2008.

Amuchástegui, Domingo, "Leadership Shows Renewed Interest in Attracting FDI", *CubaNews*, diciembre de 2008.

Bachelet, Pablo, "Bush Administration Changing Who Gets Cuba Aid Money", *The Miami Herald*, 30 de marzo de 2007.

_____, "Raúl Castro's Grip is Firm, Senate Panel Is Told", *The Miami Herald*, 12 de enero de 2007.

_____, "U.S. Shifting Funds Away from Miami Anti-Castro Groups", *The Miami Herald*, 30 de marzo de 2008.

Bachelet, Pablo, y Wilfredo Cancio Isla, "Cuba to Make Computers, Microwaves, Other Goods Available to Consumers", *The Miami Herald*, 15 de marzo de 2008.

Bardach, Ann Louise, "Cuba at the Crossroads", *The Washington Post*, 12 de febrero de 2006.

_____, "50 Years Later, Who Wins and Who Loses", *The Washington Post*, 11 de enero de 2009.

_____, "The GOP's Bill Ayers?", *Slate*, 15 de octubre de 2008.

_____, "Hoodwinked", *Slate,* 26 de agosto de 2004.

_____, "The Inventor of Fidel", *The Washington Post*, 1° de julio de 2006.

_____, "A Purge with a Purpose", *The New York Times*, 13 de abril de 2003.

_____, "Slander: The Assassination of Alberto Coll", *Slate*, 11 de julio de 2005.

Bardach, Ann Louise, "Trouble in Florida", *Daily Beast*, 30 de octubre de 2008.

_____, "Vesco's Last Gamble", *Vanity Fair*, marzo de 1996.

Boadle, Anthony, "Brazil's Lula Says Fidel Castro Lucid and Healthy", Reuters, 15 de enero de 2008.

Brown, Tom, "McCain-Out of Touch with Cuban Americans?", Reuters, 23 de mayo de 2008.

Bustamante, Lisette, "Confesiones de la periodista del *[sic]* Fidel Castro", *El Mercurio*, 26 de julio de 2008.

Cancio Isla, Wilfredo, "Cubans' Statement Warns of Frustration", *El Nuevo Herald*, 25 de agosto de 2008.

_____, "Ex-agent: Escobar Met Cuban Officials in '89", *The Miami Herald*, 12 de marzo de 2008.

_____, "Ex-Castro Ally a Sensual Painter", *The Miami Herald*, 5 de junio de 2007.

_____, "US Spy Asked to Help Cuba", *El Nuevo Herald*, 7 de abril de 2008.

Cancio Isla, Wilfredo, y Renato Pérez, "Cuba Tapped Phone for Evidence Against Robaina", *The Miami Herald*, 3 de agosto de 2002.

Castañeda, Jorge, "The Plot Against the Castros", *Newsweek*, 23 de marzo de 2009.

Cave, Damien, "US Overtures Find Support Among Cuban-Americans", *The New York Times*, 21 de abril de 2009.

Chardy, Alfonso, "Exile Broadcasters Sign Off for Last Time", *The Miami Herald*, 14 de junio de 2008.

Córdoba, José de, "Cuban Revolution: Yoani Sánchez Fights Tropical Totalitarism", *The Wall Street Journal*, 22 de diciembre de 2007.

Crispín, Sarrá, "Todo mi pueblo se pregunta... y yo también", *Kaos en la Red*, 7 de abril de 2008.

David, Ariel, "Italy Seeks Extradition of 139 Suspects in South America's Dirty War", Associated Press, 10 de enero de 2008.

Davis, Charles, "US/Cuba: Justice Not So Blind in Politically Charged Cases", *IPS*, 29 de enero de 2008.

DeFede, Jim, "Combat Veteran Fighting 'Cruel' Travel Policy", *The Miami Herald*, 26 de junio de 2005.

Erikson, Daniel P., "Charting Castro's Possible Successors", *SAIS Review of International Affairs*, vol. 25, núm. 1, invierno-primavera de 2005.

Fernández, G., y M. A. Menéndez, "El poder económico de los hermanos Castro", *Diario 16*, 24 de junio de 2001.

Frank, Marc, "Cuba's Aging Leaders Move to Shore Up Revolution", Reuters, 26 de marzo de 2008.

_____, "Fidel Visible, But Raúl Still in Control of Cuba", *The Financial Times*, 20 de julio de 2007.

Franks, Jeff, "Shake-up Puts Raúl Castro Stamp on Cuba Government", Reuters, 2 de marzo de 2009.

González, Fernán, "Mariela Castro: 'orgullosa de mi padre'", *BBC Mundo*, 18 de septiembre de 2006.

Gumbel, Andrew, "Battle for Cuba's Future Is Brewing Behind the Scenes", *The Independent*, 20 de febrero de 2008.

Krauze, Enrique, "Humanizing the Revolution", *The New York Times*, 30 de diciembre de 2007.

Lacey, Marc, "Robert Vesco, '70s Financer, Is Dead at 71", *The New York Times*, 9 de mayo de 2008.

Latell, Brian, "Raúl on His Own", ICCAS, enero de 2009.

LeoGrande, William M., "Next US President Should Be Ready for Immigration Crisis", *The Miami Herald*, 18 de septiembre de 2008.

Luxner, Larry, "Puerto Rico Eyes Post-Communist Cuba as Potential Trade Partner, Tourism Rival", *CubaNews*, enero de 2009.

Marin, Mar, "Cuba's Aging Revolutionaries Trying to Pass the Torch", EFE, 27 de junio de 2007.

Marx, Gary, "Cuba Gets Hint of Different Style", *Chicago Tribune*, 22 de diciembre de 2006.

Menéndez, Ana, "Cuba: Same Old Repression in a New Package", *The Miami Herald*, 26 de junio de 2007.

Montaner, Carlos Alberto, "One Less Crutch for Raúl Castro", *The Miami Herald*, 26 de junio de 2007.

Pacepa, Ion Mihai, "Who Is Raúl Castro? A Tyrant Only a Brother Could Love", *National Review*, 10 de agosto de 2006.

Penn, Sean, "Conversations with Chávez and Castro", *The Nation*, 25 de noviembre y 15 de diciembre de 2008.

Pérez-Stable, Marifeli, "Chinese-style Reforms Would Be an Improvement", *The Miami Herald*, 5 de julio de 2007.

Peters, Phillip, "Will Raúl Castro Reform Cuba's Economy?", *Cuba Policy Report*, 25 de septiembre de 2007.

Putney, Michael, "Obama's First Step Puts Castro on the Defensive", *The Miami Herald*, 22 de abril de 2009.

Radelat, Ana, "Even with Obama, Democrats in Control, Chinging Cuba Policy Will Be Tough Sell", *CubaNews*, diciembre de 2008.

Rieff, David, "Will Little Havana Go Blue?", *The New York Times Magazine*, 13 de julio de 2008.

Robles, Frances, "Cuban Government Undergoes Massive Restructuring", *The Miami Herald*, 3 de marzo de 2009.

_____, "Raúl Castro Takes Stage at July 26 Parade", *The Miami Herald*, 26 de julio de 2007.

Roig-Franzia, Manuel, "Cuba's Next Generation May Crack Door to Democracy", *The Washington Post*, 22 de febrero de 2008.

_____, "A New Generation Stands-by in Cuba", *The Washington Post*, 21 de febrero de 2008.

_____, "Raúl Castro, Leader with a Freer Hand", *The Washington Post*, 20 de febrero de 2008.

Sanchez, Ray, "Cuban President Raúl Castro Quietly Turned 77", *Sun-Sentinel*, 4 de junio de 2008.

_____, "Dissidents Note Subtle Change in Treatment", *Sun-Sentinel*, 16 de diciembre de 2007.

Sardi, Nelson Bocaranda, "Los rumores de Nelson Bocaranda Sardí", *El Universal*, 15 de enero de 2009.

Sniffen, Michael J., "Ex-Bush Aide Charged with Theft from Cuba Group", Associated Press, 26 de noviembre de 2008.

Snow, Anita, "Raúl Castro Attends 13th Birthday Celebration for Cuban Boy Elián González", Associated Press, 6 de diciembre de 2006.

————, "US Groups Hope Obama Allows More Travel to Cuba", Associated Press, 26 de abril de 2009.

Suchilicki, Jaime, "Is Raúl Castro Ready to Deal?, *The Miami Herald*, 7 de enero de 2007.

Urbina, Ian, "Change Means More of the Same, with Control at the Top", *The New York Times*, 5 de abril de 2009.

Valdés, Nelson P., "Cuba: Prelude to Succession", Associated Press, 24 de febrero de 2008.

Vicent, Mauricio, "El laberinto cubano", *El País*, 28 de junio de 2009.

Weissert, Will, "Changing Cuba: Monster Buses Vanish from Havana Streets", Associated Press, 18 de abril de 2008.

Williams, Carol J., "Luis Posada Carriles, a Terror Suspect Abroad, Enjoys 'Coming-out' in Miami", *Los Angeles Times*, 7 de mayo de 2008.

"Bolivia's Morales Says Fidel Castro Thin But Lucid", Reuters, 23 de mayo de 2008.

"Cuban Dissidents Say Colleague Died in Custody", EFE, 26 de junio de 2007.

"Cuba's Raúl Castro on 'Learning' Trip in China", Reuters (Beijing), 19 de noviembre de 1997.

"Fidel's Niece Says Cuba Reluctant to Release Data on Pedophiles", EFE, 31 de enero de 2008.

"Florida Lawmakers, Travel Agents Row Over Cuba Trips", *Agence France-Presse,* 2 de mayo de 2008.

"La hija de Raúl Castro espera más información sobre los [*sic*] destituciones en el gobierno", EFE, 25 de marzo de 2009.

"Nota", *Granma*, 14 de octubre de 2004.

"Power Shake-up Casts Doubt on Post-Castro Cuba", Associated Press, 5 de marzo de 2009.

"Raúl Castro Calls His Brother, Fidel 'Irreplaceable'", AFP, 20 de diciembre de 2006.

"Rights Abuses Unabated in Raúl Castro's Cuba Group", Reuters, 5 de julio de 2007.

"Subtle Changes May Be in the Books for Cuba, Analysts", AFP, 23 de enero de 2007.

"US Dismisses Overture from Raúl Castro", EFE, 4 de diciembre de 2007.

"Vesco llevo [sic] al narcotraficante Carlos Ledher a Cuba", Radio Martí, 29 de mayo de 2008.

"White House: Cuba Changes 'Cosmetic'", AFP, 18 de abril de 2008.

"Writers in Cuba Upset Over Re-appearence of Dark-era Censors", EFE, 18 de enero de 2007.

Páginas de Internet consultadas

Along the Malecón: http://alongthemalecon.blogspot.com

Café Fuerte: http://cafefuerte.com/

Cuban Colada: http://miamiherald.typepad.com/cuban_colada/

Cuban Information Archives: http://www.cuban-exile.com/index.htlm

Cuban Polidata: http://cubapolidata.com/

Cuban Research Institute/FIU: http://cubainfo.fiu.edu

The Cuban Triangle: http://cubantriangle.blogspot.com/

El Café Cubano: http://elcubanocafe.blogspot.com

Generación Y: http://desdecuba.com/generaciony/

Granma: http://granma.cu/

Institute of Cuban and Cuban-American Studies, Universidad de Miami: www.miami.edu/iccas/

Sección de Intereses del Gobierno Estadounidense en La Habana: http://havana.usinterestsection.gov

Tinta y Veneno: http://TintayVeneno.com

¡BASTA DE HISTORIAS!
La obsesión latinoamericana con el pasado
y las doce claves del futuro
de Andrés Oppenheimer

Periodista cardinal y siempre dispuesto a desafiar las modas políticas del momento con inteligencia y humor, Andrés Oppenheimer demuestra en este libro que mejorar sustancialmente la educación, la ciencia, la tecnología y la innovación no es tarea imposible. Pero sí tremendamente necesaria. La razón es simple: el XXI será el siglo de la economía del conocimiento. Contrariamente a lo que pregonan presidentes y líderes populistas latinoamericanos, los países que avanzan no son los que venden materias primas ni productos manufacturados básicos, sino los que producen bienes y servicios de mayor valor agregado. *¡Basta de historias!* es un agudo viaje periodístico alrededor del mundo, que aporta ideas útiles para trabajar en la principal asignatura pendiente de nuestros países y la única que nos podrá sacar de la mediocridad económica e intelectual en la que vivimos: la educación.

Actualidad

EN LA BOCA DEL LOBO
La historia jamás contada del hombre
que hizo caer al cártel de Cali
de William C. Rempel

Durante las décadas de los 80 y los 90, un enorme porcentaje de la producción mundial de cocaína estaba en manos de dos sindicatos criminales colombianos: el cártel de Medellín, que presidía el despiadado Pablo Escobar, y el cártel de Cali. Los dos grupos se enfrentaron en una sangrienta guerra hasta que Escobar fue asesinado. Cuando el camino quedó libre para los de Cali, Jorge Salcedo, un ex comandante del ejército, recibió la misión de proteger a los capos. Salcedo aceptó pero hizo un pacto consigo mismo: nunca mataría a nadie. Aunque cada día se involucraba más, Salcedo luchó por preservar su integridad e intentó no ceder ante la corrupción, la violencia y la brutalidad que lo rodeaba. William C. Rempel detalle esta extraordinaria historia de un hombre corriente enfrentado a la organización criminal más poderosa de todos los tiempos.

Crimen Verdadero

NARCOMEX
Historia e historias de una guerra
de Ricardo Ravelo

En esta incisiva y apasionante investigación periodística, Ricardo Ravelo, el mayor experto en temas de narcotráfico, nos presenta todos los ángulos esenciales para entender la guerra más sangrienta que ha vivido México en el último siglo: las rutas de la droga, el lavado de dinero, las complicidades oficiales, el cambio de bando de la fuerzas armadas, la impunidad, la vida de los capos, sus abogados y sus oscuros negocios. *Narcomex* se articula en dos ejes: en el primero se exponen los antecedentes y la historia del conflicto por el que atraviesa el país desde que la guerra contra el crimen organizado fue declarada. En el segundo, Ravelo narra las historias de sus protagonistas: los capos, las fuerzas del Estado, los abogados y otros actores de la sociedad civil, enlazados en esta vorágine interminable. El autor relata episodios tan significativos como la fuga del Chapo Guzmán; la caída del gobernador Mario Villanueva, condenado a prisión por tráfico de drogas; el surgimiento de *Los Zetas*; la vida y muerte de Raquenel, "la abogada de acero"; el ascenso y caída de Osiel Cárdenas; o el caso de don Alejo Garza, un hombre inquebrantable que murió a sangre y fuego defendiendo su patrimonio.

Actualidad/México

NOCTURNO DE LA HABANA
Cómo la mafia se hizo con Cuba y la acabó
perdiendo en la revolución
de T. J. English

Para los líderes de los bajos fondos Meyer Lansky y Charles "Lucky" Luciano, Cuba era la mejor esperanza para el futuro del crimen organizado norteamericano en los años posteriores a la Prohibición. En la década de 1950, la mafia —con el gobierno de Fulgencio Batista en su bolsillo— era la dueña de los hoteles de lujo y los casinos más grandes de La Habana, empezando un *boom* turístico sin precedentes, con los entretenimientos más extravagantes, las estrellas más famosas, las mujeres más hermosas y juego en abundancia. Pero los sueños de los mafiosos chocaron con los de Fidel Castro, Che Guevara y otros que dirigieron una insurrección del pueblo contra el gobierno de Batista y sus socios extranjeros— una épica batalla cultural que es capturada en este libro en toda su atractiva, decadente gloria.

Crimen Verdadero

REDENTORES

Ideas y poder en América Latina

de Enrique Krauze

Desde José Martí hasta Octavio Paz, Eva Perón hasta Gabriel García Márquez, los países latinoamericanos han producido algunos de los escritores, revolucionarios, pensadores y líderes más influyentes del mundo, cuyas vidas han contribuido colectivamente a las ideas centrales que hoy dominan la política, filosofía y literatura de la región. Esas ideas son las protagonistas de este libro, pero no las ideas en abstracto, sino las ideas encarnadas en personas con vidas tocadas por la pasión del poder, la historia y la revolución, así como el amor, la amistad y la familia. Vidas reales, no ideas andantes. A la manera de Plutarco y sus *Vidas paralelas*, el autor dibuja los perfiles de Perón y Che Guevara, pone en contrapunto las actitudes políticas y morales de los novelistas García Márquez y Mario Vargas Llosa, y explica la conexión histórica entre el teólogo Samuel Ruiz y el guerrillero Subcomandante Marcos. Por este libro también desfilan profetas de la redención como el heroico Martí, el idealista José Enrique Rodó y, como figura central, el poeta y ensayista Paz, cuya vida abarca el siglo entero y cuyas raíces familiares recogen toda la tradición revolucionaria moderna. Finalmente conecta a Hugo Chávez con la tradición caudillista y el culto al héroe. A través de estas doce biografías sutilmente entrelazadas, Enrique Krauze esclarece el dilema central de América Latina: la tensión entre el ideal de la democracia y la tentación, siempre presente, del mesianismo político.

Biografía/Historia

VINTAGE ESPAÑOL
Disponibles en su librería favorita.
www.vintageespanol.com